O CURRÍCULO

Reimpressão da obra originalmente publicada em 1998 pela editora Artmed.

G491c Gimeno Sacristán, José.
O currículo : uma reflexão sobre a prática / José Gimeno Sacristán ; tradução: Ernani F. da Fonseca Rosa ; revisão técnica: Maria da Graça Souza Horn. – 3. ed. – Porto Alegre : Penso, 2017.
352 p. : il. ; 25 cm.

ISBN 978-85-8429-095-6

1. Educação. 2. Fundamentos da educação. 3. Currículo escolar. I. Título.

CDU 37.01

Catalogação na publicação: Poliana Sanchez de Araujo – CRB 10/2094

O CURRÍCULO
UMA REFLEXÃO SOBRE A PRÁTICA

J. Gimeno Sacristán
Catedrático de Didáctica, Universidad de Valencia

3ª edição

Tradução
Ernani F. da Fonseca Rosa

Consultoria, supervisão e revisão técnica desta edição
Maria da Graça Souza Horn
Doutora em Educação pela Universidade Federal do Rio Grande do Sul (UFRGS)

Reimpressão 2017

2017

Obra originalmente publicada sob o título:
El curriculum: una reflexión sobre la práctica
© Ediciones Morata, S. A. 1991
ISBN 84-7112-326-6

Gerente editorial: *Letícia Bispo de Lima*

Colaboraram nesta edição

Editora: *Paola Araújo de Oliveira*

Capa: *Mário Röhnelt*

Leitura final: *Grasielly Hanke Angeli*

Editoração eletrônica: *Formato Artes Gráficas*

Reservados todos os direitos de publicação, em língua portuguesa, à
PENSO EDITORA LTDA., uma empresa do GRUPO A EDUCAÇÃO S.A.
Av. Jerônimo de Ornelas, 670 – Santana
90040-340 – Porto Alegre – RS
Fone: (51) 3027-7000 Fax: (51) 3027-7070

Unidade São Paulo
Rua Doutor Cesário Mota Jr., 63 – Vila Buarque
01221-020 – São Paulo – SP
Fone: (11) 3221-9033

SAC 0800 703-3444 – www.grupoa.com.br

É proibida a duplicação ou reprodução deste volume, no todo ou em parte,
sob quaisquer formas ou por quaisquer meios (eletrônico, mecânico, gravação,
fotocópia, distribuição na Web e outros), sem permissão expressa da Editora.

IMPRESSO NO BRASIL
PRINTED IN BRAZIL

*A Eva, que tanto me ajuda a lembrar
a reprodução histórica da prática escolar.*

Sumário

Introdução 9

PRIMEIRA PARTE
A cultura, o currículo e a prática escolar

1 **Aproximação ao conceito de currículo** 13
   O currículo: cruzamento de práticas diversas 20
   Toda a prática pedagógica gravita em torno do currículo 26
   As razões de um aparente desinteresse 32
   Um primeiro esquema de explicação 34
   As teorias sobre o currículo: elaborações parciais para uma prática complexa... 37

2 **A seleção cultural do currículo** 55
   Características da aprendizagem pedagógica motivada pelo currículo:
      a complexidade da aprendizagem escolar 55
   Os códigos ou o formato do currículo 75

3 **As condições institucionais da aprendizagem motivada pelo currículo** 87
   A complexidade da aprendizagem escolar: expressão
   da complexidade da escola 88
   Algumas consequências 93

SEGUNDA PARTE
O currículo através de sua práxis

4 **O currículo como confluência de práticas** 99

5 **A política curricular e o currículo prescrito** 107
   O currículo prescrito como instrumento da política curricular 107
   Funções das prescrições e regulações curriculares 110
   A concretização histórica de um esquema de intervenção na Espanha 123
   Esquema da distribuição de competências no sistema educativo espanhol 144

6 O currículo apresentado aos professores 147
  Economia, cultura e pedagogia nos materiais didáticos 147
  Pautas básicas para a análise de materiais curriculares 160

7 O currículo modelado pelos professores 165
  Significados, dilemas e práxis 176
  Concepções epistemológicas do professor 180
  Dimensões do conhecimento nas perspectivas dos professores 187
  Estrutura social do trabalho profissional e seu
  poder de mediação no currículo 194

8 O currículo na ação: a arquitetura da prática 201
  As tarefas escolares: conteúdo da prática 207
  A estrutura de tarefas como matriz de socialização 223

9 Um esquema para o planejamento da prática 281
  Equilíbrio de competências repartidas 281
  O plano a ser realizado pelos professores 295
  Elementos a serem considerados na configuração contextual do ensino 296

10 O currículo avaliado 311
  A avaliação: uma ênfase no currículo 311
  A avaliação como expressão de juízos e decisões dos professores 314

Referências 337

Índice onomástico 345

Índice 349

Introdução

O trabalho que desenvolvemos aqui é uma perspectiva sobre o currículo, entendido como algo que adquire forma e significado educativo à medida que sofre uma série de processos de transformação dentro das atividades práticas que o tem mais diretamente por objeto. As condições de desenvolvimento e realidade curricular não podem ser entendidas senão em conjunto.

Nossa intenção foi a de ir repassando as fases ou os processos fundamentais por meio dos quais o currículo se conforma como prática realizada em um contexto, uma vez que deixamos claro seu significado cultural. A qualidade da educação e do ensino tem muito a ver com o tipo de cultura que nela se desenvolve, que obviamente ganha significado educativo através das práticas e dos códigos que a traduzem em processos de aprendizagem para os alunos. Não tem sentido renovações de conteúdos sem mudanças de procedimentos e tampouco uma fixação em processos educativos sem conteúdos de cultura. A pedagogia deve resgatar em seu discurso os conteúdos de cultura para relativizar as formas, uma vez que também se faz o mesmo com os conteúdos escolares. Para isso nos pareceu importante observar, na medida de nossas possibilidades, as peculiaridades de nosso próprio meio, rastreando algumas tradições que são definidoras nesse sentido.

A prática escolar que podemos observar num momento histórico tem muito a ver com os usos, as tradições, as técnicas e as perspectivas dominantes em torno da realidade do currículo num sistema educativo determinado. Quando os sistemas escolares estão desenvolvidos e sua estrutura bem estabilizada, existe uma tendência a centrar no currículo as possibilidades de reformas qualitativas em educação. Em primeiro lugar, porque a qualidade do ensino está estreitamente relacionada aos seus conteúdos e formas, como é natural; em segundo lugar, porque, talvez impotentes ou descrentes diante da possibilidade de mudanças em profundidade dos sistemas educativos, descobrimos a importância de mecanismos mais sutis de ação que configuram a prática. É difícil mudar a estrutura, e é inútil fazê-lo sem alterar profundamente seus conteúdos e seus ritos internos.

Para nós, tais temas têm certa transcendência, principalmente quando em nossa tradição, pela história de controle sobre a educação e a cultura que nela se distribui, as decisões sobre o currículo têm sido patrimônio de instâncias administrativas que monopolizaram um campo que, nesta sociedade, sob a democracia, deveria ser proposto e gestionado de forma bem diferente da qual se tem conhecimento.

O sistema educativo espanhol se expandiu em um ritmo muito importante nas últimas duas décadas. Como consequência disso, os temas relevantes a serem observados estiveram relacionados ao desenvolvimento quantitativo e às demandas que isso implica. No entanto, aceita-se bastante a crença de que falta qualidade a esse sistema.

Os velhos usos se apoderaram de novos territórios e têm sido refratários a muitas das mudanças culturais e sociais da realidade espanhola. Se este polissêmico termo da qualidade significa algo, está, precisamente, relacionado aos professores e à cultura escolar. Então, não será fácil melhorar a qualidade do ensino se não se mudam os conteúdos, os procedimentos e os contextos de realização dos currículos. Pouco adiantará fazer reformas curriculares se estas não forem ligadas à formação dos professores. Não existe política mais eficaz de aperfeiçoamento do professorado que aquela que conecta a nova formação àquele que motiva sua atividade diária: o currículo.

Nossa tradição em política e administração do currículo tem afiançado muito bem o esquema de pretender mudar a prática à base de modelar ideias e princípios pedagógicos nas disposições administrativas. Um esquema que serviu na etapa não democrática e que na democracia pode se justificar como tentativas esclarecidas de melhorar a realidade. O estudo dos mecanismos de implantação e modelação do currículo nos ensinou que esse esquema não serve para o objetivo que declara querer cumprir e que, no caso de valer algo, será apoiado sobre a fraqueza profissional dos professores, a falta de capacidade organizativa das escolas e as tentativas de controlar a prática.

É preciso, em nosso contexto, um novo referencial de política curricular para liberar no sistema educativo as forças criadoras, principalmente numa etapa histórica na qual as escolas e um professorado jovem precisam de adaptações a um mundo que deixa cada vez mais obsoletas as velhas proposições escolares e na qual as instituições educativas ganham cada vez mais o papel de transmitir um currículo *oculto,* quando o *cultural* compete em grande desvantagem com os novos meios e estímulos nas sociedades desenvolvidas.

Tais reflexões são tratadas neste livro, devedor do esforço para entender uma realidade muito decisiva, que interessadamente ficou oculta no passado e à qual nosso pensamento pedagógico quis mais legitimar que entender.

Os capítulos que compõem a obra têm certa dependência dentro de um esquema de conexões lineares entre fases e facetas do desenvolvimento do currículo. Muito de seus conteúdos são fruto de reflexões e exposições para professores em contextos muito diversos, que agora elaboramos de forma coerente sob um esquema unitário.

Primeira Parte

A cultura, o currículo e a prática escolar

1
Aproximação ao conceito de currículo

- O currículo: cruzamento de práticas diversas
- Toda a prática pedagógica gravita em torno do currículo
- As razões de um aparente desinteresse
- Um primeiro esquema de explicação
- As teorias sobre o currículo: elaborações parciais para uma prática complexa

O currículo é um conceito de uso relativamente recente entre nós, se considerarmos a significação que tem em outros contextos culturais e pedagógicos nos quais conta com uma maior tradição. O seu uso não é normal em nossa linguagem comum, e nem o *Diccionario de la lengua española*, da *Real Academia Española*, nem o *Diccionario de usos del espanol*, de María Moliner, adotam-no em sua acepção pedagógica. Outros dicionários especializados tomaram-no apenas como conceito pedagógico muito recentemente. Ele começa a ser utilizado em nível de linguagem especializada, mas também não é sequer de uso corrente entre o professorado. Nossa cultura pedagógica tratou o problema dos programas escolares, o trabalho escolar, etc. como capítulos didáticos, mas sem a amplitude nem ordenação de significados que quer sistematizar o tratamento sobre os currículos.

A prática a que se refere o currículo, no entanto, é uma realidade prévia muito bem estabelecida por meio de comportamentos didáticos, políticos, administrativos, econômicos, etc., atrás dos quais se encobrem muitos pressupostos, teorias parciais, esquemas de racionalidade, crenças, valores, etc., que condicionam a teorização sobre o currículo. É necessária certa prudência inicial frente a qualquer colocação ingênua de índole pedagógica que se apresente como capaz de reger a prática curricular ou, simplesmente, de racionalizá-la.

A partir desta primeira constatação, não será difícil explicarmos as razões pelas quais a teorização sobre o currículo não se encontra adequadamente sistematizada e apareça em muitos casos sob as vestes da linguagem e dos conceitos técnicos como uma legitimação *a posteriori* das práticas vigentes e também por quê, em outros casos, em menor número, aparece como um discurso crítico que trata de esclarecer os pressupostos e o significado de ditas práticas. Comentaremos primeiro algumas das características mais evidentes das práticas vigentes que se desenvolvem em torno da realização prática dos currículos, para posteriormente tratar do discurso que ordena a própria teorização sobre eles.

Grundy (1987, p. 5) assegura que: "o currículo não é um conceito, mas uma construção cultural. Isto é, não se trata de um conceito abstrato que tenha algum tipo de existência fora e previamente à experiência humana. É, antes, um modo de organizar uma série de práticas educativas".

Sendo uma prática tão complexa, não é estranho encontrar-se com perspectivas diversas que selecionam pontos de vista, aspectos parciais, enfoques alternativos com diferente amplitude que determinam a visão "mais pedagógica" do currículo. Recolheremos uma amostra panorâmica de significados atribuídos a um campo vasto e pouco articulado.

Rule (1973), num exame histórico da literatura especializada norte-americana, a partir de mais de uma centena de definições, encontra os seguintes grupos de significados: *a)* um grande grupo delas relacionado com a concepção do currículo como experiência, o currículo como *guia* da experiência que o aluno obtém na escola, como conjunto de *responsabilidades* da escola para promover uma série de experiências, sejam estas as *que proporciona* consciente e intencionalmente, ou experiências de *aprendizagem planejadas, dirigidas* ou sob supervisão da escola, *ideadas e* executadas ou *oferecidas* pela escola para obter determinadas mudanças nos alunos, ou, ainda, experiências que a escola *utiliza* com a finalidade de alcançar determinados objetivos; *b)* outras concepções: o currículo como definição de *conteúdos* da educação, como *planos* ou propostas, especificação de objetivos, reflexo da herança cultural, como mudança de conduta, programa da escola que contém conteúdos e atividades, soma de aprendizagens ou resultados ou todas as experiências que a criança pode obter.

Schubert (1986) apontou algumas das "impressões" globais que, tal como imagens, nos trazem à mente o conceito de currículo. São significados demarcados no pensamento especializado mais desenvolvido e nos tratados sobre esta matéria. Tratam-se de acepções, às vezes, parciais, inclusive contraditórias entre si, sucessivas e simultâneas desde um ponto de vista histórico, dirigidas por um determinado contexto político, científico, filosófico e cultural. Algumas dessas imagens são as seguintes: o currículo como conjunto de conhecimentos ou matérias a serem superadas pelo aluno dentro de um ciclo – nível educativo ou modalidade de ensino é a acepção mais clássica e desenvolvida; o currículo como programa de atividades planejadas, devidamente sequencializadas, ordenadas metodologicamente tal como se mostram, por exemplo, num manual ou num guia do professor; o currículo também foi entendido, às vezes, como resultados pretendidos de aprendizagem; o currículo como concretização do plano reprodutor para a escola de determinada sociedade, contendo conhecimentos, valores e atitudes; o currículo como experiência recriada nos alunos por meio da qual podem desenvolver-se; o currículo como tarefa e habilidades a serem dominadas – como é o caso da formação profissional; o currículo como programa que proporciona conteúdos e valores para que os alunos melhorem a sociedade em relação à sua reconstrução social.

Organizando as diversas definições, acepções e perspectivas, o currículo pode ser analisado a partir de cinco âmbitos formalmente diferenciados:

- O ponto de vista sobre sua função social como ponte entre a sociedade e a escola.
- Projeto ou plano educativo, pretenso ou real, composto de diferentes aspectos, experiências, conteúdos, etc.
- Fala-se do currículo como a expressão formal e material desse projeto que deve apresentar, sob determinado formato, seus conteúdos, suas orientações e suas sequências para abordá-lo, etc.
- Referem-se ao currículo os que o entendem como um campo prático. Entendê-lo assim supõe a possibilidade de: l) analisar os processos instrutivos e a reali-

dade da prática a partir de uma perspectiva que lhes dota de conteúdo; 2) estudá-lo como território de intersecção de práticas diversas que não se referem apenas aos processos de tipo pedagógico, interações e comunicações educativas; 3) sustentar o discurso sobre a interação entre a teoria e a prática em educação.
- Referem-se a ele os que exercem um tipo de atividade discursiva acadêmica e pesquisadora sobre todos estes temas.

Disso resulta um conceito essencial para compreender a prática educativa institucionalizada e as funções sociais da escola. Não podemos esquecer que o currículo supõe a concretização dos fins sociais e culturais, de socialização, que se atribui à educação escolarizada, ou de ajuda ao seu desenvolvimento, de estímulo e cenário, o reflexo de um modelo educativo determinado, pelo que necessariamente tem de ser um tema controvertido e ideológico, de difícil concretização num modelo ou proposição simples. Pretender reduzir os problemas-chave de que se ocupa a teoria e as práticas relacionadas com o currículo a problemas de índole técnica que é preciso resolver é, no mínimo, uma ignorância culpável. O currículo relaciona-se com a instrumentalização concreta que faz da escola um determinado sistema social, pois é através dele que lhe dota de conteúdo, missão que se expressa por meio de usos quase universais em todos os sistemas educativos, embora por condicionamentos históricos e pela peculiaridade de cada contexto, se expresse em ritos, mecanismos, etc., que adquirem certa especificidade em cada sistema educativo. É difícil ordenar num esquema e num único discurso coerente todas as funções e formas que parcialmente o currículo adota, segundo as tradições de cada sistema educativo, de cada nível ou modalidade escolar, de cada orientação filosófica, social e pedagógica, pois são múltiplas e contraditórias as tradições que se sucederam e se misturaram nos fenômenos educativos. Não devemos esquecer que o currículo não é uma realidade abstrata à margem do sistema educativo em que se desenvolve e para o qual se planeja.

Quando definimos o currículo estamos descrevendo a concretização das funções da própria escola e a forma particular de enfocá-las num momento histórico e social determinado, para um nível ou modalidade de educação, numa trama institucional, etc. O currículo do ensino obrigatório* não tem a mesma função que o de uma especialidade universitária, ou o de uma modalidade de ensino profissional, e isso se traduz em conteúdos, formas e esquemas de racionalização interna diferentes, porque é diferente a função social de cada nível e peculiar a realidade social e pedagógica que se criou historicamente em torno deles. Como acertadamente assinala Heubner (apud MCNEIL, 1983), o currículo é a forma de ter acesso ao conhecimento, não podendo esgotar seu significado em algo estático, mas através das condições em que se realiza e se converte numa forma particular de entrar em contato com a cultura.

O currículo é uma práxis antes que um objeto estático emanado de um modelo coerente de pensar a educação ou as aprendizagens necessárias das crianças e dos jovens, que tampouco se esgota na parte explícita do projeto de socialização cultural nas escolas. É uma prática, expressão, da função socializadora e cultural que determinada instituição tem, que reagrupa em torno dele uma série de subsistemas ou práticas diversas, entre as quais se encontra a prática pedagógica desenvolvida em instituições escolares que comumente chamamos ensino. E uma prática que se expressa em comportamentos práticos diversos. O currículo,

---

* N. de R.T.: A organização do ensino na Espanha atualmente inclui na Educação Básica Obrigatória a Educação Primária (ciclo inicial, intermediário e superior) e a Educação Secundária (primeiro e segundo ciclos). No sistema de ensino anterior à Reforma de 1990, a Educação Primária era denominada Educação Geral Básica e se constituía da primeira e segunda etapas. Este era o grau de Ensino Obrigatório.

como projeto baseado num plano construído e ordenado, relaciona a conexão entre determinados princípios e a sua realização, algo que se há de comprovar e que nessa expressão prática concretiza seu valor. É uma prática na qual se estabelece um diálogo, por assim dizer, entre agentes sociais, elementos técnicos, alunos que reagem frente a ele, professores que o modelam, etc. Desenvolver esta acepção do currículo como âmbito prático tem o atrativo de poder ordenar em torno deste discurso as funções que cumpre e o modo como as realiza, estudando-o processualmente: se expressa numa prática e ganha significado dentro de uma prática de algum modo prévio e que não é função apenas do currículo, mas de outros determinantes. É o contexto da prática, ao mesmo tempo em que é contextualizado por ela.

A teorização sobre o currículo deve ocupar-se necessariamente das condições para sua realização, da reflexão sobre a ação educativa nas instituições escolares, em função da complexidade que se deriva do seu desenvolvimento e sua realização. Apenas dessa maneira a teoria curricular pode contribuir para o processo de autocrítica e autorrenovação que deve ter (GIROUX, 1981) – pretensão que não é fácil de ordenar e de traduzir em esquemas simples. Por isso, a importância da análise do currículo, tanto de seus conteúdos como de suas formas, é básica para entender a missão da instituição escolar em seus diferentes níveis e modalidades. As funções que o currículo cumpre como expressão do projeto de cultura e socialização são realizadas através de seus conteúdos, de seu formato e das práticas que cria em torno de si. Tudo isso se produz ao mesmo tempo: conteúdos (culturais ou intelectuais e formativos), códigos pedagógicos e ações práticas através dos quais se expressam e modelam conteúdos e formas.

Nossa análise estará centrada basicamente nos códigos e nas práticas por meio dos quais os conteúdos ganham valor, com alguns comentários prévios em torno do que hoje se entende por conteúdos curriculares.

Analisar currículos concretos significa estudá-los no contexto em que se configuram e através do qual se expressam em práticas educativas e em resultados.

Os currículos, de fato, desempenham distintas missões em diferentes níveis educativos, de acordo com as características destes, à medida que refletem diversas finalidades desses níveis. Isto é uma dificuldade incorporada na pretensão de obter um esquema claro e uma teorização ordenada sobre o currículo. Ao mesmo tempo, é uma chamada de atenção contra as pretensões de universalizar esquemas simplistas de análises.

Ao enfocar o tema curricular, entrecruzam-se de forma inevitável no discurso as imagens do que é essencialmente próprio no sistema escolar, incorporam-se tradições práticas e teóricas de outros sistemas e consideram-se modelos alternativos do que deveria ser a educação, a escolarização e o ensino.

O currículo – diz Lundgren (1981) – é o que está por trás de toda a educação, transformando suas metas básicas em estratégias de ensino. Tratá-lo como algo dado ou uma realidade objetiva e não como um processo no qual podemos realizar cortes transversais e ver como está configurado num dado momento não seria mais que legitimar de antemão a opção estabelecida nos currículos vigentes, fixando-a como indiscutível. O relativismo e a provisionalidade histórica devem ser uma perspectiva nestas afirmações. Apple (1986, p. 66) afirma que: "[...] o conhecimento aberto e encoberto que se encontra nas situações escolares e os princípios de seleção, organização e avaliação deste conhecimento são uma seleção, regida pelo valor, de um universo muito mais amplo de conhecimentos e princípios de seleção possíveis".

Os currículos são a expressão do equilíbrio de interesses e forças que gravitam sobre o sistema educativo num dado momento, enquanto através deles se realizam os fins da educação no ensino escolarizado. Por isso, querer reduzir os problemas relevantes do ensino à problemática técnica de instrumentar o currículo supõe uma redução que desconsidera os conflitos de interesses que estão presentes no documento. O currículo, em seu conteúdo e nas formas pelas quais nos apresenta e se apresenta aos professores e aos alunos, é uma opção historicamente configurada, que se sedimentou dentro de uma determinada trama cultural, política, social e escolar; está carregado, portanto, de valores e pressupostos que é preciso decifrar. Tarefa a cumprir tanto a partir de um nível de análise político-social quanto a partir do ponto de vista de sua instrumentação "mais técnica", descobrindo os mecanismos que operam em seu desenvolvimento dentro dos campos escolares.

A assepsia científica não cabe neste tema, pois, no mundo educativo, o projeto cultural e de socialização que a escola tem para seus alunos não é neutro. De alguma forma, o currículo reflete o conflito entre interesses em uma sociedade e os valores dominantes que regem os processos educativos. Isso explica o interesse da sociologia moderna e dos estudos sobre educação por um tema que é o campo de operações de diferentes forças sociais, grupos profissionais, filosofias, perspectivas pretensamente científicas, etc. Daí também que este tema não admita o reducionismo de nenhuma das disciplinas que tradicionalmente agrupam o conhecimento sobre os fatos educativos.

A escola em geral, ou um determinado nível educativo ou tipo de instituição, sob qualquer modelo de educação, adota uma posição e uma orientação seletiva frente à cultura, que se concretiza, precisamente, no currículo que transmite. O sistema educativo serve a certos interesses concretos e eles se refletem no currículo. Esse sistema se compõe de níveis com finalidades diversas e isso se modela em seus currículos diferenciados. As modalidades de educação num mesmo intervalo de idade acolhem diferentes tipos de alunos com diferentes origens e fim social e isso se reflete nos conteúdos a serem cursados em um tipo ou outro de educação. A formação profissional paralela ao ensino secundário segrega a coletividade de alunos de diferentes capacidades e procedência social e também com diferente destino social, e tais determinações podem ser vistas nos currículos que se distribuem num e noutro tipo de educação.

Todas as finalidades que se atribuem e são destinadas implícita ou explicitamente à instituição escolar, de socialização, de formação, de segregação ou de integração social, etc., acabam necessariamente tendo um reflexo nos objetivos que orientam todo o currículo, na seleção de seus componentes, desembocam numa divisão especialmente ponderada entre diferentes parcelas curriculares e nas próprias atividades metodológicas às quais dá lugar. Por isso, o interesse pelos problemas relacionados com o currículo não é senão uma consequência da consciência de que é por meio dele que se realizam basicamente as funções da escola como instituição.

A própria complexidade dos currículos modernos do ensino obrigatório é reflexo da multiplicidade de fins aos quais a escolarização se refere. Isso é um fato consubstancial à própria existência da instituição escolar; consequentemente, a análise do currículo é uma condição para conhecer e analisar o que é a escola como instituição cultural e de socialização em termos reais e concretos. O valor da escola se manifesta fundamentalmente pelo que faz ao desenvolver um determinado currículo, independentemente de qualquer retórica e declaração grandiloquente de finalidades.

Nessa mesma medida, o currículo é um elemento nuclear de referência para analisar o que a escola é de fato como instituição cultural e na hora de elaborar um projeto alternativo de instituição.

As reformas curriculares nos sistemas educativos desenvolvidos obedecem pretensamente à lógica de que através delas se realiza uma melhor adequação entre os currículos e as finalidades da instituição escolar ou a de que com elas se pode dar uma resposta mais adequada à melhora das oportunidades dos alunos e dos grupos sociais. Mas as inovações serão analisadas dentro da estrutura social e no contexto histórico que se produzem, que proporcionam um campo socialmente definido e totalmente limitado (PAPAGIANNIS; BICKEL; KLEES, 1986). Empreendem-se as reformas curriculares, na maioria dos casos, para melhor ajustar o sistema escolar às necessidades sociais e, em muito menor medida, para mudá-lo, embora possam estimular contradições que provoquem movimentos para um novo equilíbrio.

Quando se fala de currículo como seleção particular de cultura, vem em seguida à mente a imagem de uma relação de conteúdos intelectuais a serem aprendidos, pertencentes a diferentes âmbitos da ciência, das humanidades, das ciências sociais, das artes, da tecnologia, etc. – esta é a primeira acepção e a mais elementar. Mas a função educadora e socializadora da escola não se esgota aí, embora se faça através dela, e, por isso mesmo, nos níveis do ensino obrigatório, também o currículo estabelecido vai logicamente além das finalidades que se circunscrevem a esses âmbitos culturais, introduzindo nas orientações, nos objetivos, em seus conteúdos, nas atividades sugeridas, diretrizes e componentes que colaborem para definir um plano educativo que ajude na consecução de um projeto global de educação para os alunos. Os currículos, sobretudo nos níveis da educação obrigatória, pretendem refletir o esquema socializador, formativo e cultural que a instituição escolar tem.

Situando-nos num nível de análise mais concreto, observando as práticas escolares que preenchem o tempo dos alunos nas escolas, percebemos que fica muito pouco fora das tarefas ou atividades, ritos, etc., relacionados com o currículo ou a preparação das condições para seu desenvolvimento. A escola educa e socializa por mediação da estrutura de atividades que organiza para desenvolver os currículos que têm encomendados – função que cumpre através dos conteúdos e das formas destes e também pelas práticas que se realizam dentro dela.

O ensino não é mais do que o processo desenvolvido para cumprir essa finalidade. Algo que se esquece muitas vezes, quando se quer analisar os processos de ensino-aprendizagem a partir de uma determinada perspectiva científica e técnica, esquecendo seu verdadeiro encargo.

Por diversos tipos de condicionamentos, os currículos tendem a recolher toda a complexa gama de pretensões educativas para os alunos de um determinado nível e modalidade de educação. Pode ser que o currículo não esgote em seus conteúdos estritos todos os fins educativos, nem as funções não manifestas da escola, mas é evidente que existe uma tendência progressiva para assumi-los no caso dos níveis obrigatórios de ensino. Daí que boa parte do que é objeto da didática seja composta pela análise dos pressupostos, dos mecanismos, das situações e das condições relacionadas com a configuração, o desenvolvimento e a avaliação do currículo.

O discurso dominante na pedagogia moderna, mediado pelo individualismo inerente ao crescente predomínio da psicologia no tratamento dos problemas pedagógicos, ressaltou as funções educativas relacionadas com o desenvolvimento humano, apoiando-se no auge do *status* da infância na sociedade moderna, que não é somente consequência do desenvolvimento da ciência psicológica. Por isso, se relegou em muitos casos a permanente função cultural da escola como finalidade essencial. Em parte, talvez, porque é uma forma de escapar do debate no qual se desmascara e se aprecia o verdadeiro significado do ensino;

o que resulta coerente com os interesses dominantes que subjazem a qualquer projeto educativo: estabelecer seus fins como algo dado, que é preciso instrumentar, mas não discutir.

Retomar e ressaltar a relevância do currículo nos estudos pedagógicos, na discussão sobre a educação e no debate sobre a qualidade do ensino, são, pois, recuperar a consciência do valor cultural da escola como instituição facilitadora de cultura, que reclama inexoravelmente o descobrir os mecanismos através dos quais cumpre tal função, e analisar o seu conteúdo e seu sentido. O conteúdo é condição lógica do ensino, e o currículo é, antes de mais nada, a seleção cultural estruturada sob chaves psicopedagógicas dessa cultura que se oferece como projeto para a instituição escolar. Esquecer isso supõe introduzir-se por um caminho no qual se perde de vista a função cultural da escola e do ensino. Um ponto fraco de certas teorizações sobre o currículo reside no esquecimento da ponte que deve estabelecer entre a prática escolar e o mundo do conhecimento (KING; BROWNELL, 1976) ou da cultura em geral.

A Nova Sociologia da Educação contribuiu de forma decisiva para a atualidade do tema, que centrou seu interesse em analisar como as funções de seleção e de organização social da escola, que subjazem nos currículos, são realizadas através das condições nas quais seu desenvolvimento ocorre. Em vez de ver o currículo como algo dado, explicando o sucesso e o fracasso escolar como variável dependente, dentro de um esquema no qual a variável independente são as condições sociais dos indivíduos e dos grupos, é de se levar em conta que também os procedimentos de selecionar, organizar o conhecimento, lecioná-lo e avaliá-lo são mecanismos sociais que deverão ser pesquisados (YOUNG, 1980). O currículo – afirma este autor – é o mecanismo através do qual o conhecimento é distribuído socialmente. Com isso, a natureza do saber distribuído pela escola se situa como um dos problemas centrais a ser colocado e discutido. O currículo passa a ser considerado como uma invenção social que reflete escolhas sociais conscientes e inconscientes, que concordam com os valores e as crenças dos grupos dominantes na sociedade (WHITTY, 1985). Um enfoque puramente economicista para compreender o poder reprodutor da educação não explica como os resultados da escola são *criados* também por ela mesma, enquanto é uma instância de mediação cultural (APPLE, 1986).

Bernstein (1980, p. 47), um dos mais genuínos representantes desta corrente sociológica, expressa a importância desta nova ênfase afirmando que:

> As formas através das quais a sociedade seleciona, classifica, distribui, transmite e avalia o conhecimento educativo considerado público refletem a distribuição do poder e dos princípios de controle social.
> [...]
> O currículo define o que se considera o conhecimento válido, as formas pedagógicas, o que se pondera como a sua transmissão válida, e a avaliação define o que se considera como realização válida de tal conhecimento.

Tais análises sociológicas induziram o estabelecimento de programas compensatórios que abranjam a educação infantil, para fundamentar a existência de uma educação compreensiva para todos os alunos de um mesmo patamar de idade, etc., enquanto os currículos podem atuar como instrumentos de ação social por seu valor de mediação cultural.

Numa sociedade avançada, o conhecimento tem um papel relevante e progressivamente cada vez mais decisivo. Uma escola "sem conteúdos" culturais é uma proposta irreal, além de descomprometida. O conhecimento, e principalmente a legitimação social de sua possessão que as instituições escolares proporcionam, é um meio que possibilita ou não a participação dos indivíduos nos processos culturais e econômicos da sociedade, ou seja, que a facilita num determinado grau e numa direção. Não é indiferente saber ou não escrever, nem dominar melhor ou pior a linguagem em geral ou os idiomas. Não é a mesma coisa orientar-se em nossa sociedade, situando-nos no nível universitário, pelos saberes do Direito, da Medicina ou pelos estudos das humanidades. O grau e o tipo de saber que os indivíduos logram nas instituições escolares, sancionado e legitimado por elas, têm consequências no nível de seu desenvolvimento pessoal, em suas relações sociais e, mais concretamente, no *status* que esse indivíduo possa conseguir dentro da estrutura profissional de seu contexto.

A obsolescência das instituições escolares e dos conteúdos que distribuem pode levar a negar essa função, mas não nega tal valor, mas sim a possibilidade de que se realize, deixando que operem outros fatores externos, ainda que nenhum currículo, por obsoleto que seja, é neutro. A ausência de conteúdos valiosos é outro conteúdo, e as práticas para manter os alunos dentro de currículos insignificantes para eles são todo um currículo oculto.

A relação de determinação sociedade-cultura-currículo-prática explica que a atualidade do currículo se veja estimulada nos momentos de mudanças nos sistemas educativos, como reflexo da pressão que a instituição escolar sofre desde diversas frentes, para que adapte seus conteúdos à própria evolução cultural e econômica da sociedade. Por isso, é explicável que nos momentos de configurar de forma diferente o sistema educativo se pensem também novas fórmulas para estruturar os currículos. O próprio progresso na formação de esquemas teóricos sobre o currículo, seu modelo e desenvolvimento, tem lugar no debate das reformas curriculares a que se veem submetidos os sistemas escolares nas últimas décadas. Os momentos de crise, os períodos de reforma e os projetos de inovação estimulam a discussão sobre os esquemas de racionalização possível que podem guiar as propostas alternativas. A própria teorização sobre currículo e sua concretização é, em muitos casos, o subproduto indireto das mudanças curriculares que ocorrem por pressões históricas, sociais e econômicas de diversos tipos nos sistemas escolares.

Na Espanha, pode-se ver que, devido às reformas educativas que se fizeram na história recente, os pressupostos diversos, as formas pedagógicas e os formatos curriculares encontram legitimação e confirmação. Isso confirma o fato de que, em nossa tradição e no campo jurídico administrativo, as reformas curriculares vão ligadas a mudanças na estrutura do sistema mais que a um debate permanente sobre as necessidades do sistema educativo.

O CURRÍCULO: CRUZAMENTO DE PRÁTICAS DIVERSAS

Partir do conceito de currículo como a construção social que preenche a escolaridade de conteúdos e orientações nos leva a analisar os contextos concretos que lhe vão dando forma e conteúdo, antes de passar a ter alguma realidade como experiência de aprendizagem para os alunos. É preciso continuar a análise dentro do âmbito do sistema educativo com seus determinantes mais imediatos até vê-lo convertido ou modelado de uma forma particular na prática pedagógica.

Nenhum fenômeno é indiferente ao contexto no qual se produz, e o currículo se sobrepõe em contextos que se dissimulam e se integram uns aos outros, conceitos que dão significado às experiências curriculares obtidas por quem delas participa (KING, 1986). Se o currículo, evidentemente, é algo que se constrói, seus conteúdos e suas formas últimas não podem ser indiferentes aos contextos nos quais se configura.

Conceber o currículo como uma práxis significa que muitos tipos de ações intervêm em sua configuração, que o processo ocorre dentro de certas condições concretas, que se configura dentro de um mundo de interações culturais e sociais, que é um universo construído não natural, que essa construção não é independente de quem tem o poder para constituí-la (GRUNDY, 1987). Isso significa que uma concepção processual do currículo nos leva a ver seu significado e sua importância real como o resultado das diversas operações às quais é submetido e não só nos aspectos materiais que contém, nem sequer quanto às ideias que lhe dão forma e estrutura interna: enquadramento político e administrativo, divisão de decisões, planejamento e modelo, tradução em materiais, manejo por parte dos professores, avaliação de seus resultados, tarefas de aprendizagem que os alunos realizam, etc. Significa também que sua construção não pode ser entendida separadamente das condições reais de seu desenvolvimento e, por isso mesmo, entender o currículo num sistema educativo requer prestar atenção às práticas políticas e administrativas que se expressam em seu desenvolvimento, às condições estruturais, organizativas, materiais, dotação de professorado, à bagagem de ideias e significado que lhe dão forma e que o modelam em sucessivos passos de transformação.

É, enfim, um campo prático complexo, como reconhecia Walker (1973, p. 247), quando afirmava:

> Os fenômenos curriculares incluem todas aquelas atividades e iniciativas através das quais o currículo é planejado, criado, adotado, apresentado, experimentado, criticado, atacado, defendido e avaliado, assim como todos aqueles objetos materiais que o configuram, como são os livros-texto, os aparelhos e equipamentos, os planos e guias do professor, etc.

O currículo modela-se dentro de um sistema escolar concreto, dirige-se a determinados professores e alunos, serve-se de determinados meios, cristaliza, enfim, num contexto, que é o que acaba por lhe dar o significado real. Daí que a única teoria possível que possa dar conta desses processos tenha de ser do tipo crítica, pondo em evidência as realidades que o condicionam.

Imediatamente compreendemos as dificuldades de pensar em proposições simples para introduzir mudanças nessa dinâmica social. Um obstáculo sério para a pesquisa educativa, como reconhece Walker, é que, ao ter estado dominada por paradigmas empiristas, não pôde organizar esta complexidade, que necessita explicação de ações nas quais se projetam práticas, crenças e valores muito diversos.

Assim, a prática tem uma existência real que uma teorização deve explicar e esclarecer – tarefa pouco simples quando se trata de um território de intersecção de subsistemas diversos. Essa realidade prática complexa se substancia ou se concretiza em realidades e processos diversos, analisáveis por si mesmos de diferentes pontos de vista, mas conectados mais ou menos estreitamente entre si: o currículo como expressão de uma série de determinações políticas para a prática escolar, o currículo como conteúdos sequencializados em determinados materiais, como saberes distribuídos pelos professores nas aulas, como campo das interações e dos intercâmbios entre professores e alunos, como "partitura" da prática, etc.

Trata-se de um complexo *processo social com* múltiplas expressões, mas com uma determinada dinâmica, já que é algo que se constrói no tempo e dentro de certas condições. É uma realidade difícil de aprisionar em conceitos simples, esquemáticos e esclarecedores por sua própria complexidade e pelo fato de que tenha sido um campo de pensamento de abordagem recente dentro das disciplinas pedagógicas, além de controvertido, ao ser objeto de enfoques contraditórios e reflexo de interesses conflitantes. Não é estranho, tampouco, que as autodenominadas teorias do currículo sejam enfoques parciais e fragmentários.

Importa, pois, esclarecer o conteúdo e a dinâmica dessa prática e cercar, em alguma medida, os significados que esse conceito pretende sistematizar, mais do que simplificar ao mesmo tempo o complexo e difuso numa determinada concepção de partida.

Schubert (1986, p. 34-35) considera:

> Representar o currículo como um campo de pesquisa e de prática necessita concebê-lo como algo que mantém certas interdependências com outros campos da educação, o que exige uma perspectiva ecológica na qual o significado de qualquer elemento deve ser visto como algo em constante configuração pelas interdependências com as forças com as quais está relacionado.

Por isso argumentamos que o currículo faz parte, na realidade, de múltiplos tipos de práticas que não podem reduzir-se unicamente à prática pedagógica de ensino; ações que são de ordem política, administrativa, de supervisão, de produção de meios, de criação intelectual, de avaliação, etc., e que, enquanto são subsistemas em parte autônomos e em parte interdependentes, geram forças diversas que incidem na ação pedagógica. Âmbitos que evoluem historicamente, de um sistema político e social a outro, de um sistema educativo a outro diferente. Todos esses usos geram mecanismos de decisão, tradições, crenças, conceitualizações, etc. que, de uma forma mais ou menos coerente, vão penetrando nos usos pedagógicos e podem ser apreciados com maior clareza em momentos de mudança.

Se aceitarmos o que King sugere (1986), o significado último do currículo é dado pelos próprios contextos em que se insere: a) um *contexto de aula,* no qual encontramos uma série de elementos como livros, professores, conteúdos, crianças; b) outro *contexto pessoal e social,* modelado pelas experiências que cada pessoa tem e traz para a vida escolar, refletidas em aptidões, interesses, habilidades, etc., além do clima social que se produz no contexto de classe; c) existe, além disso, outro *contexto histórico* escolar criado pelas formas passadas de realizar a experiência educativa, que deram lugar a tradições introjetadas em forma de crenças, reflexos institucionais e pessoais, etc., porque cada prática curricular cria, de alguma forma, incidências nas que a sucederão; d) finalmente, se pode falar de um *contexto político,* à medida que as relações dentro da sala de aula refletem padrões de autoridade e poder, expressão de relações do mesmo tipo na sociedade exterior. As forças políticas e econômicas desenvolvem pressões que recaem na configuração dos currículos, em seus conteúdos e nos métodos de desenvolvê-los.

Uma visão tecnicista, ou que apenas pretenda simplificar o currículo, nunca poderá explicar a realidade dos fenômenos curriculares e dificilmente pode contribuir para mudá-los, porque ignora que o seu valor real depende dos contextos nos quais se desenvolve e ganha significado. Trata-se de um fenômeno escolar que expressa determinações não estritamente escolares, algo que se situa entre as experiências pessoais e culturais dos sujeitos, por um lado, prévias e paralelas às escolares, realizando-se num campo escolar, mas sobre o qual incidem, por outro lado, subsistemas exteriores muito importantes que obedecem a determinações variadas.

Para realizar uma análise esclarecedora de nosso sistema educativo, convém distinguir oito subsistemas ou âmbitos nos quais se expressam práticas relacionadas com o currículo, nos quais se decide ou nos quais se criam influências para o seu significado pedagógico.

1. O âmbito da atividade político-administrativa. A administração educativa regula o currículo como faz com outros aspectos, professores, escolas, etc. do sistema educativo, sob diferentes esquemas de intervenção política e dentro de um campo com maiores ou mais reduzidas margens de autonomia. Às vezes, chegamos a entender por currículo o que a administração prescreve como obrigatório para um nível educativo, etc., por ter muito presente o alto poder de intervenção que tem esta instância neste tema dentro de nosso contexto, com o consequente poder de definição da realidade e da negação ou esquecimento do papel de outros agentes talvez mais decisivos. Este âmbito de decisões deixa bem evidente os determinantes exteriores do currículo, ainda que estejam legitimadas por serem provenientes de poderes democraticamente estabelecidos.

2. O subsistema de participação e de controle. Em todo sistema educativo, a elaboração e a concretização do currículo, assim como o controle de sua realização, estão a cargo de determinadas instâncias com competências mais ou menos definidas, que variam de acordo com o campo jurídico, com a tradição administrativa e democrática de cada contexto. A administração sempre tem alguma competência neste sentido. Todas essas funções são desempenhadas pela própria burocracia administrativa, seus corpos especializados, como é o caso da inspeção, mas, à medida que um sistema se democratiza e se descentraliza, deixa para outros agentes algumas decisões relativas a certos aspectos ou componentes. As funções sobre a configuração dos currículos, sua concretização, sua modificação, sua vigilância, análises de resultados, etc. também podem estar nas mãos de órgãos do governo, das escolas, associações e sindicatos de professores, pais de alunos, órgãos intermediários especializados, associações e agentes científicos e culturais, etc. Todo currículo se insere num determinado equilíbrio de divisão de poderes de decisão e determinação de seus conteúdos e suas formas.

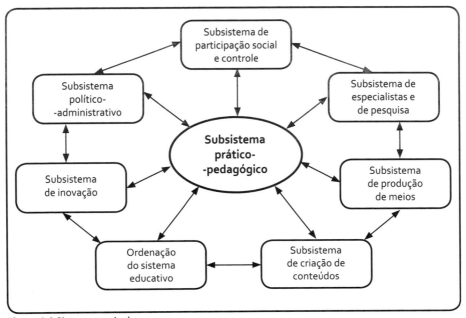

Figura 1.1 Sistema curricular.

A importância destes dois subsistemas nos esclarece as razões para entender este campo como um terreno político e não meramente pedagógico e cultural.

3. A ordenação do sistema educativo. A própria estrutura de níveis, ciclos educativos, modalidades ou especialidades paralelas ordenam o sistema educativo, marcando, em linhas gerais, de forma muito precisa, as mudanças de progressão dos alunos pelo sistema.

Regulam as entradas, o trânsito e a saída do sistema, servindo-se, em geral, da ordenação do currículo, e expressam através dele as finalidades essenciais de cada período de escolaridade. A distribuição da cultura entre distintos grupos sociais é determinada, em boa medida, com base na diferenciação dos currículos de cada ciclo, nível ou especialidade do sistema. É um dos caminhos de intervenção ou parcela prática em mãos da estrutura político-administrativa que rege o sistema. Os níveis educativos e as modalidades de educação cumprem funções sociais, seletivas, profissionais e culturais diferenciadas, e isso se reflete na seleção curricular que tem como conteúdo expresso e nas práticas que se criam em cada caso. À medida que tenha uma descentralização de decisões, ou quando existe optatividade curricular no nível de escolas, a ordenação pode ficar em níveis de decisão mais próximos dos usuários.

4. O sistema de produção de meios. Os currículos se baseiam em materiais didáticos diversos, entre nós quase que exclusivamente nos livros-texto, que são os verdadeiros agentes de elaboração e concretização do currículo. Como prática observável, o currículo por antonomásia* é o que fica interpretado por esses materiais que o professor e os alunos utilizam. Práticas econômicas, de produção e de distribuição de meios, criam dinâmicas com uma forte incidência na prática pedagógica; criam interesses, passam a ser agentes formadores do professorado, constituindo um campo de força muito importante que não costuma receber a atenção que merece. Esta prática costuma estar ligada a uma forma de ordenar o progresso curricular: por ciclos, níveis, cursos, disciplinas ou áreas, etc. Os meios não são meros agentes instrumentais neutros, pois têm um papel de determinação muito ativo, sobretudo em nosso sistema, ligado a uma forma de exercer o controle sobre a prática, as estreitas margens de decisão de que dispôs o professorado, a sua baixa formação e as condições de trabalho desfavoráveis.

5. Os âmbitos de criação culturais, científicos, etc. Na medida em que o currículo é uma seleção de cultura, os fenômenos que afetam as instâncias de criação e difusão do saber têm uma incidência na seleção curricular. Trata-se de uma influência que se exerce mais ou menos diretamente, com mais ou menos rapidez e eficácia, e que se divide de modo desigual entre diversas coletividades acadêmicas e culturais. A importância desse subsistema e sua comunicação com o currículo é evidente por um duplo motivo: porque as instituições onde se localiza a criação científica e cultural acabam recebendo os alunos formados pelo sistema educativo, o que gera necessariamente uma certa sensibilidade e pressão para os currículos escolares, por um lado, pela influência ativa que exercem sobre eles, e, por outro, selecionando conteúdos, ponderando-os, impondo formas de organização, paradigmas metodológicos, produzindo escritos, textos, etc. Os grupos de especialistas na cultura formam "famílias" que têm continuidade e criam dependências nas coletividades de docentes, especialmente dos níveis mais imediatos à criação e, principalmente, quando professores são especialistas em alguma área ou disciplina.

---

* N. de R.T.: Antonomásia: segundo o *Novo Dicionário Aurélio da Língua Portuguesa*, significa l. Ret. Substituição de um nome próprio por um comum ou uma perífrase. Ex. o cisne de Mântua (Virgílio); a águia de Haia (Rui Barbosa) ou vice-versa: um Nero (homem cruel) 2. V. cognome.

A dinâmica curricular, seus conteúdos e suas formas se explicam em alguns aspectos pela influência deste subsistema de criação do conhecimento e da cultura. Boa parte do dinamismo dos estudos sobre o currículo e da inovação curricular, sobretudo nas áreas científicas, nos países industrializados durante as últimas décadas, se explica pela pressão sobre o sistema educativo das instâncias de pesquisa, influenciadas, por sua vez, pelos interesses tecnológicos e econômicos ligados a elas. Entre nós existe, em geral, uma clara desconexão explícita entre as instituições nas quais se criam e recriam os saberes – a universidade – e os níveis educativos que depois os reproduzem – o que não significa que não exista uma influência, pressão, canalização através de textos, etc. Talvez socialmente não se tenha tomado consciência do papel dos níveis inferiores de educação na hora de criar uma ampla base cultural da qual poderão sair melhores candidatos aos níveis superiores.

6. Subsistema técnico-pedagógico: formadores, especialistas e pesquisadores em educação. Os sistemas de formação de professorado, os grupos de especialistas relacionados com essa atividade, pesquisadores e peritos em diversas especialidades e temas de educação, etc. criam linguagens, tradições, produzem conceitualizações, sistematizam informações e conhecimentos sobre a realidade educativa, propõem modos de entendê-la, sugerem esquemas de ordenar a prática relacionados com o currículo, que têm certa importância na sua construção, incidindo na política, na administração, nos professores, etc. Cria-se, digamos, linguagem e conhecimento especializados que atuam como código modelador ou, ao menos, como racionalização e legitimação da experiência cultural a ser transmitida através do currículo e das formas de realizar tal função. Costuma expressar-se não apenas na seleção dos conteúdos culturais e em sua ordenação, mas também na delimitação de objetivos específicos de índole pedagógica e em códigos que estruturam todo o currículo e seu desenvolvimento. A incidência deste subsistema técnico costuma ser operativa em aspectos mais periféricos, cuja influência depende de sua própria capacidade de resposta às necessidades dominantes do sistema educativo e de seu ascendente sobre os mecanismos de decisão. Um peso que varia de determinados níveis educativos para outros. Em menor medida, seu papel tem sido e é crítico.

7. O subsistema de inovação. Nos sistemas educativos complexos, dentro de sociedades desenvolvidas, a sensibilidade sobre a sua qualidade aumenta, sua renovação qualitativa ganha importância, os interesses de acomodação constante dos currículos às necessidades sociais também se tornam manifestos – funções dificilmente cumpridas por outros agentes que não aqueles especificamente dedicados a renovar o sistema curricular. Entre nós, esta instância mediadora, de frente para a intervenção em todo o sistema, não existe, o que se explica pelo modelo de intervenção administrativa existente sobre o currículo e pela falta de consciência sobre sua necessidade. Mas trata-se de um aspecto que, com um campo de ação limitado, apareceu através de grupos de professores e movimentos de renovação pedagógica. Isso é sintoma de uma necessidade. É evidente que uma renovação qualitativa da prática exige produção alternativa de materiais didáticos e sistemas de apoio direto aos professores em sua prática que grupos isolados e bem-intencionados de professores não podem resolver massivamente. Em outros sistemas educativos, as estratégias de inovação curricular e os projetos relacionando inovações de currículos e aperfeiçoamento de professores têm sido uma forma frequente e eficaz de fazer as reformas curriculares.

8. O subsistema prático-pedagógico. É a prática por antonomásia, configurada basicamente por professores e alunos e circunscrita às instituições escolares, embora se coloque a necessidade de ultrapassar esse campo muitas vezes isolado. E o que comumente chamamos *ensino* como processo no qual se comunicam e se fazem realidade as propostas curriculares, condicionadas pelo campo institucional organizativo imediato e pelas influências dos subsistemas anteriores. É óbvio que o currículo faz referência à interação e ao intercâmbio entre professores e alunos, expressando-se em práticas de ensino-aprendizagem sob enfoques metodológicos muito diversos, através de tarefas acadêmicas determinadas, configurando de uma forma concreta o posto de trabalho do professor e o de aprendiz dos alunos.

Naturalmente, através de todos estes subsistemas, e em cada um deles, se expressam determinações sociais mais amplas, sendo o currículo um teatro de operações múltiplas, de forças e determinações diversas, ao mesmo tempo em que ele também, em alguma medida, pode converter-se em determinador das demais. Se o sistema escolar mantém particulares dependências e interações com o sistema social em que surge, não poderia ocorrer o contrário ao conteúdo fundamental da escolarização.

Por isso, a compreensão da realidade do currículo deve ser colocada como resultante de interações diversas. O currículo, que num momento se configura e objetiva como um projeto coerente, já é por si o resultado de decisões que obedecem a fatores determinantes diversos: culturais, econômicos, políticos e pedagógicos. Sua realização posterior ocorre em um contexto prático no qual se realizam tipos de práticas muito diversas. Assim, o projeto configura em grande parte a prática pedagógica, mas é, por sua vez, delimitado e limitado em seus significados concretos por essa mesma prática que existe previamente a qualquer projeto curricular. Todos os subsistemas rapidamente analisados, incluindo o pedagógico, existem de antemão, quando se quer implantar um projeto curricular novo.

Esses subsistemas apontados mantêm relações de *determinação recíproca* entre si, de força distinta, segundo os casos. O conjunto dessas inter-relações constitui o *sistema curricular*, compreensível apenas dentro de um determinado sistema social geral, que se traduz em processos sociais que se expressam através do currículo. Nesse conjunto de interações se configura como objeto, e é através das práticas concretas dentro do sistema geral e dos subsistemas parciais que podemos observar as funções que cumpre e os significados reais que adota.

TODA A PRÁTICA PEDAGÓGICA GRAVITA EM TORNO DO CURRÍCULO

O currículo acaba numa prática pedagógica, como já explicamos. Sendo a condensação ou expressão da função social e cultural da instituição escolar, é lógico que, por sua vez, impregne todo tipo de prática escolar. O currículo é o cruzamento de práticas diferentes e se converte em configurador, por sua vez, de tudo o que podemos denominar como prática pedagógica nas aulas e nas escolas.

Vejamos um exemplo de prática pedagógica. Trata-se de uma atividade relacionada com o objetivo de *cultivar o gosto pela leitura*, dando cumprimento à faceta curricular oral dentro da área de linguagem.

O fato de que todos contribuam com alguma sugestão e material para a aula cultiva, além disso, certas atitudes e hábitos de colaboração, embora seja quase certo que o professor opte por essa prática frente à carência de recursos na escola e nas salas de aula. Essa atividade se realiza com livros nem sempre adequados, visto que os alunos certamente não levarão seus melhores livros para a aula. O professor se conscientizou do clima de avaliação desfavorável em que tal tarefa se realiza e, certamente, também não pensa em que a pobreza de recursos dentro da sala de aula se corrigiria mudando o sistema de todos os alunos comprarem os mesmos livros-texto, pois há textos inéditos "para estudar", mas não há livros variados, suficientes e adequados "para ler". Certamente, essa prática de aula está relacionada com uma falta de propostas coerentes em nível de escola, porque cada professor decide sua atividade individualmente. Não existe na escola uma biblioteca de uso acessível aos alunos. O clima de controle ou de avaliação tem repercussões morais no aluno, no momento de se propor a resolução da situação desagradável que é, para ele, uma leitura não adequada.

PRÁTICA PEDAGÓGICA

Aluno do quinto curso de EGB[*]

- Em linguagem, além de outras tarefas, cada aluno deve escolher um livro de leitura da biblioteca da sala de aula. Esta se forma graças às contribuições voluntárias que os alunos realizam. Ao final do curso, eles as recuperam outra vez.
- Os livros são variados, uns atrativos e outros não. Os alunos os escolhem para sua leitura segundo sua disponibilidade no momento da escolha, quando vão ficando livres. São distribuídos por ordem de lista ou de mesas. Em outros casos, o professor os distribui diretamente aos alunos.
- Não se estabelece tempo limitado para sua leitura.
- Um aluno mantém o controle das entradas e saídas de exemplares com a supervisão do professor.
- O aluno "X" escolheu livremente *A ilha do tesouro*, de Stevenson.
- Uma vez lido, terá que narrar para toda a aula o conteúdo da leitura se o professor lhe pedir. O aluno sente que é necessário estar preparado para esse momento. Sabe que será avaliado em "linguagem oral". O professor lhe informou a respeito.
- O tamanho de letra do livro é bastante reduzido, e o aluno, para seguir sua leitura, deve marcar com o dedo linha por linha. A tarefa se torna cansativa.
- Deverá ler o livro em momentos livres dentro do horário de aula e em casa, sendo uma atividade do tipo "passatempo".
- Não pode se mudar de livro, uma vez escolhido, até que não conclua sua leitura, mesmo que não lhe agrade o que escolheu ou o que lhe deram.
- O entrevistador, frente à dificuldade da criança, lhe sugere que escolha outro livro diferente, menos cansativo pela extensão e pelo tipo de letra, e que faça o resumo como se estabeleceu em sala de aula, mesmo que se trate de um livro que não pertença à biblioteca da aula.
- O aluno não se sente livre para propor a mudança ao professor.
- O entrevistador sugere a possibilidade de se pular trechos para se ter uma ideia geral e poder realizar o resumo, mas o aluno teme que o professor descubra a "trapaça", pois já aconteceu com outros colegas e foram advertidos de que não deveria voltar a acontecer tal coisa.

Podemos ver uma atividade prática de caráter pedagógico que manifesta uma forma de desenvolver um aspecto concreto do currículo, na qual se expressa a localização de um objetivo curricular em uma etapa educativa, que não seria tão provável de encontrar no *bachillerato*.[**] Vemos como, em torno dela, se torna evidente também um certo tipo de competência profissional, a existência de certos meios na aula, os usos na aquisição de materiais, a organização da escola, o clima de avaliação, certas relações professor-aluno pouco fluidas, etc. Sendo uma prática curricular circunscrita ao contexto de sala de aula e dentro de um clima social determinado, se vincula às práticas organizativas, de consumo

---

[*] N. de R.T.: EGB: Significa Educação Geral Básica, que se constituía no grau de ensino hoje denominado no sistema de ensino espanhol Educação Primária.

[**] N. de R.T.: *Bachillerato:* O sistema educacional espanhol inclui o *Bachillerato* como uma etapa do ensino que se situa entre a Educação Secundária e a Universidade.

de materiais, relacionadas, por sua vez, com práticas administrativas de regular o currículo e com práticas de controle assumidas pelo professor em seu comportamento pedagógico e pessoal com seus alunos. O significado do currículo se concretiza e se constrói em função de todos esses contextos e se expressa em práticas de significações múltiplas. Ao manifestar-se através deles, se sobrepõe em processos e mecanismos complexos que traduzem seu significado.

O exemplo que acabamos de dar é uma prática pedagógica relacionada com um aspecto parcial do currículo de linguagem ancorada em contextos diversos, isto é, multicontextualizada. Somente assim podemos explicá-la em todos os seus significados, e mudá-la certamente significará não apenas remover crenças e habilidades profissionais do professor, mas intervir no nível do contexto organizativo, de produção de materiais, etc.

A maioria das práticas pedagógicas tem a característica de estar multicontextualizada. As atividades práticas que servem para desenvolver os currículos estão sobrepostas em contextos aninhados uns dentro de outros ou dissimulados entre si. O currículo se traduz em atividades e adquire significados concretos através delas. Esses contextos são produtos de tradições, valores e crenças muito assentadas, que mostram sua presença e obstinação à mudança quando uma proposta metodológica alternativa pretende instalar-se em certas condições já dadas.

Outra prática multicontextualizada é tudo o que se refere à avaliação. Avaliam-se e se decidem tarefas, inclusive pelo fato de seus resultados ou produtos previsíveis serem ou não fáceis de se avaliar; o clima de avaliação serve para manter um controle sobre os alunos e, ao mesmo tempo, expressa a mentalidade de controle que impregna tudo o que é escolar, inclusive dentro da escolaridade obrigatória, que, *a priori*, não tem explicitamente a missão de selecionar e graduar os sujeitos.

De alguma maneira, pois, estão implicados com o currículo todos os temas que têm alguma importância para compreender o funcionamento da realidade e da prática escolar no nível de aula, de escola e de sistema educativo. Atrevo-me a afirmar que são poucos os fatos da realidade escolar e educativa que não têm "contaminações" por alguma característica do currículo das instituições escolares.

Esta circunstância tem uma primeira consequência de ordem metateórica: o estudo do currículo serve de centro de condensação e inter-relação de muitos outros conceitos e teorias pedagógicas, porque não existem muitos temas e problemas educativos que não tenham algo a ver com ele. A organização do sistema escolar por níveis e modalidades, seu controle, a formação, a seleção e a nomeação do professorado, a seletividade social através do sistema, a igualdade de oportunidades, a avaliação escolar, a sua renovação pedagógica, os métodos pedagógicos, a profissionalização dos professores, etc. relacionam-se com a organização e o desenvolvimento curricular.

A relevância que tem o problema da prática no conhecimento e na pesquisa pedagógica e, mais concretamente, a relação teoria-prática, é outra razão a mais para a atualização da discussão em torno dos problemas curriculares, à medida que são agentes na configuração das práticas de ensino. Se a prática é impensável sem ser concebida como expressão de múltiplos usos, mecanismos e comportamentos relacionados com o desenvolvimento de um determinado currículo, a comunicação teoria-prática não pode desconsiderar a mediação curricular como canal privilegiado.

Estamos frente a um núcleo temático-estratégico para analisar a comunicação entre as ideias e os valores, por um lado, e a prática, por outro. Uma parte importante da teoria moderna do currículo versa sobre a separação desses extremos e sobre as razões que a produzem. O próprio discurso sobre a relação teoria-prática se nutre da teoria e das práticas curriculares. Um discurso que deve ultrapassar os estreitos limites da aula. Na configuração e no desenvolvimento do currículo, podemos ver se entrelaçarem práticas políticas, administrativas, econômicas, organizativas e institucionais, junto a práticas estritamente didáticas; dentro de todas elas agem pressupostos muito diferentes, teorias, perspectivas e interesses muito diversos, aspirações e gestão de realidades existentes, utopia e realidade. A compreensão do currículo, a renovação da prática e a melhora da qualidade do ensino através do currículo não devem esquecer todas essas inter-relações.

As ideias pedagógicas mais aceitáveis e potencialmente renovadoras podem coexistir, e de fato coexistem, com uma prática escolar obsoleta. Tal incongruência e impotência para a transformação da realidade ocorre, em boa parte, porque tal prática está muito ligada ao tipo de currículo contextualizado em subsistemas diversos e aos usos criados por seu desenvolvimento, ou que se expressam através dele, que permanecem muito estáveis. Por isso, a renovação do currículo, como plano estruturado por si só, não é suficiente para provocar mudanças substanciais na realidade. O discurso pedagógico, se não totaliza toda essa trama de práticas diversas, não incide rigorosamente em sua análise e será incapaz de proporcionar verdadeiras alternativas de mudança nas aulas.

Nos momentos em que se toma consciência da falta de qualidade no sistema educativo, a atenção se dirige para a renovação curricular como um dos instrumentos para sua melhora. Isso leva a se fixar imediatamente em dois aspectos básicos: os conteúdos do currículo e a metodologia nas aulas. Mas a prática escolar é uma prática institucionalizada, cuja mudança necessita remover as condições que a medeiam, atuando sobre todos os *âmbitos práticos* que a condicionam, que ultrapassam muito claramente as práticas do ensino-aprendizagem nas aulas. Não basta estabelecer e difundir um determinado discurso ideológico e técnico-pedagógico para que mude, embora se materialize inclusive num plano estruturado, embora seja condição prévia necessária.

Quase se pode dizer que o currículo vem a ser um conjunto temático abordável interdisciplinarmente, que serve de núcleo de aproximação para outros muitos conhecimentos e contribuições sobre a educação. Essa interação de conceitos facilita a compreensão da prática escolar, que está tão condicionada pelo currículo que se distribui. Daí a relevância que se há de conceder neste capítulo à formação e ao aperfeiçoamento dos professores, a consideração que se há de ter na configuração de uma determinada política educativa, seu necessário questionamento quando se pretende estabelecer programas de melhora de qualidade da educação e, enfim, para fazer progredir o conhecimento sobre o que é a educação quando se realiza em situações e contextos concretos.

Pedir uma teoria estruturada do currículo, que é, por sua vez, integradora de outras subteorias, capaz de guiar a prática, é tão utópico quanto pedir uma conjunção dos saberes pedagógicos sobre a educação que sejam capazes de explicar a ação e de guiá-la quando a escola desenvolve um projeto cultural com os alunos. Mas, ao mesmo tempo, convém ressaltar a necessidade de alcançá-la por esse duplo caráter central que tem na explicação e na configuração da realidade cotidiana do ensino.

Não existe ensino nem processo de ensino-aprendizagem sem conteúdos de cultura, e estes adotam uma forma determinada em determinado currículo. Todo modelo ou proposta de educação tem e deve tratar explicitamente o referente curricular, porque todo modelo educativo é uma opção cultural determinada. Parece necessário também que se enfatize cada vez mais este aspecto, porque uma espécie de "pedagogia vazia" de conteúdos culturais adonou-se, de alguma forma, do que se reconhece como pensamento pedagógico progressista e científico na atualidade, muito marcado pelo domínio que o psicologismo tem tido sobre o discurso pedagógico contemporâneo. O certo é que, por diferentes razões, na teorização pedagógica dominante, existem mais preocupações pelo *como* ensinar que pelo *que* se deve ensinar. Se é evidente que ambas as perguntas devem ser questionadas simultaneamente em educação, a primeira fica vazia sem a segunda. Um vazio que é ainda muito mais evidente em toda a tecnocracia pseudocientífica que dominou e domina boa parte dos esquemas pedagógicos. A consequência desta crítica é importante não apenas para reconsiderar as linhas de investigação dominantes em educação, mas também, e especialmente, a formação de professores.

A importância para o professor reside no fato de que é um ponto de referência no qual, de forma paradigmática, podem se apreciar as relações entre as orientações procedentes da teoria e da realidade da prática, entre os modelos ideais de escola e a escola possível, entre os fins pretensamente atribuídos às instituições escolares e às realidades efetivas.

Se o conteúdo cultural é a condição lógica do ensino, é muito importante analisar como esse projeto de cultura escolarizada se concretiza nas condições escolares. A realidade cultural de um país, sobretudo para os mais desfavorecidos, cuja principal oportunidade cultural é a escolarização obrigatória, tem muito a ver com a significação dos conteúdos e dos usos dos currículos escolares. A cultura geral de um povo depende da cultura que a escola torna possível enquanto se está nela, assim como dos condicionamentos positivos e negativos que se desprendem dela.

Muitos dos problemas que afetam o sistema educativo e muitas das preocupações mais relevantes em educação têm concomitâncias mais ou menos diretas e explícitas com a problemática curricular. Atualmente, prática é um dos eixos vertebrais do pensamento, da pesquisa e dos programas de melhora para as instituições escolares. O currículo é um dos conceitos mais potentes, estrategicamente falando, para analisar como a prática se sustenta e se expressa de uma forma peculiar dentro de um contexto escolar. O interesse pelo currículo segue paralelo com o interesse por conseguir um conhecimento mais penetrante sobre a realidade escolar.

O fracasso escolar, a desmotivação dos alunos, o tipo de relações entre estes e os professores, a disciplina em sala de aula, a igualdade de oportunidades, etc. são preocupações de conteúdo psicopedagógico e social que têm concomitâncias com o currículo que se oferece aos alunos e com o modo como é oferecido. Quando os interesses dos alunos não encontram algum reflexo na cultura escolar, se mostram refratários a esta sob múltiplas reações possíveis: recusa, confronto, desmotivação, fuga, etc.

O próprio conceito do que os professores consideram aprendizagens essenciais a que devem dedicar mais tempo, que são as que formarão o objetivo básico das avaliações, é produto das práticas curriculares dominantes, que deixaram como sedimento nos professores o esquema do que é para eles o "conhecimento valioso".

Um alto índice de fracasso escolar pode ser devido a uma exigência inadequada que se considera como mínimo viável e obrigatório. Os programas oficiais para o ciclo médio EGB regulados em 1982 (Decreto Real 12-II) estabelecem, por exemplo, como nível de referência na área de língua espanhola que os alunos saibam:

> Ler silenciosamente e sem articulação labial um texto de aproximadamente 200 palavras, adequado ao seu nível, com argumento claramente definido. Explicar as ideias essenciais (explícitas e implícitas) e as relações entre elas, fazendo um resumo e respondendo a um questionário (oralmente ou por escrito).

A ordem ministerial que desenvolvia, no mesmo ano, essa competência mínima curricular exigível a todas as crianças espanholas de EGB concretizava essa norma para o terceiro curso (Objetivo 1.6 do Bloco temático número 1 da área de Linguagem oral) em que estas deviam saber: "ler em voz alta um texto de aproximadamente 150 palavras com pronúncia, ritmo, pausas e entonação adequadas, a uma velocidade de aproximadamente 80 palavras por minuto".

Estamos frente a uma exigência ditada para ordenar o currículo, que, supomos, teria algum apoio científico para ser expressa em termos tão precisos, que tem repercussões muito amplas e que nos sugere múltiplas perguntas: As crianças de EGB estão num nível adequado para responder a essa exigência? Essa exigência é realista para todas as crianças, seja qual for seu nível cultural de procedência? Com que probabilidades de êxito os alunos com diferente situação linguística em comunidades bilíngues enfrentarão essa forma de rendimento escolar pedido? Não se marca um nível para, a partir dele, decidir o que é ou não fracasso escolar em linguagem oral? Que norma de qualidade se difunde entre o professorado que deve contribuir para se conseguir essa competência obrigatória a respeito das capacidades linguísticas do aluno? Essa peculiaridade na forma de determinar uma exigência condiciona muitas outras coisas.

Pense-se na acusação muito difundida de que os programas escolares estão sobrecarregados, o que obriga a acelerar o ritmo do tratamento dos temas, imprimindo-lhes uma certa superficialidade e memorialismo, sem poder se deter para realizar atividades mais sugestivas, mas que tornariam mais lento o alcance desses mínimos estabelecidos. Uma característica do currículo, como é o desenvolvimento de seus componentes, pode ditar o que é qualidade de aprendizagem, provocar uma acepção mais superficial deste, distanciar a possibilidade de implantar outras metodologias alternativas, etc.

Outro exemplo: a relação pedagógica professor-aluno está muito condicionada pelo currículo, que se converte em exigência para uns e outros. Não se pode entender como são as relações entre alunos e professores sem ver que papéis representam ambos os participantes da relação na comunicação do saber. A relação pessoal se contamina da comunicação cultural – nitidamente curricular – e vice-versa. O professor e os alunos estabelecem tal relação como uma consequência e não como primeiro objetivo, mesmo que depois um discurso humanista e educativo dê importância a essa dimensão, inclusive como mediadora dos processos e resultados da aprendizagem escolar.

A atuação profissional dos professores está condicionada pelo papel que lhes é atribuído no desenvolvimento do currículo. A evolução dos currículos, a diferente ponderação de seus componentes e de seus objetivos são também propostas de reprofissionalização dos professores. Num nível mais sutil, o papel dos professores está de alguma forma prefigurado pela margem de atuação que a política lhe deixa e o campo no qual se regula administrativamente o currículo, segundo os esquemas dominantes na política. O conteúdo da profissionalidade docente está em parte decidido pela estruturação do currículo num determinado nível do sistema educativo.

Seja qual for a temática que abordemos, podemos encontrar nela uma relação de interdependência com o currículo. Este se converte num tema no qual se entrecruzam muitos outros, em que se veem implicações muito diversas que configuram a realidade escolar.

Como uma primeira síntese, poderíamos dizer:
1) Que o currículo é a expressão da função socializadora da escola.

2) Que é um instrumento que cria toda uma gama de usos, de modo que é elemento imprescindível para compreender o que costumamos chamar de prática pedagógica.
3) Além disso, está estreitamente relacionado com o conteúdo da profissionalização dos docentes. O que se entende por bom professor e as funções que se pede que desenvolva dependem da variação nos conteúdos, finalidades e mecanismos de desenvolvimento curricular.
4) No currículo se entrecruzam componentes e determinações muito diversas: pedagógicas, políticas, práticas administrativas, produtivas de diversos materiais, de controle sobre o sistema escolar, de inovação pedagógica, etc.
5) Por tudo o que foi dito, o currículo, com tudo o que implica quanto a seus conteúdos e formas de desenvolvê-los, é um ponto central de referência na melhora da qualidade do ensino, na mudança das condições da prática, no aperfeiçoamento dos professores, na renovação da instituição escolar em geral e nos projetos de inovação dos centros escolares.

AS RAZÕES DE UM APARENTE DESINTERESSE

Como campo de estudo singularizado, as análises sobre o currículo não surgem como problemas definidos para se resolver, com uma metodologia e algumas derivações práticas, como ocorre com outras áreas de conhecimento e pesquisa sobre a educação, mas como uma tarefa de gestão administrativa, algo que um administrador tem a responsabilidade de organizar e governar. O campo de estudo não surgiu derivado de uma necessidade intelectual, mas como algo que convinha propor e solucionar para a administração do sistema escolar (PINAR; GRUMET, 1981). Este comentário referente à origem da teorização sobre o currículo nos Estados Unidos pode se aplicar com muito mais propriedade ainda a nosso contexto, com a peculiaridade de que a história do estabelecimento de uma política e de um estilo de administrar o currículo ocorreu, em nosso caso, sob um regime político que mais dificilmente que em outros contextos podia deixar que se discutisse a partir de fora a seleção e a forma de organizar a cultura da escola.

Em contraste com a importância deste campo de estudo e de conceitualização, afirmando a prioridade do currículo na compreensão do ensino e da educação, constata-se uma certa despreocupação de nosso pensamento pedagógico mais próximo, que lhe reserva um lugar hoje mais para o vazio, ao mesmo tempo em que vimos que se reproduziram e se reproduzem modelos e esquemas que provêm de outros contextos, que obedecem a outros pressupostos, necessidades, etc. Isto pode ter duas explicações, que, embora não sejam as únicas, consideramos importantes: a pedagogia mais acadêmica, como conjunto de conhecimentos, práticas e interesses, não serviu de ferramenta crítica do projeto educativo que as escolas realizavam na realidade, enquanto estas funcionaram e funcionam em torno de um projeto de cultura muito pouco discutido. Analisá-lo e criticá-lo exige estabelecer um discurso crítico sobre a realidade que os estudos e as orientações dominantes na teoria e na pesquisa pedagógica não seguiram na maioria dos casos. A teorização expressa sobre o currículo, que primeiramente se traduziu entre nós, seguia a orientação administrativista à medida que eram instrumentos para racionalizar, com esquemas técnicos, a gestão do currículo. O movimento mais significativo foi o da "gestão científica" apoiada no modelo de objetivos, que eclode entre nós nos anos 1970, embora viesse se formando antes.

Em segundo lugar, e coerentemente com o anterior, o currículo tem sido mais um campo de decisões do político e do administrador, confundidos muitas vezes numa mesma figura, que pouco necessitavam do técnico e do discurso teórico para suas gestões numa primeira etapa. As decisões sobre o currículo, sua própria elaboração e reforma, foram realizadas fora do sistema escolar e à margem dos professores. Unicamente, já em data mais recente, a união do político-administrador e do técnico se fez necessária, quando as formas dos currículos se complicaram e foi conveniente lhes dar certa forma técnica, quando é preciso tomar decisões administrativas que necessitam de uma certa linguagem especializada, guardando determinados requisitos e respeitando alguns formatos técnicos. Mas nessa associação desigual é normalmente o técnico quem adapta suas fórmulas úteis às exigências do administrador. A soma desses dois papéis em nosso sistema, em muitos casos, foi cumprida pela figura da inspeção.

Quando o currículo é uma realidade gestionada e decidida a partir da burocracia que governa os sistemas educativos, principalmente nos casos de tomadas de decisões centralizadas, é lógico que os esquemas de racionalização que essa prática gera sejam aqueles que melhor podem cumprir com as finalidades do gestor. A dificuldade de achar uma teorização crítica, reconceitualizadora, iluminadora e coerente sobre o currículo provém, em parte, de uma história na qual os esquemas gerados em torno dele foram instrumentos do gestor ou, para o que gestionava esse campo, ferramentas pragmáticas mais que conceitos explicativos de uma realidade. Porque nos sistemas escolares modernos, principalmente quando se tornou consciência do poder que isso representa, o currículo é um aspecto acrescentado, e dos mais decisivos, na ordenação do funcionamento desses sistemas, que cai nas mãos da administração. No currículo se intervém como se faz em outros temas e pelo fato de sua regulação estar ligada a todos os demais aspectos gestionados: níveis educativos, professorados, validações, promoção dos alunos, etc.

Os gestores da educação regulam os níveis educativos, o acesso do professorado a esses níveis, a nomeação dos professores aos postos de trabalho, os mínimos nos quais se baseia a promoção dos alunos, as validações escolares que dão os níveis e modalidades do sistema, os controles sobre a sua qualidade etc. E, nessa medida, se veem compelidos a regular o currículo que sustenta a escolarização, todo o aparato escolar e a distribuição do professorado. Nos sistemas escolares organizados, a intervenção da burocracia no aparato curricular é inevitável em alguma medida, pois o currículo é parte da estrutura escolar. O problema reside em analisar e contrabalançar os diferentes efeitos das diferentes formas de realizar essa intervenção. O legado de uma tradição não democrática, que além disso tem sido fortemente centralizadora, e o escasso poder do professorado na regulação do sistema educativo, sua própria falta de formação para fazê-lo, fizeram com que as decisões básicas sobre o currículo sejam da competência da burocracia administrativa. O próprio professorado o admite como normal, porque está socializado profissionalmente neste esquema. Não perder de vista tudo isto é importante, quando se centram nas inovações curriculares expectativas de mudança para o sistema escolar.

De tudo isso, se deduz de forma bem evidente que o discurso curricular tenha sempre uma vertente política e que a teorização tem de ser avaliada em função do papel que cumpre no próprio contexto em que se produz a prática curricular, apreciando se se desenvolve antes no papel de um discurso adaptativo, reformista ou de resistência.

Para qualquer contexto, é evidente que a complexidade do conceito e o fato de haver sido mais um campo de ação dos administradores e gestores da educação dificultaram dispor de uma ordenação coerente de conceitos e princípios, podendo se afirmar que não possuímos uma teoria do objeto pedagógico chamado currículo. Mas, para nós, tem uma especial significação, devido ao campo histórico e político em que se gestionou, os mecanismos administrativos de regulação que herdamos, os reflexos mentais que se aceitam como pressupostos geralmente não discutidos e os instrumentos de desenvolvimento curricular que traduzem as orientações em recursos dos professores.

A imaturidade, historicamente explicável desde este campo de conhecimento para nós, exige descobrir as condições básicas em que essa realidade se produz, como algo prioritário do ponto de vista do compromisso do pensamento com a ação e com a realidade histórica, antes de buscar a extrapolação de teorizações elaboradas a partir de outros contextos práticos, que têm o grande valor de nos mostrar o caminho do progresso da análise teórica e da pesquisa sobre o currículo, mas que podem nos despistar e nos distanciar das condições de nossa própria realidade. Convém analisar a prática educativa desde a determinação que o currículo tem sobre ela, incorporando âmbitos de pesquisa que, sem estarem ordenados sob o rótulo de *estudos curriculares*, têm um valor importante para iluminar a realidade.

UM PRIMEIRO ESQUEMA DE EXPLICAÇÃO

O currículo é *uma opção* cultural, o projeto que quer tornar-se na cultura conteúdo do sistema educativo para um nível escolar ou para uma escola de forma concreta. A análise desse projeto, sua representatividade, descobrir os valores que o orientam e as suas opções implícitas, esclarecer o campo em que se desenvolve, condicionado por múltiplos tipos de práticas, etc. exigem uma análise crítica que o pensamento pedagógico dominante tem evitado.

Numa primeira aproximação e concretização do significado amplo que nos sugere, propomos definir o currículo como *o projeto seletivo de cultura, cultural, social, política e administrativamente condicionado, que preenche a atividade escolar e que se torna realidade dentro das condições da escola tal como se acha configurada*. Esta perspectiva nos situa frente a um panorama adequado para analisar em toda sua complexidade a qualidade da aprendizagem pedagógica que ocorre nas escolas, porque se nutre dos *conteúdos* que compõem os currículos; mas a sua concretização qualitativa não é independente dos formatos que o currículo adota nem das *condições* nas quais se desenvolve. A definição que acabamos de sugerir se refere a esses três elementos.

Este conceito de currículo, referencial para a ordenação teórica da problemática correspondente, nos sugere que existem três grandes grupos de problemas ou elementos em interação recíproca, que são os que definitivamente concretizam a realidade curricular como cultura da escola.

1. A aprendizagem dos alunos nas instituições escolares está organizada em função de um projeto cultural para a escola, para um nível escolar ou modalidade; isto é, o currículo é, antes de tudo, uma *seleção de conteúdos* culturais peculiarmente organizados, que estão *codificados de forma singular*. Os conteúdos em si e a forma ou códigos de sua organização, tipicamente escolares, são parte integrante do projeto.

2. Esse projeto cultural se realiza dentro de determinadas *condições políticas, administrativas e institucionais,* porque a escola é um campo institucional organizado que proporciona uma série de regras que ordenam a experiência que os alunos e os professores podem obter participando nesse projeto. As condições o modelam e são fonte por si mesmas de um currículo paralelo ou *oculto*. O currículo na prática não tem valor a não ser em função das condições reais nas quais se desenvolve, enquanto se modela em práticas concretas de tipo muito diverso. Tais condições não são irrelevantes, mas artífices da modelagem real de possibilidades que um currículo tem. Sem notar essa concretização particular, pouco valor pode ter qualquer proposta ideal.

3. Na sequência histórica, esse projeto cultural, origem de todo currículo, e as próprias condições escolares estão, por sua vez, culturalmente condicionados por uma realidade mais ampla, que vem a ser a estrutura de pressupostos, ideias e valores que apoiam, justificam e explicam a seleção cultural, a ponderação de componentes que se realizou, a estrutura pedagógica subsequente, etc. O currículo é selecionado dentro de um campo social, se realiza dentro de um campo escolar e adota uma determinada estrutura condicionada por esquemas que são a expressão de uma cultura que podemos chamar psicopedagógica, mesmo que suas raízes remontem muito além do pedagógico. Por trás de todo currículo existe hoje, de forma mais ou menos explícita e imediata, uma *filosofia curricular* ou uma orientação teórica que é, por sua vez, síntese de uma série de posições filosóficas, epistemológicas, científicas, pedagógicas e de valores sociais. Este condicionamento cultural das formas de conceber o currículo tem uma importância determinante na concepção própria do que se entende por tal e nas formas de organizá-lo. É fonte de códigos curriculares que se traduzem em diretrizes para a prática e que acabam se refletindo nela.

As *concepções curriculares* são as formas que a racionalidade ordenadora do campo teórico-prático adota, ou seja, o currículo. Embora a realidade prática, mediada pela urgência em resolver problemas práticos de ordenação do sistema escolar, seja prévia a qualquer proposição explícita de ordem metateórica, quando determinados esquemas de racionalização se fazem explícitos e se difundem, acabam prendendo os que tomam decisões sobre o currículo e, nessa medida, se convertem em instrumentos operativos da forma que adota e depois na prática. Embora o currículo seja, antes de mais nada, um problema prático que exige ser gestionado e resolvido de alguma forma, os esquemas de racionalidade que utiliza não são totalmente independentes de certas orientações de racionalidade para a ordenação desse campo problemático, com todas as incoerências e contradições que queiramos.

Assim, por exemplo, o esquema de programar a prática docente por objetivos é uma filosofia curricular que condiciona a prática e pode ter consequências na aprendizagem que ocorra na aula, sendo que é, basicamente, um esquema para dotar de racionalidade tecnológica a prática de gestores. É um código para articular a prática que atua como elemento condicionante do que se decide previamente como conteúdo cultural do currículo. Esse código se apresenta como um elemento técnico-pedagógico que tem por trás de si uma série de determinações de tipo diverso.

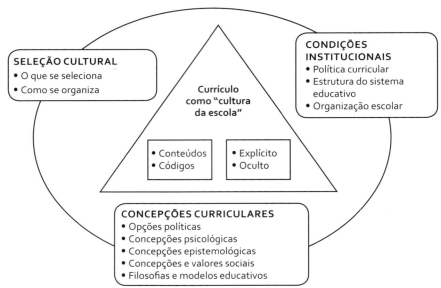

Figura 1.2 Esquema para uma teoria do currículo.

O esquema sintetiza as três vertentes fundamentais mais imediatas que configuram a realidade curricular.

Toda esta dinâmica curricular não se produz no vazio, mas envolta no campo político e cultural geral, do qual se costumam tomar argumentos, contribuições pretensamente científicas, valores, etc.

Como consequência de tudo isso, surge um quarto ponto importante a ser considerado, relativo à inovação e à renovação pedagógica. Por trás de cada metateoria curricular, por trás de cada concepção do currículo, existe uma forma implícita de entender o que é a mudança do currículo e da prática pedagógica, pois todo campo de conhecimento implica uma forma de se confrontar com a prática (HABERMAS, 1982).

Como o currículo tem uma projeção direta sobre a prática pedagógica, cujas metateorias terão enfatizado determinados enfoques para ele, ressaltando certos elementos com especial relevância sobre outros, a melhora e mudança da prática têm diferentes versões, de acordo com a metateoria da qual se inicie. Assim, por exemplo, mudar os conteúdos para modificar a prática obedece a um esquema de análise. Considerar que essas mudanças na composição de conteúdos, disciplinas, acrescidas de objetivos ou habilidades, não são suficientes para mudar as experiências dos alunos, obedece a outro esquema de análise ou perspectiva teórica diferente. Pensar que a prática das aulas depende de fatores curriculares, mas que estes se cumprem ou não de acordo com outros condicionamentos institucionais, responde a outro modelo de análise, que é o que queremos manter. O que é relevante dentro do discurso sobre o currículo? A cada uma das aproximações que façamos, corresponde uma dinâmica de inovação diferente, quando se quer melhorar a prática.

Se se quer intervir na qualidade da aprendizagem pedagógica que a instituição escolar distribui, é preciso considerar que é o produto de toda essa interação de aspectos.

A especificidade do nível educativo do qual se trate empresta um caráter peculiar a essas três dimensões básicas, que podem ser destacadas na prática do desenvolvimento dos currículos. Na discussão sobre o currículo da educação obrigatória são ressaltados predominantemente os problemas relativos à sua correspondência com as necessidades do aluno como membro de uma sociedade, dado que se trata de uma formação geral. No ensino profissionalizante, se mistura a aspiração a uma correta profissionalização com o discurso sobre a formação geral do aluno. No currículo do ensino secundário, costuma-se ressaltar o valor propedêutico para o ensino superior, tornando-se evidente as determinações do conhecimento especializado. No ensino universitário, se destaca a adequação dos currículos ao progresso da ciência, de diversos âmbitos do conhecimento e da cultura, e à exigência do mundo profissional. Em cada caso, a delimitação do problema está sujeita às necessidades que tem de cumprir, mesmo que não seja estranho que se misturem lógicas diferentes, quando nos ocupamos de um determinado nível escolar.

AS TEORIAS SOBRE O CURRÍCULO: ELABORAÇÕES PARCIAIS PARA UMA PRÁTICA COMPLEXA

A teoria do currículo, dentro de uma tradição nos Estados Unidos, que para nós chegou durante muito tempo como base de racionalização do currículo, foi se definindo como uma teorização a-histórica, que, em muitas ocasiões, leva a difundir modelos descontextualizados no tempo e em relação às ideias que os fundamentam, sob a preocupação utilitarista de buscar as "boas" práticas e os "bons" professores para obter "bons" resultados educativos (KLIEBARD, 1975). Esse utilitarismo vai pela mão do ateoricismo, com a consequente falta de desenvolvimento teórico neste campo tão decisivo para compreender o fenômeno educativo institucionalizado.

Nosso esforço se dirige fundamentalmente à descoberta das condições da prática curricular, algo que tem entre seus determinantes o próprio discurso teórico sobre o que é o currículo, como acabamos de ressaltar. Entre nós, essa incidência é menos decisiva, embora na história de como se foi ordenando administrativamente o currículo possa se ver aflorar fórmulas que expressam concepções não apenas políticas, como de tipo técnico, que podem ser atribuídas à influência de determinado discurso racionalizador sobre como elaborar e desenvolver currículos. As teorias do currículo são metateorias sobre os códigos que o estruturam e a forma de pensá-lo.

As teorias desempenham várias funções: são modelos que selecionam temas e perspectivas; costumam influir nos formatos que o currículo adota antes de ser consumido e interpretado pelos professores, tendo assim um valor formativo profissional para eles; determinam o sentido da profissionalidade do professorado ao ressaltar certas funções; finalmente, oferecem uma cobertura de racionalidade às práticas escolares. As teorias curriculares se convertem em mediadores ou em expressões da mediação entre o pensamento e a ação em educação. Uma primeira consequência derivada deste enfoque é a de que o professor, tanto como os alunos, é destinatário do currículo. A imagem de que um professor colabora para que os alunos "consumam" o currículo não reflete a realidade em sua verdadeira complexidade. O primeiro destinatário do currículo é o professorado, um dos agentes transformadores do primeiro projeto cultural.

Lundgren (1983, p. 9) afirma que:

> O conteúdo de nossos pensamentos reflete nosso contexto social e cultural. Ao mesmo tempo, nossas reconstruções subjetivas cognitivas sobre o mundo relacionado conosco intervêm em nossas ações e, dessa forma, mudam as condições objetivas do contexto social e cultural.

Para este autor, a formalização de uma teoria sobre o currículo na Pedagogia é um exemplo de como esta se ocupa da *representação* dos problemas pedagógicos, quando a reprodução se separou da produção, quando é preciso ordenar uma prática para transmitir algo já produzido. A teorização curricular, concluímos de nossa parte, é a consequência da separação entre a prática do currículo e dos seus esquemas de representação.

Como a prática, neste caso, possui componentes particulares e idiossincráticos, o esforço teórico deve proporcionar modelos de explicação de algo, no caso do currículo, que se desenvolve num contexto histórico, cultural, político e institucional singular.

Lundgren (1981) considera que é impossível interpretar o currículo e compreender as teorias curriculares fora do contexto do qual procedem. Por isso, fazer aqui uma sistematização exaustiva de correntes de pensamento não é nossa pretensão, já que é prioritário desvendar as condições particulares de produção da prática; embora o próprio discurso que desenvolvemos seja devedor, em certa medida, de alguma delas mais que de outras.

As teorias sobre o currículo se convertem em referenciais ordenadores das concepções sobre a realidade que abrangem e passam a ser formas, ainda que só indiretas, de abordar os problemas práticos da educação. É importante reparar em que as teorizações sobre o currículo implicam delimitações do que é seu próprio objeto, muito diferentes entre si. Se toda teorização é uma forma de esclarecer os limites de uma realidade, neste caso, tal função é muito mais decisiva, embora ainda falte um consenso elementar sobre qual é o campo a que se alude quando se fala de currículo. O primeiro problema da teoria curricular – como afirma Reid (1980) – consiste em determinar em que classe de problema o currículo está inserido. Se uma teoria, numa acepção não exigente, é uma forma ordenada de estruturar um discurso sobre algo, existem tantas teorias como formas de abordar esse discurso, e, através delas, o próprio entendimento do que é o objeto abordado. Até o momento, essas teorizações têm sido discursos parciais, pois tem faltado uma ordem para a teorização, consequência de sua própria imaturidade. E careceu do mais fundamental: o propósito de analisar uma realidade global para *transformar* os problemas práticos que coloca.

A sistematização de opções ou orientações teóricas no currículo dá lugar a classificações bastante coincidentes entre os diversos autores. A título de aproximação, citaremos alguns exemplos significativos.

 e Wallance (1974) propõe uma série de concepções curriculares centradas no *desenvolvimento cognitivo*, no currículo como *autorrealização*, como *tecnologia*, como instrumento de *reconstrução social* e como expressão do *racionalismo* acadêmico.

Reid (1980, 1981) distingue cinco orientações fundamentais: a centrada na *gestão racional* ou perspectiva *sistemática*, que se ocupa em desenvolver metodologias para cumprir com as tarefas que implica realizar um currículo sob formas autodenominadas como racionais, científicas e lógicas; uma segunda orientação, denominada *radical crítica*, que descobre os interesses e objetivos ocultos das práticas curriculares em busca de mudança social; a orientação *existencial*, que tem uma raiz psicológica centrada nas experiências que os indivíduos obtêm do currículo; outra que denomina *popular mais que acadêmica* ou *reacionária*, para a qual o passado é bom, sendo conveniente sua reprodução; e, finalmente, se destaca a perspectiva *deliberativa*, que acredita na contribuição pessoal dos indivíduos para o processo de mudança como sujeitos morais que são, trabalhando dentro das condições nas quais atuam.

Schiro (1978) diferencia as seguintes "ideologias" curriculares: a *acadêmica*, apoiada nas disciplinas, a da *eficiência* social, a *centrada na criança* e no *reconstrucionismo social*. McNeil (1983) distingue os enfoques *humanístico*, *reconstrucionista* social, *teológico* e *acadêmico*. Tanner e Tanner (1980) sistematizam orientações semelhantes, ao revisarem a panorâmica de posições e enfoques conflitivos sobre este campo.

Essas perspectivas são dominantes em certos momentos, afetam de forma desigual os diferentes níveis do sistema educativo, expressam tradições e, às vezes, se entrecruzam na discussão de um mesmo problema. De nossa parte, faremos um esboço das quatro grandes orientações básicas que têm mais interesse para nós para abordar a configuração de modelos teóricos e práticas relacionadas com o currículo, pois têm relação com nossa experiência histórica.

O currículo como soma de exigências acadêmicas

Ainda se pode observar, na realidade das práticas escolares, a força do *academicismo*, principalmente no nível do ensino médio, mas com uma forte projeção no ensino fundamental, que, longe de defender o valor formal das disciplinas nas quais se ordena a cultura essencial, mais elaborada e elitizada, sobrevive, antes de mais nada, nas formas que criou e na defesa de valores culturais que em geral não têm correspondência com a qualidade real da cultura distribuída nas aulas.

Boa parte da teorização curricular esteve centrada nos conteúdos como resumo do saber culto e elaborado sob a formalização das diferentes "disciplinas". Surge da tradição medieval que distribuía o saber acadêmico no *trivium* e no *cuadrivium*. E uma concepção que recolhe toda a tradição acadêmica em educação, que valoriza os saberes distribuídos em disciplinas especializadas – ou, quando muito, em áreas nas quais se justapõem componentes disciplinares – como expressão da cultura elaborada, transformando-as em instrumento para o progresso pela escala do sistema escolar, agora numa sociedade complexa que reclama uma maior preparação nos indivíduos. As modalidades e pujança desta concepção variam em diferentes momentos históricos. A preocupação pelos currículos integrados, por exemplo, ou por conteúdos mais inter-relacionados é uma variante moderna desta orientação. Atualmente, talvez estejamos frente ao seu auge, quando surgem críticas às instituições culturais escolares por sua ineficácia em proporcionar as principais habilidades culturais.

Esta orientação básica no currículo teve alternativas internas, tratando de reordenar o saber em áreas diferentes das disciplinas tradicionais, embora reconhecendo o seu valor, como é a proposta de *âmbitos de significado* de Phenix (1964), mas de escasso sucesso na hora de se modelar nos currículos.

Estas concepções, mais formalistas e acadêmicas, se fixaram profundamente na ordenação do sistema educativo, sobretudo secundário e superior, com a consequente contaminação dos níveis mais elementares de educação. Está relacionada com a própria organização do sistema escolar, que concede títulos específicos e validações de cultura básica.

Devido à forte marca administrativa em tudo o que se refere ao currículo, não é de estranhar que esta tradição persista tão fortemente assentada. O currículo se concretiza no *sylabus* ou lista de conteúdos. Ao se expressar nestes termos, é mais fácil de regular, controlar, assegurar sua inspeção, etc., do que em qualquer outra fórmula que contenha considerações de tipo psicopedagógico. Por isso, do ponto de vista da administração, as regulações curriculares se apoiam muito mais nos conteúdos que em qualquer outro tipo de consideração – é mais viável fazê-lo assim.

No já distante estudo realizado por Dottrens (1961) para a Unesco, em 1956, repassando o ensino primário de uma série de países, detectava-se, inclusive neste, a tendência a expressar os programas em termos de repertórios de matérias que se ensinavam em diferentes idades e se destacava, por um lado, a contradição que existia em muitos casos entre as introduções e orientações dos programas e, por outro, a exposição sistemática de noções. Esta apreciação poderia perfeitamente continuar sendo aplicada hoje a muitos dos programas vigentes em nosso sistema educativo.

A pressão acadêmica, a organização do professorado e as necessidades da própria administração potencializam a manutenção deste enfoque. Embora se admita que a lógica da ordenação sistemática do saber elaborado não tem necessariamente que ser a lógica de sua transmissão e recriação através do ensino, o que resulta evidente é que, na falta de instâncias intermediárias que realizem essa transformação, a primeira ocupa o espaço da segunda.

A partir da crise do Sputnik (em 1957), volta a ênfase aos conteúdos e à renovação das matérias nas reformas curriculares, que tinha enfraquecido à custa das colocações da educação "progressiva", de conotações psicológicas e sociais. Uma consequência disso foi a proliferação de projetos curriculares para renovar seu ensino e a revisão de conteúdos como pontos-chave de referência nos quais as políticas de inovação se basearam.

O movimento de *volta ao básico (back to basics),* nos países desenvolvidos, às aprendizagens fundamentais relacionadas com a leitura, a escrita e a matemática, frente à consciência do fracasso escolar e à preocupação economicista pelos gastos em educação, expressa as inquietações de uma sociedade e dos poderes públicos pelos rendimentos educativos, preocupação própria de momentos de recessão econômica, crise de valores e corte nos gastos sociais, que, de alguma forma, direcionam as estratégias para as fórmulas que orientaram a organização do currículo. Sensibilidade para com rendimentos tangíveis que afeta também a população, para a qual níveis superiores de educação formal representam maiores oportunidades de conseguir trabalho num mercado escasso. É um exemplo de revitalização de uma concepção curricular que enfatiza os saberes "valiosos".

Entre nós, embora desde uma tradição muito diferente, se notam também confrontos de movimentos de opinião criticando, por um lado, os programas apetrechados de conhecimentos relativos a áreas disciplinares, ao lado de reações contra pretensões de uma educação que dê menos importância ao cultivo das disciplinas clássicas e mais às necessidades psicológicas e sociais dos indivíduos.

Talvez o conflito, neste sentido, se situe agora mais claramente no ensino secundário. A necessidade de um tipo de cultura diferente para alunos que não continuarão seus estudos em nível superior, a urgência de propor programas mais atrativos para camadas sociais mais amplas e heterogêneas, a necessidade de superar um academicismo estreito, fonte de aprendizagens de escasso significado para quem as recebe, a urgência em conseguir uma maior relação entre conhecimentos de áreas diversas, etc., são problemas que implicam concepções do currículo relacionadas com uma maior ou menor preponderância da lógica dos conteúdos na decisão sobre o currículo.

O currículo: base de experiências

A *preocupação pela experiência* e interesses do aluno está ligada historicamente aos movimentos de renovação da escola, se firma mais na educação pré-escolar[*] e primária e se nutre de preocupações psicológicas, humanistas e sociais. Entre nós, às vezes apresenta algum matiz anticultural provocado pela despreocupação com os conteúdos culturais no

---
[*] N. de R.T: O termo pré-escolar, atualmente, na Espanha, foi substituído por Educação Infantil.

desenvolvimento de processos psicológicos, pela reação pendular contra o academicismo intelectualista ou inclusive pela negação política de uma cultura que se considera própria das classes dominantes.

Desde o momento em que o currículo aparece como a expressão do complexo projeto culturalizador e socializador da instituição escolar para as gerações jovens, algo consubstancial à extensão dos sistemas escolares, o que se entende por tal deve ampliar necessariamente o âmbito de significação, visto que o academicismo resulta cada vez mais estreito para todas as finalidades componentes desse projeto. O movimento "progressivo" americano e o movimento da "Escola Nova" europeia romperam neste século o monolitismo do currículo, centrado até então mais nas matérias, dando lugar a acepções muito diversificadas, próprias da ruptura, pluralismo e concepções diferentes das finalidades educativas dentro de uma sociedade democrática.

Partindo do pressuposto de que os aspectos intelectuais, físicos, emocionais e sociais são importantes no desenvolvimento e na vida do indivíduo, levando em conta, além disso, que terão de ser objeto de tratamentos coerentes para que se consigam finalidades tão diversas, teremos de ponderar, como consequência inevitável, os aspectos metodológicos do ensino, já que destes depende a consecução de muitas dessas finalidades e não de conteúdos estritos de ensino. Desde então, a metodologia e a importância da experiência estão ligadas indissoluvelmente ao conceito de currículo. O importante do currículo é a experiência, a recriação da cultura em termos de vivências, a provocação de situações problemáticas, segundo Dewey (1967a, 1967b). O método não é meio para algum fim, mas parte de um sentido ampliado do conteúdo.

Na primeira revisão que a AERA (American Educational Research Association) fez, em 1931, o currículo era concebido como a soma de experiências que os alunos têm ou que provavelmente obtenham na escola. A própria dispersão das matérias dentro dos planos educativos provoca a necessidade de uma busca do *core curriculum* como núcleo de cultura comum para uma base social heterogênea, instrumento para proporcionar essa experiência unitária em todos os alunos, equivalente à educação geral, o que leva a uma reflexão não ligada estritamente aos conteúdos procedentes das disciplinas acadêmicas.

Historicamente, esta é uma acepção do currículo mais moderna, mais pedagógica, que, em boa parte, se forjou como movimento de reação à anterior. Se a educação obrigatória tem de atender ao desenvolvimento integral dos cidadãos, evidentemente, ainda que na produção do conhecimento especializado sob os esquemas de diferentes disciplinas ou áreas disciplinares se reflita o conhecimento mais desenvolvido, é insuficiente um enfoque meramente acadêmico para dar sentido a uma educação geral.

O currículo, desde uma perspectiva pedagógica e humanista, que atenda à peculiaridade e à necessidade dos alunos, é visto como um conjunto de cursos e experiências planejadas que um estudante tem sob a orientação de determinada escola. Englobam-se as intenções, os cursos ou atividades elaboradas com fins pedagógicos, etc.

A concepção do currículo como experiência, partindo do valor das atividades, teve um forte impacto na tradição pedagógica e provocou a confusão e dispersão de significados num panorama que funcionava com o mais alto consenso proporcionado pelo discurso sobre as disciplinas acadêmicas, que é um critério mais seguro (PHILLIPS, 1962).

Dentro desta ótica mais psicológica, promovedora de um novo humanismo, apoiado não nas essências da cultura, mas nas necessidades do desenvolvimento pessoal dos indivíduos, não faltam novos "místicos" e ofertas contraculturais, inclusive, expressões de um novo romantismo pedagógico que nega tudo o que não seja oferecer atividades gratificantes por si mesmas e atender a uma pretensa dinâmica de desenvolvimento pessoal, sendo que este é entendido como um processo de autodesenvolvimento numa sociedade que aniquila as possibilidades dos indivíduos e à margem de conteúdos culturais.

Esta perspectiva "experiencial" é uma acepção mais de acordo com a visão da escola como uma agência socializadora e educadora total, cujas finalidades vão mais além da introdução dos alunos nos saberes acadêmicos, para abranger um projeto global de educação.

Esta orientação experiencial apoia toda uma tradição moderna em educação que vem ressaltando a importância dos processos psicológicos no aluno, em contraposição aos interesses sociais e aos dos especialistas das disciplinas. As necessidades do aluno, tanto do ponto de vista de seu desenvolvimento como de sua relação com a sociedade, passam a ser pontos de referência na configuração dos projetos educativos. A atenção aos *processos* educativos e não apenas aos conteúdos é o novo princípio que apoia a concepção do currículo como a experiência do aluno nas instituições escolares. Não é apenas uma forma de entender o currículo, com uma ponderação diferente de suas finalidades e componentes, mas toda uma teorização sobre ele e sobre os métodos de desenvolvimento.

O problema para a educação progressiva – segundo Dewey (1967b) –, é saber qual é o lugar e o sentido das matérias de ensino e da organização de seu conteúdo dentro da experiência. Com isso, se coloca no ensino o problema de como conectar as experiências dos alunos elevando-as à complexidade necessária para enlaçá-las com os conhecimentos e com a cultura elaborada que é necessária numa sociedade avançada, aspectos considerados valiosos em si mesmos por toda uma tradição cultural.

O próprio Dewey, (1967b, p. 91-92) sugeria que: "[...] quando se concebe a educação no sentido da experiência: tudo o que pode se chamar estudo, seja aritmética, história, geografia ou uma das ciências naturais, deve ser derivado de materiais que a princípio caiam dentro do campo da experiência vital ordinária".

Problema de solução mais difícil é o: "desenvolvimento progressivo do já experimentado numa forma mais plena e mais rica, e também mais organizada, a uma forma que se aproxime gradualmente ao que se apresenta na matéria de estudo para a pessoa destra, madura" (Dewey, 1967b, p. 92).

Para o autor, isso exigia aproximar as matérias de estudo às aplicações sociais possíveis do conhecimento. Valorização da cultura, relacioná-la com as necessidades do aluno e ligá-la a aplicações sociais continuam sendo ainda hoje desafios para aperfeiçoar esquemas e ofertar fórmulas de currículo de acordo com elas, fundamentalmente na educação básica.

A interrogação que coloca o currículo concebido como experiências de aprendizagem que os alunos recebem é garantir a sua continuidade e definir uma linha de progresso ordenado para o saber sistematizado, que continua sendo necessário; algo que está bastante obstaculizado por uma instituição que proporciona saberes entrecortados e justapostos arbitrariamente.

Quando o discurso educativo moderno enfatiza a experiência dos alunos nas aulas, pode-se deduzir algumas consequências importantes:

a) Por um lado, se chama a atenção sobre as *condições ambientais* que afetam tal experiência. Supõe chamar a atenção sobre o valor e características da situação ou contexto do processo de aprendizagem. O currículo é fonte de experiências, mas estas dependem das condições nas quais se realizam. As peculiaridades do meio escolar imediato se convertem desta forma em referenciais indispensáveis do currículo, à margem dos quais este não tem importância real.

b) Por outro lado, a acepção do currículo como conjunto de *experiências planejadas* é insuficiente, pois os efeitos produzidos nos alunos por um tratamento pedagógico ou currículo planejado e suas consequências são tão reais e efetivos quanto podem ser os efeitos provenientes das experiências vividas na realidade da escola sem tê-las planejado, às vezes, nem sequer ser conscientes de sua existência. É o que se conhece como currículo *oculto*. As experiências na educação escolarizada e seus efeitos são, algumas vezes, desejadas e outras, incontroladas; obedecem a objetivos explícitos ou são expressão de proposições ou objetivos implícitos; são planejados em alguma medida ou são fruto do simples fluir da ação. Algumas são positivas em relação a uma determinada filosofia e projeto educativo e outras nem tanto, ou completamente contrárias. A insegurança e *incerteza* passam a ser notas constitutivas do conhecimento que pretenda regular a prática curricular, ao mesmo tempo em que se necessitam esquemas mais amplos de análises que deem chance à complexidade dessa realidade assim definida.

c) Os *processos* que se desenvolvem na experiência escolar passam a ter especial relevância, o que supõe introduzir uma dimensão psicopedagógica nas normas de qualidade da educação, com repercussões na consideração do que é competência nos professores. A escola e os métodos adequados se justificam pelo *como* se desenvolvem esses processos e não apenas pelos resultados observáveis ou os conteúdos dos quais dizem se ocupar. A contribuição desta orientação no pensamento educativo moderno foi historicamente decisiva.

Esta perspectiva processual pedagógica ganha especial relevância como justificativa para dar resposta nas escolas a uma sociedade na qual a validade temporal de muitos conhecimentos é breve, quando o ritmo de sua expansão é acelerado e onde proliferam os canais para sua difusão. Nasce toda essa pedagogia invisível da qual fala Bernstein, de contornos difusos, mais dificilmente controláveis, cuja efetividade se vê mais no seu currículo oculto do que nas suas manifestações expressas.

A militância destes enfoques psicopedagógicos acerca das finalidades da escola e sobre os componentes do currículo, que são paralelos ao predomínio do discurso psicopedagógico da escola renovadora europeia e americana neste século, pode levar e levou a propostas que inclusive desconsideram de maneira aberta a dimensão nitidamente cultural que todo currículo tem, como expressão da missão social e culturalizadora da escola. Trata-se de um enfoque do currículo mais totalizador que o primeiro, mas dentro de um referencial psicopedagógico no qual, em muitos casos, se perde de vista aquela relação com a cultura formalizada, que é também a expressão da *experiência* mais madura e elevada dos grupos sociais.

O enfoque experiencial costuma se referir, geralmente, aos níveis mais básicos do sistema educativo. A "psicopedagogização" do pensamento e da prática educativa, se assim pode ser denominada, afeta os primeiros níveis do sistema educativo, a formação de seus professores e a própria concepção da profissionalização docente. À medida que ascendemos de nível, o peso dos conteúdos especializados, correspondentes a diversas parcelas do saber científico, social, humanístico, técnico, etc., adquire o valor de referenciais para pensar e organizar o currículo. Um problema iminente nas sociedades mais desenvolvidas, colocado pelo próprio prolongamento da escolaridade obrigatória.

O legado tecnológico e eficientista no currículo

O próprio nascimento da teorização sobre o currículo está ligado a uma perspectiva que explica uma contundente marca neste âmbito. A perspectiva *tecnológica, burocrática ou eficientista* foi um modelo apoiado na burocracia que organiza e controla o currículo, amplamente aceito pela pedagogia "desideologizada" e a crítica, e "imposto" ao professorado como modelo de racionalidade em sua prática.

Uma das teorizações curriculares dominantes considerou o conteúdo do ensino na perspectiva acadêmica. Desde o momento em que, nos sistemas educativos modernos, o conteúdo se converteu num elemento de primeira ordem para fazer da educação a etapa preparatória dos cidadãos para a vida adulta, respondendo às necessidades do sistema produtivo, a pretensão eficientista será uma preocupação decisiva nos esquemas de organização curricular como valor independente.

O currículo é parte inerente da estrutura do sistema educativo, aparato que se sustenta em torno de uma distribuição e especialização dos conteúdos através de cursos, níveis e modalidades. Se o currículo expressa as finalidades da educação escolarizada e estas se diversificam nos diferentes níveis do sistema escolar e nas diversas especialidades que estabelece para um mesmo patamar de idade, a regulação do currículo é inerente à do sistema escolar.

A política educativa e a administração especializada ordenam o acesso a esses níveis e modalidades, a transição interna entre eles, os controles para creditar o êxito ou o fracasso, proveem meios para seu desenvolvimento, regulam o acesso e o funcionamento do professorado, ordenam as escolas, etc. Por isso, não existe sistema educativo que não intervenha sobre o currículo, e é difícil pensar que isso possa ser de outra forma.

Como afirmam Kliebard (1975), Giroux, Penna e Pinar (1981) e Pinar e Grumet (1981), a preocupação pelos temas estritamente curriculares surge em parte por conveniências administrativas, antes que por uma necessidade intelectual. Num sistema escolar que abrange todos, que se estrutura em níveis com dependências recíprocas, que responde à necessidade de qualificar a população para introduzi-la nos diferentes níveis e modalidades da vida produtiva, o currículo como expressão dos conteúdos do ensino que conduz a essa preparação cobrou uma importância decisiva no aparelho gestor do sistema social e do sistema educativo. Antes de ser um campo que prolonga preocupações da psicologia, da filosofia, etc., é uma responsabilidade "profissional" da administração, e isso explica o poderoso domínio que sobre ele estabelecem as noções e os mecanismos de racionalização utilizados pela gestão científica.

Por isso surgem modelos de organizar e gestionar este componente do aparelho escolar com esquemas próprios da burocracia moderna para racionalizar todo o conjunto. O governo do currículo assimilou modelos de "gestão científica" que, se tornando independentes do quadro e do momento no qual surgem, se converteram em esquemas autônomos que propõem um tipo de racionalidade em abstrato, acepção que chega, inclusive, a equiparar-se a algo que é científico. Tais esquemas de gestão do currículo ganharam autonomia como modelos teóricos para explicá-lo: a metáfora se torna independente do referencial e gera por si mesma um marco de compreensão de uma realidade distinta; o modelo metafórico passa a ser modelo substantivo, quando se esquecem sua origem e suas raízes.

A gestão científica é para a burocracia o que o taylorismo foi para a produção industrial em série, querendo estabelecer os princípios de eficácia, controle, previsão, racionalidade e economia na adequação de meios a fins, como elementos-chave da prática, o que fez surgir toda uma tradição de pensar o currículo, cujos esquemas subjacentes se converteram em metáforas que atuam como metateorias do mesmo objeto que gestionam. Os administradores escolares, ao estabelecerem um modelo burocrático de ordenar o currículo, respondiam em sua origem às pressões do movimento da gestão científica na indústria (CALLAHAN, 1962; KLIEBARD, 1975).

O *"management* científico" é a alternativa taylorista para a gestão baseada na iniciativa dos trabalhadores. Neste último pressuposto, o êxito no trabalho depende da iniciativa e estimulação dos operários, de sua energia, engenhosidade e boa vontade. O taylorismo, em troca, propõe que um perito reúna todo o conhecimento sobre a gestão do trabalho, elaborando uma ciência de sua execução que substitua o empirismo individual, para adestrar cada operário na função precisa que tem de executar; assim, seu trabalho será realizado de acordo com os princípios da norma científica. O *manager* estuda, planeja, distribui, provê e, em uma palavra, racionaliza o trabalho; o operário deve executar tal previsão o mais fielmente possível (TAYLOR, 1969). Ligado a este modelo, se difunde de um modo subterrâneo a ideia de que o modelo do produto fica fora das capacidades e possibilidades do executor das operações. O conhecimento sobre uma realidade se separa da habilidade para obtê-la ou executá-la.

O gestor pensa, planeja e decide; o operário executa a competência puramente técnica que lhe é atribuída, de acordo com os moldes de qualidade também estabelecidos externamente ao processo e de forma prévia a essa operação. A profissionalidade do operário e do professor na transferência metafórica consiste numa prática "normalizada" que deve desembocar, antes de mais nada, na consecução dos objetivos propostos, definidos logicamente com precisão. A norma de qualidade é responsabilidade do *manager,* não do técnico que executa, o que, na gestão do currículo, significa emitir regulações para o comportamento pedagógico por parte de quem o administra, que disporá de algum aparato vigilante para garantir seu cumprimento.

Daí a contradição que se produz quando, num sistema educativo gestionado por estes modelos, surgem as ideias-força do professor ativo, a independência profissional, a autonomia no exercício da profissão, etc.

Dentro da teorização sobre o currículo, proposições mais psicopedagógicas misturaram-se, às vezes, com esquemas de racionalidade técnica, que veem nas experiências e nos conteúdos curriculares a serem aprendidos pelo aluno um meio de conseguir determinados objetivos da forma mais eficaz e científica possível. Em outras ocasiões, à margem de qualquer proposta, esses esquemas se justificam de forma autônoma em si mesmos, como uma técnica própria da elaboração do currículo. Um enfoque eficientista que perde de vista o valor da experiência escolar em sua globalidade, muito mais ampla do que a definida pelo referencial estrito de meios-fins e que pretende padronizar os produtos educativos e curriculares, reduzindo a habilidades as competências do professor (GIMENO, 1982).

Perde-se de vista a dimensão histórica, social e cultural do currículo, para convertê-lo em objeto gestionável. A sua teoria passa a ser um instrumento da racionalidade e melhora da gestão. Consequentemente, o conhecimento que se elabora dentro dessa perspectiva é o determinado pelos problemas com os quais a pretensão da gestão eficaz se depara. Posição que necessariamente teve sucesso entre nós, num ambiente político não democrático, com uma administração fortemente centralizadora e intervencionista, em que os únicos espaços possíveis para a intervenção eram os de discutir a eficácia no cumprimento da diretriz, antes de questionar o conteúdo e os fins do projeto; tudo isso auxiliado por um desarmamento intelectual no professorado. Acontecimento que não é independente, como veremos no momento certo, do fato de que se afiance em paralelo a estruturação de uma política rígida de controle da escola sob a pretensão homogeneizadora de um regime autoritário. Explica-se a força do esquema técnico-burocrático entre nós pela debilidade crítica do discurso pedagógico e pela função política que o modelo cumpre.

A perspectiva de Tyler (1973) como teoria do currículo, exemplo paradigmático desta orientação, foi decisiva e estabeleceu as bases do que tem sido o discurso dominante nos estudos curriculares e nos gestores da educação. O único discurso até há pouco tempo e ainda arraigado em amplas esferas da administração educativa, da inspeção, da formação de professores, etc. Para Tyler, o currículo é composto pelas experiências de aprendizagem planejadas e dirigidas pela escola para conseguir os objetivos educativos. Sua postura ateórica e acrítica é diáfana quando afirma:

> O desenvolvimento do currículo é uma tarefa prática, não um problema teórico, cuja pretensão é elaborar um sistema para conseguir uma finalidade educativa e não dirigida para obter a explicação de um fenômeno existencial. O sistema deve ser elaborado para que opere de forma efetiva numa sociedade em que existam numerosas demandas e com seres humanos que têm intenções, preferências [...] (TYLER, 1981, p. 18).

O currículo aparece, assim, como o conjunto de objetivos de aprendizagem selecionados que devem dar lugar à criação de experiências apropriadas que tenham efeitos cumulativos avaliáveis, de modo que se possa manter o sistema numa revisão constante, para que nele se operem as oportunas reacomodações.

Outro autor também característico e com uma orientação parecida, ainda que com matizes próprios – Johnson (1967) –, definiria o currículo como o conjunto de objetivos estruturados que se quer alcançar. Supõe propor a dinâmica meios-fins como esquema racionalizador da prática. Para este autor, entretanto, como novidade decisiva que terá uma importante consequência, os meios são um problema relativo à instrução e não ao currículo propriamente dito. O currículo prescreve os resultados que a instrução deve ter, indica aquilo que se deve aprender, não os meios – atividades, materiais, etc. – para obtê-los, nem as razões pelas quais se deve aprender. Isso origina um sistema curricular que é preciso planejar em diversos níveis, executar (o processo de instrução) e avaliar. O currículo e sua realização são coisas diferentes neste enfoque. Os professores, consequentemente, têm o papel de defini-lo imediatamente antes da execução do plano, num processo que se planeja em diversos níveis.

A tecnocracia dominante no mundo educativo prioriza este tratamento que evita em suas coordenadas o discurso filosófico, político, social e até pedagógico sobre o currículo. Este passa a ser um objeto a ser manipulado tecnicamente, evitando elucidar aspectos controvertidos, sem discutir o valor e o significado de seus conteúdos. Uma colocação que tem acompanhado toda uma tradição de pensamento e pesquisa psicológica e pedagógica acultural e acrítica.

A ponte entre a teoria e a ação: o currículo como configurador da prática

A orientação curricular que centra sua perspectiva na *dialética teoria-prática* é um esquema globalizador dos problemas relacionados com o currículo, que, num contexto democrático, deve desembocar em propostas de maior autonomia para o sistema em relação à administração e ao professorado para modelar sua própria prática. Portanto, é o discurso mais coerente para relacionar os diferentes círculos dos quais procedem determinações para a ação pedagógica, com uma melhor capacidade explicativa, ainda que dela não sejam deduzíveis simples "roteiros" para a prática.

A preocupação pela prática curricular é fruto das contribuições críticas sobre a educação, da análise do currículo como objeto social e da prática criada em torno dele.

Vários fatores explicam atualmente a pujança desta aproximação teórica: um certo declive no predomínio do paradigma positivista e suas consequências na concepção da técnica, o enfraquecimento da projeção exclusivista da psicologia sobre a teoria e a prática escolar, o ressurgimento do pensamento crítico em educação conduzido por paradigmas mais comprometidos com a emancipação do homem em relação aos condicionamentos sociais, a experiência acumulada nas políticas e nos programas de mudança curricular, a maior conscientização do professorado sobre seu papel ativo e histórico são, entre outros, os fatores que fundamentam a mudança de perspectiva.

O discurso em didática sobre a prática escolar se desenvolveu fragmentando o processo global do ensino-aprendizagem. Em primeiro lugar, desligando conteúdos de métodos, ensino de aprendizagem, fenômenos de aula em relação aos contextos nos quais se produzem, decisões técnico-pedagógicas de decisões políticas e determinantes externos à escola e à aula, etc. Em segundo lugar, por depender de determinadas metodologias de pesquisa pouco propensas à compreensão da unidade que se manifesta na prática entre todos esses aspectos.

Cada tipo de pesquisa e de teorização focaliza e tenta resolver problemas peculiares. Os que a realidade educativa e o currículo colocam são problemas práticos, porque a educação ou o ensino são antes de tudo uma atividade prática. Reid (1980) considera que o currículo nos situa frente a problemas práticos que somente podemos resolver mediante a ação apropriada. Segundo afirmam Carr e Kemmis (1988, p. 121), isso significa que:

> A pesquisa educativa não pode ser definida quanto aos objetivos apropriados às atividades que se ocupam em resolver problemas teóricos, senão as que têm de operar dentro do campo de referência dos fins práticos aos quais obedecem as atividades educativas. [...] Mais ainda, visto que a educação é uma empresa prática, tais problemas serão sempre problemas práticos, quer dizer, ao contrário dos teóricos, não ficam resolvidos com a descoberta de um novo saber, mas unicamente com a adoção de uma linha de ação.

Uma teoria curricular não pode ser indiferente às complexas determinações de que é objeto a prática pedagógica, nem ao papel que desempenham nisso os processos que determinam a concretização do currículo nas condições da prática, porque esse currículo, antes de ser um objeto idealizado por qualquer teorização, se constitui em torno de problemas reais que se dão nas escolas, que os professores têm, que afetam os alunos e a sociedade em geral. A própria concepção deste como prática obriga a examinar as condições em que se produz, de índole subjetiva, institucional, etc. A teoria do currículo deve contribuir, assim, para uma melhora da compreensão dos fenômenos que se produzem nos sistemas de educação (REID, 1980), manifestando o compromisso com a realidade.

E não pode ser uma teorização que busca o ascético objetivismo, já que deve descobrir os valores, as condutas e as atitudes que nela se mesclam; tampouco pode ser neutra, porque, esperando-se um guia para a prática, terá de dizer como esta deve ser e iluminar os condicionamentos que a obscureçam, para que cumpra com uma série de finalidades. É a condição para que este campo de teorização não seja puro discurso legitimador de interesses que não discute. Os pressupostos do conhecimento acabam traduzindo-se em opções práticas (HABERMAS, 1982). As teorizações sobre o currículo se diferenciam pelo tipo de interesses que defendem nos sistemas educativos: seu afiançamento, aperfeiçoamento recuperador ou mudança radical. A melhora da prática implica tomar partido por um quadro curricular que sirva de instrumento emancipatório para estabelecer as bases de uma ação mais autônoma. Para isso, a teoria deve servir de instrumento de análise da prática, em primeiro lugar, e apoiar a reflexão crítica que torne consciente a forma como as condições presentes levam à falta de autonomia (GRUNDY, 1987).

O questionamento da falta de autonomia afeta todos aqueles que participam nas práticas curriculares, especialmente os professores e os alunos. É pouco crível que os professores possam contribuir para estabelecer metodologias criadoras que emancipem os alunos quando estes estão sob um tipo de prática altamente controlada. É preciso partir de um certo isomorfismo, necessário entre condições de desenvolvimento profissional do docente e condições de desenvolvimento dos alunos nas situações escolares planejadas, em certa medida, pelos professores.

Para que o currículo contribua para o interesse emancipatório, deve ser entendido como uma práxis, opção que, segundo Grundy (1987, p. 114), se apoia nos princípios a seguir indicados.

   a) Deve ser uma prática sustentada pela reflexão enquanto práxis, mais do que ser entendida como um plano que é preciso cumprir, pois se constrói através de uma interação entre o refletir e o atuar, dentro de um processo circular que compreende o planejamento, a ação e a avaliação, tudo integrado por uma espiral de pesquisa-ação.
   b) Uma vez que a práxis tem lugar num mundo real e não em outro, hipotético, o processo de construção do currículo não deveria se separar do processo de realização nas condições concretas dentro das quais se desenvolve.
   c) A práxis opera num mundo de interações, que é o mundo social e cultural, significando, com isso, que não pode se referir de forma exclusiva a problemas de aprendizagem, já que se trata de um ato social, o que leva a ver o ambiente de aprendizagem como algo social, entendendo a interação entre o ensino e a aprendizagem dentro de determinadas condições.
   d) O mundo da práxis é um mundo construído, não natural. Assim, o conteúdo do currículo é uma construção social. Através da aprendizagem do currículo, os alunos se convertem em ativos participantes da elaboração de seu próprio saber, o que deve obrigá-los a refletir sobre o conhecimento, incluindo o do professor.
   e) Do princípio anterior se deduz que a práxis assume o processo de criação de significado como construção social, não carente de conflitos, pois se descobre que esse significado acaba sendo imposto pelo que tem mais poder para controlar o currículo.

Propõe-se uma mudança conceitual importante para elucidar a importância do próprio currículo e de todas as atividades práticas que têm lugar em torno dele. A perspectiva prática altera a concepção técnica, enquanto esta via no currículo um meio para conseguir fins ou produtos, no qual os professores, como qualquer outro elemento material e cultural, são recursos instrumentais (CARR; KEMMIS, 1988). Ao tomar consciência de que a prática se dá numa situação social de grande complexidade e fluidez, se descobre que seus protagonistas tomam numerosas decisões de prévia reflexão, se é que essa atividade há de se submeter a uma certa normatividade. Há que ser mediada por uma deliberação prudente e reflexiva dos seus participantes, ainda que os atos daqueles que participam na situação não sejam controlados por eles mesmos. Nesse contexto o que importa é o jogo entre as determinações impostas e as iniciativas dos atores participantes. Parte-se do pressuposto de que não se trata de situações fechadas, mas moldáveis, em alguma medida, através do diálogo dos atores com as condições da situação que se lhes apresenta. O papel ativo que estes têm e o valor dos conhecimentos do professor para abordar tais situações serão fundamentais. O docente eficaz é o que sabe discernir, não o que possui técnicas de pretensa validade para situações indistintas e complexas.

O ensino e o currículo como sua partitura, concluem Carr e Kemmis (1988), estão *historicamente* localizados, são atividades *sociais*, têm um caráter *político*, porque produzem atitudes nos que intervêm nessa prática; é *problemático*, em suma. A perspectiva técnica ou a pretensão redutora do currículo e da sua ordenação a qualquer esquema que não considere essas condições trai a essência do próprio objeto e, nessa medida, não pode dar explicação acertada dos fenômenos que nele se entrecruzam.

Esta colocação se produz num contexto. Como bem assinala Kemmis (1986), no fundo, os estudos sobre o currículo não estão refletindo senão a dinâmica que se produz em outros campos. Na teoria social, se está voltando ao problema fundamental da relação entre a teoria e a prática, e isto é o mesmo que ocorre nos estudos sobre a educação e sobre o currículo em particular. Analisa-se tal relação mais como um problema reflexivo entre teoria e prática do que como uma relação polar unidirecional num ou noutro sentido. A análise do currículo, sob ética, significa centrar-se no problema das relações entre os pressupostos de ordem diferente que se abrigam no currículo, seus conteúdos e a prática.

Os estudos mais desenvolvidos na perspectiva social nos conscientizaram para o enfoque sociológico de ver no currículo uma expressão da correlação de diversas forças na sociedade; e os estudos mais funcionalistas nos mostraram o currículo como um objeto técnico, ascético, que é preciso desenvolver na prática, na perspectiva meios-fins. Uma alternativa crítica deve considerar o currículo como um artefato intermediário e mediador entre a sociedade exterior às escolas e as práticas sociais concretas que nelas se exercitam como consequência do desenvolvimento do currículo.

Por isso:

> [...] as teorias curriculares são teorias sociais, não apenas porque refletem a história das sociedades nas quais surgem, como também no sentido de que estão vinculadas com posições sobre a mudança social e, em particular, com o papel da educação na reprodução ou transformação da sociedade (KEMMIS, 1986, p. 35).

O currículo, além de ser um conglomerado cultural organizado de forma peculiar que permite análises a partir de múltiplos pontos de vista, cria toda uma atividade social, política e técnica variada, quadro que lhe dá um sentido particular. Como assinalamos, o campo definido dentro do sistema curricular supõe um conjunto de atividades de produção de materiais, de divisão de competências, de fontes de ideias incidindo nas formas e nos formatos curriculares, uma determinada organização sociopolítica que lhe empresta um sentido particular, contribuindo para determinar seu significado real.

Para Kemmis (1986), o problema central da teoria curricular é oferecer a forma de compreender um duplo problema: por um lado, a relação entre a teoria e a prática e, por outro, entre a sociedade e a educação. Ambos os aspectos adotam formas concretas e peculiares em cada contexto social e em cada momento histórico. Nesse sentido, um quadro teórico que queira iluminar as peculiaridades da prática a que dá lugar o currículo nessas duas dimensões assinaladas deve fazer referência inexoravelmente às peculiaridades do sistema educativo ao qual se referem e à sua gênese.

Para este autor:

> [...] o modo pelo qual as pessoas numa sociedade escolhem representar suas estruturas internas (estruturas de conhecimento, relações e ação social), de uma geração para a seguinte, através do processo educativo, reflete os valores e as tradições dessa sociedade acerca do papel da educação nela, suas perspectivas sobre a relação entre o conhecimento (teoria) e a ação (prática) na vida e no trabalho das pessoas educadas, assim como seus pontos de vista sobre a relação entre a teoria e a prática no processo educativo em si. (KEMMIS, 1986, p. 22).

Portanto, qualquer teorização sobre o currículo implica uma metateoria social e uma metateoria educativa. E toda teoria curricular que não ilumine essas conexões com a metateoria e com a história – continua dizendo Kemmis –, levará inevitavelmente ao erro, a considerar o currículo somente dentro do campo de referência e visão estabelecida do mundo. Da nossa perspectiva, nos interessa agora a metateoria educativa, que por certo está menos desenvolvida do que a primeira.

A perspectiva processual e prática tem vários pontos-chave de referência, como são as elaborações de Stenhouse em torno do currículo, concebido como campo de comunicação da teoria com a prática, relação na qual o professor é um ativo pesquisador. Por outro lado, há as posições de Reid (1980, 1981), Schwab (1983) e Walker (1971), propensos a entender a prática curricular como um processo de *deliberação* no qual se desenvolve o raciocínio prático.

A postura de Stenhouse (1984) colocou o problema de forma definitiva ao conceber o currículo como campo de estudo e de prática que se interessa pela inter-relação de dois grandes campos de significado, dados separadamente como conceitos diferenciados de currículo: as intenções para a escola e a sua realidade; teoria ou ideias para a prática e condições da realidade dessa prática.

> Por um lado, o currículo é considerado como uma intenção, um plano, ou uma prescrição, uma ideia acerca do que desejaríamos que acontecesse nas escolas. Por outro lado, é conceituado como o estado de coisas existente nelas, o que de fato sucede nelas (STENHOUSE, 1984, p. 27).
> [...]
> Um currículo é uma tentativa para comunicar os princípios e traços essenciais de um propósito educativo, de tal forma que permaneça aberto à discussão crítica e possa ser transferido efetivamente para a prática (STENHOUSE, 1984, p. 29).

A perspectiva prática sobre o currículo resgata como âmbito de estudo o *como se realiza de fato,* o que acontece quando está se desenvolvendo. As condições e a dinâmica da classe, as demais influências de qualquer agente pessoal, material, social, etc. impõem ou dão o valor real ao projeto cultural que se pretende como currículo da escola. Nem as intenções nem a prática são, de modo separado, a realidade, mas ambas em interação. Trata-se, por isso, de uma teoria do currículo que se chamou de *processo,* ou *iluminativa,* como a denominou Gibby (1978), que pretende desvendar o desdobramento dos processos na prática.

Sem perder de vista a importância do currículo como projeto cultural, se sugere que sua funcionalidade esteja em sua sintaxe, como algo elaborado, que não é mero *puzzle* em que se justapõem conteúdos diversos; sua utilidade reside em ser um instrumento de comunicação entre a teoria e a prática, jogo no qual professores e alunos têm de desempenhar um papel ativo muito importante, o quadro conceitual, os papéis dos agentes que intervêm nele, a renovação pedagógica e a política de inovação adquirem uma dimensão nova à luz desta colocação. Uma perspectiva que estimula uma nova consciência sobre a profissionalidade dos docentes – interrogadores reflexivos em sua prática – e sobre os métodos de aperfeiçoamento do professorado para progredir até ela.

Por outro lado, aparece a importância do *formato* do currículo como elemento mais ou menos adequado para cumprir a função de pôr em comunicação ideias com a prática dos professores, sem anular sua capacidade reflexiva, mas sim com a finalidade de estimulá-la. A possibilidade e a forma de comunicação das ideias com a prática dos professores através do currículo, prevendo um papel ativo e liberador para estes, não podem ser entendidas a não ser analisando a adequação do formato que se lhes propõe e verificando os meios através dos quais se realiza esta função. Isso significa que estamos frente a um discurso que recupera dois aspectos básicos do problema: a dimensão cultural do currículo e a dimensão crítica acerca das condições nas quais opera. Stenhouse (1980, p. 41) considera que:

> [...] um currículo, se é valioso, através de materiais e critérios para realizar o ensino, expressa toda uma visão do que é o conhecimento e uma concepção do processo da educação. Proporciona um campo em que o professor pode desenvolver novas habilidades, relacionando-as com as concepções do conhecimento e da aprendizagem.

Esta nova dimensão ou visão da teoria e prática curricular não anula a proposição do currículo como projeto cultural, mas, sim, partindo dele, analisa como se converte em cultura real para professores e alunos, incorporando a especificidade da relação teoria-prática no ensino como uma parte da própria comunicação cultural nos sistemas educativos e nas aulas. É, pois, um enfoque integrador de *conteúdos e formas,* visto que o *processo* se centra na dialética de ambos os aspectos. O currículo é método além de conteúdo, não porque nele se enunciem orientações metodológicas, proporcionadas em nosso caso através de disposições oficiais, mas porque, por meio de seu formato e pelos meios com que se desenvolve na prática, condiciona a profissionalização dos professores e a própria experiência dos alunos ao se ocuparem de seus conteúdos culturais. Vê-se, assim, uma dimensão mais aperfeiçoada do ensino como fenômeno socializador de todos os que participam dele: fundamentalmente professores e alunos.

Para Schwab (1983) e Reid (1980, 1981), os problemas curriculares não podem ser resolvidos com a aplicação de um esquema de racionalidade do tipo meios-fins, mas através de uma racionalização prática ou *deliberação,* à medida que estamos frente a uma prática incerta que exige colocações racionais adequadas para abordar a situação tal como se apresenta, em momentos concretos, sem poder apelar para normas, técnicas ou ideias seguras de validade universal. Schwab (1983, p. 203) ressalta que:

> [...] as generalizações sobre a ciência, a literatura, as crianças em geral, as crianças ou professores de certa classe ou tipo específico podem ser certas, mas logram essa posição em virtude do que deixam de lado. As questões omitidas subtraem de duas maneiras o valor prático à teoria. Com frequência não são apenas importantes por si mesmas, mas também, além disso, modificam – por sua presença – as características gerais incluídas nas teorias.

Os estudos curriculares deveriam, por isso, deixar o método teórico de buscar leis gerais e adotar a perspectiva eclética ou prática. É preciso escolher táticas que procurem realizar inteiramente os propósitos, as metas e os valores que são, às vezes, contraditórios entre si, sem poder prever com segurança o resultado da ação escolhida. Um problema prático é por natureza incerto e é preciso resolvê-lo por meio de um processo de deliberação.

Adota-se, assim, uma posição de incerteza, um tanto eclética, mas em qualquer caso pouco cômoda, que muitos outros dissimularam adotando modelos analógicos pertencentes a outros campos de atividade, como ocorreu com o modelo tecnológico. Tal como Schwab (1983) acertadamente observa, a fuga do próprio campo é a forma mais evidente de revelar a fraqueza e a dependência em relação a outros modelos de teorização. A fraqueza dos estudos curriculares precisa ser buscada em sua especificidade e na própria complexidade do campo.

Para Reid (1980), os problemas são de índole teórica ou prática e podem se dividir em incertos ou a resolver por meio da aplicação de um determinado procedimento. Os problemas curriculares são de tipo prático e incertos, que reclamam iniciativas de solução que podemos contribuir com ideias e teorias, mas que supõem também inevitáveis compromissos morais ao se fazer a escolha. Quando os fins não são fixos e, ao mesmo tempo, interpretáveis, quando os meios para solucioná-los são *a priori* múltiplos, quando não existe uma ligação unívoca meios-fins, ou entre teoria e prática, as tentativas de solução são incertas, experimentáveis e moralmente comprometidas. O estudo de como se resolvem os problemas práticos dentro do sistema curricular para distintos níveis de decisão (na política sobre o currículo, no plano dos professores, etc.) é o meio para descobrir as pautas de racionalidade imperantes numa realidade e em momentos determinados.

O discurso, centrado na relação teoria-prática, propõe o resgate de microespaços sociais de ação para, neles, poder desenvolver um trabalho libertador, como contrapeso a teorias deterministas e reproducionistas em educação. Mas expressam também, talvez numa opção possibilista* dentro de sistemas escolares e sociais muito assentados, a renúncia a proposições de reforma social mais global e dos sistemas que, como a educação, as sociedades reproduzem.

Para proporcionar orientação à ação nas diversas situações nas quais se opera com o currículo, esta última família de teorias tem um caráter vago, mais problematizador que facilitador de opções de execução simples e quase mecânica. Um problema epistemológico fundamental no conhecimento sobre a educação reside na elucidação do que se entende por "orientação teórica da ação". Recusar a pesquisa dominante, admitir a debilidade teórica para fundamentar a prática, não é suficiente se não se põe em discussão ao mesmo tempo o que entendemos por ponte entre teoria e prática; corre-se o risco de que, por trás da negação de uma teoria de uso universal para guiar a prática, se negue também o valor que muitas delas têm na realização de juízos e tomada de decisões práticas.

O fato é que, fora das proposições tecnológicas e, em menor medida, na tradição culturalista, as teorizações sobre o currículo que mais conseguiram mudar historicamente as perspectivas sobre a prática educativa são precisamente as mais "indefinidas", as que os seguidores de receitas poderiam qualificar de pouco práticas: a preocupação pela experiência do aluno e o complexo grupo de contribuições críticas e processuais. Não ofere-

---

* N. de R.T.: Possibilismo: partido fundado e dirigido por Castelar no último quarto do século XIX, que defendia uma evolução democrática da monarquia constitucional. 2. Tendência a aproveitar, para a realização de determinados fins ou ideias, as possibilidades existentes em doutrinas, instituições, circunstâncias, etc., ainda que não sejam afins àqueles. (POSIBILSMO, c2016).

cem técnicas para gestionar o currículo, mas fornecem conceitos para pensar toda a prática que se expressa através dele e com ele e também para decidir sobre ela. Se os professores não devem pensar sua ação nem adaptar as propostas curriculares que lhes são feitas, em função de uma opção política ou burocratizante de seu papel, estas perspectivas são naturalmente pouco práticas. Se defendemos o contrário, a utilidade é indiscutível.

À medida que o currículo é um lugar privilegiado para analisar a comunicação entre as ideias e os valores, por um lado, e a prática, por outro, supõe uma oportunidade para realizar uma integração importante na teoria curricular. Valorizando adequadamente os conteúdos, os vê como linha de conexão da cultura escolar com a cultura social. Mas a concretização de tal valor só pode ser vista em relação com o contexto prático em que se realiza, o que, por sua vez, está multicondicionado por fatores de diversos tipos, que se convertem em agentes ativos do diálogo entre o projeto e a realidade. Sendo expressão da relação teoria-prática em nível social e cultural, o currículo molda a própria relação na prática educativa concreta e é, por sua vez, afetado por ela.

A mudança e a melhora da qualidade do ensino serão colocadas, assim, não apenas no terreno mais comum de pôr em dia os conhecimentos que o currículo compreende para se acomodar melhor à evolução da sociedade, da cultura, ou para responder à igualdade de oportunidades inclusive, mas como instrumento para incidir na regulação da ação, transformar a prática dos professores, liberar as margens da atuação profissional, etc.

As teorias curriculares deverão ser julgadas por sua capacidade de resposta para explicar essa dupla dimensão: as relações do currículo com o exterior e o currículo como regulador do interior das instituições escolares. A perspectiva dominante dos estudos curriculares, que padeceu de uma forte marca administrativa e empirista, desde suas origens, não pode satisfazer a nenhuma dessas aspirações.

2

A seleção cultural do currículo

- Características da aprendizagem pedagógica motivada pelo currículo: a complexidade da aprendizagem escolar
- Os códigos ou o formato do currículo

CARACTERÍSTICAS DA APRENDIZAGEM PEDAGÓGICA MOTIVADA PELO CURRÍCULO: A COMPLEXIDADE DA APRENDIZAGEM ESCOLAR

Na escolaridade obrigatória, o currículo costuma refletir um projeto educativo globalizador, que agrupa diversas facetas da cultura, do desenvolvimento pessoal e social, das necessidades vitais dos indivíduos para seu desempenho em sociedade, aptidões e habilidades consideradas fundamentais, etc. Quer dizer, por *conteúdos* neste caso se entende algo mais que uma seleção de conhecimentos pertencentes a diversos âmbitos do saber elaborado e formalizado. Isso é muito importante conceitualmente, pois, na acepção mais corrente, por conteúdos se consideram apenas os elementos provenientes de campos especializados do saber mais elaborado. Os conteúdos dos currículos em níveis educativos posteriores ao obrigatório, em geral, restringem-se aos clássicos componentes derivados das disciplinas ou materiais.

Devido a isso, o tratamento do currículo nos primeiros níveis da escolaridade deve ter um caráter totalizador, enquanto é um projeto educativo complexo, se nele serão refletidos todos os objetivos da escolarização. *Na escolaridade obrigatória, o currículo tende a recolher de forma explícita a função socializadora total que tem a educação.* O fato de que esta vá mais além dos tradicionais conteúdos acadêmicos é considerado normal, devido à função educativa global que se atribui à instituição escolar.

O currículo, então, apenas reflete o caráter de instituição total que a escola, de forma cada vez mais explícita, está assumindo, num contexto social no qual muitas das funções de socialização que outros agentes sociais desempenharam agora ela realiza com o consenso da família e de outras instituições. Assumir esse caráter global supõe uma transformação importante de todas as relações pedagógicas, dos códigos do currículo, do profissionalismo dos professores e dos poderes de controle destes e da instituição sobre os alunos.

Vejamos algumas das condições que caracterizam essa aprendizagem pedagógica da educação básica.

Três razões fundamentais apoiam e explicam a apreciação de que a aprendizagem escolar e o currículo, como seu referencial ordenador desencadeante, são cada vez mais complexos.

a) A primeira consideração diz respeito à transferência, para a instituição escolar, de missões educativas que outras instituições desempenharam em outros momentos históricos, como a família, a igreja, os diferentes grupos sociais, etc. O ingresso dos alunos na instituição escolar se produz cada vez mais cedo e a saída tende a se retardar, o que implica se encarregar de uma série de facetas que em outro momento não foram consideradas, ainda que de alguma forma se cumprissem atribuições das instituições escolares.

A aspiração a uma escolaridade cada vez mais prolongada é um dos poucos pontos que fazem parte do consenso social básico em torno dos problemas educativos. Os alunos passam muito tempo nas instituições escolares, e estas desempenham uma série de funções que em outro momento não estiveram tão claramente atribuídas. Se esta apreciação é de alguma forma válida para todo tipo de instituições escolares, para as que se encarregam dos níveis obrigatórios e pré-obrigatórios é mais evidente. A escolarização obrigatória tem a função de oferecer um projeto educativo global que implica se encarregar de aspectos educativos cada vez mais diversos e complexos.

b) O próprio fato de pretender fazer da escolarização uma capacitação para compreender e integrar-se na vida social na saída da instituição escolar faz do currículo dessa escolarização, nos níveis obrigatórios, uma introdução preparatória para compreender a vida real e a cultura exterior em geral. Reduzir-se a alguns conteúdos de ensino acadêmico, com justificativa puramente escolar de valor propedêutico para níveis superiores, é uma proposição insuficiente. Devido a isso, se tende a ampliar e diversificar os componentes que os programas escolares devem abarcar. O conteúdo da cultura geral e da pretensão de preparar o futuro cidadão não tolera a redução às áreas acadêmicas clássicas de conhecimentos, embora estas continuem tendo um lugar relevante e uma importante função educativa.

As acusações às instituições escolares de que distribuem saberes pouco relacionados com as preocupações e necessidades dos alunos não apenas partem de uma imagem de escola obsoleta centrada em saberes tradicionais, em torno dos quais estabeleceram uma série de usos e ritos que tendem a justificá-la por si mesma, mas também expressam a aspiração manifesta a um currículo diferente que se ocupe de outros saberes e de outras aptidões. Um estudo histórico sobre a evolução dos programas escolares demonstraria o crescimento progressivo e o surgimento constante de novos conteúdos, objetivos e habilidades. Uma educação básica preparatória para compreender o mundo no qual temos de viver exige um currículo mais complexo do que o tradicional, desenvolvido com outras metodologias.

c) Por outro lado, o discurso pedagógico moderno, como teorização que reflete determinadas visões do que deve ser a educação, recolhendo valores sociais muitas vezes de forma inconsciente, veio preconizando a importância de atender à globalidade do desenvolvimento pessoal, unindo-se, assim, à ideia de que a cultura do currículo deve se ocupar de múltiplas facetas não específicas da escola tradicional, de tipo mais intelectualista. As escolas vão se tornando cada vez mais agentes primários de socialização, instituições totais, porque incidem na globalidade do indivíduo. Digamos que ampliam a gama dos objetivos que se considera pertinentes e valiosos. Como elas têm que cumprir essa função através dos currículos em boa parte, embora se observem atividades paralelas à margem deles, estes se veem ultrapassados quanto aos conteúdos, aos objetivos e às habilidades que devem abordar. Uma concepção do currículo se refere, precisamente, a todas as aprendizagens e experiências que ficam sob a égide da escola.

A aspiração a uma educação cada vez mais globalizadora é tida como ideologia dominante pelas leis e regulações administrativas básicas que ordenam todo o sistema educativo, instalando desde o plano da legalidade essa mentalidade de "atenção total" ao aluno nos próprios mecanismos da regulação do sistema por parte do sistema da administração educativa. A título de exemplo, o ensino da ética (curiosa pretensão), a criação de atitudes, o fomento de hábitos, etc. são objeto da regulação administrativa, intenções do currículo que acabam sendo submetidas aos mesmos padrões do ensino dominante que atingem qualquer outro conteúdo.

Embora saibamos que muitas das declarações de princípios de toda lei são em boa parte retóricas, ao menos acabam tendo alguma operatividade nos mecanismos de intervenção administrativa. A administração, principalmente em contextos de decisão centralizada como o nosso, tendeu a regular todo o conteúdo e os processos da escolaridade, o que dá origem a um clima de intervenção em aspectos que em outro momento os poderes dominantes desejavam obter por outros caminhos. Os controles passaram de ideológicos, explícitos e coercitivos, a serem de índole técnica. É importante refletir nas consequências que tem, para o controle dos cidadãos, o incremento dos poderes de que a instituição escolar fica investida, num campo no qual a administração e outros agentes externos tendem a regular amplamente o currículo e seu desenvolvimento.

Para citar dois exemplos historicamente próximos, mencionaremos a declaração da Lei Geral de Educação de 1970,* que, em seu título preliminar, declara os fins da educação em todos os seus níveis e modalidades:

> Um: a formação humana integral, o desenvolvimento harmônico da personalidade e a preparação para o exercício responsável da liberdade, inspirados no conceito cristão da vida e na tradição e cultura pátrias; a integração e promoção social e o fomento do espírito de convivência; tudo isso em conformidade com o estabelecido pelos Princípios do Movimento Nacional e demais Leis Fundamentais do Reino.
> Dois: a aquisição de hábitos de estudo e trabalho e a capacidade para o exercício de atividades profissionais que permitam impulsionar e enriquecer o desenvolvimento social, cultural, científico e econômico do país (ESPAÑA, 1970, Art. l).

Num contexto político-democrático muito diferente, a Lei Orgânica de Direito da Educação (Lode), em 1985, referente aos níveis educativos não universitários, aponta que:
A atividade educativa, orientada pelos princípios e declarações da Constituição, terá, nos centros docentes a que se refere a presente Lei, os seguintes fins:
   a) O pleno desenvolvimento da personalidade dos alunos.
   b) A formação no respeito aos direitos e liberdades fundamentais e no exercício da tolerância e da liberdade dentro dos princípios democráticos de convivência.
   c) A aquisição de hábitos intelectuais e técnicas de trabalho, assim como de conhecimentos científicos, técnicos, humanísticos, históricos e estéticos.
   d) A capacitação para o exercício de atividades profissionais.
   e) A formação no respeito da pluralidade linguística e cultural da Espanha.

---
* N. de R.T.: Esta Lei se refere à legislação da Educação na Espanha em 1970.

f) A preparação para participar ativamente na vida social e cultural.
g) A formação para a paz, a cooperação e a solidariedade entre os povos (ESPAÑA, 1985, Art. 2).

Nota-se perfeitamente a incidência dessa concepção globalizadora da educação nas instituições escolares, que se reflete depois nas disposições que regulam toda a configuração do currículo.

Ninguém duvida que a educação básica de um cidadão deve incluir componentes culturais cada vez mais amplos, como facetas de uma educação integral. Um leque de objetivos cada vez mais desenvolvido para as instituições educativas básicas que afeta todos os cidadãos implica um currículo que compreenda um projeto socializador e cultural também amplo. Não esqueçamos que essa educação básica não é apenas a educação obrigatória, senão que o próprio ensino médio está sendo para boa parte de jovens um nível básico, à medida que é frequentado por uma grande maioria deles que não continuará depois no ensino superior; mais ainda, quando essa educação secundária passa a ser um nível obrigatório.

Exige-se dos currículos modernos que, além das áreas clássicas do conhecimento, deem noções de higiene pessoal, de educação para o trânsito, de educação sexual, educação para o consumo, que fomentem determinados hábitos sociais, que previnam contra as drogas, que se abram aos novos meios de comunicação, que respondam às necessidades de uma cultura juvenil com problemas de integração no mundo adulto, que atendam aos novos saberes científicos e técnicos, que acolham o conjunto das ciências sociais, que recuperem a dimensão estética da cultura, que se preocupem pela deterioração do meio ambiente, etc.

Toda essa gama de pretensões para a escolaridade, num mundo de desenvolvimento muito acelerado na criação de conhecimento e de meios de difusão de toda a cultura, coloca o problema central de se obter um consenso social e pedagógico nada fácil, debatendo sobre o que deve consistir o núcleo básico de cultura para todos, num ambiente no qual o academicismo ainda tem raízes importantes. Numa sociedade democrática, esse debate deve ultrapassar os interesses dos professores e o âmbito de decisão da administração educativa. Chegar a um consenso é tarefa por si só difícil, que se vê complicada pela pluralidade cultural que compõe nossa realidade como Estado e pela carência de uma tradição na discussão do currículo básico como a base cultural de um povo, como a única base para muitos cidadãos que têm essa oportunidade cultural como a mais decisiva de suas vidas.

A amplitude do debate fica exemplificada nos esforços realizados em outros contextos para elucidar estas questões. A escolaridade baseada num projeto educativo total implica currículos ampliados para esferas que vão mais além dos componentes culturais tradicionais de tipo intelectual.

Definir esse conteúdo cultural é algo mais do que ditar novas disposições curriculares ou realizar uma divisão diferente do currículo entre diferentes grupos profissionais. Isso porque a realidade dessa nova cultura depende não apenas da decisão administrativa sobre novos conteúdos dos currículos, mas também das condições de sua realização.

Uma aproximação aos componentes dos novos currículos para o ensino obrigatório foi realizada a partir de uma perspectiva antropológica, tratando de sintetizar nos saberes escolares os elementos básicos para entender a cultura na qual se vive e na qual o aluno terá que se localizar. O currículo vem a ser, nesta perspectiva, um *mapa representativo da cultura*. Esta posição tem seus problemas, pois as perspectivas para analisar as invariantes que sustentam a cultura podem ser múltiplas, mas aqui queremos mencioná-las como exemplo de uma aproximação à seleção do currículo, se este há de servir como âmbito de socialização e introdução na vida exterior à escola. Introduzir-se na cultura e na sociedade com base no ensino escolarizado significa atender a uma gama muito variada de componentes — um debate muito pertinente em nossa sociedade dentro da política de prolongar a escolaridade obrigatória, o que significa que os alunos devem estar mais tempo em contato com a cultura e usos das instituições escolares.

Um exemplo deste enfoque é apresentado por Lawton (1983). Ele sugere, como ponto de partida para realizar uma seleção cultural que configure o currículo comum para todos os alunos, base da educação obrigatória, que podem ser considerados oito grandes parâmetros ou subsistemas culturais que apresentam importantes interações entre si: l) a estrutura e o sistema social; 2) o econômico; 3) os sistemas de comunicação; 4) o de racionalidade; 5) a tecnologia, 6) o sistema moral; 7) o de conhecimento e 8) o estético.

Necessita-se de um currículo certamente complexo, porque essa cultura exterior compreende facetas muito diversas:

1. Sistemas de *conhecimento*, de compreensão e de explicação da realidade exterior e do próprio ser humano. Uma *tecnologia* derivada desses saberes, que condiciona a vida social e individual, com suas aplicações na produção, sua incidência no meio e no próprio indivíduo, e que é preciso compreender em alguma medida ligada aos conhecimentos que a sustentam, porque cada vez se introduz mais na vida cotidiana dos homens.
2. Possui *linguagens e sistemas de comunicação*, verbais e não verbais, apoiados em sistemas de símbolos variados e complexos para transmitir tipos muito diferentes de mensagens, tanto em nível de comunicação pessoal como através de meios tecnológicos.
3. *Cultiva formas de expressão estética* que se refletem em pautas expressivas diferentes (plástica, musical, dramática, corporal, etc.), impregnando a realidade cotidiana: a casa, o vestuário, o urbanismo, o folclore, a comunicação, etc.
4. Dispõe de um *sistema econômico* que regula a distribuição dos bens, os produtos e os serviços para cobrir as necessidades dos indivíduos e dos grupos.
5. Tem uma *estrutura social* através da qual se ordena a vida dos indivíduos e dos grupos: família, sistemas de estratificação, classes sociais, sindicatos, grupos marginais, ordenação das relações entre os indivíduos de idade diferente, agrupação territorial, etc.
6. Organiza-se, como conjunto social, através de *sistemas de governo* que regulam os assuntos públicos, distribuindo responsabilidades, arbitrando fórmulas para dirimir os conflitos e manter um sistema de ordem entre as pessoas e os grupos sociais, etc.
7. Tem *sistemas de valores* organizados e visões do sentido da vida assentados em crenças religiosas, em diferentes sistemas de normas éticas, ideologias, sistemas de comportamento moral, etc.
8. Possui uma *história* através da qual evoluíram todos estes aspectos da cultura, que é importante conhecer, para identificar-se ou não com ela, para entender o sentido de sua existência e estimular algum tipo de coesão social.
9. Dispõe de uma série de *sistemas para a própria sobrevivência e para a transmissão* de tudo o que já foi citado fundamentando nos indivíduos pautas de algum modo homogeneizadoras de perceber, explicar e sentir a realidade, que lhe assegurem a sobrevivência no tempo através das transições das gerações. Existe uma determinada cultura sobre o cuidado do indivíduo no nível físico e psicológico.

Essa análise do meio cultural recai num mapa curricular amplo, que será estruturado de múltiplas formas possíveis, agrupando as dimensões da cultura em diversas áreas de conhecimento e de experiência, que às vezes podem se definir em áreas específicas com sentido próprio, inclusive em determinadas disciplinas num dado momento, e em outros casos devem ser dimensões para introduzir em proporção diversa em outras áreas. O esquema deve, em todo caso, servir de base para a seleção de conteúdos e de experiências, não para estabelecer "disciplinas" específicas em todos os casos, pois ela daria lugar a uma justaposição de retalhos desconectados entre si. O resultado final quanto a áreas concretas reguladas como tais pode ser muito diverso, o importante é que, previamente, a moldagem do mapa cultural seja completa.

Skilbeck (1984, p. 193-196) sugere nove áreas para constituir o núcleo básico do currículo, que podem ter valor próprio como áreas curriculares em si mesmas ou serem componentes diluídos em outras. Tais áreas de experiência e de conhecimento são as indicadas a seguir.

1. *Artes e ofícios*, que incluem a literatura, a música, as artes visuais, a dramatização, o trabalho com madeira, metal, plástico, etc.
2. Estudos sobre o *meio ambiente*, que compreendam os aspectos físicos, os ambientes construídos pelo homem e que melhorem a sensibilidade para com as forças que mantêm e destroem o meio.
3. *Habilidades e raciocínio matemático* com suas aplicações, que têm relações com outras áreas: ciência, tecnologia, etc.
4. Estudos *sociais, cívicos e culturais*, necessários para compreender e participar da vida social, incluindo os sistemas políticos, ideológicos e de crenças, valores na sociedade, etc.
5. Educação para a *saúde*, atendendo aos aspectos físicos, emocionais e mentais, que têm repercussões e relações também com outras áreas.
6. Modos de *conhecimento científico e tecnológico* com suas aplicações sociais na vida produtiva, na vida dos indivíduos e da sociedade.
7. *Comunicação* através de códigos verbais e não verbais relacionados com o conhecimento e os sentimentos, que, além das habilidades básicas da língua, se ocupe da comunicação audiovisual, dos meios de comunicação de massas, de sua significação na vida diária, nas artes, etc.
8. Pensamento *moral*, atos, valores e sistemas de crenças que, certamente, devem estar incorporados a outras áreas e à vida diária da classe, mais do que formar um corpo curricular próprio com fins não doutrinários.
9. *Mundo do trabalho*, do *lazer* e estilo de vida. Um aspecto para o qual outras áreas devem contribuir, mas que certamente restam outros elementos de localização mais difícil.

Estas sistematizações assinalam os "territórios" da cultura de onde se selecionam componentes do currículo. Os critérios para selecioná-los entre eles mesmos são os seguintes: buscar os elementos básicos para iniciar os estudantes no conhecimento e acesso aos modos e formas de conhecimento e experiência humana, as aprendizagens necessárias para a participação numa sociedade democrática, as que sejam úteis para que o aluno defina, determine e controle sua vida, as que facilitem a escolha e a liberdade no trabalho e no lazer e as que proporcionem conceitos, habilidades, técnicas e estratégicas necessárias para aprender por si mesmo.

A ampliação do que está passando a ser considerado cultura própria do currículo provoca conflitos e contradições, visto que não existe campo ou aspecto cultural que não esteja submetido a valorizações sociais diversas. As formas culturais não são senão elaborações sociais valorizadas de forma peculiar em cada caso. Qualquer faceta da cultura é objeto de ponderações diferentes na sociedade, é apreciada de forma peculiar por diferentes classes e grupos sociais e está relacionada a interesses muito diversos. Os aspectos intelectuais são valorizados mais do que os manuais, por exemplo, pensa-se que determinados saberes são básicos para o progresso pessoal e social e que outros são cultura acessória. Estas valorizações desiguais são diferentes, por sua vez, entre os diversos grupos culturais, classes sociais, etc., o que introduz problemas quando os cidadãos de qualquer classe e condição têm de se submeter a um mesmo currículo. Veremos isso muito claramente, em nosso contexto, quando se fala da possibilidade de uma cultura comum numa escola compreensiva para todos os alunos de uma mesma idade, independentemente de sua condição social e de suas expectativas acadêmicas posteriores ao ensino obrigatório.

Os saberes admitidos como próprios do sistema escolar já têm, por exemplo, a diferenciação entre áreas ou disciplinas fundamentais e áreas secundárias. A importância da matemática ou das ciências em geral costuma ser bastante maior do que a do conhecimento e a experiência estéticos, por exemplo. Existem matérias fundamentais para continuar progredindo pelo sistema educativo e outras nem tanto; há atividades escolares propriamente ditas e outras consideradas "extraescolares", ainda que possam ser mais atrativas que as primeiras.

A cultura está muito diversificada e seus componentes recebem valorizações distintas. Nota-se esta diferença na própria composição do currículo, nas opiniões dos pais e dos professores sobre o que é conhecimento valioso, e até os próprios alunos acabam aceitando-a. O conflito de interesses se manifesta de forma mais evidente quando se pretende modificar situações estabelecidas, nas quais determinados conteúdos estão aceitos como componentes "naturais" do currículo e outros não.

Deve-se ter presente, seja qual for a opção curricular que em cada caso se adote, que todos esses componentes culturais transformados em conteúdos do currículo oferecem desiguais oportunidades de conexão entre a experiência escolar e a extraescolar nos alunos procedentes de diferentes meios sociais. Bourdieu (apud WHITTY, 1985) destacou a falta de neutralidade do currículo em duas direções: por um lado, a opção curricular que se adota é um instrumento de diferenciação e de possível exclusão para os alunos. Os currículos dominantes costumam pedir a todos os alunos o que só uns poucos podem cumprir. Por outro lado, o currículo é, de forma particular, um objeto não neutro, especialmente nos conteúdos dos cursos de Letras, Ciências Sociais e humanidades, nos quais há uma peculiar dependência e relação com o "capital cultural" que o aluno procedente do exterior traz. Tais conteúdos são ensinados através de procedimentos que realizam continuamente apelos implícitos à base cultural do próprio aluno. Não se pode esquecer, além disso, que cada um desses componentes curriculares tem desigual projeção no futuro e nas aspirações dos diversos grupos sociais.

O aluno que se confronta com os mais variados aspectos do currículo não é um indivíduo abstrato, mas proveniente de um meio social concreto e com uma bagagem prévia muito particular que lhe proporciona certas oportunidades de alguma forma determinadas e um ambiente para dar significado ao currículo escolar. Não é fácil, portanto, pensar na possibilidade de um núcleo de conteúdos curriculares obrigatórios para todos, frente aos quais os indivíduos tenham iguais oportunidades de êxito escolar. A cultura comum do currículo obrigatório é mais um objetivo de chegada, porque, diante a qualquer proposta, as probabilidades dos alunos procedentes de meios sociais diversos para aprender e obter êxito acadêmico são diferentes. Daí que o currículo comum para todos não seja suficiente se não são consideradas as oportunidades desiguais frente a ele e as adaptações metodológicas que deverão ser produzidas para favorecer a igualdade, sempre sob o prisma de que a escola, por si só, não pode superar as diferenças sociais.

Seria um erro (WHITTY, 1985) conceber o currículo comum para todos como a via por excelência para a conquista da justiça social, pois esta exige discriminações positivas a favor dos que terão menos oportunidades perante tal currículo, incorporando ao conteúdo comum para todos o que é a genuína cultura dos menos favorecidos: a cultura manual, entre outras.

A seleção cultural que compõe o currículo não é neutra. Buscar componentes curriculares que constituam a base da cultura básica, que formará o conteúdo da educação obrigatória, não é nada fácil e nem desprovido de conflitos, pois diferentes grupos e classes sociais se identificam e esperam mais de determinados componentes do que de outros. Inclusive os mais desfavorecidos veem nos currículos acadêmicos uma oportunidade de redenção social, algo que não veem tanto nos que têm como função a formação manual ou profissionalizante em geral.

No currículo tradicional da educação obrigatória, a primazia tradicional foi dirigida à cultura da classe média e alta, baseada fundamentalmente no saber ler, escrever e nas formalizações abstratas, e, por isso, o fracasso dos alunos das classes culturalmente menos favorecidas tem sido mais frequente, devido ao fato de que se trata de uma cultura que tem pouco a ver com seu ambiente imediato. A cultura acadêmica tradicional não é a dominante na cultura das classes populares. A evolução dos sistemas produtivos em países desenvolvidos com um setor de serviços muito amplo e processos de transformação altamente tecnológicos, que requerem um domínio amplo de informação muito variada, leva à necessidade de preparação nesses saberes acadêmicos abstratos e formais. A ampliação da cultura escolar para os aspectos manuais, por exemplo, que são componentes mais relacionados com essas classes sociais, nem sempre é facilmente admitida pelos que estão identificados com a cultura acadêmica e esperam, através dela, a ascensão ou a redenção social e econômica.

Os alunos de diferentes coletividades, classes ou grupos sociais que compõem o conjunto social ao qual vai se dirigir um sistema curricular, têm pontos de contato com as diferentes parcelas da cultura e diferentes formas de entrar em contato desiguais com ela. Nessa mesma medida, partem com oportunidades desiguais que a escolaridade obrigatória não seletiva deve considerar em seus conteúdos e em seus métodos. Isso significa que qualquer seleção que se faça dos conteúdos para integrar os componentes básicos do currículo repercute em oportunidades diferentes para os diferentes grupos sociais que, por causa da cultura anterior à escola, estão desigualmente familiarizados e capacitados para se confrontarem com o currículo. A igualdade de oportunidades é vista desde diferentes perspectivas, e uma delas, que se liga com a qualidade dos conteúdos do currículo, tende a ver a importância dos déficits culturais particulares dos alunos para superar os currículos (LAWTON, 1975).

A importância do debate sobre a composição do currículo de níveis obrigatórios reside, basicamente, em que aí se está decidindo a base da formação cultural comum para todos os cidadãos, seja qual for sua origem social, independentemente de suas probabilidades de permanência no sistema educativo em níveis de educação não obrigatórios. Por isso, deve ser uma seleção de aspectos que abranja as diversas facetas da cultura, uma alternativa aos conteúdos do academicismo, considerando as diferentes dotações dos alunos para superar o currículo estabelecido.

A tarefa não é difícil, à medida que se pode encontrar um certo consenso sobre habilidades e conhecimentos iniciais básicos para os primeiros momentos dessa escolaridade obrigatória. A atual escolaridade primária, ao menos como ponto de partida, oferece, a princípio, um currículo igual para todos, e isso é visto como algo natural e desejável, embora, naturalmente, nem todos tenham as mesmas probabilidades de sucesso para chegar ao final.

Mas o consenso sobre o currículo complica-se à medida que o propomos para outros momentos posteriores da escolaridade, quando já se fazem mais evidentes as diferenças individuais entre os alunos, entre distintos grupos de alunos ou quando começam as manifestações das expectativas que os pais têm para seus filhos. Aqui, o debate estritamente curricular mistura-se com a atitude para com as diferenças interindividuais ou entre grupos culturais, qualitativa e quantitativamente consideradas. De um ponto de vista liberal conservador*, estas se devem a "características" dos indivíduos que convém "respeitar", favorecendo o desenvolvimento mais adequado para cada um, segundo suas possibilidades. O conhecimento técnico-psicológico dominante encarregou-se bastante bem de encontrar os procedimentos de diagnóstico dessas variações interindividuais, mas não de sua explicação, quando não as dá como um dado "objetivo" da realidade. Sob esse pressuposto se legitimam práticas de claro significado social que segregam alunos de uma mesma idade em grupos diferentes ou em sistemas de educação diferentes (ensino profissionalizante e ensino acadêmico, por exemplo). Se, pelo contrário, as oportunidades desiguais ante o currículo se devem a diferenças nos sujeitos, explicáveis por sua origem social e cultural, o currículo deve se tornar, pelo menos, um elemento de compensação, já que não poderá sê-lo nunca de total igualização.

Cornall (1986, p. 65-66, grifo nosso) afirma que:

> Há grupos de alunos de baixo rendimento que encontram poucas satisfações no trabalho atual nos últimos anos da educação obrigatória, e devemos aceitar o objetivo de melhorar sua moral e seu rendimento. Mas não é evidente que a solução consista em dar relevo a sua singularidade e segregá-los, contra todos os princípios não seletivos, numa categoria especial, em lugar de nos perguntarmos *que mudanças devemos fazer, em enfoques, em método, em material, com o fim de lhes ajudar a gozar dos benefícios de um currículo comum bem pensado*, o que tenha por objeto satisfazer as necessidades que têm em comum com todos seus contemporâneos e com seus futuros concidadãos.

Este é o sentido de uma educação *compreensiva*, na qual se realiza um currículo básico igual para todos, fazendo esforços na formação do professorado, adaptação metodológica e na organização escolar, para que todos os alunos possam obter um mínimo de rendimento. A diversidade de alunos pode ser tratada com diferentes fórmulas que não são nem equivalentes entre si, nem ascéticas quanto a seus efeitos sociais e pedagógicos.

1. Pode-se tratar da diversidade propondo a possibilidade de optar entre diferentes culturas para diferentes tipos de sujeitos, que é a segregação social que impera no sistema educativo, maior quanto mais cedo é a escolha entre vias alternativas dentro dele. Ainda que estejam previstas pontes de comunicação entre elas, nem sempre funcionam com fluidez, nem em duplo sentido. Este é o caso da separação de culturas entre o *bachillerato* e a formação profissional.

---

* N. de T.: No original, *liberal conservador*.

2. A diversidade pode ser abordada oferecendo dentro dos currículos módulos ou disciplinas opcionais que permitam a acomodação entre interesses e capacidades do aluno com a oferta curricular. Quando esses módulos ou materiais têm correspondência com subculturas desigualmente valorizadas social e academicamente, a discriminação social que se produzia na opção anterior volta a se repetir dentro do próprio currículo. Reproduz-se dentro de uma mesma escola, o que antes ocorria entre escolas distintas. Este seria o caso se, para efeitos da aquisição de determinados créditos para obter um mesmo título ou certificado, o aluno pudesse escolher entre um módulo acadêmico-intelectual ou outro de tipo manual. A discriminação se legitima mais se as opções se valorizam desigualmente no progresso posterior do aluno ou na passagem para outro nível educativo.
3. A diversidade pode ser enfrentada propondo opções internas dentro de uma mesma matéria ou área comum para todos. Trata-se de moldar o seu conteúdo interno para poder satisfazer interesses diversos dos alunos, respondendo às diferenças dentro da sala de aula com a metodologia adequada, ou na escola, com fórmulas que não suponham segregação de alunos por categoria, exceto nos casos estritamente imprescindíveis para garantir o progresso de todos. Pode-se propor, por exemplo, dentro de ciências, módulos mais teóricos e módulos mais aplicados à tecnologia, mantendo um tronco comum igual para todos ao lado de partes opcionais da matéria.
4. O tratamento das diferenças pode ser realizado não como respostas tendentes a satisfazer diferentes interesses ou desiguais capacidades que de fato se consideram intransponíveis, mas como compensação do déficit de entrada frente à cultura escolar que se poderia suprir ou ao menos mitigar com uma maior atenção, tempo e recursos dedicados aos alunos que mais o necessitam. A atenção pessoal de tipo psicopedagógico, professores de apoio para alunos com dificuldades, horários de reforço para esses alunos, etc. são fórmulas compensatórias que discriminam positivamente.
5. Pode-se fazer muito pela igualdade de oportunidades educativas de alunos diversos entre si, simplesmente mudando a metodologia educativa, fazendo-a mais atrativa para todos e aliviando os currículos de elementos absurdos para qualquer tipo de aluno, que apenas uns, por pressão e atenções familiares ou pela expectativa social de conseguir satisfações a longo prazo, suportam melhor e com mais coragem do que outros.
6. Apesar de tudo, as diferenças individuais e a desigualdade de oportunidades frente à cultura escolar subsistirão, devendo o sistema escolar possibilitar que qualquer opção seja reversível: entre caminhos curriculares diferentes, tipos de educação, etc.

O ajuste ao mercado de trabalho atual e às diferenças existentes entre os alunos e entre grupos sociais leva a preconizar a segregação dos alunos em sistemas curriculares diferenciados, bem como a se querer romper a compreensibilidade o quanto antes, acrescentando o argumento técnico de que, dessa forma, se superam dificuldades de organização escolar e que, inclusive, teríamos um nível mais baixo de fracasso escolar.

Mas, por um lado, a própria evolução do mercado de trabalho, com tecnologias de rápida implantação e obsoletividade, exige para a força de trabalho uma formação básica geral mais polivalente, que facilite sucessivas adaptações dos trabalhadores. Se, além disso, de um ponto de vista social, querem utilizar a escolaridade obrigatória e o currículo como seu conteúdo para mitigar diferenças individuais, expressão de oportunidades sociais desiguais, proporcionando uma base cultural essencialmente igual para todos, é preciso apoiar o currículo compreensivo com um núcleo cultural o mais amplamente possível igual para todos, ainda que saibamos de antemão que alunos de procedência social mais heterogênea, cursando um mesmo currículo durante tempo mais prolongado, produzirão um rendimento médio mais baixo no sistema escolar. O índice de êxito-fracasso da escola não pode ser nunca o motivo básico para julgar a eficácia dos sistemas escolares e do currículo, se não se relaciona com a modelagem de seu significado e se analisa a cultura que contém, distinguindo se favorece a uns e a outros, conectando-o com outras questões fundamentais, como a de a quem a educação beneficia.

A queda de rendimento é o que ocorreu sempre que se prolongou o ensino obrigatório, embora o dos melhores alunos não se deteriora, como se demonstrou em diversos estudos (LANDSHEERE, 1987). O argumento do êxito-fracasso escolar relacionando-o com uma forma de organizar a educação e o currículo é enganoso. Tal como assinala esse autor, se os jogos olímpicos se abrissem a qualquer um que quisesse participar, ou obrigássemos todos a fazê-lo, sem uma seleção prévia, evidentemente os rendimentos médios baixariam, ainda que se mantivessem os dos melhores atletas.

Indubitavelmente, o currículo para todos com um núcleo comum na educação obrigatória exige recolocar o sentido e o conteúdo da aprendizagem e do rendimento escolar nas instituições escolares, abrindo seu significado a diferentes sentidos da cultura para que todos tenham oportunidades de encontrar mais referenciais nela e de se expressar mais diversificadamente, segundo suas possibilidades. O *Collège de France* (1985, p. 17-18) sugeria ao Presidente dessa República, respondendo à petição que este lhe fez para refletir sobre o ensino do futuro, que este deveria combater:

> [...] a visão monista da inteligência, que leva a hierarquizar as formas de realização em relação a uma delas, ampliando as formas de excelência socialmente reconhecidas.
> [...]
> Por razões inseparavelmente científicas e sociais, seria preciso combater todas as formas, inclusive as mais sutis, de hierarquização de práticas e saberes, especialmente aquelas que se estabelecem entre o "puro" e o "aplicado", entre o "teórico" e o "prático" ou o "técnico".

A seleção de um tipo de cultura com predomínio sobre outra induz os privilegiados, que se ligam com a cultura dominante, a adquirirem cada vez mais educação especializada, com todas as mutilações que a especialização comporta, e os menos favorecidos, ao fracasso escolar e ao distanciamento consequente do mundo cultural. Tarefa esta que não é precisamente fácil, se não se fazem esforços e se adotam medidas específicas, quando boa parte do professorado e dos mecanismos de desenvolvimento curricular, meios didáticos, livros-texto, etc. são a imagem e a semelhança da cultura intelectualista e abstrata dominante.

Este é o debate da escola compreensiva para a educação secundária obrigatória que pretende distribuir uma educação centrada em determinados conteúdos básicos iguais para todos os alunos de uma mesma idade, sem desdobrá-los em sistemas paralelos: uns para o mundo do trabalho e outros para continuar avançando pelos currículos mais acadêmicos. Desde o humanismo social e o pensamento progressista, que defende os interesses dos mais fracos, se dá ênfase na busca de elementos culturais de progressiva igualdade social. O conservadorismo buscará mais os currículos segregados, mais coerentes com a hierarquia social. O debate sobre os conteúdos do currículo é um problema essencialmente social e político. O conteúdo de conhecimento do currículo, longe de representar algo dado para desenvolver tecnicamente, deve ser visto como uma opção problemática que é preciso esclarecer.

Um exemplo evidente dos conflitos desencadeados pela ampliação do conteúdo curricular para o ensino obrigatório se nota quando se pretende que, no curso da ampliação, todos os alunos tenham uma formação que abranja os aspectos intelectuais, técnicos, manuais, etc. da cultura e da experiência humanas. Quando a introdução de oficinas ou atividades paralelas de trabalho manual é realizada em um nível elementar, a proposta pode se estabelecer e ser aceita sem grandes resistências. Até pode ser um elemento de distração para o aluno e, nessa medida, proteção lubrificante do sistema que transmite outros saberes mais abstratos e menos interessantes. Agora, quando uma área ou módulo sobre a tecnologia da madeira, do metal, etc. tenha certa importância e implique diminuir possibilidades para aprofundar na educação matemática, científica, etc., por exemplo – ou em tudo o que se costuma considerar como disciplinas fortes e básicas do currículo –, é muito provável que sua implantação encontre prevenções por parte dos pais que têm expectativas para seus filhos não relacionadas com o trabalho manual. Então se fala em degradação da qualidade do ensino.

Encontramos um exemplo do que estamos comentando na valorização que fizeram os pais de alunos implicados na reforma do ensino do último ciclo da EGB que começou no período escolar 1984-1985. O currículo, proposto como experimental, supõe dedicar mais atenção à tecnologia, a uma metodologia menos mnemônica na qual a primazia esteja mais na aprendizagem ativa, na conexão com o meio ambiente, na realização de atividades culturais diversas, etc. O projeto de avaliação desta experiência mostrou que, embora os pais se mostrassem majoritariamente de acordo com o novo estilo de educação que se desenvolvia com seus filhos, as reticências de vários tipos eram mais prováveis de serem encontradas naqueles que haviam cursado um nível mais alto de educação escolar (GIMENO; PEREZ, 1986a).

Tais reticências tinham a ver com a pouca valorização que era concedida aos novos componentes do currículo ou a outras atividades e conteúdos que não fossem os mais tradicionais, que são os que, acreditam, vão favorecer seus filhos a passar nos estudos de *bachillerato*. Os pais com maior nível cultural são os que estão mais socializados nos valores tradicionais do sistema escolar, já que eles passaram mais tempo nele e têm mais arraigada a convicção de que os saberes acadêmicos estão ligados a melhores oportunidades de promoção social. Certamente, têm expectativas mais altas para que seus filhos sigam estudos secundários e temem que o novo currículo possa lhes tirar possibilidades.

As mudanças curriculares encontram incompreensões nos que viveram uma cultura escolar diferente, mas, no caso que apontamos, acreditamos ver também, de forma muito significativa, a valorização social dos conteúdos tradicionais ligados às disciplinas clássicas como recursos de progresso acadêmico pelo próprio sistema escolar. Não nos esqueçamos de que os próprios professores, talvez mais que os outros, visto que possuem mais experiência escolar, estão imbuídos desses mesmos valores.

Os pais sabem muito bem que um conhecimento é mais valioso do que outro para que seus filhos sigam progredindo por um sistema educativo tal como este funciona na atualidade. Podem considerar que os novos conteúdos têm menor "valor de troca" no ensino médio e superior ao qual aspiram. É um exemplo de que acrescentar novos objetivos e conteúdos nos currículos desencadeia interações complexas na trama social, em que nem todos os elementos da cultura têm o mesmo valor, como não os têm no próprio sistema educativo. A aquisição de diferentes tipos de cultura, não somente de um tipo ou de vários, tem efeitos importantes na vida dos indivíduos dentro de uma sociedade na qual os valores dominantes coincidem mais com uns saberes do que com outros. A formação científica, tecnológica, humanística, estética, manual, etc. tem valorização social muito desigual, o que se traduz em atitudes dos pais, dos professores e depois dos alunos para com os diversos componentes dos currículos.

A educação obrigatória, desde uma ótica democrática, não tem a função de ser hierarquizadora dos alunos para que continuem pelo sistema escolar, mas a de proporcionar uma base cultural sólida para todos os cidadãos, seja qual for seu destino social. Mas a tradição histórica seletiva e hierarquizadora, que afeta muito diretamente o professorado, configurada pela tradição academicista e pela ideologia dominante nos sistemas educativos seletivos, é um produto da função dominante que os currículos vêm desempenhando. Mentalidade que se transferiu para a educação básica e obrigatória. Os componentes curriculares para uma educação básica, que são mais amplos quanto a aspectos culturais, exigem uma transformação nessa concepção, nos processos metodológicos e mudanças importantes especialmente no professorado, que é seu principal mediador. Caso contrário, serão os velhos esquemas os que darão significado concreto a qualquer inovação que se introduza.

A ampliação de encargos da escolaridade, que acabam se refletindo de alguma forma na composição do currículo, tem amplas repercussões em toda a organização escolar, no professorado, nos mecanismos de controle, nas relações entre a instituição e os pais, na própria indefinição sobre qual é o conhecimento e quais são os procedimentos pedagógicos mais seguros que possam ordenar tudo isso, se é que existe algum, e num certo sentimento de impotência para ordenar tudo isso e dominá-lo com alguma segurança. Formalizar procedimentos de ensino para objetivos tão diversos, complexos e conflitivos não é tarefa simples, aflorando claramente a impotência do conhecimento atual para entender e governar as práticas pedagógicas, o que deixa o professorado à mercê de uma maior pressão social e institucional sobre seu trabalho, ao qual tem de responder com mais capacitação profissional.

A ampliação dos conteúdos curriculares, sem uma mudança qualitativa na tradução que os livros-texto fazem deles para os professores e para os alunos, assim como nos procedimentos de transmissão, sem uma atitude diferente frente a eles, agravará os defeitos atribuídos à educação tradicional. Os conteúdos aumentam quando os encargos explícitos do currículo o fazem. Ou se propõe uma escolaridade sem fim ou é preciso sintetizar, filtrar e selecionar muito cuidadosamente os componentes do currículo, revisando-se a forma de desenvolvê-los. A sobrecarga dos programas é o defeito próprio de uma ampliação do âmbito cultural da escola sem essas outras mudanças e revisões que deveriam ir parelhas.

A ampliação do currículo implica, também, a necessidade de revisar o sentido dos saberes clássicos que fazem parte da cultura considerada como o legado valioso no qual iniciar, de alguma maneira, a todos os cidadãos. No final das contas, a experiência humana acumulou sabedoria em campos muito diversos que, como legado cultural, vale a pena transmitir. Muitas vezes, de diversos ângulos, atribuem-se deficiências à composição dos currículos no sentido de não conter a cultura interessante, porque estão compostos de retalhos de saber desconectados entre si, carentes de estrutura, que não representam as inquietações mais relevantes em cada um deles, que não sabem transmitir a própria substância do saber, que o oferecem descontextualizado de sua gênese histórica, como se fosse uma criação carente de vida e dinamismo. As disciplinas e áreas do saber que formam os currículos escolares são, em muitos casos, seleções arbitrárias, sem coerência interna, que não transmitem nem cultivam a essência básica genuína de cada área. Algo parecido se pode dizer da apresentação da cultura que os livros-texto realizam em muitos casos.

O confronto entre um currículo propedêutico, para poder seguir por níveis superiores de educação, e outro que tenha sentido por si mesmo e proporcione uma cultura geral parte, às vezes, de uma proposição falsa, provocada pela concepção da cultura que a escola tem. Esse confronto é produzido, muitas vezes, pela seleção dos componentes que são introduzidos no currículo propedêutico para outros níveis de escolaridade, que de antemão pode dar chance à negação de seu valor como componente da cultura geral. Conhecer uma disciplina ou uma área, ter um determinado nível de domínio, pode significar muitas coisas diferentes e de desigual valor intelectual e educativo para o aluno, para compreender o que acontece à sua volta e poder obter aprendizagens que lhe facilitem o posterior progresso pelo sistema educativo.

O reflexo nos materiais didáticos, dos quais dependem os professores e os alunos, assim como a posse por parte dos docentes de um conhecimento que abranja todo o essencial que caracteriza um campo de saber, convertido numa parcela do currículo, é muito importante para fomentar um tipo ou outro de educação. Diferenciar em que consiste o domínio de uma área é decisivo para se compreender os valores educativos em geral para todos os alunos e poder precisar necessidades de formação no professorado. King e Brownell (1976) ressaltaram uma série de dimensões do conhecimento nas disciplinas, que poderíamos por nossa parte estender para as áreas curriculares, e que resumimos a seguir para considerá-las numa teoria do currículo, na seleção de seus conteúdos, na avaliação de meios didáticos, na formação de professores e na prática do ensino em geral.

1. Um campo de conhecimento é, antes de mais nada, uma comunidade de especialistas e professores que compartilham uma parcela do saber ou um determinado discurso intelectual, com a preocupação de realizar contribuições para o campo. Não estamos frente a uma visão acabada ou frente à crença de estar diante de algo dado e monolítico, mas, pelo contrário, frente a uma comunidade que tem dimensões internas e na qual seus membros realizam tarefas que diferem entre si: uns se dedicam aos fundamentos, outros contribuem com novos elementos que a fazem crescer, outros discutem sua validade, outros criticam seus métodos e muitos outros se dedicam a seu ensino. O domínio do campo, por parte da comunidade, implica todo um espectro que vai desde uma minoria que cria novas direções no desenvolvimento do campo, outras que trazem contribuições importantes e uma grande maioria que ensina em instituições escolares. Nessa comunidade com diferentes encargos se produzem desconexões e falta de comunicação importantes. Não é fácil encontrar referências nos currículos a esse caráter vivo, histórico e nem sempre coerente dos saberes como campos de atividade humana.

2. Uma área de conhecimento é também a expressão de uma certa capacidade de *criação* humana, dentro de um determinado território especializado ou em facetas fronteiriças entre vários deles, cuja dinâmica se mantém seguindo certos princípios metodológicos, mas que também se alimenta de impulsos imaginativos, súbitos e oportunos.

3. Uma disciplina ou campo especializado de conhecimento é um *domínio,* um território, mais ou menos delimitado, com fronteiras permeáveis, com uma certa visão especializada e, em muitos casos, egocêntrica sobre a realidade, com um determinado prestígio entre outros domínios, com conflitos internos e interterritoriais também, com uma determinada capacidade de desenvolvimento num determinado momento histórico, etc. O papel de cada um deles é variável na história e suas funções diversas.

4. Um campo de conhecimento é uma acumulação de *tradição*, tem uma *história*. É um discurso laborioso elaborado no tempo através do qual acumulou usos e tradições, acertos e erros, tendo passado por uma série de etapas evolutivas, nas quais sofreu cortes, iluminou novos campos de saber, etc. O que esse campo é num dado momento se explica por uma dinâmica histórica afetada por múltiplos fatos, contribuições e circunstâncias diversas. A relativização histórica do saber costuma estar ausente nas suas visões escolares.

5. Um âmbito de saber está composto por uma determinada *estrutura conceitual*, formado por ideias básicas, hipóteses, conceitos, princípios, generalizações aceitas como válidas num momento de seu desenvolvimento. São os que Schwab (1973) chamou de estruturas substanciais, que determinam as perguntas que podemos nos colocar, reclamam os dados que queremos encontrar e que caminhos de indagação seguiremos, condicionando, assim, o conhecimento que se produz. Algumas dessas estruturas substanciais são vizinhas do conhecimento não demasiado especializado (órgão e função em fisiologia, por exemplo) e outras exigem níveis de compreensão e domínio mais elevados (partícula e onda na estrutura atômica). São estruturas que evoluem, são limitadas, incompletas, etc., embora no ensino, em muitos casos, apareçam como elementos estáticos para memorizar.

6. Uma área de saber é uma forma de indagar, tem uma *estrutura sintática*. O campo é composto de uma série de conceitos básicos *ligados* por relações entre eles. Se os diferentes campos de conhecimentos ou disciplinas perseguem o conhecimento através de estruturas substanciais diferentes, haverá também diferenças quanto à forma como cada uma delas se desenvolve e como verifica o próprio conhecimento (SCHWAB, 1973). A menos que imponhamos o conhecimento dado como algo acabado e indiscutível, é fundamental, na educação, trabalhar estas estruturas sintáticas no nível que se possa em cada caso.

7. Os campos de saber supõem *linguagens e sistemas de símbolos* especializados, que criam mundos de significações próprias, em diferentes graus segundo as disciplinas de que se trate, com a facilitação consequente da comunicação precisa que esses códigos permitem e com a dificuldade de aproximar o conhecimento aos que não o possuem. Boa parte de dificuldades no ensino provém de se pretender aproximar esses significados precisos à linguagem comum dos alunos, para que sua aquisição não resulte numa aprendizagem de memória.

8. As diferentes esferas do saber constituem uma *herança*, ou acumulação de informação e contribuições diversas materializadas em tipos diversos de suportes que representam as fontes essenciais para a continuidade do próprio campo. Sua acessibilidade, os meios de comunicá-la aos demais são fundamentais para o desenvolvimento do saber e para aproximar os estudantes a suas origens. Em cada campo diferem em sua materialidade, localização, forma de obtê-las, etc. Relacioná-las aos alunos com variedade de fontes, iniciá-los em seu manejo e tratamento é importante para sua educação e sua vida fora das aulas.

9. Uma disciplina é, inclusive, um *ambiente afetivo* que não se esgota na experiência intelectual. Expressa valores, formas de conceber os problemas humanos e sociais, um tipo de beleza; tem ou poderia despertar um certo dinamismo emocional, possui também uma dimensão estética. Esse componente é inerente à criação do saber e deveria ser considerado nas experiências para seu ensino, cultivando atitudes, etc.

O desenvolvimento do saber em geral e o de cada campo especializado não supõe apenas incremento quantitativo, mas também mudanças profundas nos paradigmas científicos e de criação que guiam a geração do saber, isto é, muda o conceito do que se entende por saber. A relativização do conhecimento que tudo isso implica é mais uma dificuldade na hora de selecionar os componentes do currículo e deve ser um aspecto a ser levado em consideração na seleção cultural que se proporcione aos alunos.

É necessária uma revisão do que se entende por saber valioso nas aulas, quando se faz uma reforma curricular e principalmente quando se amplia a obrigatoriedade do ensino. Pedem para a instituição escolar e para os professores cada vez mais funções que desenvolverão sob os esquemas que historicamente se estabeleceram para cumprir outras finalidades relacionadas com outras formas de entender o conteúdo e o sentido da cultura. Os referenciais e esquemas existentes, se não se realizam as mudanças nas dimensões apontadas, modelarão o conteúdo inovador dos novos currículos. Isto é importante quando se falar de melhorar a qualidade do ensino e quando talvez se adotar a reforma curricular como a bandeira dessa transformação.

A tendência para a ampliação de conteúdos no ensino é uma resposta inevitável para o desenvolvimento da educação obrigatória, refletida no currículo como instrumento de socialização. Ampliação de finalidades e conteúdos que pode se chocar com o desdobramento social para com métodos e aspectos considerados "seguros" no ambiente de revisão que os sistemas educativos dos países desenvolvidos estão vivendo como consequência da pressão eficientista na educação, numa fase econômica menos expansiva, que estimula os reflexos conservadores da sociedade e dos responsáveis políticos, reduzindo-se o otimismo próprio das fases de crescimento acelerado.

Um exemplo evidente no mundo ocidental são os movimentos de regresso aos saberes básicos tradicionais *(back to basics)*, provocados pelos recortes pressupostos, que põem em dúvida os saberes "novos" no currículo e a introdução de materiais para responder a novos conhecimentos, e, em geral, todo modelo alternativo de educação que dê mais importância aos interesses dos alunos e à ampliação do conceito de cultura relevante, aos quais se acusa de não haverem sido capazes de erradicar o analfabetismo funcional de massas importantes da população que esteve, inclusive, durante longo tempo escolarizada.

A consciência de crise, desde uma perspectiva eficientista, é evidente, por exemplo, nos Estados Unidos, diante do temor da competência tecnológica e militar que põe – se diz – a nação em risco; se manifesta num movimento de maior centralização do currículo no sistema britânico, com a consequente perda de autonomia no sistema, e tem outros reflexos em outros países da Europa. Tudo isso, relacionado à ascensão em certos casos das forças políticas conservadoras, faz duvidar dos benefícios do currículo compreensivo e de qualquer inovação que não se atenha aos fundamentos culturais da ciência, à introdução das novas tecnologias, etc.

Em nosso caso, a reforma qualitativa de todo o ensino obrigatório é um problema urgente como resposta a um sistema escolar obsoleto que não pôde experimentar as reformas necessárias, estruturais e qualitativas no momento de seu desenvolvimento.

"Cultura escolar" e "currículo exterior" à escola

É evidente que a instituição escolar assimila lentamente as finalidades que o novo currículo ampliado reflete, como consequência das mudanças sociais e econômicas, e que o faz a partir de suas próprias condições como instituição. A lenta assimilação produz suas contradições na própria instituição quanto ao seu funcionamento. Assim, por exemplo, as necessidades do novo currículo ampliado são cobertas geralmente através de atividades justapostas a outras prévias dominantes e em contradição com elas em algumas situações. Este é o caso de certas atividades extraescolares, saídas para o exterior das escolas, etc., que têm características culturais interessantes, mas que se oferecem ao mesmo tempo que o resto do currículo mais tradicional. Os próprios professores, que podem ser qualificados de renovadores, têm que realizar um certo equilíbrio de compromisso entre atuações inovadoras e outras mais tradicionais. A abertura para o mundo exterior se faz, em muitos casos, através de brechas sem relação com o ensino das áreas ou disciplinas distribuídas de forma mais tradicional, o que supõe uma recuperação do "novo" dentro do velho molde.

Talvez uma das peculiaridades mais decisivas da cultura e da sociedade atuais, que tem sérias projeções no conteúdo e métodos da cultura distribuída nos currículos escolares, reside em que a própria evolução dos meios de transmiti-la incrementa as possibilidades de que os cidadãos tomem contato com ela pelos mais diversos canais à margem dos escolares. Ao lado da cultura e dos meios para entrar em contato com ela, possibilitados pelos currículos escolares, existem muitas outras possibilidades de comunicação cultural. Hoje, o cidadão médio certamente tem mais informação sobre o universo, a ciência e a tecnologia, as culturas de outros povos, a literatura, a música, os idiomas, etc., graças às revistas de divulgação científica, aos fascículos, aos meios de comunicação, às visitas a museus, às experiências e educação extraescolares, às viagens, etc., do que pelas aprendizagens escolares.

Uma característica lamentável das aprendizagens escolares continua sendo que se mantêm muito dissociadas da aprendizagem experiencial extraescolar dos alunos. Esse distanciamento se deve à própria seleção de conteúdos dentro do currículo e à ritualização dos procedimentos escolares, esclerosados na atualidade. A brecha aumenta e se agrava, à medida que o estímulo cultural fora da instituição é cada vez mais amplo, atrativo e penetrante.

A experiência cultural pré-escolar e paraescolar é muito importante e será cada vez mais, sobretudo à medida que a escola mantenha suas formas de transmissão obsoleta. A contradição entre esses mundos é contrária à necessidade de que os indivíduos logrem um desenvolvimento coerente e adquiram perspectivas que integrem estímulos muito diversificados. Os canais extraescolares são atrativos, sem dúvida, e necessários, mas é preciso ver quando servem para liberar os indivíduos e lhes dar consciência crítica e quando são elementos de alienação e consumo.

As inovações na tecnologia de impressão de meios escritos, o barateamento de sua produção e o aumento de seu mercado e sobretudo a popularização dos meios audiovisuais deram lugar a um incremento espetacular do tráfego de informações em nossa sociedade sobre os mais variados aspectos da realidade, da atualidade e da cultura em geral. Embora esta situação nos induza a estabelecer o problema de quem é que controla essa informação, enquanto é um poder para configurar as mentalidades do homem exposto a tão diversas influências, proporciona a indubitável possibilidade de uma certa democratização dos saberes. Considerando a incidência que os conhecimentos elaborados têm, especialmente os científicos, sobre a atividade dos homens e das sociedades, a divulgação do conhecimento pelos mais variados sistemas é um instrumento de controle democrático nas sociedades modernas. No campo científico e tecnológico, as consequências são evidentes. A consciência ecológica, a luta contra a militarização da ciência e da investigação expressas por distintos movimentos sociais são consequências de uma democratização do saber científico que advertem contra determinados usos do saber. Roqueplo (1983, p. 17) afirma:

> [...] num mundo em que a "ciência" constitui um poder que penetra até o coração de nossa vida cotidiana e no qual é reivindicada como legitimação do poder social, só é possível uma

verdadeira democracia – em todos os níveis da vida social – ao preço de uma verdadeira democratização do saber.

O predomínio do poder de informação dos novos meios sobre os currículos escolares é evidente em muitos campos. Os meios de comunicação, especialmente a televisão e o vídeo, através de determinados programas sobre a natureza, por exemplo, são uma fonte de conhecimento e cultura mais atrativa e eficaz que muitos programas, livros escolares e professores, que continuam insistindo em classificações dos animais e plantas, em preconizar a aprendizagem das funções mais do que as funções de uma flor, etc.

Alguns oportunos programas televisivos sobre o mundo animal ou sobre a natureza em geral fizeram mais pelo conhecimento de uma cultura ecológica, pela sensibilização frente à degradação da vida vegetal e animal, do que muitos anos de ensino das Ciências da Natureza em nossas escolas.

As crianças espanholas de uma determinada idade conhecem mais O Quixote através de programas de desenhos animados transmitidos pela televisão do que pela leitura dessa obra nas aulas. Algo parecido se pode dizer de outras obras ou autores e parcelas culturais. A cultura literária em nossa sociedade está mais relacionada com a leitura possível fora da escola do que com a própria escola, pela oferta de meios exteriores e pela pobreza no tratamento que a instituição escolar faz deste tema. O mesmo poderia ser dito da educação artística ou da prática esportiva, da aprendizagem de idiomas, etc.

E todos esses meios podem competir com uma grande vantagem com a instituição escolar, porque são muito mais atrativos que os livros-texto ou os métodos dos professores e o pobre material de que a maioria das escolas dispõe. Não deixa de ser uma ironia, por exemplo, que a televisão pública possa transmitir séries sobre natureza, geografia, história, programas literários, cursos de idiomas, etc., dos quais a escola pública não pode se aproveitar.

Quer dizer, na análise da assimilação e propagação da cultura, o currículo como veículo de cultura geral há de ser relativizado frente à concorrência exterior, principalmente à medida que se mantenham as condições atuais para seu desenvolvimento e não se adote o currículo como instrumento de política cultural, ou se pense e se instrumente de forma coordenada a política cultural para a escola e para a sociedade em geral. Vamos caminhando para as redes de informação cultural de que falava Illich (1974), quando propunha modelos de comunicação cultural substitutos de umas escolas que em todas as épocas e lugares têm as mesmas características.

Consideramos necessário pensar no fato de que o surgimento de novos recursos e técnicas de comunicação cultural na sociedade, através de meios escritos, audiovisuais, informáticos, etc., está desvalorizando muito depressa o valor da própria instituição escolar. Toda tecnologia que sirva para comunicar cultura, quando se desenvolve socialmente, altera o poder da escola como agente cultural, supondo um novo equilíbrio de poderes culturizadores entre as fontes de formação e informação que o currículo escolar e o que podemos chamar o currículo extraescolar desempenham. E não se trata simplesmente de uma divisão de competências, mas de uma alteração do próprio valor das funções da escolarização, que torna, desta forma, mais evidentes as funções de seu currículo oculto: "guardar" a infância e a juventude, socializá-la em certos valores, etc. O valor cultural da escola se relativiza mais se considerarmos o poder desigual de atração que têm os métodos escolares e os meios pelos quais se apresenta ao cidadão esse outro currículo cultural exterior.

Isto nos leva a pensar a instituição escolar e seu currículo dentro de um nicho cultural mais amplo que afeta o aluno e que este pode e deve aproveitar, o que exige a transformação substancial da instituição escolar, das fontes de informação e dos conteúdos que oferece aos alunos, seus métodos, seus procedimentos de controle, assim como melhorar seus recursos.

É óbvio que, nas sociedades desenvolvidas, os estímulos culturais têm muitos canais, criando disfunções na instituição escolar. Essas disfunções são mais evidentes em momentos históricos como o que atravessamos, no qual, com um sistema escolar rígido e obsoleto, se tem acesso a outros níveis de desenvolvimento econômico e cultural.

Tais apreciações nos levam a matizar a importância do currículo escolar e a observar novas perspectivas em sua concepção e em sua reforma. A mudança dos currículos para a educação básica, obrigatória para todos os cidadãos, deveria considerar essa situação cultural em nossa sociedade, aproveitar decididamente todos os meios de que hoje se dispõe. A melhora da qualidade do ensino deve partir dessas novas realidades culturais, a existência de meios potentes no exterior frente os quais os cidadãos têm oportunidades de acesso desiguais e a necessidade de mudar os métodos de adquirir cultura. Se a escolaridade básica pode ser uma base cultural de todos os cidadãos, embora nem todos poderão se aproveitar dela por igual, segundo seus condicionamentos culturais, em troca, é evidente que essa outra cultura exterior é nitidamente mais favorável aos que têm mais meios para adquiri-la, os que pertencem a ambientes familiares nos quais as atividades são mais positivas para estimulá-la e também podem pagá-la. A escola, como possível instrumento de nivelação social, perde essa possibilidade frente à nova concorrência cultural exterior.

A consciência entre tais disfunções, entre currículo escolar e influência exterior, se torna mais evidente para as classes médias e altas e nos ambientes urbanos, que têm acesso mais fácil à cultura exterior, ao mesmo tempo em que devem seguir imersas nos velhos usos culturais da escola. Isso repercute numa pressão cada vez maior sobre a escola e sobre os horários cada vez mais sobrecarregados de atividades complementares para os alunos, que vão tendo uma escolarização paralela fora das aulas, dentro de ofertas atrativas, às vezes, necessárias para completar o currículo escolar, só que à custa de uma excessiva sobrecarga do aluno. Inclusive, já se produz o conflito entre estilos pedagógicos e exigências do mundo escolar e dessa outra escolarização paralela, repercutindo numa insatisfação crescente quanto ao sistema escolar. Ocorre com os idiomas, com a formação musical, com a informática, com a expressão plástica, etc. Uma situação que move quase todo um pseudossistema escolar paralelo que pressiona os pais com a imagem, em muitos casos real, da insuficiência da escola como agente de preparação de seus filhos e à qual os interesses econômicos não são alheios.

A dissociação entre a cultura do currículo e a dos meios exteriores vai deixando a primeira cada vez mais obsoleta. Isso tem consequências distintas para diversos grupos de alunos. Naqueles que procedem de níveis culturais baixos, a cultura escolar é algo que carece de significado em sua vida presente e em seus projetos vitais. Daí que a resposta seja, em muitos casos, o abandono, a desmotivação, o fracasso escolar e outros modos de resistência ou a rebeldia contra uma instituição que, por tediosa, tem de se impor por meio de recursos disciplinares. Uma escola pouco interessante tem de acentuar os procedimentos repressivos, inevitavelmente.

Para as classes médias, tal dissociação leva a suprir a partir de fora as carências da instituição escolar, potencializando nos alunos também um conflito entre a cultura exterior e a própria da escola ou fomentando uma dissociação constante entre ambos os mundos. Só que eles têm probabilidades de sobreviver nesse ambiente de contradição.

Enquanto isso, os currículos escolares continuam sendo a fonte da validação acadêmica e profissional numa sociedade em que a sanção administrativa da cultura, adquirida através do currículo, tem consequências tão importantes no mercado de trabalho e nas relações sociais. O currículo escolar, frente a toda essa concorrência exterior, talvez esteja perdendo o monopólio da transmissão de certos valores culturais explícitos, mas reforça, por isso mesmo, outras funções do currículo oculto da instituição escolar: socialização, inculcação de pautas de comportamento, valores sociais, validação para subir pela pirâmide social, etc. Ao menos, deixa mais evidentes essas finalidades encobertas. Realmente, como assinalou Apple (1986, p. 70), o currículo oculto que hoje denominamos como tal foi o currículo explícito da história da escola. A importância da escolarização numa sociedade industrial dominada por um tipo de saber aparenta relegar o valor da escola como socializadora e promotora de um determinado consenso social e moral. Hoje, notamos o valor do currículo oculto como delator de uma educação encoberta, em reação à visão da escola como uma instituição generosa, igualadora e propagadora do saber e das capacidades para participar na vida social e econômica.

Estas apreciações nos levam a refletir em múltiplos aspectos. Primeiramente, mudam o próprio sentido do currículo escolar da educação obrigatória. Em segundo lugar, apontam novos meios a serem incorporados a seu desenvolvimento. Além disso, nos fazem meditar sobre a formação necessária do professorado. Finalmente, podem ter uma incidência muito importante no aprofundamento das diferenças sociais, visto que o acesso à cultura exterior não empacotada nos currículos escolares não é igual para todos, como tampouco é a escolar, claro. Só que a escola teoricamente parece um meio mais controlável de igualdade social de oportunidades.

É preciso continuar mantendo o princípio de que a escola hoje tem um importante sentido cultural e social. Parece-me que, hoje, mais do que quando se formulou, continua sendo válida a colocação de Dewey (1967a), quando dizia que a missão da instituição escolar é a de prover um ambiente:

a) *Simplificado,* para que possibilite a compreensão da complexidade exterior.
b) *Ordenado* progressivamente, para que ajude a compreender o ambiente exterior mais complexo.
c) *Compensatório* ou liberador das limitações que cada aluno possa ter pelo grupo social ao qual corresponde.
d) *Coordenador* das influências dispersas que os indivíduos recebem dos círculos vitais aos quais eles pertencem.

Os desafios básicos da escola estão em oferecer outro sentido da cultura, distinto do que distribui através de seus usos acadêmicos, e romper a carapaça com a qual se encerrou em si mesma, para se conectar melhor com a cultura exterior, cada vez mais ampla, mais complexa, mais diversificada e mais atrativa. Ao mesmo tempo, seria preciso conceber a reforma do currículo da escolaridade obrigatória de forma coerente com uma política cultural geral, recuperando para o âmbito escolar meios e possibilidades não utilizados que existem fora dele. Deixar para o professorado essa tarefa é lhe pedir muito.

É preciso se prevenir contra certo discurso ingênuo anti-intelectualista ou simplesmente acultural que, sob a romântica dedicação às necessidades da criança, muitas vezes impregna propostas pretensamente progressistas, que reagem contra a escola tradicional; também são discursos muito influenciados por um psicologismo vazio e acultural. A escola, numa sociedade de mudança rápida e frente a uma cultura sem abrangência, tem de se centrar cada vez mais nas aprendizagens essenciais e básicas, com métodos atrativos para favorecer as bases de uma educação permanente, mas sem renunciar a ser um instrumento cultural. Em muitos casos, os modelos de educação que fogem dos conteúdos para se justificar nos processos não deixam de ser propostas vazias.

OS CÓDIGOS OU O FORMATO DO CURRÍCULO

A cultura que a escola distribui encapsulada dentro de um currículo é uma seleção característica organizada e apresentada também de forma singular. O projeto cultural do currículo não é uma mera seleção de conteúdos justapostos ou desordenados, sem critério algum. Tais conteúdos estão organizados sob uma *forma* que se considera mais apropriada para o nível educativo ou grupo de alunos do qual se trate. A própria essência do que se entende como currículo implica a ideia de cultura "organizada" por certos critérios para a escola. Os conteúdos foram *planejados* para formar de fato um currículo escolar. Neste sentido dizemos que o currículo tem um determinado *formato*, uma forma como consequência da tecnificação pedagógica de que tem sido objeto.

Quando propomos o campo de explicação do currículo, mencionamos os conteúdos, os *códigos* e as práticas como seus componentes essenciais, que podem atuar no nível implícito ou explícito. Os códigos são os elementos que dão forma "pedagógica" aos conteúdos, os quais, atuando sobre alunos e professores, acabam modelando, de alguma forma, a prática. Por uma razão fundamental: porque o formato do currículo é um instrumento potente de configuração da profissionalidade do professor, que tem que distribuí-lo. Poder-se-ia dizer que se os conteúdos do currículo fazem referência a um destinatário básico que é o grupo de alunos, as formas curriculares afetam muito diretamente os professores.

Por trás de qualquer currículo, afirma Lundgren (1983), existe uma série de princípios que ordenam a seleção, a organização e os métodos para a transmissão, e isso é um código que condiciona a formulação do currículo antes de sua realização. O currículo, para esse autor, tem um contexto de realização e um *contexto de formulação* – é nesse contexto que o currículo adquire sentido e mostra mais diretamente sua operatividade.

Entendemos por código qualquer elemento ou ideia que intervém na seleção, ordenação, sequência, instrumentação metodológica e apresentação dos currículos a alunos e professores. Os códigos provêm de *opções políticas e sociais* (separação da cultura intelectual da manual, por exemplo), de *concepções epistemológicas* (o valor de método científico na prática da aprendizagem das ciências ou o da "nova história" no ensino), de *princípios psicológicos ou pedagógicos* (o sentido educativo da experiência acima dos conteúdos abstratos elaborados, a importância da aprendizagem por descoberta, o valor expressivo da linguagem, etc.), de *princípios organizativos* (a ordenação do ensino por ciclos ou por cursos, etc.) e outros mais.

Uma análise pormenorizada não está ao alcance de nossa pretensão neste momento e implicaria passar para os currículos concretos, que são muito variados. Por isso, refletiremos somente sobre a importância de alguns deles que são de relevância mais direta e geral.

O código da especialização do currículo

O formato curricular é substancial na configuração do currículo, derivando-se dele importantes repercussões na prática. Como se organizam os diversos elementos que o compõem não é uma mera qualidade sem transcendência ou formal, mas passa a ser parte integrante da mensagem transmitida, projetando-se na prática.

Assim, por exemplo, o currículo agrupado em cadeiras, que é próprio de nosso ensino secundário, é muito diferente em formato do agrupado em áreas que se cursa durante a educação de 1º grau. Agrupar objetivos e conteúdos sob um esquema de organização ou outro tem consequências muito decisivas para a elaboração de materiais, que são os que desenvolverão realmente os conteúdos curriculares para a formação, a seleção e a organização do professorado, para que o professor sinta de forma distinta o conceito de especialidade a que ele se dedica, para a própria concepção do que é competência profissional nos professores, o exercício dessa competência e o tipo de experiência que os alunos podem obter num caso ou noutro. Por isso, consideramos que a forma de organização dos conteúdos é parte constitutiva do próprio currículo e um de seus códigos mais decisivos.

Mencionaremos alguns exemplos de como o código, sob o qual se organiza o conhecimento selecionado como pertinente e valioso para formar o currículo, é parte substancial deste, enquanto condiciona a experiência que os alunos podem obter dele. Mas, além disso, veremos como tal código tem importantes repercussões sobre a própria estrutura e funcionamento do sistema educativo e das escolas.

Talvez, uma das contribuições mais incisivas sobre este código foi a de Bernstein (1980) ao distinguir os currículos de acordo com a relação que mantêm entre si os diferentes conteúdos que os formam, ou seja, em função do tipo de barreiras e fronteiras que se estabelecem entre eles, se estão ou não isolados uns em relação aos outros, independentemente do *status* do campo de conhecimento de que se trate.

Esse autor usa este critério para diferenciar dois tipos básicos de currículos: o *collection*, que poderíamos traduzir por currículo de componentes justapostos, no qual os elementos se diferenciam claramente uns dos outros. Pensemos, como exemplo, uma justaposição de cadeiras ou o acréscimo de componentes que se dá em algumas áreas da atual EGB; o *integrado*, no qual os conteúdos aparecem uns relacionados aos outros de forma aberta. Um exemplo poderia ser um currículo de ciência integrada ou uma área de EGB que tenha realmente o caráter de tal área que suprime ou dilui os contornos disciplinares. No primeiro modelo, os conteúdos aparecem claramente delimitados uns em relação aos outros, com fronteiras nítidas, diferenciados com clareza. No segundo tipo, isso não acontece.

O currículo organizado sob o esquema mosaico ou justaposto relega o domínio das últimas chaves do conhecimento às fases finais da aprendizagem das cadeiras especializadas. As primeiras etapas e as intermediárias são escalões propedêuticos para as seguintes, sendo todas ordenadas por aquela meta final. Por isso, quando se propõe o sentido da cultura que há de preencher a educação obrigatória, que deve proporcionar um conteúdo com sentido em si mesma e não como mera preparação para etapas seguintes de escolarização, se produz a tensão entre o princípio que ordena os conteúdos com base num código integrado e o que o faz num código mais especializado.

Na educação infantil, a aceitação do código integrado é praticamente total. A educação primária progrediu no sentido de uma paulatina aceitação desse mesmo código. Por isso, se aceita a fórmula da *área* como recurso organizador de conhecimentos amplos que transcendem o âmbito de uma disciplina muito delimitada, ainda que internamente a área seja ainda uma justaposição de componentes, como acontece nas Ciências Sociais, etc. O debate sobre o código que comentamos se centra agora no ensino secundário, quando este passa a ser de fato um nível de formação básica para muitos escolares em idade de cursá-lo. Essa luta entre os códigos ordenadores ganha certa virulência, em algumas ocasiões, no professorado, que tem de distribuí-los, que é o primeiro depositário e reprodutor do legado de uma tradição curricular baseada na separação de disciplinas.

A partir do currículo *mosaico*, os professores manterão entre si as mesmas barreiras que guardam entre si os diferentes especialistas da matéria a cuja lógica têm de se submeter. Ou, ao menos, terão de realizar por si mesmos esforços para estabelecer a comunicação entre eles, em nome de um projeto educativo mais coerente para os alunos. O estabelecimento de fronteiras entre tipos de conhecimentos cria um forte sentimento de grupo e, por isso mesmo, uma forte identidade profissional em torno da especialização na disciplina. Princípio que podemos ver exemplificado nos professores do ensino médio ou universitário em torno de suas especialidades respectivas, enquanto que no ensino fundamental não existe esse senso de grupo em torno da especialidade praticada, se é professor de um longo período de escolaridade, mas não de uma parcela educativa. Poder-se-ia dizer que o professor de educação infantil ou ensino fundamental centra mais seu autoconceito profissional num período de escolaridade do que no seu conteúdo, enquanto no ensino médio e superior ocorre o contrário.

Mas ao mesmo tempo – assegura Bernstein (1980, p. 51) –, o currículo elaborado com base no código mosaico reduz o poder dos professores sobre o conteúdo que transmitem. Os currículos de caráter mais integrado deixam ao professor mais espaço profissional para organizar o conteúdo, à medida que se requerem outras lógicas, que não são as dos respectivos especialistas. Podem dar lugar ao desenvolvimento de uma profissionalização própria ao elaborar o currículo e que não seja a de se dobrar à lógica dos especialistas que produzem os conhecimentos em parcelas separadas. Um poder que não deixa de ser teórico, pois, como discutiremos em outro momento, a formação atual do professorado e as condições de seu trabalho não permitem exercer margens amplas e reais de atuação autônoma nesse sentido.

A integração dos currículos pode se apoiar no professor, como único docente que distribui e trabalha conteúdos diversos com um mesmo grupo de alunos, realizando programações e experiências que englobam aspectos e conteúdos diversos, e que os distribui ao longo de períodos de horários geralmente mais amplos de tempo. Esta é a possibilidade que oferece o modelo de organização de conteúdos em torno de áreas, em lugar de fazê-lo com base em disciplinas. Aspectos parcelados tendem, na instituição escolar, a se localizar em horários diferenciados e com professores distintos.

Relacionando esta distinção ao nosso contexto, pode-se afirmar que o currículo do ensino fundamental tem um caráter mais integrado, ainda que em muitos casos se trate de mera justaposição de componentes com barreiras internas delimitadas; enquanto no ensino médio e na universidade, o currículo tem nitidamente o caráter de mosaico. A integração curricular no ensino fundamental se apoia no regime de monodocência (um único professor para todas as áreas), que atribui um professor a cada grupo de alunos, e no próprio formato do currículo que, ao ordená-lo sob o código de áreas de conhecimento e de experiência, obriga de alguma forma a se ligar a conteúdos diversos na elaboração de materiais e livros-texto e na própria prática docente dos professores.

Pôr um grupo de professores de especialidades diversas em contato sempre é mais difícil do que conseguir que um único professor coordene componentes que ele distribui. Os currículos estruturados em áreas de conhecimento e experiência possibilitam o ensino mais interdisciplinar, mas exigem do professorado uma formação do mesmo tipo. A mentalidade dominante de nosso professorado de ensino médio não é essa precisamente – forma de pensar que começa a configurar também a mentalidade dos professores da última etapa da educação do ensino fundamental, sendo que toda reforma nesta direção choca-se com atitudes desfavoráveis. O prestígio e o conceito de profissionalidade aceito pelo professorado do ensino médio estão mais na medida da especialização universitária do que de acordo com as necessidades formativas gerais dos alunos desse intervalo de idade.

Outra forma de integração se apoia na equipe de professores que têm que consegui-la relacionando-se uns com os outros, o que sempre é mais difícil na instituição escolar, considerando o estilo profissional predominantemente individualista que o professorado costuma ter e a dificuldade de estruturar equipes docentes. Uma forma indireta de conseguir a integração de componentes dentro do currículo, apoiada na profissionalidade compartilhada, se realiza dentro dos projetos curriculares, que, por meio de equipes de competências diversificadas, elaboram materiais que os professores poderão consumir individualmente depois. Neste caso, a integração se sustenta fora da prática, em torno do projeto que, elaborado mais ou menos definitivamente, apresentar-se-á depois aos professores para sua concretização e aplicação – fórmula que se tentou levantar em diversas experiências de estudos sociais, ciência integrada, estudos sobre o meio ambiente, etc.

Este recurso, amplamente experimentado em outros contextos, é uma via mais direta e rápida para lograr o objetivo de um currículo organizado com um código mais integrado, já que há que se esperar para que o professorado mude de formação, de atitudes e forma de trabalhar; a consecução do objetivo se dilata até o infinito. O projeto curricular integrado parte da necessidade de colaboração entre profissionais diversos e entre especialistas das parcelas que nele se integram.

A transcendência que tem a parcelação do conhecimento na configuração da profissionalidade do professor e, através dela, num tipo de prática pedagógica torna manifestos os efeitos deste código curricular como forma de dirigir a experiência do aluno através do condicionamento da atividade dos professores, exemplificando o princípio de que os formatos dos currículos são elementos formadores de primeira importância dirigidos aos professores.

A especialização dos professores em parcelas do currículo é uma manifestação da progressiva taylorização que o currículo experimentou, separando funções cada vez mais específicas a serem exercidas por pessoas distintas. Pode se notar como tal especialização repercute numa desprofissionalização no sentido de que um domínio de campos curriculares cada vez mais especializados leva em si a perda de competências profissionais, como é o caso da capacidade de inter-relacionar conhecimentos diversos para que tenham um sentido coerente para o aluno que os recebe. A desprofissionalização em tal competência exige uma reprofissionalização numa competência nova: a de colaborar dentro da equipe docente.

O inevitável efeito da especialização curricular deve implicar esforços importantes de contrapeso para contrabalançar suas consequências na cultura e educação dos alunos, fortalecendo as estruturas organizativas do professorado nas escolas. Mas, como isso exige condições organizativas e de funcionamento da equipe de professores, nem sempre fáceis de obter, o mais provável é que o projeto educativo vá perdendo coerência, à medida que a escolaridade avança para os alunos. A especialidade impõe um tipo de cultura e, através do código curricular que carrega, também um modelo de educação. Problema que não deve ser alheio à dificuldade dos alunos para manter o interesse pelos conteúdos do sistema educativo.

Além disso, uma vez assentada a mentalidade do currículo parcelado para especialistas diversos, quando uma estrutura escolar se apoia na clara separação dos conteúdos, se produzem fortes resistências às tentativas de mudança. Um sistema curricular se reflete numa determinada forma de selecionar professores e de admiti-los nos postos docentes. A prolongação histórica de um determinado uso, neste sentido, cria um sentimento de identidade profissional, direitos trabalhistas, estruturas organizativas nas escolas, etc.

Por outro lado, sendo a cultura mutante, inclusive a especializada em disciplinas, e requerendo a educação obrigatória componentes muito diversos, qualquer mudança que seja necessária no currículo, num dado momento, suscita problemas sérios de reestruturação dos professores. Não se pode pensar em fórmulas que exijam incorporações de novos professores para cada "acréscimo" novo que se tenha de introduzir nos currículos, a menos que o sistema educativo esteja em momentos de expansão acelerada. A cultura mutante pode necessitar, nos sistemas educativos organizados, da disponibilidade do professorado para sua possível reconversão ou, talvez, uma polivalência em sua formação e função.

A dinâmica da especialização do professorado, ligada ao currículo mosaico, coloca dificuldades organizativas importantes de reconversões periódicas dos professores, pela evolução do saber e pela desigual demanda de um tipo ou outro de formação em momentos históricos diferentes. A caducidade das especialidades em formação profissional, o declínio do ensino de uns idiomas a favor de outros, etc. são exemplos dessa situação.

O sentimento de grupo dos professores especializados, a negativa ou reticência à introdução de outros novos dificultam a introdução de conteúdos novos que não encaixam nos campos preexistentes. A necessidade de lograr projetos pedagógicos coerentes na escola, dentro dos quais harmonizar mentalidades e estilos pedagógicos apoiados na peculiaridade de determinados conteúdos, a busca de estruturas de conhecimento que integram facetas variadas da cultura, etc. encontram-se enormemente dificultadas quando a mentalidade dominante está configurada pelo código curricular não integrado. Não é de estranhar que as reformas que pretendem incluir as áreas como base da organização dos conteúdos no ensino médio encontrem resistências entre o professorado.

Pode-se ver assim moldado o princípio de que os aspectos formais do currículo, esses códigos subjacentes à seleção e organização de conteúdos, são opções que têm repercussões diretas na aprendizagem dos alunos, à medida que estes se confrontam com formas diferentes de organização do conhecimento, do conteúdo de sua experiência de aprendizagem e, indiretamente, através do condicionamento que essas formas têm sobre a configuração do tipo de profissionalidade nos professores.

A justificativa pedagógica mais genuína de um currículo organizado em torno de áreas significa um esforço para conectar conhecimentos provenientes de campos disciplinares mais especializados, para proporcionar *uma experiência de aprendizagem mais significativa e globalizada para o aluno* que aprende. Este aspecto é fundamental nos níveis da educação obrigatória. A área permite buscar estruturas unificadoras de conteúdos diversificados, deter-se naquilo que é próprio de uma família de disciplinas com estruturas epistemológicas mais parecidas, em vez de ater-se à estrutura particular de cada uma das parcelas especializadas. Esta forma de organizar o currículo pode levar a uma desigual ponderação de componentes desde um ponto de vista epistemológico. Não podemos esperar que o aluno por sua conta integre conhecimentos dispersos adquiridos com professores diferentes, sob metodologias diferenciadas, com exigências acadêmicas peculiares, avaliados separadamente. A falta de uma cultura integrada nos alunos que permaneceram longo tempo na instituição escolar é o reflexo de um aprendizado adquirido em parcelas estanques sem relação recíproca. Isso se traduz numa aprendizagem válida para responder às exigências e aos ritos da instituição escolar, mas não para obter visões ordenadas do mundo e da cultura que nos rodeia.

A separação nítida entre conhecimentos por disciplinas, isolados uns dos outros dentro de sua especialidade, ou a débil conexão de componentes disciplinares subjacentes em muitos casos nas atuais áreas de nossa educação de ensino fundamental, tem outro efeito indireto muito importante também assinalado por Bernstein (1980, p. 58). É o obstáculo para a conexão dos saberes com o conhecimento de senso comum, com as particularidades dos contextos sociais e culturais singulares, com a experiência idiossincrática de cada aluno ou grupo de alunos. O código integrado é mais propício a tolerar e estimular a diversidade do que o código mosaico. Isto é assim porque o conhecimento especializado fica liberado de toda relação com o particular, com o local, com qualquer outra lógica que não seja a ordenação interna dos conteúdos da disciplina.

De forma indireta, os diferentes códigos formais que estruturam os currículos contribuem para conectar o significado do que se considerará rendimento ideal aceitável para os alunos nas provas de controle e de avaliação. O próprio sentido do rendimento acadêmico substancial, o conteúdo semântico do êxito e do fracasso escolar para os professores que avaliam se define dentro dos códigos curriculares dominantes. Será difícil considerar a capacidade de relacionar conteúdos diversos dentro de uma estrutura curricular com conteúdos isolados uns dos outros. De fato, a avaliação como processo contínuo no qual se atende a objetivos comuns ou a componentes curriculares relacionados, e não ao mero domínio dos conteúdos isolados, calou mais no ensino fundamental do que no médio, embora o modelo dominante em todo o sistema educativo tenha sido mais o deste último, sendo que não é de se estranhar sua persistência.

Não é que partir da área como elemento sustentador, dentro de um código integrado, produza esses efeitos por si mesmo, pois é preciso elaborar essa forma curricular ao não proceder de nenhum campo de conhecimento – é um caminho a percorrer. A interdisciplinaridade no ensino é uma ideologia, como afirma Palmade (1979), um objetivo, não um ponto de partida, uma opção para voltar à unidade perdida do conhecimento. Mas, ao menos, se alerta o professorado para que se situe frente ao problema de que a lógica com a qual se produziu o conhecimento especializado não tem de ser necessária e simetricamente reproduzida quando os alunos, para os quais se busca uma cultura com sentido, aprendem esses conteúdos.

Um currículo organizado em áreas implica, por outro lado, uma forma de distribuição dos professores e na vida na escola. A taylorização do currículo tem seu correlato e fiança na própria organização escolar: tempos, espaços, organização de recursos, etc. Um sistema de um único professor para um grupo de alunos permite fórmulas flexíveis de organizar o espaço, distribuir o tempo, variar de tarefas acadêmicas, etc. A especialização do currículo implica formas de organização escolar nas quais um número de professores diferentes intervêm com um mesmo grupo de alunos. A integração curricular significa também uma gama mais reduzida de estilos pedagógicos, de esquemas de relações pessoais, de estratégias de controle, etc., incidindo sobre esses alunos; mensagens talvez menos contraditórias entre si, pautas de adaptação mais simples para o aluno, etc.

O currículo, concentrado ou organizado por áreas, permite táticas de acomodação ao aluno para individualizar o ensino, mais facilmente que um currículo organizado em cadeiras, no qual a optatividade e a acomodação individual geralmente podem exigir escolha excludente entre cadeiras, de professor, de horário, etc. Organizar a adaptação dentro de uma área, que está nas mãos de um único professor, é mais fácil e próximo ao aluno do que exercer a optatividade entre cadeiras como via para dar saída às possibilidades e aos interesses do aluno.

O código organizativo

Outro exemplo de código incidindo na experiência de aprendizagem dos alunos e na forma de o professor exercer a atividade profissional é o relacionado com a organização do currículo em função das características do sistema escolar. Trata-se, em geral, de opções que correspondem à regulação administrativa do currículo. Em outros casos, se referem a disposições tomadas nas escolas. Um exemplo deste código é a ordenação do currículo por meio de ciclos frente à ordenação por cursos acadêmicos. O ciclo é uma unidade que engloba vários cursos, que permite uma organização do conteúdo com um tempo mais dilatado para sua superação, avaliação, etc. Trata-se de um código formal do currículo que repercute na criação de materiais, na forma de planejar o ensino, na sequência temporal, na possível programação linear ou cíclica de conteúdos e experiências de aprendizagem, nas opções metodológicas e na forma em que o professorado estrutura sua própria profissionalidade. A distribuição, por exemplo, de conteúdos mínimos específicos para cada um dos cursos da escolaridade implica optar implicitamente por uma sequência de tipo linear no plano curricular que as escolas e os professores podem realizar. O ciclo como unidade de organização proporciona ao professor uma margem maior de flexibilidade, de mais fácil adaptação ao ritmo dos alunos em grupos heterogêneos, tolera melhor a ideia de diversidade entre os alunos, permite mais facilmente agrupar conteúdos diversos em torno de unidades globalizadoras. Os ciclos, como unidades, tornam periódicos o calendário de avaliação para os controles de passagem entre eles, etc. Um professor ou grupo de professores que dispõe de um período de vários cursos para tentar cumprir com certos objetivos e desenvolver um determinado currículo tem um campo no qual pode propor alternativas muito diferentes, dispõe de maior flexibilidade para se organizar.

A organização curricular por níveis anuais, sobretudo quando é sancionada pela avaliação, deve atribuir conteúdos, objetivos, habilidades, etc. a esses períodos de tempo, o que nem sempre é fácil, compartimentando o tempo de aprendizagem nos alunos e dando aos professores o motivo para que se especializem em momentos muito delimitados da escolaridade e, por isso mesmo, num momento do processo evolutivo dos alunos. A norma de rendimentos anuais sequenciados obriga mais à acomodação do ritmo de progresso dos alunos, à sequência estabelecida na periodização temporal do currículo. É uma forma de oferecer espaços mais delimitados para o domínio de conteúdos também mais detalhados, instalando uma ideia de "normalidade" no progresso do aluno que é preciso comprovar com mais frequência, com menos tolerância para com a diversidade de ritmos de progresso nos alunos.

Neste sentido, a taylorização do currículo leva os professores ao domínio dos problemas relacionados com um tempo evolutivo dos alunos, com uma problemática, ou com uma parcela do currículo atribuída a esses períodos temporais. Uma vez mais, a tecnificação da organização curricular tem consequências para a configuração da profissionalidade dos docentes que perdem oportunidades de tratar com alunos mais diferenciados entre si. Professores de curso anual frente a professores de ciclo têm menos oportunidades de se confrontarem com períodos evolutivos e educativos mais amplos para notar amplas transformações.

O código da separação de funções

A organização dos sistemas educativos e do currículo leva, muitas vezes, de modo paralelo, à divisão de funções entre os professores e entre estes e outros profissionais, à perda de unidade em seu trabalho e ao desaparecimento de determinadas competências profissionais acompanhadas dos conhecimentos inerentes ao seu desempenho. Quando um professor não exerce determinada competência prática, desaparece dele a necessidade dos esquemas de racionalização, as análises e as propostas inerentes a esses esquemas práticos. Aos esquemas práticos desaparecidos ou não exercidos corresponde a carência de esquemas teóricos homólogos racionalizadores de tais práticas. Este é o caso do crescente distanciamento dos professores da função do plano do currículo.

Na medida em que os professores são os primeiros consumidores dos currículos, decididos desde fora e elaborados através dos materiais didáticos, são receptores da prefiguração da experiência profissional que está nessas elaborações exteriores; estas têm uma força importante de socialização profissional sobre os docentes, porque transmitem mensagens explícitas e ocultas sobre a seleção de conteúdos, formas de organizá-los, de apresentá-los aos alunos, elaborá-los através de meios diversos, relacioná-los com a cultura própria do aluno, integrá-los com outros conteúdos, etc. Transmite-se o *modus operandi* metodológico, uma forma particular de entender a identidade profissional, um espaço mais ou menos amplo para o exercício da autonomia, dentro do qual se exerce e se desenvolve a profissionalidade. Esses usos vão se condensando numa forma de entender o ofício, que é peculiar para cada nível e modalidade de educação escolarizada.

As elaborações exteriores à prática do currículo são, às vezes, táticas apoiadas na falta de preparação do professorado, na desconfiança para com os professores, na imposição de esquemas técnicos, nas suas próprias condições de trabalho negativas. Separar plano de prática, plano curricular de execução implica tirar dos professores as habilidades relacionadas com as operações de organizar os componentes curriculares, deixando-lhes o papel de executores de uma prática que eles não organizam, o que mais tarde se traduzirá em certas incapacidades para que desenvolvam modelos realizados fora de seu âmbito. Por esta razão, a imagem do professor capaz de elaborar seus próprios materiais, organizador de sua própria prática, é uma imagem liberadora profissionalmente, que exige uma determinada capacitação profissional. Outro problema bem diferente, consideradas as necessidades do professorado em dado momento, é que é preciso uma dose de elaboração prévia do currículo. Ao tratar o tema do plano teremos oportunidade de comentar as contradições que, neste sentido, a realidade dos complexos currículos atuais nos coloca.

A própria especialização do currículo, com a consequente especialização dos professores, propaga de forma encoberta um código de seu comportamento que induz a parcializar suas funções educativas, separando competências do ensino de outras de tipo educativo para com os mesmos alunos. Separação que a própria organização administrativa do currículo e do funcionamento das escolas torna legítima ao regular a função *docente* e a função *tutorial* como facetas separadas. Neste sentido, a taylorização separa função de ensino de função de atenção ao aluno, o que dificilmente pode ser suprido mais tarde por um só professor que faça o papel de tutor. Como dissemos anteriormente, a perda da profissionalidade que supõe se especializar tem de ser compensada com a coordenação entre o professorado, mas sem deixar de considerar que cada um deles tem de cumprir as funções de ensino e a inerente atenção pessoal ao aluno, sendo que a coordenação abrange os dois aspectos ao mesmo tempo.

O regulamento da função tutorial separada da docente é um reconhecimento implícito de que a especialização do professorado implica perda da unidade da função educativa, pensando a figura do tutor do grupo de alunos que tem vários professores como a restauradora da unidade do tratamento educativo, mas difundindo implicitamente a mensagem de que essas funções de atenção mais pessoal ao aluno – própria da ação tutorial – é exercida por uma pessoa, enquanto as outras só podem ensinar.

Os códigos metodológicos

É o código mais evidente em qualquer expressão do currículo, seja esta a prescrição que faz a administração, os materiais que elaboram o currículo: livros-texto, guias para os professores, outros materiais, etc., sejam as próprias programações ou planos que o professor, a escola, etc. realizam. O currículo é algo elaborado sob determinados códigos pedagógicos.

O discurso pedagógico moderno que se refere à escolarização desde o começo do século, com os movimentos da "Escola Nova" na Europa ou o movimento "progressivo" nos Estados Unidos, supõe que o ensino deve desenvolver sua função culturizadora incorporando uma série de ideias e de princípios sobre a aprendizagem dos alunos, a natureza de seu desenvolvimento e toda uma filosofia relacionada com a importância da forma peculiar de ser e de se comportar nas instituições escolares. Hoje, é parte da própria ideia de currículo que este seja um projeto educativo, ou seja, uma seleção cultural moldada e organizada de acordo com ideias, princípios e finalidades pedagógicas. Deste modo, a estrutura pedagógica do currículo ganha um valor relevante dentro da filosofia, do plano pedagógico e dos métodos pedagógicos.

Boa parte das concepções de currículo na literatura especializada relaciona sua conceitualização como plano ou projeto organizado "pedagogicamente". Chamamos códigos metodológicos à projeção que têm na elaboração do currículo determinados princípios e ideias sobre a educação, o desenvolvimento, a aprendizagem e os métodos de ensino.

Stenhouse (1984, p. 29) considera que: "um currículo é uma tentativa para *comunicar os princípios e traços essenciais de um propósito educativo,* de forma tal que permaneça aberto à discussão crítica e possa ser transferido efetivamente para a prática".

Isso significa que a seleção de conteúdos é realizada, por exemplo, considerando as possibilidades de aprendizagem dos alunos, seus interesses, sua forma de aprender; ou que eles são organizados em torno de unidades globalizadas para dar mais significatividade à aprendizagem; que são ordenados com uma sequência que se considera mais adequada: em espiral, linear, etc.; que os métodos e as disciplinas são selecionados considerando todos esses fatores psicológicos e pedagógicos, além de optar por princípios como a conexão da aprendizagem formal com as experiências prévias do aluno, com as realidades culturais do meio imediato, etc.

Além disso, como argumentamos ao definir famílias teóricas: o currículo elaborado é uma forma privilegiada para comunicar teoria pedagógica e prática, conectar princípios filosóficos, conclusões de pesquisa, etc. com a prática que se realiza nas aulas; porque apenas através do plano e realização de tarefas para cumprir com as exigências curriculares é que determinados princípios podem ser convertidos em orientadores da prática e da aprendizagem. Por isso, definimos o currículo como o *projeto cultural elaborado sob chaves pedagógicas.* Um dos problemas teóricos e práticos mais interessantes na investigação curricular é chegar a esclarecer que caminhos são os mais efetivos para essa comunicação entre princípios pedagógicos e práticos como via de melhora da qualidade do ensino.

São fáceis de determinar os códigos pedagógicos, por exemplo, nas propostas objetivas de currículo que a administração educativa faz. Quando esta regula o currículo, expressa em muitas ocasiões opções pedagógicas nas orientações gerais ou na própria proposta de conteúdos mínimos com o fim de orientar o processo em seu desenvolvimento na prática. Os princípios pedagógicos são, algumas vezes, meros enunciados justapostos ou introdutórios aos conteúdos e, em outras, se definem de forma mais precisa na ordenação de tais conteúdos, podendo se dar contradições entre uns e outros.

Vejamos alguns exemplos simples de códigos pedagógicos ordenando o currículo prescrito:

Na regulação do ensino de Educação Pré-escolar e Ciclo Inicial de EGB (Ordem Ministerial de 17-1-1981. B.O.E. 21-1), se dispõe: "Art. 7°. 2. O desenvolvimento do ensino de Língua Castelhana, Matemática e Experiência Social e Natural *será feito em cadernos de trabalho, livros de leitura e material de uso coletivo*".

No bloco temático relativo à educação vocal dentro da Educação Musical, determina-se como conteúdo nessa mesma disposição: "2.1. Formar uma ponte entre falar e cantar, de forma que a iniciação ao canto se dê espontaneamente, com naturalidade".

Na proposta curricular para as Matérias Médias realizada pelo Ministério de Educação (1985, p. 15), na área de Língua, se propõe que:

> Esta matéria tem como fim último desenvolver a capacidade do aluno para se expressar oralmente e por escrito de maneira correta e para compreender e analisar as mensagens linguísticas.
> [...]
> O próprio discurso do aluno há de ser o ponto de partida e a referência constante para a tarefa didática, que deve levar os estudantes a um conhecimento reflexivo do idioma, a um domínio adequado do vocabulário e a uma utilização criativa da língua.

Os códigos podem determinar também a confecção de um projeto curricular baseado em materiais para realizar atividades na classe em função de toda uma teoria. A confecção de materiais é um meio de comunicar a teoria com a prática (EISNER, 1979), a forma de modelar um currículo organizado em torno de ideias para que os professores o experimentem em sua prática (Stenhouse, 1980). Esse é o caso dos materiais de ensino programado, por exemplo, ou de numerosos projetos baseados em concepções gerais sobre a natureza do conhecimento na educação ou sobre o ensino e a aprendizagem. Alguns exemplos são o projeto MACOS *(Man: A Curse of Study)*, elaborado a partir do princípio de aprendizagem por descoberta de Bruner. O *Humanities Curriculum Project,* de Stenhouse (1970), estruturado sob o princípio de que os professores não devem impor suas opiniões sobre uma série de problemas sociais cruciais, mas facilitar a compreensão de situações complexas e de atos humanos por meio do diálogo com os alunos sobre temas que envolvam considerações e opções de valor. O *Exploring Primary Science 7-11* (BROWN et al., 1982), elaborado sob o princípio de ensinar ciência explorando a realidade mais imediata das crianças, etc.

Os códigos pedagógicos podem estimular a renovação do ensino ou estabilizá-lo em estilos obsoletos. Darei um exemplo de como um conteúdo curricular inovador no caso de ciências é traído pelo código pedagógico regressivo que serve para apresentá-lo no material didático que o aluno tem de aprender. Trata-se de uma "lição" ou unidade de um livro-texto.

Livro-texto: *ESPORA: ciências naturales (1987)* 5° de EGB.
Aprovado pelo Ministério de Educação e Ciência. (B.O.E. 28-9-1984)
Unidade 26: A **pesquisa científica** (p. 136-141)
Informação proporcionada ao aluno:

1 – O homem pensa e pesquisa
O homem é capaz de se adaptar ao meio de forma diferente dos outros animais. Para superar os problemas que lhe são apresentados, o homem pensa e pesquisa. Com isso consegue um maior conhecimento das coisas e dos fenômenos naturais. Para fornecer uma explicação dos fenômenos, experimenta diferentes possibilidades até encontrar a mais acertada.

2 – As etapas da pesquisa
A pesquisa é realizada para resolver problemas. Os cientistas, quando pesquisam, costumam seguir uma série de passos que você também deve seguir quando quiser resolver algum problema:
– *Observa* os fenômenos e anota dados.
– *Ordena* e classifica os dados obtidos.
– Imagina ou propõe *hipóteses*, isto é, possíveis explicações do problema.
– *Experimenta*, criando situações parecidas para comprovar a hipótese que formulou.
– *Avalia* ou valoriza os resultados obtidos, ou seja, tira conclusões.

3 – O laboratório
As três primeiras etapas da pesquisa são realizadas no mesmo lugar onde se produziu o fato a ser estudado.
A *experiência é* feita no laboratório.
No laboratório escolar há instrumentos, aparelhos, minerais, produtos, etc. Entre os materiais, há alguns muito frágeis e quase todos são caros. Alguns produtos são delicados ou perigosos e é preciso lidar com cuidado.

4 – O trabalho no laboratório
Num laboratório, além da programação que o professor faz, é necessário preparar experiências. É preciso cumprir exatamente as *normas* de funcionamento, que se referem à ordem, à limpeza e à segurança, para evitar que o material se quebre e cause danos físicos.

ATIVIDADES (Para o aluno)
1. Explique por que o homem precisa pesquisar.
2. Ordene as etapas da pesquisa científica escritas a seguir: ordenação e classificação de dados, formulação de hipóteses, observação, experimentação e avaliação de resultados.
3. Escreva uma característica de cada uma das etapas que acaba de ordenar.
4. A que se referem as normas de funcionamento de um laboratório escolar?
5. Escreva frases com as seguintes palavras: hipótese, experimentação, avaliação.

(Mais adiante desenvolve outros pontos igualmente esquemáticos: a preparação de uma experiência, o desenvolvimento de uma experiência, a análise dos resultados, o caderno de trabalho. Sugere, além disso, atividades do mesmo tipo que as anteriores e completa com "Outras sugestões", como: I. – "Descreva no caderno como é um laboratório escolar, que instrumentos e materiais tem, etc. 2. – Realize a seguinte investigação: averigue a relação entre o número de vogais e o de consoantes de duas páginas deste livro".)

Nota: O texto mistura esta informação e proposta de atividades com *desenhos* ilustrativos: um homem observando através de um microscópio, o plano esquematizado de um laboratório, alguns objetos como um imã, um dinamômetro, alguns parafusos, um bloco de notas e uma criança tomando notas diante de uma planta.

O autor ou autores ou a editora correspondente certamente pretendeu refletir uma ideia relacionada com a "importância do método científico no ensino da ciência". Mais do que sustentar os conteúdos do texto inteiro e das atividades que se sugerem em cada unidade com esse princípio, o que fazem é transformar o método científico em mais uma lição do livro-texto, a última (talvez porque seja acréscimo posterior a uma maquete prévia). Até o laboratório se torna objeto de aprendizagem "na carteira", sem que seja necessário vê-lo ou observá-lo; a única investigação que se sugere fazer é "de lápis e papel", analisando as letras do próprio livro-texto; o restante dos exercícios se refere à compreensão do texto escrito. Até o conceito de "caderno de campo" e "caderno de laboratório" não é algo que se realiza, senão como conceitos para aprender e diferenciar entre si. O valor de tal princípio potencialmente inovador fica absolutamente desnaturalizado ao submeter uma ideia interessante ao esquema de aprendizagem livresco centrado no livro-texto.

Primeiro, deveria se questionar se esse conteúdo a ser aprendido por alunos de 10-11 anos – a estrutura e as fases do método científico, por exemplo – é apropriado a eles. A informação é claramente incorreta em alguns casos: é difícil acreditar que o astrônomo ou o ecologista desenvolvam as três primeiras etapas da pesquisa no lugar onde se produzem os fatos e depois continuem no laboratório.

Os códigos que assinalamos, que não são os únicos que afetam a prática pedagógica, deixam manifesto dois princípios, que por hora deixamos apenas indicados. Por um lado, o de que a prática docente tem reguladores externos aos professores, embora atuem por meio deles configurando a forma que o exercício de sua prática adota. Esta não pode ser explicada pelas decisões dos professores, pois se produz dentro de campos institucionais e de códigos que organizam o desenvolvimento do currículo com o qual toda a prática pedagógica está tão diretamente envolvida. A estruturação ou forma do currículo e seu desenvolvimento dentro de um sistema de organização escolar modelam a prática profissional do professor, configuram um tipo de profissionalização institucional e curricularmente enquadrada.

Por outro lado, é preciso assinalar que, na medida em que o professor não tenha o domínio na decisão de sua prática, uma série de conhecimentos e competências intelectuais deixarão de lhe pertencer como profissionalizadoras. A institucionalização da prática, os códigos curriculares que em boa parte são propostos e elaborados fora do âmbito escolar passam a ser distribuidores das competências intelectuais dos professores. A interação da teoria com a prática, ao nível do professorado, fica delimitada, na seleção de facetas que se considerarão próprias dos docentes, de acordo com o poder de determinação que os agentes externos de tal prática tenham.

3

As condições institucionais da aprendizagem motivada pelo currículo

- A complexidade da aprendizagem escolar: expressão da complexidade da escola
- Algumas consequências

As aprendizagens que os alunos realizam em ambientes escolares não acontecem no vazio, mas estão institucionalmente condicionadas pelas funções que a escola, como instituição, deve cumprir com os indivíduos que a frequentam. É a aprendizagem possível dentro dessa cultura escolar peculiar definida pelo currículo pelas condições que definem a instituição-teatro no qual se desenvolve a ação.

Isso tem uma série de consequências importantes, e a mais decisiva de se ressaltar no momento é que a qualidade da educação fica definida pelas características da aprendizagem pedagógica, tal como acabamos de caracterizá-la, modelada pela contextualização escolar dentro da qual ocorre. Potenciar a qualidade da educação exige a melhora das condições nas quais essa aprendizagem pedagógica se produz. A mudança qualitativa no ensino, que tem muito a ver com o tipo de metodologia ou prática que os professores desenvolvam e com os conteúdos curriculares em que se apoia, além disso, em todos os componentes contextuais que condicionam a aprendizagem escolar, alguns deles pouco evidentes à primeira vista.

Por isso dissemos que o currículo é o projeto cultural que a escola torna possível. Não é que qualquer fator que incida no currículo deva ser considerado como um componente estrito, mas que, ao considerá-lo como a cultura que a escola torna possível, os determinantes escolares se convertem algumas vezes em fontes de estímulos educativos diretos e, em qualquer caso, moduladores das propostas curriculares.

Não podemos separar conteúdos e experiência, tampouco esta das suas condições. Skilbeck (1984) afirma que são dimensões do currículo básico as áreas de conhecimento e de experiência, os processos e os ambientes de aprendizagem, pois dessas três dimensões depende a consecução dos componentes básicos de formação que devem constituir as bases de uma educação geral extensível a todos. Os processos de aprendizagem que tenham aceitação são responsáveis diretos para lograr ou não as finalidades dos currículos. Tais processos de aprendizagem, no que se refere a certos conteúdos, têm outros condicionamentos nos professores e em geral nas condições ambientais escolares.

A capacidade de transformar esse ambiente exige também novas relações com o meio exterior, outras habilidades de administração dos professores. A preocupação pelas conquistas leva, às vezes, ao desprezo da qualidade do que é conquistado. A vigilância da qualidade das experiências é uma constante do pensamento pedagógico moderno.

A COMPLEXIDADE DA APRENDIZAGEM ESCOLAR: EXPRESSÃO DA COMPLEXIDADE DA ESCOLA

Argumentamos a importância do currículo como determinante do que ocorre nas aulas e na experiência que o aluno obtém da instituição escolar. Destacou-se também a implicação de práticas políticas, administrativas, institucionais, etc., junto com o que costumamos entender como genuína prática pedagógica, todas entrecruzadas no desenvolvimento do currículo. Toda a regulação que afeta a instituição escolar, o pessoal disponível, os meios didáticos, os espaços, o tempo e sua distribuição, o tamanho das classes, o clima de controle, etc., são os campos mais imediatos da aprendizagem escolar. Frente à mentalidade didática que restringe essa aprendizagem ao que se esgota nas matérias ou áreas do currículo, é preciso manter uma visão mais ecológica do ambiente escolar como fonte de aquisições. São estímulos para aprender não apenas os sistemas simbólicos ou componentes estritamente culturais, de tipo intelectual, mas sim uma gama muito mais ampla.

São, como afirma Lundgren (1979), as forças que enquadram a ação possível, que *dirigem e constrangem o* processo de ensino. Essas forças determinam as decisões que se tomam e o processo que resulta, condicionando de igual modo os resultados.

Para o autor citado, os campos de referência são internalizações de funções externas da educação, constituídos por fatores determinados fora do processo de ensino. Os processos de aprendizagem dependem de fatores externos e internos escolares, anteriores e simultâneos a tal processo. Circunstância que explica por que as funções da educação escolarizada são mais amplas que as expressadas em qualquer currículo, por amplo que este pretenda ser: reprodução, seleção, hierarquização, controle, etc. O currículo, às vezes, as reflete explicitamente, mas também estão nas condições dentro das quais ele se desenvolve.

Lundgren destaca três sistemas que condicionam os processos educativos: o *currículo, o sistema administrativo* e todas as *regulações legais* que afetam a escola. Três sistemas que vêm condicionados pela estrutura econômica, social, cultural e política mais geral na qual se enquadram. É frequente que, na maioria dos casos, esses sistemas fiquem fora do controle dos professores e dos alunos e podem ser modificados somente através dos processos de intervenção política. Os três sistemas dão ao ensino as metas, o campo de referência e as regras que incidem no processo educativo, restringindo-o ou, simplesmente, regulando-o.

Lundgren (1981, p. 35) afirma:

A educação transforma-se em reprodução, não por simples transmissão de conhecimentos, habilidades ou atitudes, mas através da transformação dinâmica das estruturas econômicas, sociais e culturais da sociedade, através do contexto do ensino
[...]

Por isso mesmo, a teoria do currículo nunca pode ser construída somente sobre o estudo dos processos de ensino-aprendizagem, mas em relação com o estudo dos valores desses processos numa sociedade concreta.

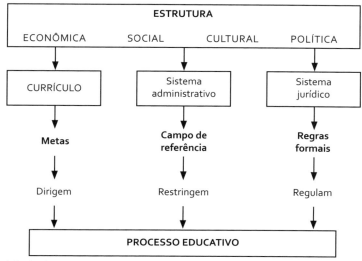

Figura 3.1 Modelo de determinação da prática, segundo Lundgren.

A prática do ensino não é, pois, um produto de decisões dos professores, a não ser unicamente à medida que modelam pessoalmente este campo de determinações, que é dinâmico, flexível e vulnerável à pressão, mas que exige atuações em níveis diversos, não o didático, mas sim o político, o administrativo e o jurídico, para lhe impor rumos distintos.

As aprendizagens derivadas do currículo são as que se realizam dentro dessas condições. O próprio currículo incorpora essas limitações quando se apresenta aos professores. Schubert (1986, p. 233) considera o contexto como mais uma extensão da organização curricular. O ambiente contextual do currículo é condição para que determinados efeitos possam ser obtidos dele, na medida em que são uma dimensão relevante das atividades de ensino e de aprendizagem.

O projeto cultural se dá num "ambiente" que é por si só elemento *modelador* ou mediador das aprendizagens e *fonte* de estímulos originais, independentes do próprio projeto cultural curricular, formando, em seu conjunto, o projeto educativo e socializador da instituição. A escola e o ambiente escolar que se cria sob suas condições são um currículo *oculto*, fonte de inumeráveis aprendizagens para o aluno. É a derivação conceitual que se extrai, tal como vimos, de enfocar o currículo como experiência ou como intersecção entre a teoria e a prática.

A pesquisa sobre os ambientes escolares tem uma longa tradição (FRASER, 1986), ainda que eles tenham sido analisados em geral como tema independente, ao seguir uma tradição empirista pouco atenta a determinações de diverso signo e nível, embora mais recentemente seja relacionada com o currículo enquanto se converte numa dimensão contextual sua e inclusive numa das metas do projeto curricular, pois muitos outros objetivos propostos nos currículos necessitam de certas condições ambientais prévias para sua realização. Assim, pois, "criar ambientes" pode passar a ser considerado objetivo de certos projetos de currículo. O caso é bem evidente em educação infantil, por exemplo.

Desde a formulação de Lewin sobre a explicação da conduta humana como uma função da interação entre personalidade e meio ambiente, há uma longa tradição na pesquisa educativa relacionada, sobretudo, com os ambientes de aula, em sua dimensão psicossocial fundamentalmente, com frequência concebidos como contextos independentes do ambiente da escola e à margem de qualquer outro contexto mais amplo. Essa tradição de pesquisa demonstrou correlações estatísticas entre efeitos cognitivos, afetivos e de condutas nos alunos e características do meio da classe: laços sociais entre colegas, relações professor-alunos, etc. Ao mesmo tempo, enquanto a criação de um determinado ambiente aparece não apenas como mediadora das aprendizagens propriamente escolares, mas como um objetivo e critério de efetividade em certas reformas curriculares e programas de inovação, isso levou a aperfeiçoar análises nas dimensões nesses ambientes psicossociais (FRASER, 1986, p. 120).

Centrar-se nos ambientes de aula como unidades ecológicas e, especialmente, em suas condições psicossociais, sem ver sua relação com as peculiaridades organizativas e institucionais que afetam toda a vida escolar, a cada aula concretamente e ao desenvolvimento do currículo, é uma visão míope que não pode compreender a inclusão de alguns nichos ecológicos em outros mais amplos. Isso impede de colocar a necessidade de outros cenários ambientais para o ensino, em função de outros modelos de organização das escolas. Trataremos mais detidamente, mais adiante, do condicionamento da atuação do professor em função de variáveis organizativas, do tempo que pode dedicar a seus alunos, do clima de avaliação na instituição escolar, de participação na escola, da realização de atividades, etc., todas como condições que delimitam o ambiente escolar de aula, mas que se determinam fora dela. Reduzir o estudo do meio ambiente à aula e explicá-lo em sua dimensão própria, com toda a indubitável importância que tem, implica admitir o pressuposto de que os aspectos organizativos não têm nenhuma relação com o comportamento dos alunos, dos professores ou com as relações entre ambos. As estruturas organizativas afetam o espaço, o tempo e as relações, etc.

O ambiente escolar é criado pelo clima de trabalho organizado de uma forma peculiar em torno de tarefas para desenvolver um currículo, que tem a ver com a organização da instituição escolar, refletindo outros determinantes exteriores à própria instituição.

Talvez, para lograr mais precisão conceitual, convenha delimitar, de forma restrita, o conceito de currículo para o projeto cultural da escola, mas sem esquecer o fato de que sua significação última, ao se converter em experiências para os alunos, está muito mediada pelas condições do ambiente escolar. O currículo, como projeto prévio a sua realização, incorpora, inclusive, muitos pressupostos organizativos escolares, como já assinalamos, através dos códigos de seu formato. É um objeto social e histórico não apenas porque é a expressão de necessidades sociais, mas também porque se desenvolve através de mediações sociais, e as condições escolares são uma parte importante delas.

A dimensão ambiental do currículo se reflete, muito claramente, às vezes, nos modelos educativos referidos sobretudo na educação infantil, e um pouco menos no ensino fundamental, em que explicitamente se propõe a disposição do meio ambiente escolar como primeiro instrumento para conseguir alguns objetivos e regular as atividades. Trata-se da utilização consciente do ambiente, neste caso, para que não seja uma dimensão oculta sem controle (KING, 1977; LOUGHLIN; SUINA, 1987; SMITH; CONNOLLY, 1980). Nos outros níveis escolares estamos acostumados a perceber um ambiente mais homogêneo, que tende a ser aceito como uma paisagem natural alterável só em ocasiões oportunas. Para dar um exemplo, pense-se nas desiguais possibilidades que um laboratório, uma oficina, uma aula clássica, saídas para o exterior, etc. oferecem, para entender a importância da estrutura do meio ambiente no qual o currículo se desenvolve.

O ambiente escolar imediato, no qual ocorrem as aprendizagens, tem certas dimensões que o configuram. Seguindo o esquema proposto por Apple (1973), podemos distinguir seis aspectos básicos do ambiente escolar de sala de aula, que se consideram como parte integrante do currículo efetivo para os alunos:

1) O *conjunto arquitetônico* das escolas, que regula por si mesmo, como qualquer outra configuração espacial, um sistema de vida, de relações, de conexão com o meio exterior, etc. A arquitetura de uma creche moderna é um espaço muito diferente à de qualquer sala de aula de ensino médio, por exemplo. A disposição do espaço para professores e para alunos expressa uma forma de entender o poder, a relação humana, os usos de comportamento cotidianos. (Pode se ver sobre este tema a obra de Loughlin e Suina, 1987).

2) Os *aspectos materiais e tecnológicos*. A dotação de materiais, aparelhos, modelos, etc. fornecem diferentes possibilidades de estimulação e de aprendizagem muito diversas. Aprendizagens propiciadas pela riqueza de estimulações possíveis e pelos padrões de uso dessas dotações. Quem tem acesso a diversos tipos de material, quando, para quê, são aspectos ligados às suas normas de uso. O significado educativo dos materiais não deriva de sua própria importância e existência, mas da natureza da atividade na qual são utilizados, uma atividade organizada socialmente (APPLE, 1986).

3) Os *sistemas simbólicos* e de informação, que é o aspecto mais próprio de currículo. A mentalidade tradicional considerou isto como o conteúdo por antonomásia. O currículo explícito ou escrito da escola.

4) As *habilidades do professor*. O professor é uma fonte de estimulação particular, o primeiro e mais definitivo recurso didático do ensino, ao mesmo tempo que transmissor e modulador de outras influências exteriores. Daí que sua formação cultural e pedagógica seja o primeiro elemento determinante da qualidade do ensino. Mas não podemos esquecer que suas habilidades profissionais não são tudo, porque, em grande medida, seu papel pedagógico está marcado pela divisão de competências profissionais que a prática de desenvolvimento do currículo lhe reserva. Nas atuais circunstâncias, o professor é tanto o executor de diretrizes marcadas a partir de fora quanto o criador das condições imediatas da experiência educativa.

5) Os *estudantes* e outro tipo de pessoal. A influência entre iguais foi considerada como um dos âmbitos educativos mais importantes da educação escolarizada e extraescolar. O grupo de iguais é básico no desenvolvimento social, moral e intelectual e como fonte de estímulos e de atitudes de todo tipo. São conhecidos os correlatos entre diferentes aspectos da sociabilidade dentro da sala de aula e o rendimento acadêmico ou as atitudes para com a escola, etc. Outro tipo de pessoal, como pode ser o caso das atendentes na educação infantil, são elementos componentes do ambiente de aprendizagem.

6) *Componentes organizativos e de poder*. A instituição em si, com suas pautas de organização do tempo, do espaço, do pessoal, com suas rotinas e com uma forma de estruturar as relações entre os diversos componentes humanos numa estrutura hierarquizadora são fonte de aprendizagens muito importantes. As atividades acadêmicas são campos de relação social, como o são os ritos de entrada e saída das aulas, um verdadeiro currículo de habilidades sociais contraditórias, em muitos casos, com objetivos explicitamente perseguidos pelo professor.

De acordo com Schubert (1986), as dimensões do ambiente escolar são as seguintes:

Física: Configurada pelos elementos materiais da sala de aula e da escola, desde o edifício até o mobiliário, a disposição de espaços, os serviços, etc.
Materiais: Disponibilidade de materiais didáticos na escola, sua acessibilidade para os alunos, normas de uso.
Interpessoal: Relativa ao tipo de organização dos grupos humanos, critérios de agrupação de alunos, relações entre professores, etc.
Institucional: O estilo de gestão e governo que afeta o clima de trabalho e de aprendizagem.
Psicossocial: É a atmosfera psicossocial criada pelas relações sociais.

Acreditamos que a todas essas fontes de aprendizagem ou dimensões do ambiente, modeladoras dos efeitos do currículo, haveria que acrescentar uma característica muito decisiva dos contextos escolares, que é o fato de possuir pautas específicas para *planejar* a aprendizagem e *avaliá-la*. Quando se trata de uma aprendizagem planejada significa que a sequência pela qual se opte e o seu grau de rigidez ordena o fluxo de estímulos e da ação, isto é, não se trata de um ambiente que flua de forma espontânea. A influência que a avaliação empresta a todo o transcurso da ação é evidente, e certamente estamos frente a uma das características mais decisivas do ambiente de aula. Estas duas condições cristalizaram de um modo muito incisivo a mentalidade dos professores, em suas pautas de pensamento e comportamento, porque são condições básicas da própria instituição escolar.

Na escola, normalmente, não se pode aprender qualquer coisa em qualquer momento, embora tenha relevância e interesse indubitável para os alunos. Inclusive, a partir de determinados esquemas pedagógicos e modelos ou formatos de aprendizagem, se define uma alta estruturação de processos e conteúdos didáticos para desenvolver o currículo. Um fato é a necessidade de um processo estruturado para lograr uma aprendizagem muito definida de um ou mais conceitos relacionados, ou de toda uma unidade mais ampla, que é preciso ter planejado mais ou menos detidamente, e outro fato é a mentalidade geral de atividade ordenada e sequencial, sem nenhuma explicação da ordem, que afeta longos períodos de aprendizagem e toda a escolaridade. Mentalidade fomentada pela regulação administrativa do currículo, que o ordena em cursos, blocos, etc., e instrumentada pela sequência interna que os livros-texto seguem. Uma das vantagens da experiência escolar é a de proporcionar experiências ordenadas, tal como reconhecia Dewey, outra coisa é defender o currículo como sequência altamente estruturada que se pode prever de antemão e que é seguido de forma inexorável, acompanhando o índice de um livro-texto ou qualquer outro esquema de programação rígida.

Algo parecido acontece com a avaliação. Avalia-se como exigência do controle, e não apenas por necessidade de conhecer o progresso dos alunos, o que induz a uma mentalidade também generalizada de que tudo é avaliável e que tudo deve ser avaliado, até objetivos e conteúdos que são praticamente impossíveis de sê-lo, que nem por isso haverão de desmerecer a atenção e o esforço. As aprendizagens escolares são aprendizagens avaliadas, o que não acontece na vida real exterior. Em todo o sistema escolar se instala uma espécie de mentalidade de controle que afeta tudo que ocorre. A avaliação, mais do que uma forma de conhecer o que acontece, se tornou o elemento-chave da configuração de um clima escolar.

A interação de todas essas dimensões do ambiente escolar preenche o conteúdo do currículo oculto e filtra os efeitos logrados do currículo explícito. A condição institucional da escola, como meio estruturado física e socialmente, a transforma num ambiente decisivo, no qual as tarefas escolares acabam concretizando as margens de atividade do aluno, os processos de assimilação e as pautas de autonomia dos participantes nessa situação.

ALGUMAS CONSEQUÊNCIAS

a) A primeira conclusão importante é que os currículos ampliados da escolaridade obrigatória supõem uma mudança muito decisiva no conceito e conteúdo da profissionalidade docente e, portanto, na formação cultural e pedagógica de que os professores necessitarão. As competências do professor ideal são resultado da peculiar ponderação de objetivos dos currículos em diferentes situações históricas, geográficas, culturais, etc. Essas aptidões do professor são exigência de um projeto completo de socialização, demandado pelo que se denomina educação integral e pela própria evolução social. As mudanças no currículo, reflexo de uma dinâmica social mais ampla, exigem um novo professor.

A primeira consequência, pois, é que o professor vê suas competências profissionais ampliadas. O docente da educação obrigatória tem necessariamente atribuídas funções que cobrem aspectos diversos para além da relação com o saber e o conhecimento.

Um currículo global ampliado, com ênfase nas habilidades básicas para continuar adquirindo cultura, exige uma transformação pedagógica nos conteúdos que podem ser selecionados de diferentes campos culturais, exigindo melhores professores e mais amplamente formados, para abordar objetivos e conteúdos mais complexos, visto que sua função é transformar a cultura elaborada em cultura válida para o cidadão comum que um dia sai da instituição escolar e necessita de uma preparação básica. A seleção cultural que o currículo deve compreender e sua elaboração pedagógica para que cumpra a função educativa dentro da escolaridade obrigatória exige um papel ativo muito importante dos professores e uma formação em consonância, a não ser que prevejamos para eles uma atividade que consista em "consumir" e desenvolver em suas aulas guias curriculares confeccionados por outros agentes exteriores, editoras, etc. Algo que, embora seja em certa medida inevitável, devido à situação de partida, não é um modelo coerente com uma imagem de professor desenvolvido desde o ponto de vista profissional.

O conhecimento fragmentado, tal como se cria em âmbitos especializados (se há de cumprir uma função cultural na educação de todos os cidadãos), a existência de paradigmas conflitivos, o relativismo que tudo isso comporta exigem professores com mais capacidade para entender toda essa dinâmica cultural e com critério profissional para enfrentar as mudanças inexoráveis que vão experimentar durante sua vida profissional. Ao professor se propõem, hoje, conteúdos para desenvolver nos currículos muito diferentes dos que ele estudou, sem que compreenda o significado social, educativo e epistemológico das novas propostas frente às anteriores. As fontes da segurança profissional não podem vir de respostas fixas em situações volúveis.

No sistema de produção-reprodução do saber existem poucas instâncias intermediárias, pessoas e instituições, dedicadas a meditar, pesquisar e produzir iniciativas relacionadas com as repercussões que têm, para a educação em geral e para as etapas obrigatórias em particular, as mudanças que acontecem nos níveis de produção do saber, relacionando-os com as necessidades dos alunos e da sociedade. Normalmente, a escola e, sobretudo, os currículos sofrem a pressão das necessidades políticas, econômicas e sociais de forma mais ou menos direta e premente para que transformem seus conteúdos, e o discurso pedagógico neste sentido, se se produz, costuma analisá-lo *a posteriori*.

Na maioria dos casos, o professor não costuma dominar, no nível do ensino fundamental, as chaves que explicam a evolução do saber e da cultura. No caso do professor do ensino médio, também não se costuma atender entre nós a estas facetas "educativas" do conhecimento e sua relação com a educação em geral. Por isso, o professor fica profissionalmente inerte frente a este componente de sua profissionalidade: tendo como função básica a reprodução do saber, não pode participar na sua elaboração pedagógica, pelo que se limita ou à dependência em relação a agentes exteriores que lhe dão modelado o currículo (livros-texto) ou a reproduzir o conhecimento por ele adquirido. A participação ativa, profissionalmente falando, requer formação cultural científica, etc. sólida e uma atenção específica a este problema quando a formação é de nível aceitável. Esta é uma justificativa para requerer níveis de formação de base mais elevada no professorado atual do ensino fundamental. Essa formação cultural mais elevada não é uma reivindicação para enfrentar conteúdos curriculares mais complexos e elevados, que poderia repercutir, sem querer, num ensino mais academicista e livresco, mas a capacitação para poder entender as chaves da produção do saber, sua evolução e seu significado educativo e social. A qualidade do ensino deve considerar esta chave epistemológica, assim como a formação de professores.

b) Essas competências, numa perspectiva técnico-profissional, não são fáceis de propiciar desde a formação inicial do professorado, na medida em que exigem capacidade para estruturar ambientes complexos, deliberar em situações ambíguas e conflitivas, acomodar experiências às necessidades dos alunos ou operar com processos dificilmente previsíveis. Exigem uma formação aberta no professor que o capacite para diagnosticar por si mesmo as situações e tomar decisões adequadas autonomamente e em grupo. Mais do que armá-lo de respostas, é necessário lhe facilitar esquemas gerais de ação e instrumentos de análise para tomar decisões responsáveis.

A essa condição acrescentamos que a ampliação de objetivos dos currículos supõe capacidades para regular ou estimular processos educativos muito diversos, que não só afetam facetas intelectuais, como também sociais, afetivas e morais do indivíduo. Neste sentido, a competência docente não só se amplia, como também se dilui, porque entra em campos de difícil regulação. As mudanças curriculares e a ponderação de seus componentes têm repercussões na própria forma de entender o conceito de habilidade profissional docente. Vai se modelando um espectro de competências cada vez menos delimitadas, mais indistintas, visto que se exerce em funções mais complexas, em âmbitos de intervenção em que os critérios do que são e não são os procedimentos corretos para uma educação acertada ou de qualidade são muito incertos e discutíveis. As funções do professor se configuram, progressivamente, no âmbito da pedagogia que Bernstein (1983) chamou de *invisível*, mais do que na visível.

Os novos encargos educativos supõem uma atenção primordial aos processos educativos, em geral, e aos processos de aprendizagem, em particular. O currículo que se realiza vem orientado por um plano cada vez mais global, cujos efeitos concretos dependem das condições nas quais se realiza.

c) O novo currículo exige metodologias, saberes e habilidades profissionais diferentes, o que leva a uma alteração na própria forma de relacionar-se com os alunos, em esquemas de direção, avaliação e controle novos. Os professores e o conhecimento pedagógico atual não podem responder a certas exigências crescentes em terrenos muitas vezes movediços nos quais é difícil estabelecer critérios de competência profissional e esquemas de atuação que possam ser considerados válidos. Tudo isso se reflete em tensões para o professorado. A crescente responsabilidade que é atribuída a ele, com a consequente pressão social, não tem correspondência com os meios, as condições de trabalho e a sua formação.

Cria-se uma certa especulação pedagógica sobre um tipo de professor ideal, cada vez "mais completo" e complexo que contrasta com o baixo *status* real, econômico, social, intelectual, etc. que o professor costuma ter na sociedade, com a importância que se dá a sua formação, etc., correndo o perigo de modelar um profissional que é cada vez mais difícil de encontrar na realidade. Idealiza-se um discurso pedagógico cada vez mais distante das condições reais de trabalho, da preparação e da seleção de professores, o que inexoravelmente leva a estimular nos professores o sentimento de insatisfação sobre a instituição escolar e sobre a própria profissão.

d) O professor, principalmente numa sociedade heterogênea e pluralista, se vê submetido a contradições diversas, porque as demandas que recaem sobre ele não são unívocas: as provenientes de ter de favorecer um progresso acadêmico para facilitar o acesso a estudos superiores, seguindo a lógica das disciplinas; favorecer funções por pressão social, enquanto é servidor social; preparar para a vida exterior às aulas, o que nem sempre é algo coerente com as necessidades dos indivíduos, ater-se às condições de desenvolvimento dos alunos, a suas necessidades e interesses, etc.

Currículos mais amplos e professores que se considera que devem intervir em funções, objetivos e conteúdos muito diversos levam, definitivamente, a uma transformação das relações pedagógicas. Não é o mesmo uma interação didática na qual assegurar uma determinada aprendizagem de conteúdos clássicos de matemática que uma relação na qual é preciso considerar aspectos mais pessoais, normas sociais, morais, meios de expressão, etc. Se os novos modelos educativos requeridos pela função que cumpre a escolaridade na sociedade recaem em novos currículos, para cumprir com os seus fins, é preciso toda uma transformação pedagógica, não apenas dos conteúdos, mas também dos métodos e das condições escolares. O que significa levar em consideração: a inovação do currículo, a formação de professores, a transformação das condições da escola, assim como os conflitos com o ambiente exterior pela mudança de atitudes que isso comporta basicamente nos pais.

Essa transformação das relações pedagógicas, em âmbitos cada vez mais amplos, supõe uma mutação das relações de poder na educação exercida em âmbitos diversos: na esfera da interação entre professores e alunos, fundamentalmente, mas também nas relações do aluno com a instituição escolar, nas dos professores com a escola e nas da administração que regula os currículos com os docentes e os alunos.

Quanto mais amplas são as facetas consideradas objeto do currículo obrigatório, mais ampla é a intervenção dos processos educativos conscientes, mais amplos são os aspectos nos quais se exerce o controle através das relações pedagógicas. Algo inevitável, mas preocupante, enquanto não se altere substancialmente o clima de controle da instituição escolar. Se temos, por exemplo, que avaliar os alunos por seu domínio das operações matemáticas, pela posse de certos conhecimentos científicos, etc., isso define um campo muito concreto e delimitado de relação. Mas se temos de avaliá-los por sua capacidade expressiva, por seus hábitos pessoais, por suas atitudes, pelo domínio de determinadas habilidades físicas, por seu desenvolvimento e comportamento social, etc., compreenderemos que o poder da instituição e do professorado sobre os alunos se incrementa notavelmente.

Segunda Parte

O currículo através de sua práxis

4

O currículo como confluência de práticas

Desde um enfoque processual ou prático, o currículo é um objeto que se constrói no processo de configuração, implantação, concretização e expressão de determinadas práticas pedagógicas e em sua própria avaliação, como resultado das diversas intervenções que nele se operam. Seu valor real para os alunos, que aprendem seus conteúdos, depende desses processos de transformação aos quais se vê submetido.

Vimos, no conjunto de fenômenos relacionados com o problema curricular, como se entrecruzam múltiplos tipos de práticas ou subsistemas: políticos, administrativos, de produção de materiais institucionais, pedagógicos, de controle, etc. Como Schubert (1986, p. 3) assinalou: "o campo do currículo não é somente um corpo de conhecimentos, mas uma dispersa e ao mesmo tempo encadeada organização social".

Trata-se, pois, de um campo de atividade para múltiplos agentes, com competências divididas em proporção diversa, que agem através de mecanismos peculiares em cada caso. Sobre o currículo incidem as decisões sobre os mínimos a que se deve ater a política da administração num dado momento, os sistemas de exames e controles para passar para níveis superiores de educação, assessores e técnicos diversos, a estrutura do saber de acordo com os grupos de especialistas dominantes num dado momento, elaboradores de materiais, os seus fabricantes, editores de guias e livros-texto, equipes de professores organizados, etc. O currículo pode ser visto como um objeto que cria em torno de si campos de ação diversos, nos quais múltiplos agentes e forças se expressam em sua configuração, incidindo sobre aspectos distintos. É o que Beauchamp (1981) chamou de *sistema curricular*. Para sua compreensão não basta ficar na configuração estática que pode apresentar num dado momento, é necessário vê-lo na construção interna que ocorre em tal processo.

Nesse sistema, as decisões não se produzem linearmente concatenadas, obedecendo a uma suposta diretriz, nem são frutos de uma coerência ou expressão de uma mesma racionalidade. Não são estratos de decisões dependentes umas de outras em estrita relação hierárquica ou de determinação mecânica e com lúcida coerência para com determinados fins. Os níveis nos quais se decide e configura o currículo não guardam dependências estritas uns com os outros. São instâncias que atuam *convergentemente* na definição da prática pedagógica com poder distinto e através de mecanismos peculiares em cada caso. Em geral, representam forças dispersas e até contraditórias que criam um campo de "conflito natural", como em qualquer outra realidade social, abrindo, assim, perspectivas de mudança nas próprias contradições que apresentam, opções alternativas, situações frente às quais tomar partido, etc. De alguma forma, cada um dos subsistemas que intervêm na determinação do currículo real tem algum grau de autonomia funcional, embora mantenha relações de determinação recíproca ou hierárquica com outros. Mesmo que se pretendesse, por exemplo, que os livros-texto seguissem as diretrizes do currículo proposto e regulado pela administração, eles criam por si mesmos uma realidade curricular independente e concorrente com a definida pela administração, porque desenvolvem um espaço de autonomia próprio do subsistema dos meios didáticos.

Outra peculiaridade reside em que cada subsistema pode atuar sobre os diferentes elementos do currículo com desigual força e de diferente forma: conteúdos, estratégias pedagógicas, pautas de avaliação. O equilíbrio de forças resultante dá lugar a um peculiar grau de autonomia de cada um dos agentes na definição da prática. O equilíbrio particular, em cada caso, é a expressão de uma determinada política curricular.

Um campo para entender o currículo deve compreender essas determinações recíprocas para cada realidade concreta e para as contradições que se criam ou, igualmente, tornar explícitas as linhas de política curricular que se seguem em cada sistema. Se o currículo é um objeto em construção cuja importância depende do próprio processo, é preciso ver as instâncias que o definem. Entre nós, pela tradição de intervenção administrativa sobre o currículo na escola e frente à carência de um campo democrático para analisar e discutir possíveis esquemas de governos da instituição escolar e de seus conteúdos, se careceu de qualquer proposição global sobre esse problema. Aqui, a técnica pedagógica para desenvolver o ensino foi algo que competia aos professores, enquanto as decisões sobre o conteúdo de sua prática eram responsabilidade da administração, e ambas as instâncias estiveram separadas sempre por uma barreira de incomunicação, devido às relações autoritárias e burocratizadas entre os professores e as autoridades administrativas mediadas pelo corpo de inspetores.

O sistema global que configura o currículo representa um equilíbrio muito peculiar em cada sistema educativo, com uma dinâmica própria, que pode mostrar variações singulares em diferentes níveis do currículo. Podemos considerar que o currículo que se realiza por meio de uma prática pedagógica é o resultado de uma série de influências convergentes e sucessivas, coerentes ou contraditórias, adquirindo, dessa forma, a característica de ser um objeto preparado num processo complexo, que se transforma e constrói nesse processo. Por isso, exige ser analisado não como um objeto estático, mas como a expressão de um equilíbrio entre múltiplos compromissos. E mais uma vez esta condição é crucial tanto para compreender a prática escolar vigente como para tratar de mudá-la.

A visão do currículo como algo que se constrói exige um tipo de intervenção ativa discutida explicitamente num processo de deliberação aberto por parte dos agentes participantes dos quais está a cargo: professores, alunos, pais, forças sociais, grupos de criadores, intelectuais, para que não seja uma mera reprodução de decisões e modelações implícitas. Nem o currículo como algo tangível, nem os subsistemas que os determinam são realidades fixas, mas históricas.

Desentranhar as relações, conexões e espaços de autonomia que se estabelecem no sistema curricular é condição *sine qua non* para entender a realidade e para poder estabelecer um campo de política curricular diferente para uma escola e para uma época diferente da que definiu a escola que a democracia espanhola herdou. Um trabalho que é importante porque a democratização do Estado foi acompanhada de uma mudança histórica na sua organização, com reflexo em muitas áreas da atividade política, e de forma muito evidente na educação.

Uma primeira consequência destas apreciações é a necessidade de qualificar o campo curricular como objeto de estudo, distinguindo suas dimensões epistemológicas, suas coordenadas técnicas, a implicação do professorado, as vias pelas quais se transmitem e modelam as influências dentro do sistema curricular e seus determinantes políticos. Se não entendemos este caráter processual, condicionado desde múltiplos ângulos, podemos cair na confusão ou numa visão estática e a-histórica do currículo. Em muitos casos, fala-se de currículo referindo-se às disposições da administração regulando um determinado plano de estudos, à relação de objetivos, aos conteúdos, às habilidades, etc.; em outros, ao produto "engarrafado" em determinados materiais, como é o caso dos livros-texto; às vezes, se refere à estruturação de atividades que o professor planeja e realiza em sala de aula; às vezes, se refere às experiências do aluno na aula. Informes de avaliação de experiências ou programas também encerram um significado do currículo ou dos processos e produtos de aprendizagem consideradas valiosas. *O conceito currículo adota significados diversos, porque, além de ser suscetível a enfoques paradigmáticos diferentes, é utilizado para processos ou fases distintas do desenvolvimento curricular.*

Aplicar o conceito currículo somente a alguns desses processos ou fases, além de ser parcial, cria um *puzzle* de perspectivas difíceis de integrar numa teorização coerente. Se encontramos concepções tão diferentes sobre o que é o currículo, deve-se em parte ao fato de que se centram em alguma das fases ou momentos do processo de transformação curricular. Por isso, em certa medida, todas elas são parciais e, de alguma forma, contêm parte da verdade do que é o currículo.

Por outro lado, reproduzindo o discurso teórico sobre o currículo, que se realiza em outros contextos culturais e educativos, temos acesso a enfoques sem correspondência clara em nossa realidade, pois, em outros países, sobretudo no mundo anglo-saxão, houve uma longa tradição de trabalho com o currículo, no qual se diferenciaram facetas e funções muito diversas como o plano, a disseminação, a implantação, a avaliação curricular ou a inovação, nas quais trabalham especialistas diversos que não proporcionaram uma teoria unitária do processo do currículo em sua totalidade, mas que criaram discursos parciais. A falta de integração de tais discursos é um defeito da teoria tradicional sobre o currículo (GRUNDY, 1987, p. 41). Finalmente, qualquer tentativa de organizar uma teoria coerente deve dar conta de tudo o que ocorre nesse sistema curricular, vendo como a forma de seu funcionamento num dado contexto afeta e dá significado ao próprio currículo.

O importante deste caráter processual é analisar e esclarecer o curso da objetivação e concretização dos significados do currículo dentro de um processo complexo no qual sofre múltiplas transformações. Um político ou administrador que acredita poder mudar a prática modificando o currículo que ele prescreve desde as disposições legislativas ou regulações administrativas esquece, por exemplo, que não são suas disposições as que incidem diretamente na prática. Obviamente, os professores, quando programam e executam a prática, não costumam partir das disposições da administração. As orientações ou prescrições administrativas costumam ter escasso valor para articular a prática dos docentes, para planejar atividades de ensino ou para dar conteúdo definido a objetivos pedagógicos, que por muito específicos que sejam e por mais concreta definição que tenham, não podem transmitir ao professor o que é preciso fazer com os alunos, o que lhes ensinar. Múltiplos dados de pesquisa apontaram este fato. Os professores, quando preveem sua prática, através dos planejamentos que realizam, consideram que sua experiência anterior e os livros-texto têm tanta utilidade quanto considerar os documentos curriculares oficiais (SALINAS, 1987). É um exemplo de que, se entendemos por currículo as suas prescrições administrativas, estaremos falando de uma realidade que não coincide com o currículo com o qual os professores e os alunos trabalham.

Brophy (1982) distingue sete momentos ou fases nos quais o currículo se reduz, distorce ou altera: o currículo oficial, as transformações em nível local, o currículo dentro de uma determinada escola, as modificações que o professor introduz pessoalmente, o que ele realiza, a transformação que ocorre no próprio processo de ensino e, por último, o que realmente os alunos aprendem.

Desentranhar este processo de "construção curricular" é condição não apenas para entender, mas também para detectar os pontos nevrálgicos que afetam a transformação processual, podendo assim incidir mais decisivamente na prática. Distinguiremos seis momentos, níveis ou fases no processo de desenvolvimento, que descobrem campos de pesquisa peculiares, que nos ajudam a compreender conexões entre tais níveis e que tornam manifesto como, previamente e em paralelo ao que denominamos prática pedagógica, existem essas outras práticas. É preciso utilizar, nesses níveis, perspectivas e metodologias diversas, o que mostra que o campo do currículo é também de integração de conhecimentos especializados, paradigmas e modelos de pesquisas diversos.

Na figura a seguir propomos um modelo de interpretação do currículo como algo construído no cruzamento de influências e campos de atividade diferenciados e inter-relacionados.

Acreditamos que é um modelo *explicativo* adequado, sobretudo para uma estrutura de gestão centralizada na qual os espaços de autonomia das instâncias intermediárias são bastante limitados *a priori*. Embora pareça um modelo de dependências lineares e hierarquizadas, nos servirá para demonstrar suas disfunções e esferas de autonomia que representam forças, como dizíamos, concorrentes. A história recente do currículo na Espanha, para os níveis universitários, deixou um decisivo legado de intervencionismo administrativo com pretensão de determinar de forma concreta a prática pedagógica e com poucas concessões em níveis intermediários de decisão.

Não se trata, pois, de oferecer um modelo normativo de tomada de decisões a seguir, pois, nesse caso, proporíamos romper certos pressupostos desse modelo vertical. Na realidade, com diferente grau e força de influência entre elementos, trata-se de um modelo cujas fases têm inter-relações recíprocas e circulares entre si, mas, na atual conjuntura espanhola, o fluxo de influências tem funcionado predominantemente e continua fazendo-o em direção vertical descendente.

Esclareceremos brevemente o significado desses níveis ou fases na objetivação do significado do currículo, cujo desenvolvimento poderá ser visto nos próximos capítulos.

1. O currículo *prescrito*. Em todo sistema educativo, como consequência das regulações inexoráveis às quais está submetido, levando em conta sua significação social, existe algum tipo de prescrição ou orientação do que deve ser seu conteúdo, principalmente em relação à escolaridade obrigatória. São aspectos que atuam como referência na ordenação do sistema curricular, servem de ponto de partida para a elaboração de materiais, controle do sistema, etc. A história de cada sistema e a política em cada momento dão lugar a esquemas variáveis de intervenção, que mudam de um país para outro.
2. O currículo *apresentado* aos professores. Existe uma série de meios, elaborados por diferentes instâncias, que costumam traduzir para os professores o significado e os conteúdos do currículo prescrito, realizando uma interpretação deste. As prescrições costumam ser muito genéricas e, nessa mesma medida, não são suficientes para orientar a atividade educativa nas aulas. O próprio nível de formação do professor e as condições de seu trabalho tornam muito difícil a tarefa de configurar a prática a partir do currículo prescrito. O papel mais decisivo neste sentido é desempenhado, por exemplo, pelos livros-texto.

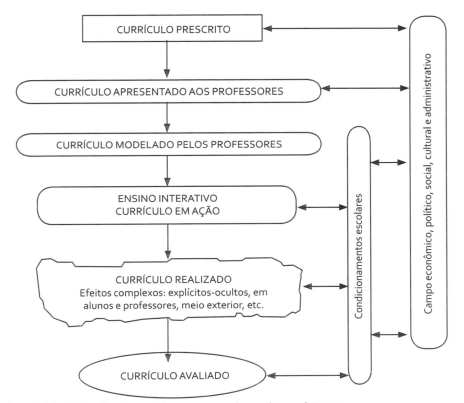

Figura 4.1 A objetivação do currículo no processo de seu desenvolvimento.

3. O currículo *moldado pelos professores*. O professor é um agente ativo muito decisivo na concretização dos conteúdos e significados dos currículos, moldando a partir de sua cultura profissional qualquer proposta que lhe é feita, seja através da prescrição administrativa, seja do currículo elaborado pelos materiais, guias, livros-texto, etc. Independentemente do papel que consideremos que ele há de ter neste processo de planejar a prática, de fato é um "tradutor" que intervém na configuração dos significados das propostas curriculares. O plano que os professores fazem do ensino, ou o que entendemos por programação, é um momento de especial significado nessa tradução.
Os professores podem atuar em nível individual ou como grupo que organiza conjuntamente o ensino. A organização social do trabalho docente terá consequências importantes para a prática.
4. O currículo *em ação*. É na prática real, guiada pelos esquemas teóricos e práticos do professor, que se concretiza nas tarefas acadêmicas, as quais, como elementos básicos, sustentam o que é a ação pedagógica, que podemos notar o significado real do que são as propostas curriculares. O ensino interativo – nos termos de Jackson – é o que filtra a obtenção de determinados resultados, a partir de qualquer proposta curricular. É o elemento no qual o currículo se transforma em método ou no qual, desde outra perspectiva, se denomina introdução. A análise desta fase é que dá o sentido real à qualidade do ensino, acima de declarações, propósitos, dotação de meios, etc. A prática ultrapassa os propósitos do currículo, devido ao complexo tráfico de influências, às interações, etc. que se produzem na prática.
5. O currículo *realizado*. Como consequência da prática se produzem efeitos complexos dos mais diversos tipos: cognitivo, afetivo, social, moral, etc. São efeitos aos quais, algumas vezes, se presta atenção porque são considerados "rendimentos" valiosos e proeminentes do sistema ou dos métodos pedagógicos. Mas, a seu lado, se dão muitos outros efeitos que, por falta de sensibilidade em relação a eles e por dificuldade para apreciá-los (pois muitos deles, além de complexos e indefinidos, são efeitos a médio e longo prazo), ficarão como efeitos ocultos do ensino. As consequências do currículo se refletem em aprendizagens dos alunos, mas também afetam os professores, na forma de socialização profissional, e inclusive se projetam no ambiente social, familiar, etc.
6. O currículo *avaliado*. Pressões exteriores de tipo diverso nos professores – como podem ser os controles para liberar validações e títulos, cultura, ideologias e teorias pedagógicas – levam a ressaltar na avaliação aspectos do currículo, talvez coerentes, talvez incongruentes com os propósitos manifestos de quem prescreveu o currículo, de quem o elaborou, ou com os objetivos do próprio professor. O currículo avaliado, enquanto mantenha uma constância em ressaltar determinados componentes sobre outros, acaba impondo critérios para o ensino do professor e para a aprendizagem dos alunos. Através do currículo avaliado se reforça um significado definido na prática do que é realmente. As aprendizagens escolares adquirem, para o aluno, desde os primeiros momentos de sua escolaridade, a peculiaridade de serem atividades e resultados valorizados. O controle do saber é inerente à função social estratificadora da educação e acaba por configurar toda uma mentalidade que se projeta inclusive nos níveis de escola-

ridade obrigatória e em práticas educativas que não têm uma função seletiva nem hierarquizadora.

Pode se comprovar que em cada um desses níveis se criam atuações, problemas para pesquisar, etc., que, com o tempo, costumam determinar tradições que sobreviverão como comportamentos autônomos. Imersos nelas se dificulta a visão integral do processo de transformação e concretização curricular, principalmente quando recebem atenção como capítulos desconectados no pensamento e na pesquisa pedagógica.

Analisaremos as práticas que se originam em cada uma dessas fases ou esferas de transformação, porque todas elas são elementos que intervêm na prática pedagógica, ainda que os âmbitos nos quais se decide cada uma seja exterior à instituição escolar. Se a educação reflete processos sociais e culturais exteriores, se lhes serve ou lhes remodela em alguma medida, a prática curricular é um bom exemplo desse princípio geral.

5

A política curricular e o currículo prescrito

- O currículo prescrito como instrumento da política curricular
- Funções das prescrições e regulações curriculares
- A concretização histórica de um esquema de intervenção na Espanha
- Esquema da distribuição de competências no sistema educativo espanhol

O CURRÍCULO PRESCRITO COMO INSTRUMENTO DA POLÍTICA CURRICULAR

Uma teoria sobre o currículo, além de nos fornecer uma ideia ordenada sobre a validade deste aspecto tão importante da educação, deve contribuir para identificar os aspectos da ordem social existente que dificultam a perseguição de fins racionais ou que marcam o tipo de racionalidade legitimada por essas condições, para que se possa tomar consciência a respeito e assim superar os condicionamentos (CARR; KEMMIS, 1988).

O currículo não pode ser estendido à margem do contexto no qual se configura e tampouco independentemente das condições em que se desenvolve; é um objeto social e histórico e sua peculiaridade dentro de um sistema educativo é um importante traço substancial. Estudos academicistas ou discussões teóricas que não incorporem o contexto real no qual se configura e desenvolve levam à incompreensão da própria realidade que se quer explicar. Lawton (1982) considera que é difícil, se não impossível, discutir o currículo de forma relevante sem colocar suas características num contexto social, cultural e histórico, sendo parte muito significativa desse contexto a política curricular que estabelece decisivamente as coordenadas de tal contexto. A política curricular governa as decisões gerais e se manifesta numa certa ordenação jurídica e administrativa.

A política sobre o currículo é um condicionamento da realidade prática da educação que deve ser incorporado ao discurso sobre o currículo; é um campo ordenador decisivo, com repercussões muito diretas sobre essa prática e sobre o papel e a margem de atuação que os professores e os alunos têm nela. Não só é um dado da realidade curricular, como marca os aspectos e as margens de atuação dos agentes que intervêm nessa realidade. O tipo de racionalidade dominante na prática escolar está condicionado pela política e pelos mecanismos administrativos que intervêm na modelação do currículo dentro do sistema escolar.

Essa política que prescreve certos mínimos e orientações curriculares tem uma importância decisiva, não para compreender o estabelecimento de formas de exercer a hegemonia cultural de um Estado organizado política e administrativamente num momento determinado, mas sim como meio de conhecer, desde uma perspectiva pedagógica, o que ocorre na realidade escolar, na medida em que, neste nível de determinações, se tomam decisões e se operam mecanismos que têm consequências em outros níveis de desenvolvimento do currículo.

A política curricular cria uma dinâmica de consequências diversas. Na Espanha o debate pode ter o interesse adicional da novidade histórica que supõe a reestruturação e divisão das competências no Estado a partir da aprovação da Constituição de 1978 e dos respectivos Estatutos nas Comunidades Autônomas, ao se refletir aí os poderes que cada instância administrativa possui. A transformação que se segue a esta nova etapa histórica foi proposta desde uma vertente eminentemente política, de divisão de poderes, reconhecimento de nacionalidades e regiões dentro do Estado Espanhol, mas sem que se tenha feito uma análise explícita coerente dos problemas de política curricular que o novo modelo implica. Por isso, não será estranho que se reproduzam mecanismos historicamente muito assentados em etapas anteriores.

No primeiro capítulo declarávamos que o *sistema curricular* é objeto de regulações econômicas, políticas e administrativas. Tendo o currículo implicações tão evidentes na ordenação do sistema educativo, na estrutura dos centros e na distribuição do professorado, é lógico que um sistema escolar complexo e ordenado tão diretamente pela administração educativa produza uma regulação do currículo. Isso se explica não só pelo interesse político básico de controlar a educação como sistema ideológico, mas também pela necessidade técnica ou administrativa de ordenar o próprio sistema educativo, o que é uma forma tecnificada de realizar a primeira função.

A passagem de alunos pelo sistema escolar, a necessidade de que sua progressão tenha relação com o domínio progressivo de alguns conteúdos e aprendizados básicos, a ordenação do professorado especializado em áreas ou cadeiras do currículo, o controle mínimo na expedição de validações, etc. leva a uma intervenção administrativa inexorável. A regulação dos sistemas curriculares por parte do sistema político e administrativo é uma consequência da própria estrutura do sistema educativo e da função social que cumpre. Pensar em outra possibilidade suporia se situar em outro sistema educativo e em outra sociedade.

Os currículos recaem em validações que, dentro de uma sociedade na qual o conhecimento é componente essencial a qualquer setor produtivo e profissional, têm uma forte incidência no mercado de trabalho. A ordenação do currículo faz parte da intervenção do Estado na organização da vida social. Ordenar a distribuição do conhecimento através do sistema educativo é um modo não só de influir na cultura, mas também em toda a ordenação social e econômica da sociedade. Em qualquer sociedade complexa é inimaginável a ausência de regulações ordenadoras do currículo. Podemos encontrar graus e modalidades diferentes de intervenção, segundo épocas e modelos políticos, que têm diferentes consequências sobre o funcionamento de todo o sistema.

Dessa forma, a administração ordenadora do currículo e a sua política não podem ser separadas em nosso caso. Falar da política curricular na Espanha é tratar de retirar o significado da ordenação do conteúdo da escolaridade através de um emaranhado de disposições administrativas sobre estes fatos após uma longa etapa de centralização e de autoritarismo que levou a um intervencionismo muito acentuado. Um casamento que se expressa de forma muito diferente nos distintos níveis do sistema educativo, de acordo com a importância política do controle em cada nível e em função do grau de autonomia atribuída aos professores em cada um deles.

A partir desta proposição, se deduzem dois efeitos importantes: *a)* Mudar a prática educativa supõe alterar a política sobre o currículo no que a afeta. A renovacão pedagógica tem um componente político iniludível, *b)* Por outro lado, cria-se uma dependência do elemento técnico-pedagógico e, de alguma forma, também de todo o pensamento sobre o currículo quanto às decisões administrativas que ordenam a realidade escolar, uma vez que esse modelo de intervenção gera todo um sistema burocrático, uma determinada legalidade e até uma mentalidade em professores e em especialistas ou técnicos que chegarão a considerar o modelo de intervenção como um dado da "realidade".

Ao que nos referimos quando falamos de política curricular? *Este é um aspecto específico da política educativa, que estabelece a forma de selecionar, ordenar e mudar o currículo dentro do sistema educativo, tornando claro o poder e a autonomia que diferentes agentes têm sobre ele, intervindo, dessa forma, na distribuição do conhecimento dentro do sistema escolar e incidindo na prática educativa, enquanto apresenta o currículo a seus consumidores, ordena seus conteúdos e códigos de diferente tipo.*

Em termos gerais, poderíamos dizer que a política curricular é toda aquela decisão ou condicionamento dos conteúdos e da prática do desenvolvimento do currículo a partir das instâncias de decisão política e administrativa, estabelecendo as regras do jogo do sistema curricular. Planeja um campo de atuação com um grau de flexibilidade para os diferentes agentes moldadores do currículo. A política é um primeiro condicionante direto do currículo, enquanto o regula, e indireto através de sua ação em outros agentes moldadores.

A política curricular estabelece ou condiciona a incidência de cada um dos subsistemas que intervêm num determinado momento histórico.

O currículo prescrito para o sistema educativo e para os professores, mais evidente no ensino obrigatório, é a sua própria definição, de seus conteúdos e demais orientações relativas aos códigos que o organizam, que obedecem às determinações que procedem do fato de ser um objeto regulado por instâncias políticas e administrativas.

A intervenção política sobre o currículo, ao estabelecer concretamente os mínimos para todo o sistema educativo ou para algum de seus níveis, cumpre diferentes funções que é preciso esclarecer para dar a esta fase de decisões seu justo valor e analisar as consequências de expressar as prescrições dessa ou daquela forma.

A partir da experiência histórica que temos, qualquer esquema de intervenção neste sentido pode parecer negativo e cerceador da autonomia dos docentes como supostos especialistas da atividade pedagógica e do desenvolvimento curricular. A intervenção administrativa supôs uma carência de margens de liberdade nas quais expressar as tendências criadoras e renovadoras do sistema social e educativo. Numa sociedade democrática, que ademais garante a participação dos agentes da comunidade educativa em diversos níveis, é preciso analisar a intervenção ou regulação do currículo desde outra perspectiva.

Em muitos casos a política curricular está longe de ser uma proposição explícita e coerente, perdendo-se numa mentalidade difusa, aceita muitas vezes como uma prática historicamente configurada, dispersa numa série de regulações desconectadas entre si. É mais clara ali onde o controle é realizado de modo explícito e onde é exercida por mecanismos coercitivos que não se ocultam. Mas, à medida que o controle deixa de ser coercitivo para se tecnificar e ser exercido por mecanismos burocráticos, se oculta sob regulamentações administrativas e "orientações pedagógicas" com boa intenção, que têm a pretensão de "melhorar" a prática. A falta de clareza e de um modelo político neste sentido também tem relação com a carência de um sistema explicitamente proposto e aceito de controle do currículo e com a falta de consideração da política curricular como parte essencial da política educativa, instrumento para incidir na qualidade do ensino.

A política curricular pode ser sistematizada em torno de uma série de aspectos ou itens que contribuem para lhe dar forma e para que logre, sejam quais forem os caminhos, sua função reguladora. Analisando esses caminhos de intervenção compreenderemos o sentido do currículo como campo no qual se expressa uma ação que, não sendo de tipo pedagógico, tem amplo poder de enquadrar o que é a prática no ensino.

Para dispor de uma primeira sistematização, consideramos conveniente observar os seguintes aspectos:

a) As *formas* de regular ou impor uma determinada distribuição do conhecimento dentro do sistema educativo.
b) *Estrutura de decisões* centralizadas ou descentralizadas na regulação e no controle do currículo. As opções que forem tomadas nesta dimensão delimitam os espaços de liberdade atribuídos a diversos agentes e instâncias que intervêm na configuração do currículo: administração central, outras administrações, escolas, professores, criadores de materiais, etc. Ou porque regula explicitamente essas margens ou porque as permite ou as estimula. Em cada caso se desenvolvem mecanismos de "resistência" que flexibilizam e até fazem inoperantes as regulações em algumas situações, sem deixar de estar dentro do sistema.
c) *Aspectos* sobre os quais esse controle incide: vigilância para determinar o cumprimento dos objetivos e aprendizagens considerados mínimos, ordenamento do processo pedagógico ou intervenção através dos meios didáticos.
d) *Mecanismos* explícitos ou ocultos pelos quais se exerce o controle sobre a prática e a avaliação da qualidade do sistema educativo: regulação do processo, inspeção sobre as escolas e professores e avaliação externa. É importante analisar o grau de conhecimento e tipo de utilização das informações sobre o sistema educativo.
e) As políticas de *inovação* do currículo, assistência às escolas e de aperfeiçoamento dos professores como estratégias para melhorar a qualidade do ensino. É importante ver o papel específico dos meios técnicos expressamente dirigidos para organizar o currículo em planos ou esquemas moldáveis pelo professorado, devido à decisiva influência na intervenção do currículo. Portanto, desde a política curricular é preciso ver que campo se oferece para sua criação, consumo e inovação.

FUNÇÕES DAS PRESCRIÇÕES E REGULAÇÕES CURRICULARES

O primeiro nível de definição do currículo nos sistemas educativos minimamente organizados parte da instância político-administrativa que o ordena. Tal definição e as formas de realizá-la cumprem uma série de funções dentro do sistema social, do sistema escolar e na prática pedagógica, que se realiza por diferentes caminhos. Cada sistema educativo em função do esquema de política curricular que segue, de acordo com sua própria história, estabelece pautas de funcionamento peculiares que o caracterizam. Comentaremos essas funções, que vêm a ser as coordenadas básicas para a análise da política curricular.

O currículo prescrito como cultura comum

Em primeiro lugar, a prescrição de mínimos e de diretrizes curriculares para um sistema educativo ou para um de seus níveis supõe um projeto de cultura comum para os membros de uma determinada comunidade, na medida em que afeta a escolaridade obrigatória pela qual passam todos os cidadãos. A ideia do currículo comum na educação obrigatória é inerente a um projeto unificado de educação nacional. Numa sociedade autoritária expressa o modelo de cultura que o poder impõe. Numa sociedade democrática tem que aglutinar os elementos de cultura comum que formam o consenso democrático sobre as necessidades culturais comuns e essenciais dessa comunidade. Determinar esse núcleo em culturas e sociedades mais homogêneas é uma tarefa menos conflitiva do que no caso de sistemas que acolhem culturas heterogêneas ou com minorias culturais de diversos tipos.

A busca de um denominador comum para essa cultura básica tem seu reflexo num problema que manifesta, pois, vertentes políticas, culturais e educativas; é a discussão sobre o *core curriculum* ou componentes curriculares baseados nas necessidades de todos os alunos.

Dessa cultura comum fazem parte os conteúdos, as aprendizagens básicas e as orientações pedagógicas para o sistema, a valorização de conteúdos para um determinado ciclo de estudos, etc. Determiná-la nos primeiros momentos da escolaridade obrigatória não coloca grandes controvérsias, ao existir um consenso maior sobre o que há de fazer parte da educação nessa etapa; fazê-lo mais adiante, quando a cultura escolar tende a se diversificar em opções distintas relacionadas com diversos âmbitos culturais e profissionais mais especializados (científicos, humanísticos, artísticos, técnicos e relativos a opções profissionais diversas, etc.), obriga a tomar decisões cujo significado tem uma transcendência social de primeira ordem, pois esses campos culturais de formação supõem opções de desenvolvimento intelectual, com valorizações distintas na sociedade e com diversas oportunidades de conexão com o mundo do trabalho especializado. No caso do ensino médio, o currículo básico ou *core curriculum* é a parte comum, para todos, complementada com tempos e materiais diversificados por opções.

Por isso, a ideia de um currículo mínimo comum está ligada à pretensão de uma escola também comum. A existência desse currículo mínimo obrigatório se justifica no caso para facilitar uma escola frequentada por todos os alunos, seja qual for sua condição social (SKILBECK, 1982), seja o nível fundamental, seja a escola compreensiva no nível de ensino médio. O debate curricular é parte da justificação social, cultural e educativa da escolaridade obrigatória, completando e dando sentido à missão de custódia que a escolarização nas sociedades modernas inexoravelmente tem.

Partindo do fato de que em nossa sociedade existem diferenças culturais e desiguais oportunidades ligadas a desigualdades socioeconômicas e culturais, a definição do núcleo curricular mínimo – ou de qualquer cultura normatizadora – não é uma decisão inocente e neutra para as diferentes coletividades sociais, cujas experiências culturais extraescolares e suas expectativas de futuro conectam desigualmente com essa cultura comum e com o que fique fora dela. Numa sociedade heterogênea e com desiguais oportunidades de acesso à cultura, o currículo comum obrigatório tem de ser enfocado inexoravelmente desde uma perspectiva social.

O currículo comum contido nas prescrições da política curricular supõe a definição das aprendizagens exigidas a todos os estudantes e, portanto, é homogêneo para todas as escolas. Implica a expressão de um tipo de normalização cultural, de uma política cultural e de uma opção de integração social em torno da cultura por ele definida.

O currículo mínimo prescrito e a igualdade de oportunidades

De um ponto de vista social, portanto, principalmente num sistema educativo com centros privados e públicos que acolhem diferentes tipos de alunos, a existência dos mínimos curriculares regulados deve expressar uma cultura que se considere válida para todos. Isso supõe, desde uma política educativa progressista (para que não seja tachada de igualadora com os menos dotados, desvalorizando assim o sistema educativo e a qualidade do ensino), a necessidade de acompanhá-la dos meios para tornar essa cultura comum efetiva, que realmente garanta o direito a uma educação de qualidade aos que têm menos recursos para enfrentá-la com sucesso, buscando a igualdade de oportunidade à saída do sistema. O "mínimo" marca uma norma de qualidade de conhecimentos e aprendizagens básicas para todo o sistema, que precisa uma política compensatória para os mais desfavorecidos. Evitar esse problema suporia situar tais mínimos a um nível muito baixo ou esquecer-se de suas implicações sociais, isto é, de que nem todos poderão abordá-los com as mesmas probabilidades de sucesso.

O reconhecimento desse valor fundamental, que a regulação dos mínimos ou currículo comum tem, não deve nos fazer cair na ingenuidade de acreditar que se cumprirá tal potencialidade pelo fato de ser regulada administrativamente. É preciso analisar seu poder igualador e normalizador cultural através dos meios pelos quais se exerce, quer dizer, com que procedimentos e instrumentos a cultura comum se impõe, se sugere e se torna efetiva. Porque, evidentemente, e apesar da boa vontade de reformadores bem-intencionados, as disposições administrativas não têm tanto poder como poderia se deduzir da contundência e da proliferação com que às vezes são exercidas. A existência ou não de meios eficazes de controle sobre a prática escolar e a análise dos recursos que o currículo apresenta a professores e a alunos irão nos ajudar a matizar a importância que se possa dar à prescrição curricular como fonte de incidência direta na cultura escolar que se realiza na prática. Algo que se tratará com mais detalhes no capítulo seguinte.

A definição de mínimos para o ensino obrigatório não é, pois, um problema puramente técnico ou de regulação burocrática do currículo, mas sim adquire uma profunda significação cultural e social, expressando uma importante opção política, da qual é preciso examinar todas as consequências. Neste aspecto a política curricular se converte num elemento da política educativa e cultural como expressão também da política social para toda uma comunidade. Na decisão de que cultura se define como mínima e obrigatória está se expressando o tipo de normalização cultural que a escola propõe aos indivíduos, a cultura e o conhecimento considerado valioso, os padrões pelos quais todos serão, de alguma forma, avaliados e medidos, expressando depois para a sociedade o valor que alcançaram nesse processo de normalização cultural. Se todo o currículo contém um projeto de socialização para o aluno, os mínimos regulados como exigências para todos denotam mais claramente essa função.

O currículo prescrito e a organização do saber dentro da escolaridade

Tal como se disse anteriormente, a regulação do currículo é inerente à própria existência de um sistema escolar complexo que, através das validações que distribui, regula o consumo cultural e qualifica para dar entrada aos indivíduos em diferentes postos, numa sociedade na qual os saberes escolares ou, ao menos, sua validade são tão decisivos.

O currículo prescrito, quanto a seus conteúdos e a seus códigos, em suas diferentes especialidades, expressa o conteúdo base da ordenação do sistema, estabelecendo a sequência de progresso pela escolaridade e pelas especialidades que o compõem. Parcelas do currículo em função de ciclos, etapas ou níveis educativos, marcam uma linha de progressão dentro de um mesmo tipo de conteúdos ou assinalando aspectos diversos que são necessário abordar consecutivamente num plano de estudos.

A regulação ou intervenção do currículo é realizada de múltiplas formas e pode se referir aos mais variados aspectos nos quais incide ou é feito: em seus *conteúdos,* em seus *códigos* ou nos *meios* através dos quais se configura na prática escolar. Uma intervenção é tão eficaz quanto a outra, ainda que desigualmente manifesta num caso e noutro, pode-se realizar de forma direta ou indireta. Intervém-se determinando parcelas culturais, ponderando umas mais que outras, ao optar por determinados aspectos dentro delas, quando se dão orientações metodológicas, ao agrupar ou separar saberes, ao decidir em que momento um conhecimento é pertinente dentro do processo de escolaridade, ao proporcionar sequências de tipos de cultura e de conteúdos dentro de parcelas diversas, quando se regula o progresso dentro da escolaridade – a promoção dos alunos –, ao ordenar o tempo de sua aprendizagem – por curso, por ciclos –, dizendo o que é currículo obrigatório e o que é currículo optativo, intervindo na oferta que se pode escolher, atribuindo tipos de saberes a ramos especializados paralelos dentro do sistema escolar, regulando os meios e o material didático, incidindo indiretamente com a dotação de materiais que se consideram necessários ou não nas escolas, ordenando o espaço escolar-teatro do desenvolvimento do currículo – o mobiliário, o funcionamento das escolas, estabelecendo diligências intermediárias para o desenvolvimento curricular, regulando a avaliação, etc.

Essa ordenação, que pode manifestar-se com distintos graus de concretização na prescrição, se apresenta às vezes como facilitadora e orientadora do professorado, não apenas para indicar os caminhos que realizem a prescrição curricular, mas também como uma ajuda profissional que não supõe prescrição obrigatória em si mesma. A regulação administrativa do currículo, com sua minuciosidade e entrada em terreno estritamente pedagógico, quis se justificar entre nós como uma via indireta de formação dos professores que têm que desenvolver na prática o currículo prescrito, para o qual dita não apenas conteúdos e aprendizagens consideradas mínimas, mas trata também de ordenar pedagogicamente o processo. Fornece "orientações" metodológicas gerais, sugere às vezes pautas mais precisas de tratar determinados temas; não apenas regula as avaliações que se farão e em que momentos, mas fala também das técnicas de avaliação a serem realizadas, etc.

A mistura dessas duas funções básicas e às vezes contraditórias – prescrever os mínimos e orientar o processo de ensino e a aprendizagem pedagógica – leva a uma política contraditória que certamente é ineficaz no exercício real de cada uma dessas duas funções em separado. Nem se controlam os mínimos na prática, porque o modelo de controle vigente entre nós não o permite, nem se orienta o processo pedagógico ou se forma realmente o professorado através desta tática de intervenção. Publicar mínimos e orientações é expressar uma determinada opção que não se cumpre pelo fato de explicitá-la, senão através de outros meios. Por mais intervencionismo que se queira exercer, nunca se pode chegar à prática diretamente, mesmo tendo-se efeitos indiretos, positivos no pressuposto de que seja uma boa orientação e alguns negativos em qualquer caso.

Uma série de fatores pode explicar essa tentativa de intervir na prática nas aulas:
a) A valorização não manifesta por parte da administração de que não se dispõe de um professorado adequado pedagogicamente, unido à boa intenção de facilitar sua adequação a novas orientações pedagógicas para desenvolver o currículo. Apreciação que justifica a razão para a qual, entre nós, a prescrição minuciosa se desenvolveu sobretudo no nível de ensino fundamental.
b) A aparente facilidade e baixo custo que supõe "expor" e propor um modelo pedagógico desde disposições administrativas com a crença de que sua própria publicidade faz com que se implante em alguma medida na prática. Uma tática de atuação administrativa que até poderia autojustificar, em certos casos, a falta de atenção ao aperfeiçoamento dos professores e a ausência de medidas noutros campos como o da dependência destes quanto a certos materiais didáticos, que, por sua vez, a própria administração educativa aprova.
c) A sobrevivência de um esquema de intervenção e de controle sobre o processo educativo que, por cima de intenções declaradas, induz à pretensão de intervir na execução prática do currículo, motivado por certa desconfiança no professorado, própria de uma longa história educativa autoritária.

O currículo prescrito como via de controle sobre a prática de ensino

Ordenar a prática curricular dentro do sistema educativo supõe indubitavelmente precondicionar o ensino, porque as decisões em torno de determinados códigos se projetam inexoravelmente em metodologias concretas, com distinto grau de eficiência em seus efeitos, ainda que não existisse uma intenção explícita de fazê-lo, se é que se considera este aspecto um âmbito de competência próprio das escolas e dos professores. Já vimos, por exemplo, as implicações que podem ter o ordenar o saber da escolaridade em parcelas especializadas – cadeiras – ou fazê-lo em torno de áreas de conhecimento. O mesmo se pode dizer de outros códigos curriculares regulados pela administração dentro de um campo de política curricular que pretenda guiar a prática pela via de regular de alguma forma os processos pedagógicos. Considera-se toda essa organização como algo inerente à existência do sistema escolar.

A intervenção sobre os conteúdos curriculares, ao prescrever um currículo, obviamente supõe mediar a cultura possível nas instituições educativas. Mas, à medida que, dentro do currículo, especialmente no caso da educação obrigatória, passam a se considerar aprendizagens muito diversas e objetivos educativos que cobrem todo um projeto de desenvolvimento humano em suas vertentes intelectuais, afetivas, sociais e morais, a intervenção curricular, prescrevendo ou orientando, ganha um valor decisivo e uma força muito maior. Este poder acrescentado é uma consequência da ampliação de objetivos curriculares posta nas mãos de pautas de controle e de uma estrutura escolar que evoluiu pouco quanto a suas pautas básicas de funcionamento. Algo para o qual o próprio discurso pedagógico colabora, como já argumentamos em outro momento.

O aperfeiçoamento da própria técnica pedagógica para elaborar os currículos argumenta que um currículo, como plano tangível expressado documentalmente, não deve limitar-se à especialização de tópicos de conteúdos, mas deve conter um plano educativo completo.

A ampliação de objetivos curriculares, junto a esse conceito técnico de currículo, resulta que, se não se revisam as normas de intervenção sobre ele, o currículo prescrito e as pautas de controle abrangerão não somente uns mínimos culturais de ordem intelectual para cumprir com as funções de política educativa assinaladas nos pontos anteriores, mas também conduzirão a uma *intervenção no próprio processo* do ensino e em aspectos pessoais, sociais e morais, incidindo em seus conteúdos e em suas formas pedagógicas. A função técnica e de controle inevitavelmente se misturam, com uma inter-relação que não é conveniente; a instância administrativa se atribui uma função técnica que não pode cumprir em boas condições, tampouco deve ser estritamente sua função, em prol de uma autonomia mais ampla das escolas e dos professores neste aspecto. A administração pode e deve regular o sistema curricular enquanto é um elemento de política educativa que ordena o sistema escolar, facilitando os meios para que se faça um desenvolvimento técnico-pedagógico adequado, mas não propondo o modelo definitivo.

A evolução pedagógica e a ampliação de fins da escolaridade, refletindo nos conteúdos curriculares dentro de uma tradição administrativa intervencionista e controladora, resulta na intenção de governar, modificar ou melhorar a prática escolar através das prescrições curriculares. É um esquema de controle muito mais forte em sua proposição, que, como contrapartida, tem "a virtude" de ser bastante ineficaz, se se colocasse com intenção de submeter as práticas escolares aos esquemas prescritos. Algo que nos serve para relativizar a importância e a eficácia das prescrições curriculares no caso de que se traduzam em pautas de comportamento na prática, quando se quer utilizá-las para melhorar a qualidade dos procedimentos pedagógicos. Mas a intervenção por essa via gera hábitos de dependência e não propicia o desenvolvimento de agentes especificamente dedicados a facilitar o auxílio ao professorado no desenvolvimento do currículo.

Na Espanha, uma longa história de submissão da escola a esquemas ideológicos impostos, de intervencionismo em seus conteúdos e em suas formas pedagógicas não pôde evitar a existência de professores que fizeram outra educação mais adequada com os postulados da pedagogia moderna nem a organização dos professores inquietos nos *Movimentos de Renovação Pedagógica*. Desde uma proposição de política ilustrada e renovadora, a intervenção sob os mesmos esquemas, ainda que fosse para propor modelos educativos diferentes, não evitará tampouco que haja professores que não os sigam. O que não significa que seja ele uma opção política ou outra, mas sim manifestar a necessidade para encontrar outros caminhos para melhorar a qualidade do ensino através da política curricular que não seja a regulação burocrática da prática de desenvolvimento do currículo, ainda que a sua prescrição tenha o valor de manifestar uma filosofia educativa. O que queremos deixar claro é que tal filosofia se instala ou não na mentalidade dos professores e em seus esquemas de atuação prática por outros meios, que são os que deveriam estimular a política educativa.

Este esquema de *controle do processo* pedagógico tem várias consequências negativas:
1) Não proporciona um verdadeiro sistema de controle do currículo para avaliar o sistema escolar e suas escolas, detectar as desigualdades entre elas ou entre zonas, diagnosticar necessidades de formação do professorado ou de educação compensatória, etc.
2) Deixa entregue à instância administrativa, que regula o currículo, a atuação em campos técnicos que correspondem a outros âmbitos de decisão pedagógica. Confunde-se a função de controle com a função técnica de orientação, contribuindo assim para forjar um clima de dependência profissional das instâncias que propriamente deveriam atuar no campo técnico-pedagógico, escolas e professores, quanto à burocracia administrativa, mantendo a debilidade profissio-

nal dos docentes. À maior dependência do professor das regulações da administração corresponde um menor desenvolvimento de instâncias de modulação intermediária do currículo.

3) Cria a ilusão de que uma política educativa progressista pode assim atuar de forma rápida e barata sobre o sistema escolar, melhorando a qualidade.

4) Descuida ou não pondera suficientemente os caminhos e a criação de recursos estáveis mais eficazes a médio e longo prazo para proporcionar mais qualidade ao sistema, como a melhora da qualidade do professorado, o aperfeiçoamento próximo de seu local de trabalho e a criação de materiais e meios de qualidade que transfiram o currículo para planos práticos de atuação, a dotação de melhores meios nas escolas e a sua melhor ordenação e funcionamento.

5) O controle da qualidade do processo, por meio da inspeção educativa, cria um clima de relações rarefeitas na educação pela ambiguidade e contradição entre diferentes funções atribuídas à figura do inspetor.

Na Espanha, uma tradição de intervencionismo burocrático na administração, uma história de controle ideológico muito forte, sobretudo no sistema escolar sobre os professores, a cultura e os meios que a facilitam, nos legou um esquema intervencionista de decisões nas mãos da administração, moldou muitos hábitos dentro do sistema educativo e, o que pode ser pior, criou uma mentalidade. O que leva em muitos casos a que nem se sinta necessidade de propor o debate social e cultural que esta importante decisão merece, transformando profundamente as pautas de intervenção sobre sistema escolar, iniludíveis em alguns casos e convenientes e necessárias em outros. E o que é mais grave: a crença implícita em muitos, inclusive nos professores, de que essas decisões são próprias da burocracia e não da sociedade civil, nem das coletividades profissionais.

Uma especificação detalhada do currículo é incompatível com a adaptação para o indivíduo, com as variadas e mutantes condições fora das aulas e com a autonomia dos professores. Uma pressão no sentido de que a escola responda às necessidades de aprendizagem para continuar progredindo pelo sistema escolar e adaptar-se a um determinado mercado de trabalho e a preocupação social e política pela "rentabilidade" da escola apoiarão a especificação dos conteúdos curriculares em diretrizes e conteúdos mínimos, apoiando-se inclusive na falta de competência do professorado (LAUGLO; MCLEAN, 1985).

A concepção eficientista do currículo que queira responder com pragmatismo às necessidades sociais e do mercado de trabalho facilitou também essa concepção instrumental do currículo, gerando a necessidade de sua regulação, e até impôs um formato técnico sob a forma de esquemas eficientes para expressar os objetivos precisos que se perseguem (TYLER, 1973; GIMENO, 1982). Um formato que inclusive penetrou nas formas de prescrever o currículo mínimo da educação obrigatória na Espanha em determinados momentos de ápice da tecnocracia educativa, como veremos.

A concepção burocrática da eficácia resulta num modelo de alta definição ou especificação dos meios e dos fins que se podem atribuir a cada um dos elementos da organização, de acordo com a posição que nela ocupem, coordenando de forma hierárquica suas atividades (LAUGLO; MCLEAN, 1985). Desde o esquema de funcionamento de uma burocracia eficientista, algo que se pode definir com precisão permite ajustar procedimentos e meios para consegui-lo; se, pelo contrário, é difuso, não especificável e tem de contar com as peculiaridades de contextos e indivíduos, não se pode precisar facilmente, perdendo-se eficácia no ajuste de meios para fins e na busca de resultados.

Por mais intervencionismo que a administração queira fazer e por precisas que suas orientações pretendam ser, normalmente os professores não podem encontrar nas disposições oficiais um guia preciso para sua ação. As prescrições curriculares costumam se referir a conteúdos e orientações pedagógicas que podem ser determinantes, no melhor dos casos, para a elaboração de materiais, se se ajustarem a elas, ou para realizar o controle do sistema, mas mais dificilmente costumam ser reguladoras da prática pedagógica dos professores de uma forma direta. Deste nível de decisões ou de orientação não se pode condicionar a prática pedagógica em termos definidos, ainda que se faça através de outros códigos ou de forma indireta. Tampouco a partir dessa regulação é possível transmitir aos professores uma visão coerente e articulada de um campo do saber, uma ponderação de seus componentes, uma determinada visão do valor de um certo conhecimento ou de experiências que abarquem uma disciplina ou área determinada. Cada disposição oficial teria de ser uma espécie de tratado pedagógico.

Damos um exemplo: na regulação curricular referente ao Ciclo Médio da EGB, dentro da área de Ciências Sociais, para o quinto curso, dentro do bloco temático *Iniciação ao Estudo da Espanha*, a prescrição curricular em disposição legal de 1982 estabelece como níveis de referência para o aluno:

> 2. Localizar e enumerar as regiões espanholas e as províncias que as constituem. Descrever de modo elementar e situar os principais acidentes do relevo, os climas mais característicos (mediterrâneo, interior, atlântico) e as bacias fluviais mais importantes da Espanha. Estudar, em detalhe, um sistema montanhoso da Espanha e uma bacia fluvial (DECRETO REAL, 1982).

Esta disposição geral para o Estado se concretizou, para o território controlado pelo Ministério de Educação, em prescrições um pouco mais precisas:

> Objetivos:
> 5.4.3. Situar e descrever, de forma elementar, o relevo, as costas e as principais bacias fluviais.
> 5.4.4. Descrever os climas mais característicos (mediterrâneo, interior, atlântico) e sua influência nas plantações, na criação de gado, na distribuição da população e no tipo de moradia. (ORDEM DE 6-V-1982).

E sugere-se ao professor, como atividades para este último objetivo:

> Informar-se através do livro-texto ou de consulta, da explicação do professor, dos meios audiovisuais... sobre os três tipos de clima (mediterrâneo, interior, atlântico).
> Desenhar o mapa da Espanha e assinalar com cores diferentes as diferentes zonas climáticas.
> Indicar a que zona climática pertence à região e à cidade do aluno. Anotar dados de alguns fatores climáticos (chuva, temperatura...) e compará-los com os de outras zonas climáticas.
> Observar através de slides, filmes e outros meios audiovisuais como o clima condiciona a paisagem, o tipo de moradia, a roupa, o tipo de população.
> Ilustrar um mapa da Espanha, sem os nomes das regiões, destacando a Espanha seca e a Espanha úmida.
> Confeccionar um mural ilustrado com fotografias, postais, etc., dos diferentes cultivos da Espanha. Recolher em listas comparativas os produtos típicos de cada zona climática.

Os objetivos expressam de forma pretensamente precisa o que é necessário aprender, mas é difícil que o professor, a partir dessa formulação, tenha uma ideia do valor que esses conhecimentos representam para que não deem lugar a aprendizagens claramente decoradas e alguma ideia sobre a forma de organizá-las em atividades substantivas. No fim das contas, os exemplos de atividades sugeridas não deixam de ser exemplos descarnados que necessitam de uma proposição metodológica mais globalizadora. As orientações, por outro lado, exigem uma série de recursos que não estão à disposição de boa parte de escolas e professores, exceto à medida que o livro-texto os apresente.

O currículo prescrito não pode nem deve ser entendido como um tratado pedagógico e um guia didático que oferta planos elaborados para os professores, porque tem outras funções mais decisivas para cumprir, desde o ponto de vista da política educativa geral, do que ordenar os processos pedagógicos nas aulas. Se a política curricular pode e deve ajudar os professores, deve fazê-lo por outros meios.

Controle de qualidade

A ordenação e a prescrição de um determinado currículo por parte da administração educativa é uma forma de propor o referencial para realizar um controle sobre a qualidade do sistema educativo. O controle pode ser exercido, basicamente, por meio da regulação administrativa que ordena *como deve ser* a prática escolar, ainda que seja sob a forma de sugestões, avaliando essa prática do currículo através da *inspeção* ou por meio de uma *avaliação externa* dos alunos como fonte de informação. Em nosso sistema educativo, as duas primeiras táticas caracterizaram decididamente a forma de controlar a prática, com resultados pouco eficazes para melhorar a qualidade do sistema e sim com amplas repercussões no estabelecimento de um sistema de relações de domínio misturadas com a imposição ou proposta de modelos de funcionamento pedagógico. A própria extensão do sistema educativo torna inoperante a vigilância do processo por parte da inspeção.

As formas fundamentais de realizar o controle do currículo dependem dos aspectos sobre os quais se centra, do ponto de referência no qual se fixa o poder, sendo basicamente dois (BROADFOOT, 1983):

a) O *controle do processo* de desenvolvimento curricular através das relações burocráticas entre o agente que controla e o professor ou as escolas controladas, e supervisionando, através da inspeção, a qualidade da prática do próprio processo educativo.

b) Avaliação ou *controle centrado nos produtos* ou rendimentos que os alunos obtêm que, para ter valor de contraste e comparação entre escolas, grupos de alunos, etc., deve ser realizado desde fora, não sendo válidas as avaliações que os professores realizam.

O primeiro modelo trata de incidir mais diretamente nas condições do ensino, enquanto o segundo se fixa nos produtos da aprendizagem.

Cada modelo tem suas vantagens e seus inconvenientes peculiares. O centrado no processo de desenvolvimento curricular e na prática educativa, que é próprio do nosso sistema educativo não universitário, tem o perigo de cair na pretensão de estabelecer mecanismos rígidos de homogeneização nas escolas e nos próprios conteúdos de ensino, ao ser exercido em boa parte através da regulação dos materiais didáticos. Regula e ordena as condições da prática, mas depois não pode saber se se cumprem ou não as condições estabelecidas. Pode chegar a regular e ordenar tudo, menos a prática dos professores, como também se diz ironicamente do sistema francês (BROADFOOT, 1983), o que, na realidade, pode dar, de fato, mais autonomia aos professores e às escolas que a avaliação de produtos, se não se acompanha de uma rigidez burocrática e se se conta com recursos variados para desenvolver o currículo na prática, sem se ater a um reduzido número de livros-texto. Quer dizer que sua vantagem, do ponto de vista da salvaguarda da autonomia dos professores, está em sua própria ineficiência. A vigilância da qualidade deveria contar com um grande número de inspetores efetivos para realizar essa função, algo que é oneroso e nada fácil. Se a presença do inspetor não é efetiva, o modelo é ineficaz e nominal, obviamente. Havendo o perigo, que entre nós se conhece muito bem, de criar relações rarefeitas entre professores e inspetores, ao se misturar a função avaliadora, que dá um enorme poder, com a de assessoramento, na qual o modelo de qualidade defendido pelo inspetor fica fora de qualquer comparação e investido da autoridade que lhe dá sua posição.

O controle sobre os produtos, realizado por agentes exteriores, dá teoricamente mais autonomia ao sistema e aos professores para se organizarem, mas, ao legitimar uma norma de qualidade e de cultura nas provas que realiza para os alunos, acaba provocando, em alguma medida, a sujeição do processo pedagógico ao tipo de conhecimento e rendimento avaliado desde fora. A autonomia real dos professores é provocada mais pelo grau de formação e competência profissional do que pelas regulações exteriores. Um quadro de liberdade curricular sem meios e sem professores competentes os levará à dependência de outros agentes, como, por exemplo, os materiais didáticos. Um quadro intervencionista do processo com professores competentes levará à busca de brechas, para exercer a autonomia, e a táticas de resistência. O controle do produto, liberalizando ao máximo o currículo que as escolas distribuam, pode conduzir a uma dispersão e desigualdades nas exigências das escolas que chegue a hipotecar a função social dos mínimos curriculares. Além disso, o controle do produto coloca a utilidade de sua própria realização, então para que se empregam os dados da avaliação externa: validações, controle de qualidade do ensino, avaliação de rendimentos do sistema, das escolas, avaliação indireta de professores, detecção de necessidades...? Isso nos leva a relacionar essa avaliação com outros aspectos fundamentais da política educativa.

Por exemplo, conviria colocar sua utilidade quando existe uma rede de escolas privadas e públicas no ensino obrigatório financiadas pelas verbas do Estado. Tem valor de diagnóstico para determinar a qualidade do sistema em escolas, zonas, comunidades autônomas, de modo que se propicie um debate sobre temas que, sem informação, a sociedade não pode realizar, exceto a partir de apreciações ou dados com pouca capacidade de informação, como ocorre com a porcentagem de fracasso escolar. É de utilidade para detectar núcleos necessitados de atenção especial. O valor fundamental deste modelo reside em sua utilização como instrumento de diagnóstico para obter informação dentro da política educativa – algo de que nosso sistema educativo carece. Os controles externos têm, dentro das etapas obrigatórias ou muito frequentadas de escolaridade, a missão de avaliar o sistema mais do que a de avaliar níveis de conhecimento para expedir titulações ou validações. A função seletiva é cada vez menor à medida que a democratização do sistema educativo implicou a prolongação do ensino obrigatório, em muitos casos dentro de um tipo de centro comum para todos, transferindo-se a filtragem seletiva de alunos para as portas do ensino superior.

Essas duas formas de controle não têm relação direta para que o sistema seja dirigido por uma política descentralizada, com ampla autonomia curricular das escolas e delegação de poderes a autoridades intermediárias e locais, cujo exemplo europeu mais esclarecido foi o britânico, ou por uma administração centralizada, como é nosso caso ou o francês. O controle pode ser forte ou fraco, eficaz e válido ou ineficaz, realizando-se num tipo ou noutro de quadro político-administrativo. A dimensão controle de processo *versus* controle de produto se entrecruza com a dimensão centralização-descentralização. Os padrões de exercício de controle sobre o sistema curricular se diferenciam nos sistemas educativos em função das posições que adotam nessas coordenadas.

A descentralização tem relação com a transferência de poderes de um grupo a outro dentro da política e da administração, o que não implica necessariamente que o sistema se torne mais participativo, inovador, efetivo ou eficiente (HURST, 1985). O isolamento autocrático, como assinala esse autor, não é próprio apenas das instâncias de decisão centralizada, nem há razões para supor que o novo grupo detentor das decisões responderá necessariamente aos interesses da comunidade. A evidência empírica tampouco confirma o princípio facilmente aceito de que as organizações descentralizadas sejam mais inovadoras que as centralizadas em qualquer caso e à margem de outros fatores e considerações. As vantagens da descentralização educativa podem ter consequências e se moldarem muito desigualmente nos distintos aspectos nos quais a política educativa intervém: financiamento, planejamento de infraestrutura, distribuição de recursos, detecção de necessidades, política de professorado, conteúdos do currículo, forma de dirigi-lo, métodos pedagógicos, política de materiais, horários escolares, formas de organização das escolas, controle de qualidade, etc. A descentralização pode acomodar suas atuações às necessidades da comunidade de forma muito diferente em cada um desses capítulos e não é condição suficiente para melhorar a qualidade do sistema.

A descentralização de decisões nos sistemas educativos também pode favorecer uma política de equidade, de unidade, de eficiência e conjunção de recursos, reconhecedora das diferenças, etc. se tem boa informação e mecanismos ágeis de decisão, embora possa cair facilmente na ignorância da "periferia", na qual exerce sua influência, e esquecer as suas peculiaridades culturais dentro de uma política cultural homogeneizadora. Um equilíbrio com retenção de funções de interesse estratégico para todo o sistema, uma delegação na acomodação dos currículos, um sistema de informação fluida em qualquer modelo sobre o funcionamento do sistema e de coordenação de recursos pode ser a solução, o que Lyons (1985) chama de *desconcentração* como resposta que reconcilie os impulsos centralizadores e os descentralizadores.

Também não há coincidência sobre o fato de que um sistema de decisões administrativas centralizado deixe inexoravelmente menos autonomia profissional aos professores no desenvolvimento do currículo que um sistema descentralizado (GLATTER, 1977). A ação homogeneizadora dos materiais, a influência de determinados grupos de especialistas, a própria capacitação do professorado, a pressão indireta sobre professores e escolas para que levem em conta as necessidades de atender a aprendizagens propedêuticas para níveis educativos posteriores, as demandas do mundo produtivo reclamando determinados conhecimentos e competências, etc. chegam a ser fatores muito mais decisivos de controle indireto, de homogeneização e restrição para as escolas e professores, que muitas pautas de controle explícitas sobre o desenvolvimento curricular nos sistemas centralizados. Fatores que ficam à margem da atuação da administração e dos professores.

No que se refere ao planejamento curricular se recomenda um ponto intermediário, a partir da experiência de países com tradições de descentralização que, neste momento, se encaminham para posições mais centralizadoras, enquanto sistemas mais centralizados procedem a uma progressiva descentralização. Skilbeck (1972) distingue três modelos básicos neste tema:

1) O modelo racional *dedutivo*, que se torna manifesto nos sistemas educativos mais centralizados, nos quais a política e os meios para desenvolvê-la são determinados de forma centralizada.
2) O modelo racional *interativo*, no qual as decisões são compartilhadas entre os governos locais, os professores e até os pais e os alunos.
3) O modelo *intuitivo* de tomada de decisões, que parte da atuação individual dos professores nas aulas, em vista da percepção das necessidades de cada grupo de alunos.

O esquema de gestão do currículo supõe, pois, a distribuição de competências entre os diferentes agentes sociais que nele intervêm e o recebem. Para o autor citado, o modelo mais adequado é o *interativo*, um modelo democrático que pode resolver o compromisso entre as necessidades mínimas de regulação e a autonomia das partes. Em nosso caso é preciso instrumentar um sistema de progressiva autonomia de escolas e professores que corrija os esquemas herdados, no qual as instâncias de regulação e de controle assegurem a qualidade e a igualdade de oportunidades.

Prescrição e meios que desenvolvem o currículo

A intervenção das prescrições a partir da política curricular é operativa para regular conteúdos e métodos da prática do ensino, não tanto pelas intenções e pelos conteúdos que expresse, mas sim por sua incidência real nos meios e mecanismos que determinam a prática escolar, que não são, evidentemente, as orientações pedagógicas difundidas desde as instâncias administrativas ou, ao menos, não o são de forma importante. As orientações ou exigências curriculares contidas no formato de currículo que a administração prescreve não podem orientar ou prescrever de forma direta a prática de professores e de alunos nas aulas, senão por via indireta. Ainda que os professores declarem que os "documentos oficiais" são instrumento de partida junto a outros para realizar suas programações (SALINAS, 1987), certamente essa estratégia profissional se dá num tipo de professorado já com certa independência profissional.

Quem dite uma determinada regulação do currículo deve-se perguntar quais são os determinantes imediatos dessa prática e da profissionalidade dos docentes, se é que sua intenção se dirige a controlar ou orientar a prática pedagógica através do controle do processo. Os professores quando preparam sua prática, quando realizam seus planos ou programações têm dois referenciais imediatos: os meios que o currículo lhe apresenta com algum grau de elaboração, para que seja levado à prática, e as condições imediatas de seu contexto. A regulação expressa num formato pedagógico ambicioso pela riqueza do modelo metodológico que contenha, a elaboração dos conteúdos, etc. não costumam estar dentro das possibilidades da administração educativa. Se a administração deseja cumprir tal função, deve facilitá-la através de instâncias intermediárias estáveis de caráter técnico, não submetidas aos vaivéns da administração educativa.

É o trabalho que, em certos países, os centros de desenvolvimento curricular cumpriram e cumprem, proporcionando iniciativas centralizadas de inovação com base na criação de materiais de qualidade, prévio processo de experimentação. Não devemos confundir a centralização na proposta de inovação, que pode ter certas vantagens, sobretudo quando existem poucos recursos, com as iniciativas de inovação centralizada que a administração educativa adota através de procedimentos burocráticos.

Os meios didáticos que elaboram as diretrizes curriculares e os mínimos prescritos são os controladores mais diretos de conteúdos e de métodos pedagógicos, pela transferência direta que podem fazer dos códigos pedagógicos aplicados a determinados conteúdos. A intervenção no processo pedagógico como expressão do controle curricular se realiza fundamentalmente através da intervenção na criação de materiais, pois é através deles que os conteúdos e os códigos pedagógicos chegam a professores e alunos. É um modelo indireto muito potente, que, ainda que não determine o que pode se fazer nas aulas, ordena e depura os conteúdos que nelas entram. Assegurado o conteúdo que se vai ensinar e com a ideia de controlar o processo pedagógico através da fiscalização de qualidade do material didático, a prática do currículo não necessita de uma inspeção direta, que, por outro lado, é impossível de realizar num sistema com uma proporção inevitavelmente alta de professores por inspetor. A inspeção sobre o desenvolvimento curricular como elemento de controle ou de orientação é, simplesmente, um modelo impossível, pelas próprias dimensões do sistema educativo.

O controle direto do material didático tem como referência um modelo que parte do pressuposto, ao menos implícito, de que os professores devem trabalhar com materiais que facilitem sua prática com um grupo numeroso de alunos. Além disso, muitas vezes dispõem de pouco tempo para preparar e elaborar o currículo a ser desenvolvido, partindo de orientações gerais que não se traduzem em esquemas práticos – um modelo que se apoia na "debilidade" profissional e que contribui para estabilizá-la. É um modelo de intervenção que leva, ao mesmo tempo, à existência de uma reduzida variedade de meios, pois, caso contrário, não poderia controlá-los.

A política educativa autoritária, que regulou a prática curricular durante décadas na Espanha, entendeu muito bem o papel que o controle dos meios didáticos, para intervir na mensagem que se dá nas aulas, tem. Apontaremos mais adiante alguns marcos históricos referentes às regulações administrativas que ocorrem neste sentido, pelo valor demonstrativo que têm do papel decisivo projetado na política curricular, principalmente numa etapa histórica antidemocrática.

Enfim, as regulações de que são objeto os conteúdos e as formas de ensino se definem no que denominamos currículo prescrito, que estabelece a plataforma a partir da qual teoricamente atuam os meios didáticos que o apresentam a seus consumidores. Como se pode ver, é um campo condicionante importante, ao menos em sua intenção, a partir do qual as escolas e os professores podem desenvolver sua autonomia profissional.

O formato do currículo

As funções do currículo presente e ordenado pela administração têm diversas projeções sobre a organização do sistema escolar, das escolas e da prática de ensino, tanto em seus conteúdos quanto em seus métodos. A eficácia dessa intervenção é muito diferente numas funções e noutras. A regulação curricular que se refere a conteúdos e códigos pedagógicos e a própria ordenação administrativa do currículo para um determinado nível escolar acabam tendo uma expressão concreta num formato de currículo. A variação deste aspecto nas sucessivas reformas que a administração educativa comete, ou a que se nota às vezes na ordenação que se refere a diferentes níveis educativos, expressa opções de política curricular, formas de entender a orientação ou intervenção técnica no sistema educativo e de exercer o controle em cada caso. O que depende de determinantes históricos, políticos, de orientações técnicas e da própria valorização que se realiza sobre a função que o formato curricular deve cumprir, que se faz público como currículo prescrito.

O formato desse currículo é a expressão formal das funções que pretende desempenhar desde o ponto de vista da política curricular. Enquanto tem objetivos tão diversos e até contraditórios, é ineficaz em suas diferentes funções, ao misturar prescrições de mínimos para facilitar a organização e cumprir com um modelo de controle do sistema com a orientação ao professorado.

A CONCRETIZAÇÃO HISTÓRICA DE UM ESQUEMA DE INTERVENÇÃO NA ESPANHA

A concretização de um campo de política curricular na Espanha tem uma determinada história e em suas origens estão algumas das chaves para entender a realidade presente, pois as mudanças políticas transcendentais ocorridas com a passagem para a democracia não repercutiram muito nos mecanismos de intervenção no currículo. Não é nossa intenção analisar tal política pormenorizadamente, mas ressaltar alguns traços básicos que determinaram um campo e um estilo de tomar decisões sobre o currículo.

Essa política serviu à progressiva organização de um sistema educativo que paulatinamente ia acolhendo camadas cada vez mais extensas da população, tornando-se mais complexo, dentro de uma dinâmica de desenvolvimento econômico que estabelecia relações cada vez mais estreitas e complexas com o sistema educativo. Mas regulou os conteúdos da escolarização durante muito tempo sob um referencial político não democrático que manifestou um especial zelo homogeneizador da cultura em todo o Estado, vigilante da ortodoxia, sob uma ideologia autoritária de controle cultural, como meio de salvaguardar um monopólio ideológico sobre os cidadãos através dos professores, de todo o sistema escolar em geral, de seus conteúdos e das formas pedagógicas.

As linhas essenciais da política curricular se diferenciam às vezes, segundo o ensino fundamental ou o ensino médio, mas em muitos aspectos são totalmente coincidentes. Múltiplos mecanismos e regulações são idênticos no ensino fundamental e médio: dependência de decisões administrativas, regulações de questionários, de livros-texto, proposição de orientações metodológicas gerais, tipo de controle sobre o currículo, estilo de inspeção, etc. Insistiremos mais no ensino fundamental porque é nele que mais clara e abundantemente se manifestam dados para descobrir o esquema. Além disso, é na evolução do ensino fundamental que transparecem mais claramente as formas ou os códigos curriculares, pois é aqui que se sentiu mais decisivamente a necessidade de estruturar o currículo, não como mera justaposição de conteúdos provenientes de áreas ou disciplinas, mas como um projeto pedagógico global.

Um contraste diacrônico de formas de planos de estudos no *bachillerato* manifesta um estilo mais homogêneo do que no caso do ensino fundamental. Foi preciso chegar à proposta de Reforma de Ensinos Médios de 1983 por parte do primeiro governo socialista para que esse estilo mudasse muito sensivelmente, aparecendo como muito relevante a preocupação pedagógica pelos códigos curriculares. Até esse momento, os planos de estudo foram listas de disciplinas, com regulações de horários, etc., e os questionários, uma especificação de noções dentro de cada uma delas, embora fossem acompanhadas de introduções orientadoras.

O currículo de *bachillerato* não mostra o grau de elaboração e evolução formal que o do ensino fundamental apresenta. Isso pode ser explicado pela conjunção de vários fatores: talvez porque sua função propedêutica voltada para o ensino superior o faça refletir basicamente conteúdos de conhecimentos sem mais elaboração; talvez porque, devido a essa função dominante, se considere esse professorado mais capacitado que no caso do ensino fundamental e não se veja a necessidade de orientá-lo tão de perto; talvez porque a maior autonomia concedida ao professorado não produz tanta intervenção. Poderia ser explicado também como um reflexo da importância social e política que tem o controle de um nível desenvolvido socialmente, como o fundamental, que alcançou toda a população.

A regulação dos mínimos

A intenção de regular os conteúdos e os métodos pedagógicos por parte da administração que segue um mandato político está muito assentada em nossa história educativa. Essa regulação nasce como necessidade de unificar os conteúdos das escolas para alcançar o objetivo de uma escola nacional.

Em 1938 (Ordem de 16-XII do Ministério de Educação Nacional), durante a Guerra Civil, o partido Nacional anunciava a importância de alguns programas que cumprissem essa função unificadora.

> Já é hora, portanto, de que se atenda a esta necessidade de unificar o trabalho da educação primária, sujeitando-o a programas que determinem o caráter e a extensão das matérias de ensino, ainda que deixando livre, além disso, a iniciativa dos professores para a aplicação dos métodos e procedimentos que estimem convenientes, dentro do critério unificado que se define nos programas.

Trata-se de uma ordenação do currículo num momento no qual existe uma forte preocupação pelo controle ideológico das escolas, o que não deixará de ter suas consequências, não nos conteúdos selecionados, como é natural, mas na própria maneira de ordenar os programas escolares no formato do currículo.

Programas com conteúdos detalhados e orientações com um caráter decididamente ambíguo, entre sugestivas, exemplificativas e normativas, junto à inspeção sobre a prática dos professores, serão instrumentos de controles empregados.

Na Lei de Educação Primária de 1945, no que se refere a conteúdos, se acatava o espírito de cruzado da Guerra Civil, que já se manifestara em distintas ordenações da autodenominada Espanha Nacional. Bibliotecas escolares e professores haviam sido depurados durante a guerra, na qual o controle da escola fazia parte de uma frente de batalha cultural e ideológica. Uma ordem de 1937 dotava todas as escolas com o mesmo livro de leitura: *O Livro da Espanha*.

Com o novo regime já assentado, a Lei de 1945 postulava a necessidade de uma mudança na ordem técnico-pedagógica, que expressava em sua introdução em forma de princípio que articulava depois coerentemente: o da definição por parte da administração educativa de *"normas precisas, tanto sobre os questionários como sobre a prática metodológica e a comprovação escolar; regula-se de modo eficaz o tempo e a jornada"* da escola primária. Além de diferenciar por lei conteúdos de tipo *instrumental* (Leitura interpretativa e Expressão gráfica), *formativo* (Formação religiosa, do Espírito nacional. Geografia e História, Formação intelectual e Educação Física), e *complementar* (Ciência da Natureza,

Música ...), numa linguagem que, combinando o caráter prescritivo e técnico-pedagógico na normativa, estabelecia:

> O Ministério de Educação Nacional, por meio de *seus* órgãos técnicos de investigação, redigirá periodicamente os questionários aos quais *terão de se ajustar* as diferentes ordens de conhecimentos.
> Os questionários, divididos em planos trimestrais ou mensais, *determinarão concretamente* as matérias de ensino de cada um dos períodos de graduação escolar, assim como as atividades e exercícios que completarão o trabalho do aluno (Art. 38).

Expressava a vontade de que o Ministério de Educação ditasse as "regras metodológicas obrigatórias nas escolas públicas e as normativas nas privadas; mas deixando sempre uma ampla margem para a iniciativa, os procedimentos e os recursos do professor" (Art. 39). Uma margem puramente retórica.

Mais adiante, ao regular o tempo escolar, declarava: "a distribuição do tempo, dentro da jornada escolar, se ajustará às normas pedagógicas que se ditem regulamentarmente" (Art. 41).

A importância da Lei de Educação Primária de 1945 se deduz pelo fato de haver estabelecido a estrutura legislativa básica que ordenaria esse nível educativo até 1970, prévia modificação em 1965, e nela aparecem bem explicitamente as formas de estabelecer um controle sobre a cultura e formas pedagógicas da escola.

A Lei sobre Ordenação do Ensino Médio de 1953 (B.O.E. 27-II) refletia a mesma intenção de controle ideológico e técnico da prática, ao expressar em sua introdução:

> a necessidade de promulgar um novo estatuto jurídico... se assegure a inspeção oficial sobre todos os centros docentes, para que a inescusável responsabilidade dos educadores evite qualquer desvio que ponha em risco os princípios da reta liberdade educativa; se proclamem e sublinhem os princípios pedagógicos e as normas técnicas que devem impulsionar a renovação substantiva da educação de grau médio na Espanha...
> Para deixar o caminho livre a futuras melhoras graduais do Plano, de acordo com as experiências dos educadores, a Lei precisa só genericamente os ciclos de ensino e as suas cadeiras obrigatórias, mas confia a disposições complementares a distribuição das cadeiras por cursos e a intensidade com que devem ser estudadas, e até prevê, com desejo de cooperação social, a elaboração de planos especiais que o Estado pode prudentemente aceitar e regular.

A inovação metodológica necessitaria de um cenário especial controlado, manifestando que: "disposições especiais estabeleceriam as normas para a criação, em seu caso, de Centros experimentais de Ensino Médio, com o fim de ensaiar novos planos e *métodos educativos e didáticos* e de preparar pedagogicamente uma parte seleta do professorado" (Art. 38).

O intervencionismo pedagógico se manifesta claramente na regulação curricular. Os Questionários do Plano de 1953 de ensino médio (B.O.E. 10-II-1954) chegavam, por exemplo, na cadeira de Gramática Espanhola e de Língua e Literatura Espanholas, a determinar não apenas as noções de conteúdos que essas cadeiras compreendiam, mas também a especificar as leituras essenciais em prosa e verso que os alunos deviam realizar, em alguns casos com definição de capítulos dentro das obras assinaladas. No Plano de 1957 (B.O.E. 18-IV) se especificava o número de unidades didáticas que semanalmente comporiam o horário em cada cadeira, dizendo que: "A unidade didática constará de três quartos de hora de classe e meia hora de permanência; durante esta última, o aluno, à vista do professor que tenha a classe a seu cargo, estudará e fará exercícios sob a sua direção" (Art. l).

Os primeiros Questionários Nacionais de Ensino Primário (1953, p. 9) aparecem em 1953 e estavam "[...] destinados a orientar o trabalho de nossas escolas primárias... como ...uma primeira sondagem para dotá-las de um instrumento de trabalho que sem o qual seu trabalho sofreria de improvisação e heterogeneidade".

A introdução está cheia de recomendações de tipo pedagógico como a de que "O ensino todo será essencial, vivo e ativo. Partirá do ambiente próximo, ligando cada lição e cada exercício e voltará à área do imediato, do conhecido ou do desejado" (Questionários Nacionais para o Ensino Primário, p. 10). Uma didática correta para a lição é fazer dela:

> um conjunto de atividades de colaboração, entre o professor e crianças que, começando por uma *preparação,* tanto destas como daquele, continua com um *diálogo,* cheio de dinamismo e de amenidade, no qual se intercalarão ações – ilustrativas, corroborativas, sugestivas – e termina com uma série, a mais variada que se possa, de *exercícios de aplicação.* Se falta alguma destas três fases, fica incompleta e truncada.

Depois, por cursos e trimestres, se especificam os conteúdos que se tratarão. Muito desenvolvidos e bastante elaborados para o caso da linguagem e muito esquemáticos para as demais matérias não instrumentais. Um exemplo pode ser o seguinte:

> *Geografia: Primeiro curso. Primeiro trimestre: O* território nacional: situação e limites. Os mares que rodeiam a Espanha. Rios e cordilheiras principais da Espanha. Benefícios que se obtêm das águas correntes. *Segundo trimestre:* Regiões e províncias da Espanha. Flora e fauna da península Ibérica em função do clima. O planalto como unidade geográfica. Costas e portos importantes.

Expressam procedimentos de controle severos por parte do Ministério, da Inspeção, da Diocese e do Movimento.

Os questionários que os seguiram no tempo, elaborados pelo CEDODEP, se inspiraram em "autênticos propósitos de educação nacional", já que são normativos para escolas públicas e privadas, suprimindo a distinção que a Lei de 1945 fazia a este respeito entre o caráter obrigatório para as escolas públicas e o valor normativo para as privadas. Eram tecnicamente muito mais e melhor elaborados. Publicaram-se em 1965, depois de várias disposições que introduziam inovações em diversas direções que agora se expressariam mais claramente (COLEÇÃO LEGISLATIVA, 1965, p. 413-574). Tinham o objetivo de:

> indicar *os fins* para os quais os professores devem aspirar, tanto no geral como em cada matéria, os *rendimentos* que haverão de conseguir e as *condições* em que devem realizar seu trabalho educativo.
> Em seu aspecto formal, os questionários constituem uma cuidadosa dosificação das diferentes matérias escolares, organizadas em conteúdos, atividades e experiências para a aquisição de conhecimentos e formação de hábitos, habilidades, atitudes, valores e ideais que, de forma gradual e progressiva, conduzirão a criança à realização e à maturidade de sua personalidade.

O conteúdo dos questionários se estruturava em cinco setores educativos fundamentais: Técnicas instrumentais, Unidades didáticas *globalizadas* (Natureza e Vida Social), Expressão artística, Matérias especiais (Religião, educação cívico-social, Iniciação profissional, Ensinos do lar e Educação física) e Habitação. Entravam, pois, decididamente, para regular um campo não "intelectual", para que os hábitos mais interessantes não ficassem "à simples improvisação ou espontaneidade". Todos esses conteúdos se ordenavam em espaços e horários semanais, diferenciados nos distintos cursos, até em frações de meia hora. Em Língua e Matemática se detalham as aquisições do aluno, enquanto nas demais áreas só aparecem enunciados gerais. A estrutura de cada área ou matéria era muito diversa, mas, de qualquer forma, exigiam de forma explícita ou através da distinção de conteúdos diversos, hábitos, experiências, etc., princípios de tipo pedagógico.

A Ordem Ministerial que aprovava esses questionários (8-VII-1965. B.O.E. de 24-IX), ao expressar as orientações para as Unidades didáticas globalizadas, dava uma chave interessante:

> Necessitamos de um novo instrumento didático nas escolas. É preciso apresentar *Livros do Professor* que contenham orientações pedagógicas oportunas para que as unidades sejam corretamente entendidas e eficazmente aplicadas à realidade do trabalho escolar.
> Deverá, também, elaborar *Manuais escolares* com profusão de gravuras, atrativas e ativas, de alta sequência lógica, distantes já desses velhos textos (referia-se às Enciclopédias) que durante tanto tempo intensificaram o caráter negativo do ensino livresco.
> E junto aos Livros do professor e aos Manuais escolares será necessário também *um equipamento de material pedagógico atual* que possibilite a execução dos exercícios implicados no desenvolvimento destas unidades didáticas.

O papel dos livros-texto na reforma do ensino a partir desses questionários foi decisiva. O *Libro blanco*[*] (1969, p. 49), anterior à Lei Geral de Educação, reconhecia poucos anos mais tarde que:

> As mudanças que os novos Questionários trouxeram, junto com o impulso que a administração deu à transformação dos manuais escolares mediante a convocatória de concursos públicos para sua aquisição, constituíram contribuições positivas para a evolução da educação primária, embora não se tenha eliminado o abuso dos livros na comunicação do saber em detrimento do papel primordial do professor numa concepção ativa do processo docente.

Estabeleceu-se o *curso* como unidade temporal básica de regulação do currículo primário, e se colocava obrigatoriamente a *comprovação do rendimento escolar ao final de cada curso ou nível*, a fim de determinar se procedia promover ou repetir o curso. Esta é uma das novidades mais destacáveis na história do currículo na Espanha, enquanto supõe uma tentativa de avaliação externa dos níveis de eficácia da escolaridade, elaborando-se provas unificadas a partir do órgão técnico CEDODEP. A graduação escolar se instrumentalizava através do estabelecimento de *níveis de aquisições*, que assinalavam as aprendizagens mínimas que teriam de se comprovar obrigatoriamente ao finalizar cada curso. A função distribuidora do saber pela escolaridade e a taylorização do currículo no tempo

---

[*] N. de R.T.: *Libro blanco* (livro branco): livro editado na Espanha após a Ditadura de Franco, no qual se fazia uma crítica à situação educativa existente e se enfocava na reforma da educação, levando em conta fatores demográficos, econômicos, administrativos e financeiros. (*REVISTA DE EDUCACIÓN*).

através dessa ordenação aparecem, neste momento, com toda nitidez. Mas foi uma tentativa fracassada de controle de produtos sem deixar de controlar o processo.

A modificação da Lei de 1945 realizada em 1965 (B.O.E. de 23-XII) coloca a correspondência entre *a promoção* dos alunos de um curso para outro e a *graduação* escolar (Artigo 18). Por esta se estabelecia, "para efeitos da programação do trabalho didático", a estruturação da escolaridade e do currículo em oito cursos. Um conceito que acolhia uma iniciativa legal anterior, com o fim de que as promoções fossem feitas de forma homogênea em todas as escolas.

Isso tinha consequências na ordenação do sistema, propunha um novo passo na normalização dos conhecimentos escolares em todas as escolas, necessidade que, além disso, se começava a sentir pelos fortes movimentos migratórios de famílias com a consequente mudança de escolas para os filhos. O sistema de níveis, ao estabelecer requisitos mínimos de aprendizagem, implicava assinalar os resultados ou rendimentos comprováveis pela administração, transformando-os, teoricamente, num ponto de referência para o controle. Também tinham uma repercussão pedagógica importante na forma de pensar a racionalização do trabalho didático de professores e de alunos nas classes.

De la Orden (1968a, 123-127), alguns anos mais tarde, esclarecia que:

> Ao assinalar as metas que todo aluno deve alcançar para passar de um curso para outro, os níveis se transformam, de fato, em objetivos concretos a serem alcançados em cada um dos anos de escolaridade.
> [...]
> Os questionários – índices de conhecimentos a serem adquiridos pela criança num determinado tempo –, embora sejam necessários para a organização do conteúdo do ensino, não são suficientes. É preciso concretizá-los em metas cuja consecução possa ser objetivamente comprovada ou, ao menos, suscetível de avaliação ou estimada com certo grau de segurança.
> [...]
> O trabalho escolar *responderá fielmente* ao programa traçado. Isso significa que se a programação foi feita de acordo com os *desideratos* expressados mais acima (conjunto organizado de todas as atividades e experiências que os alunos tenham de realizar sob a direta jurisdição da escola), o ensino responderá aos questionários e assegurará os níveis de rendimento que se propuseram como objetivos.
> [...]
> [...] os níveis que, a partir do ponto de vista da programação, são concebidos como objetivos, a partir do ponto de vista do trabalho escolar se tornam em resultados ou rendimentos comprováveis.

Estas regulações legais do currículo eram racionalizadas do ponto de vista didático com esquemas tylerianos (de acordo com o esquema de Tyler, cuja obra original data de 1949), que este mesmo autor segue em outro trabalho relacionado com o anterior, sem citá-lo expressamente (DE LA ORDEN, 1968b). Lopez del Castillo (1982, p. 190) o reconhece também implicitamente quando, referindo-se à regulação de conteúdos mínimos por níveis na normativa de 1964, declara que: "constituía uma primeira tentativa de 'programação por objetivos', ainda que a formulação dos diferentes itens não se atenha aos cânones formais exigidos para este tipo de programação".

Propunha-se, pois, um paralelismo entre o formato de prescrever o currículo por parte da administração educativa e a forma de o professor abordar a organização do trabalho escolar, mantendo-se um mesmo esquema de plano para duas fases ou aspectos muito distintos: a prescrição curricular e a racionalização didática. As formas curriculares adotadas pela administração "devem" ser formas também adotadas pelos professores em seu trabalho.

A etapa seguinte na evolução e afiançamento de um estilo de intervenção se situa na Lei Geral de Educação de 1970 e a consequente aprovação das *Orientações pedagógicas para os planos e programas de estudos da EGB*, que constituem um documento basicamente orientativo sobre conteúdos, métodos, avaliação, organização e periodização do tempo escolar, a título de sugestões para a ação e a experimentação. A Lei estipulava que os programas e orientações pedagógicas seriam estabelecidos pelo Ministério de Educação (Art. 17) para a EGB. Para o caso do *bachillerato* se fala simplesmente da regulação do Plano de Estudos. Em cada mudança importante de estrutura do sistema educativo se colocou a conveniência de reordenar o currículo ao mesmo tempo, sem entender que este necessita de mecanismos para adaptações constantes, sem ligá-lo tão estreitamente às mudanças de estruturas do sistema escolar, ao menos no que se refere a conteúdos e a formas pedagógicas.

As disposições administrativas depois de 1970 têm uma forte carga pedagógica, uma vez que se ganhou consciência da renovação qualitativa de que nosso sistema educativo necessita. A chamada educação personalizada (GARCIA HOZ, 1972), cuja filosofia inspirou o aparato técnico pedagógico da Lei, era um amálgama de propostas inspiradas em certo personalismo cristão, a criatividade e uma série de técnicas baseadas no princípio de individualização, trabalho para grupos grandes, médios e pequenos, programação altamente tecnificada de atividades, avaliação por objetivos, agrupamentos flexíveis de alunos, departamentalização de professorado, conhecimento do meio, estruturação de escolas impossível de cumprir, etc. O novo documento curricular se transformava em um mostruário de propostas pedagógicas que não contavam com a realidade das escolas nem com as possibilidades dos professores.

Apesar de tais *Orientações* não serem propostas como normas imperativas, se diz textualmente na disposição reguladora (Ordem de 2-XII-1970) que "as atividades didáticas... serão ajustadas às orientações pedagógicas para os planos e programas". O currículo de EGB se estruturava em quatro áreas de expressão (linguagem, matemática, plástica, dinâmica) e duas de experiência (social-natural e formação religiosa).

O formato de currículo prescrito que finalmente se difunde contém expressões de objetivos globais, objetivos muito definidos, orientações metodológicas gerais e sugestões de atividades específicas para determinados conteúdos; se propõem centros de interesse em opções alternativas para agrupar conteúdos, etc. Do ponto de vista formal se avança mais um passo muito importante sobre a atribuição de conteúdos cada vez mais detalhados para os níveis. Agora a forma de expressar a definição é a formulação de objetivos o mais precisa possível, recomendando essa mesma forma de plano para as próprias programações dos professores. Sob uma forma técnica de tipo didático se regula o currículo prescrito, as exigências mínimas para todo o sistema escolar, em contradição com outros postulados igualmente difundidos pela própria Lei Geral de Educação.

As instruções ditadas pela Direção Geral de Educação Básica colocavam uma contradição interessante entre a necessidade de que o ensino tivesse um caráter globalizado, como já tinham assinalado os programas de 1965, e a necessidade de que os níveis básicos tivessem de ser determinados de *forma analítica*. A Direção Geral de Educação Básica justificava a precisão dos níveis (Ordem de 2-XII-1970) pela necessidade de:

> Oferecer ao professorado um estudo o mais detalhado possível de cada um dos setores educativos com suas implicações metodológicas específicas; isso permitirá que os docentes se aprofundem no conhecimento de cada uma das áreas.

Facilitar a elaboração, por parte do professorado, das unidades globalizadas...
Definir os objetivos, os conteúdos e as metodologias de cada uma das áreas, de forma que facilitem o desenvolvimento de programas de adaptação com crianças necessitadas de uma educação compensatória em determinados aspectos.
[...] pôr nas mãos do professor um ponto de referência que lhe permita diagnosticar, com a maior precisão possível, a situação de seus alunos em relação com o que chamamos domínios básicos das diferentes áreas...
Este diagnóstico dará uma visão detalhada da situação dos alunos e permitirá fazer a programação para as exigências de cada população escolar e para as particularidades de cada aluno, princípio básico de toda programação contínua.

Para os professores

[...] o programa não é uma lista de matérias ou temas, mas sim define conjuntamente conteúdo e metodologia em função dos objetivos e com indicação dos procedimentos de avaliação.

Para que os objetivos

[...] sejam de máxima utilidade não podem ser definidos como os fins gerais e remotos da educação. Decidem concretamente as mudanças que se desejam produzir... O decisivo é definir a conduta que o aluno patenteará ao final de cada período de nível proposto.

Além de assinalar os objetivos gerais de cada área, se assinalam os "níveis de conteúdo":

O que se deve ensinar vem formulado em objetivos específicos ou metas concretas que irão se alcançando gradualmente. Aqui estes objetivos específicos são ao mesmo tempo meta e meio para alcançar outros, dentro da progressão de sequências de pequenas unidades inseridas nas distintas áreas.
[...] A formulação dos níveis em termos de objetivos operacionais responde ao desejo de que os professores possam avaliar, controlar e revisar as diferentes unidades formadas por um ou mais de tais objetivos.

Continua-se distribuindo o conteúdo por níveis com a pretensão de que não sejam equivalentes a cursos e o aluno progrida continuamente quando domine o nível, de acordo com o ritmo individual de progresso e o princípio da avaliação contínua. Princípio fácil de proclamar, a partir de uma disposição da administração, e impossível de realizar com a estrutura escolar de que se dispunha e da que se continua dispondo hoje, sendo que tal norma teve de ser mais tarde corrigida.

Às escolas se reconhece uma teórica autonomia dentro do disposto pela Lei e normas que a desenvolveram para estabelecer matérias e atividades optativas, adaptar os programas às características e necessidades do meio em que estão situados e ensaiar novos métodos de ensino. Uma adaptação que resulta bastante obstaculizada pela própria forma analítica de expressar os mínimos obrigatórios, pela carência de espaços de autonomia nas escolas e para os professores, dentro de um esquema de controle do processo pedagógico e sob uma política não democrática.

A última disposição curricular com alcance legal para toda a educação primária corresponde a 1981-82, expressa no que se conheceu como *Programas Renovados* (Decretos Reais de 9-I-1981 e de 12-II-1982). Entre as disposições curriculares a partir da Lei Geral de Educação e este currículo prescrito houve um fato essencial na Espanha: o estabelecimento da democracia e da aprovação da Constituição de 1978. No que se refere à política curricular, aparecerá uma novidade transcendental: a divisão de competências sobre a regulação da educação e do currículo entre a administração central do Estado, que corresponde ao Ministério de Educação, e as Comunidades Autônomas com competências em educação. O artigo 149 da Constituição reserva como competência exclusiva do Estado não transferível para as Comunidades Autônomas: "A regulação das condições de obtenção, de expedição e de homologação de títulos acadêmicos e profissionais e normas básicas para o desenvolvimento do artigo 27 da Constituição...". Todas as demais competências podem ser transferidas de acordo com a lei que regule em cada caso os respectivos Estatutos de Autonomia dessas comunidades. Quer dizer, em princípio não há modelo definido. A inspeção do Estado será encarregada da vigilância do cumprimento das normas.

A estrutura técnica analítica de dar forma aos mínimos curriculares eclode em cheio nestes novos programas de 1981-82 que ordenam curricularmente a educação primária em ciclos. O formato de prescrever por meio de objetivos passa agora a desempenhar uma nova função: a de definir o mínimo que afeta todo o Estado como base cultural homogênea para todas as crianças, delimitando o que é objetivo de todos e o que pode ser desenvolvido em cada Comunidade Autônoma. A fórmula jurídica consiste em regular por Decreto Real os mínimos de todo o Estado, que são muito esquemáticos, e desenvolver por Ordem Ministerial esses mínimos para a parte do sistema educativo que territorialmente está sob controle do Ministério de Educação e Ciência. O currículo prescrito pela administração mais desenvolvido se expressa neste segundo tipo de regulação.

Os mínimos do Estado implicam distribuir o currículo numa série de áreas e ciclos temporais, marcar exigências horárias mínimas para cada uma das áreas, reafirmar a submissão dos livros e material didático a esses ensinos mínimos, estabelecer a promoção por ciclos e não por cursos e relacionar conteúdos e objetivos mínimos por grandes blocos temáticos dentro das diversas áreas. Um exemplo da forma adotada é o seguinte:

Ciclo Inicial de EGB. Bloco temático n° 4. *Medida:*
Experiências de medida. Medir longitudes, capacidades e pesos, mediante unidades naturais e convencionais (metro, decímetro, centímetro, quilo e litro). Conhecer e utilizar as principais unidades de tempo.

O Ministério especifica para o âmbito territorial de sua competência:

Tema de trabalho: *Experiências com medidas naturais e convencionais.*
Objetivo: 41.1. Realizar medições utilizando unidades naturais: palmo, pé, unidades próprias da região, tijolos, etc.
Atividades: Marcada uma distância no solo por duas linhas separadas entre si, aproximadamente cinco metros, o aluno deverá ser capaz de medir com palmos, pés, etc. indistintamente. Conforme vá medindo irá transferindo os resultados correspondentes a uma tabela.

Pode-se notar muito bem a compenetração entre uma forma de regular o mínimo e a orientação "rigorosa" que se sugere ao professor para que desenvolva atividades que dizem levar ao objetivo. O esquema para regular burocraticamente o currículo se transforma em esquema para ordenar a prática dos professores.

As disposições que desenvolvem os mínimos para o âmbito de competência do Ministério de Educação, únicas disponíveis por bastante tempo como modelos curriculares, agrupam o currículo em áreas, blocos dentro destas, temas dentro dos blocos e precisão de objetivos dentro de cada "tema de trabalho", indicando para cada objetivo atividades pedagógicas que se supõe levam à consecução do objetivo correspondente. A prescrição se confunde com a orientação na medida em que objetivos e atividades são regulados ao mesmo tempo, e inclusive se destacam expressamente as vezes que "as atividades docentes no ciclo Médio da Educação Geral Básica serão realizadas de acordo com os respectivos níveis básicos de referência" que são estabelecidos.

Controle e orientação, como funções básicas dos mínimos, foram sintetizados agora numa fórmula técnica derivada do esquema de plano curricular por objetivos: o *objetivo* expressa o conteúdo ou a aprendizagem, indicado em forma de rendimento a ser alcançado no final de um ciclo, tema ou unidade, e a *atividade* consequente se transforma na sugestão metodológica para o professorado. Talvez a prescrição curricular seja detalhada muito mais desta forma, mas se perde o valor de orientação que os programas prescritos têm, pois as atividades correspondentes a objetivos não refletem a forma de operar dos professores, mas são sugestões entrecortadas de atividades geralmente muito específicas, coerentemente, com as possibilidades do modelo escolhido, não sendo, portanto, autênticas orientações metodológicas. Algo bastante contrário à ideia de globalização que se havia estimulado em regulações anteriores.

Ao se ordenar os níveis de competência dos alunos e a distribuição de conteúdos por cursos, se deixava o significado dos ciclos vazio. Assim, tal ordenação contribuiu para gerar uma produção de materiais didáticos dirigidos a cada um dos graus da escolaridade. Os níveis por cursos propõem uma sequência nos conteúdos muito clara para os professores, mas dificultam a acomodação flexível ao ritmo de progresso dos alunos, diminuindo opções profissionais do docente na escolha da ordem de ensino mais conveniente, assim como na inter-relação de conteúdos. Os ciclos, como unidade de distribuição do conteúdo mais ampla que o ano de escolaridade, não foram operativos na prática. Serviram como referências de avaliação e promoção, mas não para distribuir o currículo que se parcelou por níveis, fórmula estabelecida já nos programas de 1965 para a EGB. O caráter seletivo do *bachillerato* explica a manutenção de uma sequência de escalões anuais.

A especificação progressiva de objetivos e a sequência bem marcada de conteúdos determina de fato os níveis de rendimento, substituindo outros controles exteriores. A tecnificação taylorizada do currículo, definindo-o em pretensos rendimentos cada vez mais "tangíveis" para períodos curtos, que depois ninguém comprova, é a nova forma de controle. Quanto mais se detalhem as prescrições, independentemente de seu conteúdo, a administração será mais intervencionista em seus ditados sobre a cultura dos indivíduos e sobre a prática dos professores ao se imiscuir na ordenação pedagógica.

A regulação dos *ensinos mínimos* da educação obrigatória (dos 6 aos 16 anos), que se realiza a partir da *Lei Orgânica de Ordenação Geral do Sistema Educativo (LOGSE)* de 1990, mantém o mesmo sistema de controle baseado no processo, com algumas novidades de caráter técnico. Insiste e acentua a tendência a difundir códigos pedagógicos para os professores a partir das disposições oficiais, como se a renovação pedagógica da prática de ensino ocorresse pela difusão de novas mensagens. Além deste controle dirigido a professores se anuncia outro, *externo,* de produtos de ensino-aprendizagem a ser realizado pelo Instituto Nacional de Qualidade e Avaliação (Art. 62 da LOGSE), ao qual se encomenda a avaliação dos ensinos, só que sem intervenção na concessão da validação acadêmica dos alunos.

Esta Lei e o Decreto Real que fixa os ensinos mínimos (B.O.E. de 26-VI-91) definem o conceito de currículo como "o conjunto de objetivos, conteúdos, métodos pedagógicos e critérios de avaliação de cada um dos níveis, etapas, ciclos, graus e modalidades do sistema educativo" (Art. 4). Em consequência, o controle técnico abater-se-á sobre todos esses elementos. Uma opção arriscada, porque, ao defini-lo, legitima e impõe a delimitação de um conceito que, como sabemos, é por essência polêmico e suscetível de numerosos enfoques.

Nestas ordenações legais aparecem os seguintes códigos pedagógicos:

a) Em relação à seleção e à distribuição de conteúdos se mantém a ordenação em áreas e se afiança, agora sim, a ideia de ciclo como unidade organizativa de dois cursos, ficando nas mãos da administração educativa do Estado e das Comunidades Autônomas poder detalhar mais e distribuir os ensinos mínimos em graus. A administração central determina 55% do horário escolar para as Comunidades Autônomas com língua própria e 65% para as demais.

b) Reforça-se um discurso favorável à autonomia das escolas e dos professores na definição do currículo.

c) Difunde-se a ideia de que as condições da evolução e do desenvolvimento psicológico do aluno são o *primeiro* critério na seleção de conteúdos e métodos, o que impregna toda a proposta de argumentações psicológicas. Pretende-se tecnificar assim o que são opções de outro tipo.

d) Introduz-se uma diferenciação dos conteúdos prescritos, distribuídos em três categorias: *conhecimentos conceituais* (referentes não apenas ao que estritamente se entende por conceito, mas também *a fatos e princípios), procedimentos e atitudes.*

e) Incluem-se critérios de avaliação que estabelecem "o tipo e o grau de aprendizagem" que se espera que os alunos consigam. Estes critérios se expressam na forma de execução de comportamentos e manifestação do domínio de determinadas capacidades e habilidades. Estes critérios reforçam, como mínimos exigíveis, a especificação de habilidades a serem desenvolvidas com os alunos, atuando indiretamente como sugestão metodológica no ensino e em sua avaliação. Podem ser o ponto de referência para uma avaliação externa do sistema educativo.

A homogeneização dos materiais didáticos

A política de intervenção ideológica através de mecanismos de controle burocrático tem uma exemplar expressão no zelo com que controlou a divulgação do conteúdo e dos métodos pedagógicos. Recordaremos alguns pontos importantes que mostram como através dos livros-texto, veículos eficazes da cultura escolar para alunos e professores, a burocracia vigiou a ortodoxia na escola.

A Lei de Educação Primária de 1945, na qual se expressa a ideologia autoritária de forma muito evidente, ordenava em seu artigo 48:

> Os livros de uso escolar em todas as escolas espanholas deverão ser aprovados pelo Ministério de Educação Nacional, prévios assessoramentos técnicos quanto a seu conteúdo e confecção, sem os quais não poderão ser utilizados no primeiro ensino *nem como textos, nem como livros de leitura...*

De qualquer maneira, para que um livro escolar possa ser aprovado, se requer como mínimo:
a) Que se ajuste em seu conteúdo às normas dos questionários oficiais.
b) Que sua doutrina e espírito estejam em harmonia com os artigos aplicáveis do título I e do capítulo IV do título II da presente Lei. (Referem-se aos fins da educação e à regulação dos questionários.)
c) Que as qualidades materiais respondam às exigências pedagógicas quanto a papel, tipografia, extensão e ilustrações; e
d) Que seu preço se acomode à regulação que determina o Regulamento.

Em disposição relativa ao mesmo tema, 10 anos mais tarde, se dizia que:

> Deverão ser submetidas à aprovação do Ministério as obras, as publicações e os materiais de uso individual ou coletivo que se indicam nos seguintes tópicos: a) Livros de leitura, b) Enciclopédias, c) Textos destinados às Escolas Primárias, d) Livros que farão parte das Bibliotecas escolares para uso de professores ou alunos (científicos, literários, histórico-geográficos, etc.). e) Textos destinados às Escolas do Magistério (Decreto de 22-IX-1955. B.O.E. de 17-X). [...]

Em 1958 (ordem de 30-VI. B.O.E. 9-VIII) se especificava que o não cumprimento das disposições relacionadas com esta matéria seria motivo de falta grave ou muito grave para professores, motivo de fechamento para as escolas privadas e de retirada de permissão de edição de livros-texto para a editora que nele incorresse.

Depois da Lei Geral de Educação, se voltava a insistir no mesmo esquema de intervenção, ressaltando o valor de controle do processo pedagógico como via de controle do currículo e de condicionamento da própria prática pedagógica, só que carregando agora a justificação nas razões de tipo pedagógico, o que não significava que o instrumento legal não servisse e tenha sido utilizado para um controle ideológico de conteúdos e métodos:

> A nova orientação de Educação Geral Básica como instrumento de renovação e aperfeiçoamento da Educação supõe uma virada significativa na concepção e na ordenação do ensino. Esta mudança de rumo refletirá necessariamente numa virada paralela dos instrumentos didáticos, em especial dos manuais de uso escolar (livros de referência, de consulta, de trabalho, de leitura; guias didáticos e outros livros do Professor, etc.) que haverão de acomodar, atualizando-se, as novas orientações pedagógicas e administrativas. Em consequência, os livros escolares, para se adaptarem às exigências da nova orientação da Educação Geral Básica, devem reunir uma série de características em harmonia com os princípios didáticos, a estrutura e o conteúdo desta nova orientação...
> A utilização em Educação Geral Básica de livros de consulta individual, de trabalho, de leitura e em geral de todo material impresso sistematizado que cubra qualquer área educativa, incluindo os livros do Professor, requererá a prévia aprovação do Ministério de Educação e Ciência (Ordem de 27-II-1971. B.O.E. de 13-III).

Próximo à transição democrática, em 1974, se reiterava o mesmo esquema de controle administrativo sobre o material de professores e alunos até extremos inverossímeis, manifestando-se, assim, uma via de regulação dos conteúdos e processos pedagógicos através da aprovação-exclusão dos materiais. A regulação por Decreto da autorização pedagógica de livros-texto e material didático de 20-VII-1974 voltava a insistir que:

> A *utilização de livros e em geral de todo material didático destinado a qualquer área ou atividade* da Educação Pré-escolar, Geral Básica, Formação Profissional de primeiro e segundo

grau e *bachillerato*, requererá, quanto a conteúdo e preço, a autorização do Ministério de Educação e Ciência (B.O.E. de 13-IX-1974).

A Ordem Ministerial de 2-XII-1974 especificava que a lista de material objeto desta autorização preceptiva para poder ser utilizada era a seguinte:

1. Guias didáticos do professor – Dirigidos para orientar a programação e o desenvolvimento do trabalho escolar.
2. Livro do aluno – De uso individual do aluno. Desenvolve os conteúdos fundamentais de cada uma das matérias ou áreas de conhecimento.
3. Livros de biblioteca de aula – De caráter coletivo e destinados a que os alunos se habituem à busca e seleção de quanta informação seja útil para o desenvolvimento e ampliação dos ensinos das diversas áreas ou matérias. Devem responder aos programas estabelecidos para algum dos níveis do sistema educativo.
4. Outro material escolar – Mesmo corresponder a nenhum dos grupos precedentes, seja requerido pelo trabalho docente, tal como coleções de lâminas ou modelos, dicionários, atlas, material para meios audiovisuais e outro material científico (B.O.E. de 16-XII-74).

É muito evidente a pretensão de controlar os materiais de consulta e de trabalho de professores e de alunos que se expressa nestas disposições como meio efetivo de filtrar as propostas pedagógicas que se podem fazer dentro do estreito e íntimo campo da aula, em que é muito difícil chegar com qualquer instrumento de controle. A contundência e clareza das normas, e a extensão de materiais a que se aplicam, deixam bem claro suas pretensões, que puderam ser justificadas por um paternalismo pedagógico sobre os professores, ainda que seus propósitos eram claramente ideológicos. A normativa sobre livros-texto e material didático proliferou muito na história da educação espanhola, como controle indireto mas eficaz do currículo, querendo suprir o baixo nível de formação de seu professorado, no caso da educação primária. Através do intervencionismo pedagógico se punha de manifesto a ideologia de controle.

Toda esta regulação não serviu, como se sabe, para evitar maus livros-texto, até com erros científicos, inadequações para a capacidade do aluno, sobrecarga dos programas mínimos – ao desempenhar o papel de norma de qualidade exigida pelo professor a seus alunos; não evitou uma pedagogia centrada em exercícios livrescos, com um esquema que ficava ultrapassado anualmente para o aluno, o que os torna caros para as famílias. Evitou-se, pelo contrário, que outras mensagens entrassem na escola, que se diversificasse o material suporte de informações, favorecendo um monopólio das mensagens pedagógicas por parte dos editores de livros-texto.

O poder de aprovar ou não um determinado material deixa nas mãos de uma instância burocrática a capacidade não apenas de decidir se o material respeita os conteúdos mínimos, mas também a qualidade científica e sua adequação pedagógica.

A pretensa política de controle e homogeneização do currículo por este procedimento acaba em intervenção pedagógica e ideológica. Tem sido um mecanismo de intromissão exagerado da administração que não despertou inquietação nas consciências "liberais", que tanta preocupação têm pela intervenção do Estado em qualquer área de atividade econômica e muito mais na cultural. Esquecimento que tem sua justificação, precisamente, na importância econômica deste sistema de assegurar um consumo ordenado, constante, extenso e crescente de produtos comerciais estandardizados e estáveis no tempo.

Na LOGSE não se menciona mecanismo algum de controle neste sentido. Só se dispõe que nos materiais didáticos será propiciada a superação de estereótipos discriminatórios, sublinhando a igualdade entre sexos.

A inspeção educativa

Não é nossa intenção historiar o serviço de inspeção em educação, mas relacionar em termos gerais as funções que lhe são atribuídas na ordenação da política curricular. Aos inspetores, em sucessivas regulações legais, foi encomendada a missão de controlar as escolas e de ajudar os professores; dessa forma, podem intervir no controle do currículo. Sua função não é apenas de caráter técnico-pedagógico, ainda que se queira vê-la assim, mas tem uma função política quando é exercida a serviço de uma opção de política curricular – isso os professores sempre viram claramente.

O caráter polifacético de sua função contribui para apagar seu perfil profissional (MAILLO, 1967).

O modelo de inspeção educativa imperante na Espanha ficou muito condicionado pelo papel vigilante e de controle que lhe foi atribuído na política curricular. A desconfiança para com o professorado era um reflexo do papel que os professores tinham desempenhado no regime republicano. O novo professorado, muito bem filtrado, estava escassamente preparado após a Guerra Civil. Vigilância e orientação são funções confundidas que se manterão até nossos dias, pela sobrevivência do esquema de controle baseado no processo.

A Circular do Serviço Nacional de Ensino Primário (5-III-1938, Boletim de 8-IV) dirigida à Inspeção declarava: *"Com o fim de dar orientação fixa e uniforme a todos os professores da Espanha por mandato expresso... para seu mais exato cumprimento..."*, proporcionando assim diretrizes definidas referentes à educação religiosa, patriótica, cívica e física.

A Lei de 1945 definiu a Inspeção como "o órgão encarregado de orientar e dirigir o professor no exercício de sua função docente" (Art. 79), mas também como um órgão de vigilância da administração sobre as escolas, que tem o dever de "cumprir e fazer cumprir, como Delegado da Autoridade superior, as disposições legais relativas ao ensino". Sua função orientadora se explicitava como um dever, à parte de "manter exemplar conduta moral desempenhando sua função a serviço de Deus e da Pátria" e "estimular a cooperação com a família". Sua tarefa era:

> [...] visitar detidamente as Escolas, Centros ou Instituições de educação e ensino primário de sua cidade..., sendo que isso deve constar no livro correspondente, depois de haver examinado e comprovado os trabalhos, os métodos, o material e quantos requisitos determinam os diferentes artigos desta Lei ou sejam completados na regulamentação; orientar de maneira constante, por meio de circulares, reuniões, cursos e certâmenes, a atuação pedagógica do Professor (Art. 82).

A mecânica do controle já vinha regulamentada por esse mecanismo curioso dos *cadernos escolares*. A circular de 23 de fevereiro de 1939, da chefatura do Serviço Nacional de Primeiro Ensino, próximo já do fim da Guerra Civil, estabelecia que:

> A inspeção profissional de Primeiro Ensino deve, em qualquer momento, ter certeza da obra que cada professor realiza em sua Escola, fixando-se no que ela tenha de eficaz e práti-

co, para utilizar, em circunstâncias adequadas, as aptidões dos Professores como educadores e diretores da obra da Escola...
Os inspetores do Primeiro Ensino [...] realizarão as visitas às Escolas na média de 10 dias por mês. Em cada uma das Inspeções provinciais do Primeiro Ensino, será levado um fichário que recolha todos os dados relativos à escola, ao professor, aos alunos e à colaboração com a obra educativa e demais dados relacionados com o ensino primário em cada centro docente [...]
O caderno de classe [...] será individual e obrigatório para todos os alunos, com o objetivo de comprovar o trabalho diário e facilitar a obra da Inspeção. Tanto o caderno individual do trabalho da criança como o de preparação de lições do professor serão revisados pelo Inspetor para fazer as indicações procedentes [...]
Os inspetores, em suas visitas, cuidarão, sem escusa alguma, de exaltar o espírito religioso e patriótico para fazer da escola uma instituição espanhola, educativa e formadora de bons patriotas.

Na Ordem de 20-I-1939 havia se estabelecido o caderno obrigatório para alunos e professores:

Art. 8º. Em todas as Escolas, todas as crianças que podem fazê-lo terão um caderno de classe, no qual se refletirá o trabalho diário da criança, expressão, na medida do possível, do que o professor realiza.
Art. 9º. Para a melhor execução e maior eficácia do que se dispõe no artigo anterior, todo professor terá um caderno de preparação de lições em conformidade com o programa da escola e orientações que o inspetor lhe assinale.

O *Caderno de Preparação de Lições* foi substituído em muitos casos por uma folha em que se especificavam os conteúdos tratados, o tempo dedicado, os exercícios realizados e as derivações religiosas de cada tema (BELTRAN, 1987).

Conscientes da impossibilidade de que a inspeção conhecesse e vigiasse de perto a realidade educativa, a Lei de 1945 estabelecia ainda as funções de controle como funções da Junta Municipal de Educação. Mecanismos previamente ensaiados, pois se parecendo com outros anteriores estabelecidos para facilitar a participação social, agora adquiriam o valor de um instrumento de controle (BELTRAN, 1987). Entre suas atribuições estavam as de zelar para que se aplicassem os princípios ideológicos que orientavam a Lei, colaborar na manutenção material das escolas e explicitamente "intervir na comprovação do trabalho escolar" (Lei de 1945. Art. 109).

A inspeção educativa se tornava o único elemento técnico-pedagógico dentro da administração, e atuou como tal, com um papel muito importante na expressão da política educativa, em seus aspectos técnicos e em suas relações com os professores de ensino primário.

Essa função dupla da inspeção, de controle e orientação, se estabelecia também para o Ensino Médio, embora nunca interviesse nos aspectos pedagógicos com tanta força como no Ensino Primário. A Lei de Ordenação do Ensino Médio dispunha que:

Os inspetores *impulsionarão* a renovação e o aperfeiçoamento dos métodos educativos, tanto na ordem intelectual como na moral, na social e na físico-esportiva, e a adequada assistência psicotécnica dos escolares. Para isso: a) Farão com que na educação intelectual se anteponha a intensa assimilação à extensa erudição, o cultivo da inteligência ao da memória, e os métodos ativos aos passivos, mediante uma crescente cooperação de professores e alunos nas classes [...] (Art. 63).

No *Libro blanco* (1969) se propunha dois tipos de avaliação do rendimento educativo: um que se referia aos alunos, e outro, aos centros escolares. O primeiro tipo estaria a cargo das escolas, e a avaliação destas – que seria o segundo tipo – caberia à inspeção. Para a inspeção estaria reservada a responsabilidade de controle de rendimento educativo e a direção e orientação do ensino (p. 243). A Lei Geral de Educação em 1970 acolheu esses dois encargos (Art. 11).

Suas funções eram zelar pelo cumprimento das leis, colaborar no planejamento, assessorar os professores sobre métodos pedagógicos e avaliar o rendimento dos centros educativos e dos professores em colaboração com os Institutos de Ciências da Educação (Art. 142). Será talvez uma apreciação pouco rigorosa, mas acreditamos que as duas últimas funções se cumpriram em muito menor medida que a primeira, pelas próprias limitações que o modelo estabelecido de inspeção tem para esta função.

Estipulou-se que o rendimento dos centros de EGB seria avaliado em função de:

> O rendimento médio dos alunos em suas vidas acadêmicas e profissionais; a titulação acadêmica do professorado; a relação numérica aluno-professor; a disponibilidade e utilização de meios e métodos modernos de ensino; as instalações e atividades docentes, culturais e desportivas; o número e importância de matérias facultativas; os serviços de orientação pedagógica e profissional e a formação e experiência da equipe dirigente do centro, assim como as relações desta com as famílias dos alunos e com a comunidade em que esteja situado.

Na realidade se tratava de índices gerais para dispor das estatísticas sobre o sistema educativo que mais tarde foram realizadas com a inspeção, embora não atendessem a todos esses aspectos.

O Regulamento dos Institutos de *bachillerato* (Decreto Real de 21-I-1977. B.O.E. 28-II) estabelecia em seu Art. 29 que:

> A avaliação do rendimento educativo servirá para obter informação relativa ao rendimento dos alunos, à efetividade dos programas e métodos e, em geral, ao rendimento do centro. Seus resultados serão aplicados ao aperfeiçoamento dos métodos, procedimentos e programas de trabalho do professorado e dos alunos.

Para desempenhar a função inspetora no ensino primário, se suprimia na Lei de 1970 o requisito de ser licenciado em Pedagogia, manifestando assim a relevância do serviço para a administração sobre a orientação pedagógica ao professorado. No procedimento de seleção se tornava manifesto esse desequilíbrio. A reforma da Lei de 1945 realizada em 1965 exigia esse título ou o de professor como requisito de acesso.

O estilo de exercício da função depende das pessoas que a desempenham, mas a sua definição institucional dá ênfase ao controle processual e ao seu papel vigilante, principalmente levando em conta que a política curricular é intervencionista em aspectos pedagógicos. A função inspetora ficou subjugada não apenas a um modelo político, mas a uma forma de dirigir o currículo muito dependente da ordenação administrativa que serve a uma determinada opção política, pois política educativa e burocracia administrativa na Espanha foram inseparáveis.

A Lei 30/1984 dispôs que a inspeção fosse desempenhada pelos professores com titulação superior, selecionados através de concurso para esse cargo. A LOGSE (Art. 61) lhes atribui, entre outras, as funções de colaborar na melhora da prática docente, a de participar na avaliação do sistema educativo e a de zelar pelo cumprimento das leis, mantendo esse duplo caráter de figura a serviço do assessoramento e do controle.

A distribuição de poderes de intervenção educativa que surge da transferência de competências em educação para as Comunidades Autônomas, depois da Constituição de 1978, com a aprovação de Estatutos de autonomia, levou a propor a necessidade de um serviço de Alta Inspeção do Estado em matéria de ensino, dependentes do Ministério de Educação. O fato de se ter criado tal função (Decreto Real 229/1981. B.O.E. de 21-III) depois de serem aprovados os Estatutos da Catalunha e do País Vasco e das respectivas transferências de competências em educação, parece indicar que foi uma figura não prevista num modelo prévio de funcionamento e distribuição de competências educativas curriculares, dentro da nova estrutura autônoma do Estado. Sua regulação geral para todo o Estado se realiza mais tarde, em 1985. A Alta Inspeção tem como missão vigiar o cumprimento das normas ditadas em função das faculdades atribuídas ao Estado pela Constituição que, no caso que nos interessa, têm ligação com os mínimos curriculares, seus conteúdos e orientações pedagógicas, assim como livros-texto e materiais didáticos. Obviamente, é difícil que o controle seja eficaz em alguns desses aspectos.

Algumas consequências do modelo

Como derivações do exercício de uma prática histórica e foi delineando um modelo e um estilo de intervenção administrativa na configuração e no desenvolvimento do currículo, que se mantém com uma certa constância e que se manifestou com mais nitidez no caso da educação primária. Agora se prolonga no ensino secundário obrigatório. Trata-se de uma intervenção burocrática e tecnocrática do currículo, que amplia o espaço de decisões do nível burocrático e político, diminuindo os espaços de decisão dos principais protagonistas da adaptação última do currículo para a prática, que são os professores. Declarar a autonomia e o protagonismo dos docentes não é suficiente para que realmente o sejam. A Administração foi uma instância decisiva de determinação curricular (BELTRAN, 1987), mais além de suas responsabilidades no controle e na ordenação do sistema escolar. E uma prática que deixou uma ampla e profunda marca nos mecanismos de decisão administrativa sobre o tema e, o que é pior, uma forma de pensar a política curricular. É um estilo que se caracteriza por uma série de traços básicos.

1) A administração regula o currículo determinando conteúdos, aprendizagens que considera básicos e aspectos relacionados com a educação (hábitos, habilidades, atitudes, etc.). Algo, pois, que ultrapassa os aspectos estritamente intelectuais da cultura, para entrar no campo da personalidade e socialização do cidadão. A ampliação do conceito de currículo, sua incursão em esferas pessoais e sociais da educação, dentro de um esquema de intervenção centrado no processo, implicará um modelo de controle ideologicamente mais decisivo para a educação, mas de difícil realização. Na história das reformas curriculares na Espanha, inevitavelmente ligadas a iniciativas da administração, esse estilo foi progressivamente se fazendo cada vez mais evidente nas prescrições. Serve-se, com isso, paralelamente, a múltiplos objetivos: homogeneizar uma base educativa comum para todos, ordenar os conteúdos na escolaridade, manter o controle sobre ela, sobre os professores, sobre os livros-texto, etc. Uma intervenção que, chegado um determinado momento, se racionaliza em esquemas técnicos de apresentar e realizar o currículo, obscurecendo a carga ideológica que contém.

2) A intervenção se produz igualmente na hora de propor sugestões metodológicas, algumas vezes de maneira genérica e outras de forma mais precisa, relativas a conteúdos concretos. Desde o começo da configuração da política curricular que rastreamos su-

perficialmente em seus pontos legais mais decisivos, a *intervenção no processo* é mais um aspecto do controle sobre a escolaridade, que se argumenta em termos de "orientações" metodológicas e de avaliação sugeridas para o professorado, com uma ambiguidade manifesta entre a orientação e a prescrição.

Segundo as correntes dominantes em cada momento, se propõem ao professorado modelos pedagógicos e inumeráveis códigos metodológicos, pretendendo atuar como meio indireto de formação e aperfeiçoamento dos docentes através de uma via que é manifestamente inadequada para cumprir com eficácia essa função. Modelos metodológicos que se explicitam em orientações gerais, em outras para cada área e em sugestões específicas de atividades para objetivos, assim como formas de entender a avaliação que depois serão impraticáveis.

O esquema de intervenção no processo pedagógico, com a conotação de controle sobre o sistema escolar que tem entre nós, leva a manifestações curiosas dessa modalidade de orientar o sistema escolar através de disposições administrativas que dizem como realizar o ensino, como ordenar as escolas, como fazer projetos curriculares, etc. As "circulares" específicas, parte das circulares de começo de curso, as diretrizes curriculares são "planos pedagógicos", substitutas da formação do professorado e oferecidos a um sistema que se supõe imaturo e incapaz de autorregular-se nesses aspectos. Professores pouco preparados e dependentes e escolas sem capacidade nem tradição de organização interna coerente são as justificativas dessa intervenção. O sistema educativo fica assim submetido aos vaivéns de correntes pedagógicas, modismos passageiros que o administrador de turno propõe-impõe.

De repente se descobre a educação personalizada; a programação correta será a que se faz em termos de objetivos-atividades, o ensino individualizado por fichas, o plano apoiado na teoria cognitiva do construtivismo, as adaptações curriculares, se inventam diferenças entre programação, projeto curricular e projeto educativo, etc.

3) O modelo administrativista de comunicação teoria-prática deixa nas mãos da burocracia a definição e a operacionalização de modelos pedagógicos que são, na maioria dos casos, propostas ineficazes, já que se esgotam em seu mero enunciado. Propostas às vezes interessantes, carregadas de bons propósitos, que depois não se acompanham dos meios e das medidas para torná-las realidade. Isso sim deveria ser objeto de atenção da administração e da política educativa. Modismos que, felizmente em alguns casos mas não em outros, passam rapidamente sem deixar a menor transformação qualitativa positiva no sistema educativo. Uma tática que desperta mobilizações de cursos, publicações etc. que divulgam as novas orientações em cada momento. Antes que quaisquer dessas orientações tenha criado raízes nas práticas reais e gerado materiais apropriados para que sejam aplicadas pelos professores normais do sistema, já começa a se difundir outro modelo. O que deve ficar ao arbítrio de uma experimentação profissional estimulada e auxiliada a partir de fora não pode ser fixado em prescrições.

Este modelo intervencionista e burocrático de querer melhorar o sistema não deve ser confundido com o que se chamou centralização das iniciativas de inovação, que é outra coisa bem diferente.

O modelo de intromissão burocrática é um sistema de inovação que, à parte de ser bastante ineficaz, não concede ao sistema educativo a capacidade de se organizar pedagogicamente; não combina com um professorado competente que, nutrido de propostas e ideias pedagógicas, realiza a modulação da prática pedagógica em suas escolas e em suas aulas. É um sistema de querer melhorar a prática na aparência, simples e econômico, que estimula a dependência em relação às iniciativas da administração. A relação de controle contamina a função orientadora e ambas acabam sendo bastante ineficazes.

Em diferentes momentos se criaram e se alude à função de órgãos técnicos para assistir à renovação qualitativa do sistema escolar. Mas nunca desempenharam com seriedade a função de promotores do desenvolvimento do currículo, pois o modelo de intervenção administrativista no desenvolvimento curricular necessita pouco desses órgãos técnicos intermediários, embora seja a própria administração quem os crie e financie. Necessitou unicamente controlar os livros-texto, deixando sua renovação para a própria dinâmica do mercado. A Lei de 1945 atribuía ao Instituto "San José de Calasanz" do C.S.I.C., criado em 1939, junto à Seção de Pedagogia da Faculdade de Filosofia e Letras, essa função técnica; em 1958 se cria o CEDODEP (Centro de Orientação e Documentação Didática de Ensino Primário), ao qual se encomendaria a elaboração dos programas de 1965; a reforma de 1970 criava o CENIDE e os ICEs. A LOGSE somente menciona que "as administrações contribuirão para o desenvolvimento do currículo favorecendo a elaboração de materiais". À exceção do CEDODEP, que foi elemento introdutor de novidades importantes para a educação primária, estes órgãos tiveram pouca incidência prática. A prova é que se deixaram morrer, pois no modelo de intervenção assinalado, a função técnica é cumprida pelo próprio administrador. Na Espanha, a pesquisa pedagógica em geral continua gozando de incentivos insignificantes e tampouco se sente como necessária no modelo de inovação burocrática que se tem mantido, nem é vista relacionada com a qualidade do ensino.

4) Por tudo isso, é um modelo desprofissionalizador do professorado ou, no mínimo, duvidosamente profissionalizador. O papel dos professores fica relegado à concretização das diretrizes metodológicas em suas classes, vigiados e orientados – em teoria – pela inspeção. A autonomia se circunscreve fundamentalmente aos aspectos metodológicos e às relações pessoais com os alunos. Tira-se deles a possibilidade de intervirem nas variáveis contextuais, culturais e organizativas. Seus problemas são os que a aplicação da norma estabelecida coloca. Não esqueçamos que não existe pensamento profissional próprio, à margem das condições e dos conteúdos que proporciona o contexto de exercício do seu cargo. A informação que o professor maneja se refere ao âmbito de atuação que lhe deixa a definição estrutural de seu cargo. O professor fica muitas vezes inevitavelmente preso na opção e no conflito de depender-resistir quanto à diretriz exterior. A longo prazo se provoca o desarme cultural, técnico e ideológico do professorado.

Configura-se um modelo de profissional "executor" e adaptador de normas e diretrizes ao qual resta escasso espaço de desenvolvimento. Os modelos de inovação centralizada por via burocrática são expressões dos modelos de controle no processo, sob o pressuposto de que a capacidade técnica em educação reside na burocracia que difunde os modelos pedagógicos. Trata-se de fazer pedagogia através de disposições oficiais.

Como o administrador se justifica tecnicamente com a exposição pública do modelo pedagógico, é difícil encontrar depois uma política de criação de recursos e de aperfeiçoamento de professores de ação prolongada e estável para manter a renovação constante do sistema educativo. De qualquer forma, se notam tentativas oportunas sem força nem continuidade.

5) Produz-se uma relação unidirecional e individualista entre o professor e a burocracia que presta orientações precisas de ordem metodológica para realizar o ensino "adequado". Relação que supõe desvalorização, quando não obscurecimento, da elaboração do currículo nos centros escolares, apesar de que as disposições legais lhes reconheçam competências que não se desenvolveram. Como vimos, a Lei Geral de Educação, a LOECE e a

LODE o faziam. A LOGSE volta a insistir no mesmo. A LOECE (1980), mais conhecida por *Estatutos de Centros,* estabelecia que:

> As escolas, sem discriminação para nenhum membro da comunidade educativa, e dentro dos limites fixados pelas leis, terão autonomia para estabelecer matérias optativas, adaptar os programas às características do meio em que estejam inseridos, adotar métodos de ensino e organizar atividades culturais e extraescolares (Art. 14).

A LODE, em seu artigo 15, em 1985, repetia exatamente esse mesmo texto, relativo às competências das escolas. Uma Lei que estabelece a liberdade de cátedra, superando a limitação da "liberdade de ensino", sujeita ao ideário da escola que estabelecia a LOECE (Art. 15) e que menciona expressamente para a escola pública a competência do Conselho Escolar, no qual participam professores, alunos e pais de alunos, em "aprovar e avaliar a programação geral da escola". A participação nos planos educativos fica confusa, pois a função de "programar as atividades docentes" é atribuída explicitamente ao Claustro, que só é formado pelos professores e o Diretor.

As prescrições curriculares e as orientações metodológicas vão dirigidas ao professor que realiza sua prática pessoal, mas não se interessam em favorecer um projeto pedagógico global coerente nas escolas, uma regulação do cargo dos professores e o funcionamento mais adequado em toda a instituição escolar para que isso seja possível.

Essa relação unidirecional reforça, por sua vez, uma ética profissional individualista que gera dependência e impede o desenvolvimento de espaços coletivos de profissionalização nas escolas. A responsabilidade do professor reside em responder a diretrizes cada vez mais específicas, não frente à equipe pedagógica ou à comunidade educativa. As próprias reformas se centram mais nos professores que nas escolas.

O controle burocrático dos professores e sua dependência dele é, por sua vez, uma defesa que os docentes terão frente a outras instâncias de participação, como podem ser os pais ou os próprios alunos. Curiosamente, nessa dependência, os professores podem encontrar uma salvaguarda frente à intromissão de "agentes externos" no âmbito de sua profissionalidade: sua justificação residirá em cumprir o estabelecido sem ter de dar explicações de decisões próprias.

6) A prescrição rigorosa e o intervencionismo, junto à falta de atenção para com a preparação do professorado, supõe a impossibilidade de que os docentes participem nos conteúdos, que são decididos no exterior. Por sua formação e pelo esquema de desenvolvimento curricular, os conteúdos e boa parte das competências do projeto ficam fora do alcance do professorado. Ainda que depois a ineficácia real de um controle sobre a prática, que pretende ser tão exaustivo, "tolera" de fato uma margem de autonomia importante.

7) Deixa-se nas mãos da inspeção o desenvolvimento, a definição, a orientação e a vigilância do cumprimento de prescrições e de orientações educativas. Assim, os inspetores não apenas desempenharão o papel de controle imprescindível do cumprimento de normas gerais, mas também se transformam em depositários da técnica pedagógica anunciada pela administração educativa, função que exercerão apoiados na autoridade que lhes dá *status*. Controle e orientação são duas funções contraditórias que tornam difícil o cumprimento simultâneo de ambas. Na melhor das vezes, a função de orientação não poderia ser cumprida materialmente.

8) O controle real do conhecimento distribuído fica nas mãos dos materiais didáticos, sobre os quais a administração recorda sempre seu poder de aprovação para que se acomodem às diretrizes estabelecidas. Um controle difícil no que se refere a conteúdos e

impossível quanto a orientações metodológicas. Cai-se, em muitas ocasiões, na contradição de difundir modelos didáticos nas orientações metodológicas implicam uma necessária ultrapassagem dos limites dos livros-texto, enquanto se ordenou que todo material a ser usado pelos professores e alunos deve ser aprovado pela administração educativa, ou, simplesmente, não se faz nada para dispor de materiais alternativos.

A burocracia esgota sua função numa pretensa vigilância do ajuste dos meios e de sua qualidade ao currículo prescrito. Meios que são produzidos pela iniciativa privada, favorecendo de fato uma dinâmica de padronização dos materiais. O currículo, quanto mais detalhadamente for prescrito, exige menor variedade de meios tradutores. A dinâmica de melhora dos materiais, autênticos intérpretes reais do currículo, fica ao arbítrio e voluntarismo dos produtores e à competição entre empresas que oferecem produtos necessariamente bastante homogêneos, embora sempre haverá níveis de qualidade diferentes. Níveis de qualidade que foram aprovados, paradoxalmente, pela administração. Nem sequer se exerceu o poder de controle que se tinha no requisito da aprovação para favorecer uma política decidida de melhora da qualidade do material didático. Seguramente porque essa nunca foi sua função. No entanto esse controle administrativo é a garantia de entrada num mercado extenso, estável e seguro.

A prescrição permite a realização de quatro objetivos básicos de forma proeminente: ordena o sistema, pretende controlar o currículo, esclarece os conteúdos e métodos para o professorado e regula as condições de obtenção das validações e títulos. A complexidade de todas essas funções, muitas delas contraditórias entre si, exigem atuações e instrumentos diferenciados.

Se querem ser orientadores para escolas e professores devem proporcionar uma mensagem clara, transmitindo a base de ideias-chave que orientam um projeto curricular, a estrutura do currículo, a sua justificação, a estrutura das matérias ou áreas, até os planos pedagógicos. Consideramos que isso não deve ser objetivo da ação política administrativa direta, nem pode se refletir adequadamente nos chamados ensinos mínimos.

Os mínimos devem admitir como inevitável e dar por satisfeita a sua modulação por parte dos agentes construtores do currículo, sendo conscientes de que são esses mediadores que intervêm na prática, não os mínimos prescritos. Se o controle do sistema preocupa, ele precisa ser exercido através de outros meios e não pelo sistema de regular tudo exaustivamente. Se querem dar orientações para o sistema prático-pedagógico, é preciso tomar outras medidas e favorecer outros canais.

Este legado histórico é uma base de partida pouco favorável para um processo de transformação qualitativa do sistema de ensino na Espanha para maiores cotas de flexibilização e autonomia, em prol de uma maior independência e responsabilidade das escolas e dos professores para responder às necessidades do meio imediato e às peculiaridades dos alunos. Na tradição herdada, se conjuga intervencionismo com o processo pedagógico, ética profissional individualista, escasso desenvolvimento da profissionalização coletiva expressa em estruturas de funcionamento coordenado de professores, subdesenvolvimento das funções diretivas nas escolas, meios homogêneos para o desenvolvimento do currículo, com ausência de mecanismos para o conhecimento e controle democrático do sistema escolar.

Um sistema escolar que cobre as necessidades básicas de escolarização deve preocupar-se com a qualidade e com o estabelecimento de mecanismos de adaptação constante às condições mutantes da cultura e da sociedade. Sem desprezo pelo papel que possam cumprir iniciativas de inovação centralizada, será necessário avançar para maiores cotas de autorresponsabilização das escolas e dos professores quanto à educação dos alunos que atendem, como derivação de uma política democratizadora que vai delegando espaços de intervenção aos agentes diretos da educação.

Para progredir nessa direção, são necessárias algumas condições e linhas de atuação política:

a) Menos dirigismo burocrático do processo.

b) Mais qualidade no professorado.

c) Desenvolvimento das estruturas de funcionamento coletivo nas escolas: coordenação do professorado e uma potenciação da função diretiva que alie a competência profissional com seu caráter democrático. Esta última é condição necessária em nosso contexto, mas não suficiente.

d) Maior controle democrático de todos os agentes da comunidade educativa sobre as escolas, e para tal se fazem necessárias práticas de autoavaliação das escolas, para informar à sociedade seu funcionamento, esclarecendo previamente os critérios básicos de seu projeto educativo, relacionados com processos pedagógicos e não apenas relativos a produtos acadêmicos. Só a partir de uma informação democratizada é possível a participação consciente de todos.

e) Mecanismos e dinâmicas de inovação permanente do currículo apoiadas na criação de materiais, que não podem ficar só nas mãos de um iniciativa privada cujo interesse prioritário não é a melhora da qualidade do ensino.

f) Flexibilidade do currículo e adaptabilidade às condições mutantes da cultura e da sociedade. Este princípio de flexibilidade curricular e a possibilidade da optatividade interna que não discrimine aluno precisa de meios variados no desenvolvimento do currículo de difícil disponibilidade num campo político que propiciou a homegeneização da oferta.

ESQUEMA DA DISTRIBUIÇÃO DE COMPETÊNCIAS NO SISTEMA EDUCATIVO ESPANHOL

Como resumo de tudo o que foi citado antes e com vistas a proporcionar uma síntese da distribuição de competências sobre o currículo no sistema educativo espanhol, oferecemos o quadro a seguir.

São quatro os níveis em que se distribuem as decisões sobre o currículo, sem considerar os determinantes sociais, culturais e materiais que fazem parte do sistema curricular e que ficam fora do âmbito da instituição escolar e da ordenação direta do sistema. Esses quatro níveis são: o *Estado,* as *Comunidades Autônomas,* as *Escolas* e os *Professores.* A participação possível dos alunos, pais ou outros agentes sociais reside nos órgãos de direção das escolas, e aquelas instâncias informais de negociação na própria escola e em cada classe em particular.

Essas instâncias de "determinação escolar" do currículo atuam com desigual poder de influência real e de ordenação explícita sobre diferentes âmbitos do currículo: os *conteúdos,* a *metodologia,* a *avaliação,* a *organização* e a *inovação.* A capacidade de intervenção de cada um dos níveis ou instâncias de decisão em todos esses aspectos nos dá uma radiografia sobre a distribuição de competências e poderes moduladores do currículo como projeto, como prática e como resultados de aprendizagem.

O currículo **145**

DISTRIBUIÇÃO DE ATRIBUIÇÕES CURRICULARES

	CONTEÚDOS	METODOLOGIA	AVALIAÇÃO	ORGANIZAÇÃO	INOVAÇÃO	
ESTADO	• Mínimos curriculares • Áreas e/ou cadeiras • Objetivos e conteúdos • Horários mínimos	• Orientaçãos metodológicas • Materiais, textos...	• Títulos • Promoção de alunos • Alta inspeção • Controle-inspeção	• Ordenação de níveis • Ordenação de ciclos • Promoção • Horários • Órgãos de gestão • Estrutura das escolas • Quadro de professores	• Planos de formação de professores • Planos de aperfeiçoamento • Estrutura e recursos de inovação	CENTRA-LIZAÇÃO →
COMUNIDADES AUTÔNOMAS	• Desenvolvimento de mínimos • Áreas próprias	• Orientações metodológicas • Materiais, textos...	• Controle-inspeção	• Promoção-recuperação • Agrupamento de alunos • Horários • Quadro de professores	• Planos de formação de professores • Planos de aperfeiçoamento • Estrutura e recursos de inovação	DESCENTRA-LIZAÇÃO →
ESCOLAS	• Projeto pedagógico	• Projeto pedagógico • Seleção de meios • Ordenação de recursos	• Avaliação da escola	• Agrupamento de alunos • Equipe docente • Horários • Admissão de professores	• Seminários-departamentos	AUTONOMIA ESCOLA →
PROFESSORES	• Definição de programas	• Desenvolvimento do ensino	• Avaliação dos alunos	• Ordenação da aula	• Autoaperfeiçoamento • Aperfeiçoamento horizontal	AUTONOMIA PROFESSOR

6
O currículo apresentado aos professores

- Economia, cultura e pedagogia nos materiais didáticos
- Pautas básicas para a análise de materiais curriculares

ECONOMIA, CULTURA E PEDAGOGIA NOS MATERIAIS DIDÁTICOS

A prescrição curricular que o nível político administrativo determina tem impacto importante para estabelecer e definir as grandes opções pedagógicas, regula o campo de ação e tem como consequência o plano de um esquema de socialização profissional através da criação de mecanismos de alcance prolongado, mas é pouco operativa para orientar a prática concreta e cotidiana dos professores. A determinação da ação pedagógica nas escolas e nas aulas está em outro nível de decisões. Quando se responsabiliza a administração, num sistema de intervenção como o nosso, de defeitos detectados na prática do ensino, como é o caso, por exemplo, da sobrecarga de programas, se está esquecendo desses outros níveis de determinação nos quais o currículo se fixa e ganha significação para os professores.

O professor, como veremos mais adiante, tem, de fato, importantes margens de autonomia na modelação do que será o currículo na realidade. Uma certa filosofia pedagógica e a necessidade de desenvolvimento profissional dos docentes propõe a conveniência de estimular essas margens de liberdade. A filosofia da emancipação profissional topa com uma realidade com a qual se confronta para que esse discurso liberador tenha alguma possibilidade de progredir. Uma série de razões de ordem diversa farão com que, de forma inevitável, o professor dependa, no desenvolvimento de seu trabalho, de elaborações mais concretas e precisas dos currículos prescritos realizadas fora de sua prática. Vejamos e recordemos sucintamente algumas dessas razões.

a) O fato de que a instituição escolar tenha que responder com o currículo a uma série de necessidades de ordem social e cultural fazem da prática pedagógica um trabalho complexo, no qual é preciso tratar com os mais diversos conteúdos e atividades. Noutro momento insistimos na característica de integralidade da aprendizagem pedagógica, considerando o caráter socializador da escolaridade obrigatória.

Cada uma das áreas das quais se compõe o currículo, ainda que o professor se dedique somente a uma delas, representa tradições culturais e pedagógicas amplas; contribuições muito diversas que é preciso valorizar, selecionar seus conteúdos de forma que a sua estrutura interna fique coberta em certa medida, considerando os alunos que vão aprendê-los, dar-lhes uma determinada orientação para que cumpram com certos objetivos educativos, etc.

b) O conteúdo da competência profissional dos docentes abrange a posse de conhecimentos e habilidades profissionais muito diversas. O domínio da prática de desenvolver o currículo nas aulas com alunos de determinadas peculiaridades psicológicas e culturais e fazê-lo sendo coerente com um modelo educativo aceitável implica conectar conhecimentos de tipo muito diverso na hora de atuar. Não basta justapor o conhecimento sobre a matéria ou área com outros sobre o aluno, sobre o processo de aprendizagem humano, sobre as condições do meio, da escola, dos meios didáticos, dos grandes objetivos e princípios educativos, etc., mas tudo isso deve integrar-se num tratamento coerente. O professor, quando planeja sua prática, por condicionamentos pessoais e de formação, assim como pelas limitações dentro das quais trabalha, não pode partir em todos os momentos da consideração de todos esses princípios e saberes dispersos que derivam de variados âmbitos de criação cultural e de pesquisa, elaborando ele mesmo o currículo desde zero. De algum modo, acode a "pré-elaborações" que "pré-planejam" sua atuação.

Vejamos um exemplo. Pede-se ao professor que ensine *conteúdos atualizados* da ciência que sejam relevantes para compreender em que consiste a *estrutura* desse tipo de saber; explica-se a ele da conveniência de considerar o *método científico* nas atividades que os alunos realizam aprendendo o currículo de ciências; indica-se a ele o benefício de que os alunos obtenham *aprendizados significativos;* recomenda-se a ele o método por *descoberta* para fomentar certas atitudes positivas para com a ciência; pede-se a ele que leve em conta as *concepções prévias* dos alunos sobre os tópicos que são ensinados; exige-se dele que o ensino que distribui auxilie os alunos a compreenderem a *importância da ciência* na sociedade atual como transformadora dos processos de produção através das aplicações da tecnologia. Tudo isso além de dominar técnicas de ensinar grupos numerosos com capacidades diversas, ter de avaliar seus alunos de forma objetiva, atender suas necessidades pessoais, prestar atenção aos condicionamentos do meio, considerar a complexidade das situações de ensino nas escolas, etc.

É claro que não são saberes que podem tornar-se operativos em todos os professores em pouco tempo a partir da formação que têm. As exigências da educação escolarizada crescem mais depressa do que a melhora da qualidade dos professores. Nem a formação inicial do professorado se adapta com facilidade e rapidez às mudanças necessárias. Ao professor se exige cada vez mais, mas os sistemas para sua formação e atuação se mantêm muito mais estáveis, embora o aumento do nível acadêmico de sua formação seja uma tendência crescente.

Devido às múltiplas exigências que se vertem sobre os professores, o problema está, como afirmava Bruner, em "construir currículos que possam ser distribuídos por professores atualizados a estudantes atualizados e que ao mesmo tempo reflitam claramente os princípios básicos ou subjacentes de diversas áreas de pesquisa" (apud STENHOUSE, 1984, p. 135). Isso exige, sem dúvida, segundo esse autor, materiais poderosos e inteligentes. Tática que a inovação curricular seguiu nas duas últimas décadas como via de melhora da qualidade do ensino, incidindo em muitos professores ao mesmo tempo.

c) A formação dos professores não costuma ser a mais adequada quanto ao nível e à qualidade para que estes possam abordar com autonomia o plano de sua própria prática. Com certeza porque tecnicamente não esteja bem estruturada e desenvolvida, mas talvez também porque se parta do pressuposto de que tal competência possa ser substituída por outros meios. Em relação aos professores do ensino fundamental, o nível de formação científica, humanística, etc. não é o suficiente em muitos casos para poder formar decisões sobre os conteúdos que deverão ser distribuídos, sobre a sua ponderação epistemológica, sua sequenciação, estrutura, validade, etc. Em relação aos professores do ensino médio, em sua formação de partida costuma faltar o conhecimento que pondere a importância educativa do conteúdo, o domínio de sua estrutura, etc.

d) As condições nas quais se realiza o trabalho dos professores não são em geral as mais adequadas para desenvolver sua iniciativa profissional. O número de alunos a ser atendido, as facetas diferentes que o professor deve preencher: a atenção aos alunos, a correção de trabalhos, a burocracia que origina sua própria atividade, etc. são atividades que se somam à estrita tarefa de ensinar e de planejar o ensino. De fato, não se pondera com a importância necessária a fase de programação prévia do que se vai realizar durante o período de tempo escolar.

Por todas estas razões, que são circunstanciais e, portanto, mutantes e melhoráveis, não está ao alcance das possibilidades de todos os professores planejar sua prática curricular partindo de orientações muito gerais. As condições atuais da realidade impõem aos professores acudir a *pré-elaborações do currículo para seu ensino,* que podem ser achadas na tradição profissional acumulada e nos agentes externos que lhes ofereçam o currículo elaborado. A debilidade da profissionalização dos professores e as condições nas quais desenvolvem seu trabalho fazem com que os meios elaboradores do currículo sejam como dispositivos intermediários, essenciais e indispensáveis no atual sistema escolar. Esta é a função capital que os meios didáticos cumprem, mas sobretudo os guias didáticos e os livros-texto, que são os autênticos responsáveis da aproximação das prescrições curriculares aos professores.

A dependência dos professores quanto aos meios que apresentam o currículo é um fenômeno desenvolvido em muitos sistemas educativos, transformando-se numa peculiaridade do *sistema curricular,* que expressa as condições do cargo do professor. Uma norma de comportamento tão desenvolvida e estável deve ter causas que a expliquem.

A renovação pedagógica, que preconiza o papel central para os professores no planejamento de sua prática, deve analisar as condições objetivas do trabalho profissional dos docentes, além das trabalhistas, para propiciar saídas realmente libertadoras, ao mesmo tempo em que se é consciente das dificuldades objetivas do plano. Recomendar a eliminação de qualquer meio que proporcione ao professor modelos pré-elaborados do currículo, como são os livros-texto, supõe deixar boa parte deles sem saída alguma. A liberação dos que ensinam para níveis de maior autonomia profissional passa neste sentido por uma política gradualista na qual a criação de meios alternativos cumpre um papel importante.

As análises etnográficas sobre as aulas e o estudo dos mecanismos de comportamento profissional dos professores nos confirmam a ideia de que o docente parte de plataformas pré-elaboradas para poder realizar as complexas missões que lhes são atribuídas com grupos numerosos de alunos e em condições nem sempre favoráveis. Para o professor não é fácil passar de princípios ideais para a prática coerente com esses princípios, a não ser na medida em que possa planejar uma estrutura de tarefas adequadas na qual se conjuguem conteúdos curriculares e princípios pedagógicos. Essa é a importância dos meios estruturadores do currículo.

A comunicação de ideias, princípios, alternativas pedagógicas, etc. até a prática através do currículo não é uma relação direta, linear, nem unívoca e, portanto, essa comunicação não pode ser analisada de modo abstrato, mas nas condições concretas, no contexto em que se produz tal comunicação. Os efeitos educativos que se pretende com um determinado currículo são mediados através das tarefas que os alunos realizam e dos planos que os professores fazem de sua prática, das estratégias que eles elaboram.

Seria absurdo que o professor tivesse de ser a fonte das diferentes informações que se podem utilizar e são necessárias para desenvolver o currículo nas diversas áreas ou disciplinas, ou mais em umas do que em outras, precisamente num mundo onde os meios de comunicar informação e experiência por canais variados se desenvolveram enormemente. Existem meios escritos, gráficos, audiovisuais, etc. que o professor pode aproveitar oportunamente numa determinada estratégia de ensino que ele estrutura. Mas existem outros meios estruturadores da própria ação, que oferecem a professores e alunos a estratégia de ensino em si, ainda que seja em forma de esquemas a serem adaptados, à parte da informação que se dirige aos alunos para cumprir com as exigências curriculares. Os livros-texto são o exemplo por antonomásia deste último tipo. É a esta classe de meios que nos referiremos como agentes apresentadores do currículo pré-elaborado para os professores.

O saber e a cultura que formam o currículo são postos à disposição das escolas, teoricamente, através de múltiplos canais, numa sociedade na qual abundam os meios de comunicação de todo tipo, mas, de forma paralela ao desenvolvimento de meios em geral, os que estruturam a prática escolar ocupam um papel privilegiado, quase centralizando o monopólio dessa relação cultural. É o caso dos livros-texto.

Apple (1984, p. 46) afirma:

> Gostemos ou não, o currículo da maioria das escolas norte-americanas não é determinado pelos cursos de estudos dos programas sugeridos, mas por um artefato: em particular, o livro-texto concreto, padronizado, de cada nível de curso, matemática, leitura, estudos sociais, ciências (quando são ensinadas), etc. Calcula-se, por exemplo, que 75% do tempo que os alunos dos ensinos fundamental e médio passam em classe e 90% do que passam fazendo seus deveres em casa passam com materiais em forma de texto.

O uso de tais meios é considerado inerente às vezes ao próprio exercício profissional. De fato, é conhecida a dependência do professorado de algum material que estruture o currículo, desenvolva seus conteúdos e apresente ao professor em termos de estratégias de ensino. Dados pertencentes a diversos momentos históricos referentes a professores do ensino fundamental, por exemplo, assinalam que os livros-texto são o apoio imediato dos professores para tomar decisões quanto à programação de seu ensino (INCIE, 1976; GIMENO; FERNANDEZ, 1980; SALINAS, 1987).

Esta realidade nos leva a abordar a dependência profunda que deriva para o trabalho do professor e para o ensino em geral. A existência de agentes mediadores entre o currículo e os professores é um fato que deve ser considerado numa explicação do processo de construção dos currículos, porque essa prática introduz os condicionamentos próprios mais decisivos:

1) Por um lado, peculiares mecanismos de controle sobre a prática profissional dos professores e sobre os conteúdos e métodos do ensino. Ainda mais, quando sabemos que os controles sobre o currículo baseados no *processo* se apoiam no

recurso eficaz de controlar as mensagens culturais e os códigos pedagógicos que chegam a alunos e professores.

2) De outro lado, a projeção dos condicionamentos inerentes a uma prática de produção e de mercado que persegue interesses que não são apenas os pedagógicos, com efeitos na configuração da realidade escolar. O livro-texto ou os guias curriculares que os acompanham são produtos comerciais, com peculiaridades próprias. Sua incidência nas escolas se relaciona com o processo de sua produção e distribuição. A existência deste dado nos leva a refletir sobre suas consequências sociais e pedagógicas, assim como as alternativas possíveis e necessárias.

3) A dependência do professor quanto a estes meios, autênticos planejadores da prática, reflete a autonomia profissional real que tem o professor num aspecto que, à primeira vista, é verdadeira competência profissional dos docentes.

Os agentes intermediários no plano do currículo são uma necessidade do funcionamento atual do sistema curricular e do professorado, não sendo nenhum pressuposto inarredável. Por isso, seu uso há de ser visto como uma possibilidade de desenvolver sua profissionalidade, com diferentes pautas de consumo. A inevitável dependência quanto aos instrumentos pré-elaboradores do currículo gerou uma prática que se identifica com o que é o ensino em si mesmo. Do nosso ponto de vista, como dissemos no começo, o subsistema de produção de meios faz parte integrante do sistema curricular geral, que tem um funcionamento bastante autônomo quanto às necessidades da própria prática pedagógica e dos professores, enquanto cumpre funções de controle e na medida em que é uma prática produtiva de tipo econômico.

Uma ideologia de controle sobre a prática dos professores, os próprios interesses criados pelo subsistema de produção dos meios ou a carência de um esquema explicativo da debilidade profissional e a ausência de iniciativas para superá-la poderão elevar tal necessidade conjuntural, desde um ponto de vista histórico, à importante característica do desenvolvimento do currículo, da própria prática pedagógica, ou da profissionalidade dos docentes, legitimando assim uma política de intervenção sobre a realidade escolar. É um fato curioso que constatamos às vezes: a dúvida de alguns professores sobre a obrigatoriedade de consumir livros-texto. Entre os professores e o currículo prescrito em seus traços mais gerais se situam os seus agentes apresentadores. Suas funções reais vão mais além de sua declarada missão de auxiliar os professores. Em nosso caso, além de ser uma prática econômica, tem sido historicamente a forma de controlar o currículo e a atividade escolar.

A necessidade de elaborações intermediárias do currículo para os professores, sendo uma necessidade conjuntural, não pode nem deveria se converter numa prática de controle e desprofissionalização dos professores, mas ser um meio entre outros possíveis e necessários. Daí que a política curricular deveria se perguntar que tipos de meios podem ser mais úteis para instrumentar um determinado currículo, que sejam ao mesmo tempo eficazes no auxílio aos professores e no desenvolvimento de sua profissionalização. Além disso, deveria abordar as consequências de manter um sistema indireto de controle sobre o currículo que, de fato, torna determinados meios, como os livros-texto, elementos quase obrigatórios para guiar e controlar a própria prática. A origem deste mecanismo de controle entre nós deixa poucas dúvidas a respeito.

Neste tema coincidem propósitos e interesses geralmente difíceis de conciliar e que é preciso esclarecer: elaboração dos conteúdos do currículo, orientação do professorado, controle do currículo, política de implantação de certas inovações ou reformas e interesses econômicos.

Em torno desses meios, cria-se uma série de práticas educativas e econômicas devido ao importante capital econômico investido nestes produtos culturais tão característicos. Observa-se a peculiaridade de que, enquanto o financiamento de outros meios didáticos alternativos está a cargo da escola, os livros-texto, material privilegiado, corre por conta dos próprios alunos.

Os livros-texto no sistema escolar não são como outros produtos culturais, nem são livros comuns numa sociedade de livre mercado, são peculiares em sua concepção, em suas funções e nas leis de produção e consumo pelas quais funcionam. O currículo no ensino fundamental e médio é regulado por níveis ou cursos de duração anual, dividindo-o em numerosas porções abordáveis com materiais diferenciados. Todos os alunos de um mesmo grupo, curso e até mesmo escola têm atribuído para cada ano um mesmo grupo de textos. Dessa forma, esses produtos têm a garantia da caducidade para seus consumidores, devido às próprias regulações curriculares que a administração realiza, o que redunda em lucro do produtor e em alto custo para os consumidores que estarão, num prazo mínimo de oito anos, adquirindo-os. Têm um mercado assegurado para grandes tiragens de produtos homogêneos, devido à quantidade de consumidores, cuja vigência está garantida por um tempo prolongado para sucessivas ondas de usuários. Trata-se, além disso, de um mercado sempre dividido por um número reduzido de firmas, o que, de fato, reduz a competitividade e conduz ao monopólio. Esta condição e a própria ordenação a que a administração o submete leva à existência de um número muito restrito de possíveis materiais diferenciados. Grande amplitude de mercado, caducidade e homogeneidade dos produtos é algo pouco adequado pedagogicamente, mas muito rentável do ponto de vista econômico.

Estamos frente a uma prática com repercussões muito diretas na própria qualidade dos conteúdos que os alunos podem aprender quando dependem unicamente dessas fontes de informação. O fato de que poucos materiais – os livros-texto – tenham de abordar todo o currículo, sendo a base das informações a partir das quais os alunos obterão as aprendizagens necessárias, devido às condições de sua produção, induz a que os livros-texto abordem os conteúdos em forma muito pobre e esquemática. Daí que, do ponto de vista cultural, sejam produtos estereotipados e, em muitos casos, bastante deficientes. Um livro-texto que se estendesse no desenvolvimento dos tópicos que abrange com informações diversas, abordando os temas de diferentes pontos de vista, contextualizando os conhecimentos, estendendo-se no seu desenvolvimento, analisando aplicações e consequências, exemplificando conceitos, fatos, princípios e teorias que aborda, ilustrando-os graficamente, etc., trabalhando-os através de atividades muito diversificadas, formaria um volume inabarcável e caro. Algo impossível para um livro de custo moderado e caducidade anual.

Compare-se a qualidade de certos livros que o mercado editorial oferece, inclusive as próprias empresas editoriais de livros-texto, sobre literatura infantil, análise de culturas, vida dos povos, fenômenos da natureza ou qualquer outro tema, em publicações de consumo extraescolar, com a qualidade das informações dos livros-texto sobre esses mesmos temas. As aves, o fato histórico, a vida de um ecossistema ou uma forma de produção industrial são tópicos que encontramos desenvolvidos em livros e outros materiais amenos e atrativos, com informações interessantes para os alunos em formatos diferentes do formato dos livros-texto. Dar a todo esse conteúdo a forma de livro-texto para uma área, recolhendo-o com a amplitude suficiente, tratando todos os tópicos, levaria a um volume inexequível. O preço no mercado de um livro-texto equivale ao preço de qualquer outra publicação que trate um desses tópicos monograficamente.

Textos que ficam ultrapassados todos os anos e que são consumidos homogeneamente por todos os alunos não podem ser algo além de resumos esquemáticos de informações descontextualizadas. A qualidade cultural dos meios empregados como tradutores do currículo passa pela sua acumulação, ou seja, pela possibilidade de usá-los durante vários anos de um ciclo, ou que distintos alunos utilizem sucessivamente os mesmos materiais, por exemplo, rompendo o esquema de propriedade individual para todos e cada um deles.

As condições de produção e consumo de textos para desenvolver o currículo impedem que estes sejam algo diferente de retalhos justapostos de saberes entrecortados de escasso valor cultural, mesclados com exercícios para os alunos, que sugerem a pauta de comportamento destes e dos professores. Sem mudar as pautas de consumo e produção de textos, favorecidas pela regulação administrativa sobre o currículo em nosso sistema educativo, é muito difícil que se possam ter meios culturais melhores nas escolas. A medida que os professores dependam, em sua prática, unicamente desses meios, teremos uma prática de qualidade similar. Daí o paradoxo de bons livros de leitura infantil, de divulgação, de ensaios, etc. diante de textos de escasso valor como instrumentos de cultura. Enquanto não se for consciente da interação recíproca entre regulação administrativa do currículo, seus meios tradutores, mecanismos de consumo, qualidade cultural dos meios e dependência pedagógica dos professores, será difícil melhorar a prática.

A estabilidade dos livros-texto foi definida como uma medida de política social para favorecer sua transferência entre filhos de uma mesma família, sempre que estejam na mesma escola, mas esse benefício social é irrelevante e válido apenas quando os filhos vão a cursos próximos na escolaridade, ao lado dos benefícios econômicos que produzem a garantia de sua permanência. Entre nós, a vigência dos livros-texto em EGB costuma ser de uns 3-4 anos na segunda etapa, existindo escolas que a prolongam até oito anos ou mais. Na área de idiomas estrangeiros parece existir uma maior variedade de produtos consumidos devido à concorrência que representam materiais elaborados em outros países. Numa mostra aproximada de 100 centros de EGB, comprovamos que mais de 80% do mercado editorial é distribuído por três grandes editoras (GIMENO; PEREZ, 1987b).

O uso dos livros-texto se estende a qualquer área do currículo, tanto para matemática como para ciências sociais ou para expressão plástica. Às vezes se produz a situação grotesca de materiais para expressão gráfica que não são nada mais do que umas *folhas em branco* nas quais desenhar, alternadas com modelos gráficos sugeridos aos alunos, encadernadas em formato de livro individual. A velha prática de dispor, na classe, de papel e de lâminas para reproduzir é substituída por uma prática muito rentável de fazer com que todos comprem tais lâminas. Evidentemente, o preço dessas *folhas em branco* encadernadas é bem mais elevado do que comprar papel separado, e o professor economiza a busca do modelo gráfico a ser imitado ou a simples ordem de "tema livre" para os alunos. Permitem-lhe uma regulação facílima da atividade: "Crianças, façam tal lâmina". "Façam em casa esta outra".

O mecanismo se adona de qualquer brecha onde se utilize material impresso. Agora se estende também às férias, seja para "recuperar" ou para manter o "hábito de trabalho". É preciso uma defesa do "consumidor" neste terreno, como foi estabelecido em outras esferas do consumo.

Todo este amplo mercado de produtos pouco variados, que se vai acrescentando cada vez mais em torno de qualquer área do currículo, funciona com a garantia de êxito, inclusive à margem de sua qualidade; seu sucesso comercial não depende tanto desta, como ocorre com outros produtos no mercado dirigidos pela lei da oferta e da procura, mas de que seu uso está garantido e legitimado pela própria política de organização e desenvolvimento do currículo, pela debilidade profissional dos professores e pela carência de outros meios alternativos.

É uma prática que impede a acumulação de meios nas escolas e que está a favor de sua caducidade temporal: o material se renova com o simples progresso dos alunos no sistema escolar. Ao lado deste produto editorial que caduca todos os anos, se se superam as exigências, a dotação de materiais estáveis em bibliotecas e o seu uso regular na atividade normal de classe é muito baixo. A biblioteca escolar como fonte de informações e de lazer se relega, às vezes, a satisfazer tempos residuais que sobram das atividades puramente curriculares, a leituras paralelas, a tarefas extraescolares, etc.

Na medida em que a parte mais substancial do investimento de meios econômicos familiares se realiza em material didático deste tipo, consumido ano após ano, se produz a estabilização de um pequeno número de produtos, o que ocasiona um elenco muito reduzido de estilos de ensino possíveis, uma homogeneização da prática pedagógica. Ou seja, um professor tem poucas possibilidades de contar com o material preciso e adequado para ensinar Ciências Naturais, por exemplo, sem lançar mão dos livros-texto, apesar de a indústria editorial proporcionar recursos de qualidade e de interesse para os alunos, para não falar do abundante material filmado existente neste campo. Para pôr todos esses elementos à disposição dos professores e dos alunos se necessita de outras pautas de produção de materiais estruturadores do currículo e outros mecanismos para poder acumulá-los nas escolas.

A competência profissional de desenvolver o currículo, em princípio uma das atribuições verdadeiras do professor, é compartilhada, quando não monopolizada, pelos mecanismos de produção de materiais que há por trás de um número reduzido de firmas comerciais. A elaboração do currículo fica assim repartida dentro do sistema educativo entre diferentes agentes, inclusive nos aspectos estritamente técnico-profissionais. O caráter inoperante das prescrições curriculares na definição da prática e a debilidade profissional dos professores farão com que essa distribuição seja desigual e favorável aos meios "tradutores" do currículo. Neste sentido, a desprofissionalização dos docentes é inevitável nas atuais condições de formação e de trabalho.

A subtração de competência profissional, provocada pelo planejamento da prática fora do âmbito de ação dos professores, é um fenômeno coerente com o que ocorreu em outras profissões, como consequência da transformação dos processos de produção, sua taylorização e a incorporação de tecnologias avançadas, que impuseram a distribuição e separação de funções: planejar o produto, por um lado, e produzi-lo, por outro (GITLIN, 1983). A separação de funções em atividades cada vez mais especializadas, devido à complexidade do processo global de produção, para dirigir uma determinada realidade ou criar algo, supõe o domínio técnico de aspectos parciais sem capacidade dos agentes para intervir no todo. Por isso, a desprofissionalização implica exercer o controle fora do âmbito dos que realizam a prática. Os professores não são donos de sua prática nem têm autonomia, pois não são os únicos agentes em sua configuração e, inclusive, em níveis técnico-pedagógicos, já que não duvidamos da necessidade de que, na educação, intervenham controles sociais democráticos.

Às vezes, a partir do conhecimento pedagógico, propomos fórmulas e esquemas que, por inviáveis para os professores, que não trabalham em condições ideais, só são possíveis de serem realizados fora de seu local de trabalho, por agentes exteriores, o que supõe favorecer linhas de inovação que partem do pressuposto de separação das funções de planejamento e execução, ou acentuadoras dessa separação.

Tal distribuição de funções, que separa a concepção do trabalho de sua execução, em instâncias, agentes e pessoas diferentes, repercute em uma desprofissionalização dos professores como coletividade profissional, sendo, segundo Apple (1983) e Gitlin (1983), mais uma manifestação da ideologia de controle imposta por procedimentos técnicos não coercitivos nem autoritários. Os controles técnicos produzem menos consciência de que existem, impondo-se através da própria estruturação do cargo, por meio da própria hierarquização de funções separadas em que se baseia. O controle, neste caso, se legitima na existência da estrutura total de funções tal como estão distribuídas. Obviamente, planejando a prática fora das suas exigências e à margem de seus agentes mais diretos, pode-se impor qualquer modelo de comportamento com maior facilidade.

Naturalmente, de forma paralela, essa distribuição de funções implica uma divisão e separação do conhecimento necessário para exercer cada uma delas, que, em cada caso, será considerado próprio de quem efetue a função parcelada; com o que a desprofissionalização não é só técnica, mas intelectual, afetando as bases de conhecimento da atividade. Nessa mesma medida, haverá conhecimentos considerados "próprios" dos professores e outros que o serão de outro tipo de profissionais, "peritos" ou agentes.

Apple (1983, p. 148) afirma que: "quando um trabalho se desprofissionaliza, o conhecimento que em outro tempo o acompanhava, conhecimento controlado e utilizado pelos realizadores do trabalho em sua atividade cotidiana, também se vai para outra parte".

Não é de estranhar que, em momentos de forte tecnificação de toda a atividade produtiva e social, se preveja para os professores o mero papel de executores de uma prática, alguém que desenvolve seus planos realizados a partir de fora – uma acepção "modernizada" de sua dependência histórica. Podemos notar um exemplo no ensino programado, que trazia, em sua própria concepção, essa imagem desprofissionalizadora dos professores incapazes de realizar os programas e teve seus detratores em alguns grupos deles que, em princípio, viram seu cargo ameaçado. Os mesmos efeitos têm outros materiais estruturados, caso de muitos "pacotes" de ensino individualizado que o aluno se autoadministra, etc.

O ensino com meios audiovisuais complexos, o ensino acompanhado por inspetor, a incorporação de novas tecnologias ou qualquer plano cujo domínio técnico fique fora das possibilidades dos professores carregam essa mensagem profissional, implícita ou explicitamente. Se é difícil, nas condições atuais, que um professor substitua com sua iniciativa os livros-texto, existindo muitos outros meios escritos a seu alcance, pensemos em suas possibilidades quando o conteúdo possa lhe ser dado estruturado por um programa de computador. Ou se prevê para os professores uma competência profissional superior ou eles serão meros consumidores de elaborações exteriores. Não esperemos que tais elaborações respondam a fins pedagógicos desinteressados. Hoje não apenas se produzem objetos diversos que satisfazem necessidades para as quais são planejados, mas também a própria dinâmica de sua criação estimula a necessidade de seu consumo, buscando-lhe possíveis usos *a posteriori*. Também não esqueçamos que, quanto mais complicado é um produto, mais fácil é ocultar do consumidor a estrutura de sua produção. Não se trata de adotar a posição apocalíptica nem negar as possibilidades da tecnologia, que são evidentes, mas de analisar consequências e ser conscientes de que a qualidade cultural e pedagógica dos professores deve ser cada vez mais alta, para que possam ter certo controle sobre sua própria prática.

O professor pode utilizar quantos recursos sentir necessários para auxiliá-lo, mas a dependência dos meios estruturadores da prática é um motivo de desqualificação técnica em sua atuação profissional. À medida que use materiais que estruturem conteúdos e atividades, sequenciem e aceitem objetivos muito definidos, seu papel se reduzirá a *facilitar* esse currículo estruturado mais do que *buscar* outras alternativas possíveis (GITLIN, 1983, p. 210) ou satisfazer às necessidades de seus alunos. É, enfim, o que ocorre com os próprios livros-texto: não são apenas recursos para serem usados pelo professor e pelos alunos, mas passam a ser os verdadeiros sustentadores da prática pedagógica. Assinalam o que deve ser ensinado, dão ênfase a uns aspectos sobre outros, ressaltam o que deve ser lembrado ou memorizado, dirigem a sequência de ensino durante períodos longos ou mais curtos de tempo, sugerem exercícios e atividades para os alunos que condicionam processos de aprendizagem, assinalam critérios de avaliação, etc. Na medida em que os materiais são depositários da capacidade de estruturar o conteúdo e os processos educativos, devemos estar conscientes das dificuldades que encontrará qualquer projeto de melhora do ensino que não passe pela alteração desses mecanismos ou pela melhora da qualidade de tais materiais.

São meios planejados fora das condições da prática, mas em troca são autênticas programações para o professor, pedagogia prática estruturada de antemão, e não se decidem em função das necessidades de grupos concretos de alunos ou contextos culturais, nem se corrigem ou melhoram de acordo com os defeitos encontrados em sua utilização, etc. Os professores perdem capacidade de planejamento e lhes é recomendada a função de provocar o ajuste dos alunos às exigências do planejamento exterior. Esta é a explicação, por exemplo, da imagem de programas sobrecarregados que às vezes temos, que provocam uma dinâmica de processos de aprendizagem superficiais nos alunos, mas que o professor segue porque são padrões de comportamento técnico profissional para ele. Muitas tarefas para casa para os alunos são obrigações impostas a eles para dar cumprimento às exigências que o próprio livro-texto sugere ao professor e que ele adota como guia pedagógico. Se o professor se torna, em muitos casos, um mero gestor de tarefas, a pauta à qual estas se veem submetidas, ao menos no ensino fundamental, é proporcionada pelo livro-texto.

A separação do plano da execução tem três consequências importantes. Em primeiro lugar, como afirma Apple, a perda de competência a favor das empresas que elaboram os materiais didáticos supõe para os professores a necessidade de controlar melhor os alunos na obediência à sequência e ao plano proposto.

Em segundo lugar, tem uma projeção indireta na configuração de um estilo profissional individualista entre os professores, com profunda repercussão para modelar todo um estilo nas escolas e na coletividade profissional:

> O incremento do emprego de sistemas curriculares pré-empacotados como formatos básicos para desenvolver o currículo resulta virtualmente em que a interação entre professores não seja necessária. Se qualquer coisa é racionalizada e especificada antes de sua execução, então o contato entre professores sobre os problemas práticos do currículo se minimiza. (APPLE, 1983, p. 152).

Afiança-se um estilo profissional assentado em três bases: o material que propõe o currículo, o professor que o desenvolve e o aluno que tem de se submeter a ambos. E tudo isso dentro de uma dinâmica de isolamento profissional de cada professor com seu grupo de alunos em sua aula. Afinal de contas, as dificuldades de sua prática, durante um ano, um trimestre, etc. ficam resolvidas seguindo um determinado material e ele não precisa se comunicar com outros para desenvolver seu trabalho tal como está estruturado. A coordenação de equipes docentes durante um ciclo, por exemplo, para efeitos de sequência de ensino, é substituída pela dependência de uma mesma editora, ficando garantida, assim, a continuidade curricular.

Em terceiro lugar, a ênfase na acomodação a aspectos técnicos do trabalho limita a capacidade para usar seu próprio conhecimento pessoal na direção da aprendizagem dos alunos (GITLIN, 1983, p. 202). A adaptação do currículo às necessidades destes, a importância de contar com suas experiências, se veem obscurecidas pela sequência de aprendizagem preestabelecida nos materiais que regulam o currículo, quando o professor, por conveniência ou imposição, tem de abrir mão deles.

Eis aqui a importância dos materiais didáticos que desenvolvem todo o currículo:
1) São os tradutores das prescrições curriculares gerais e, nessa mesma medida, construtores de seu verdadeiro significado para alunos e professores.
2) São os divulgadores de códigos pedagógicos que levam à prática, isto é, elaboram os conteúdos ao mesmo tempo em que planejam para o professor sua própria prática; são depositários de competências profissionais.
3) Voltados à utilização do professor, são recursos muito seguros para *manter a atividade* durante um tempo prolongado, o que dá uma grande confiança e segurança profissional. Facilitam-lhe a direção da atividade nas aulas.

O currículo é regulado por ciclos e cursos, e a cada curso, em qualquer área, corresponde um material didático que o professor só deve propor a seus alunos para ser adquirido. Abrindo mão deles, seguindo-os em linhas gerais, garante o andamento de uma classe ou grupo de alunos que nem sempre trabalham no mesmo ritmo, preenche com atividades um período de tempo. Num trabalho descontínuo entre cursos, trimestres, dias e classes, seu seguimento mantém a atividade. Funções tanto mais imprescindíveis para os professores quanto mais débil seja sua formação e mais negativas as condições nas quais desenvolve seu trabalho.

Estes mecanismos de elaboração curricular resultam imprescindíveis para compreender as práticas pedagógicas. O que é o ensino, as práticas de avaliação, o conhecimento dos docentes, o próprio currículo em si não podem ser explicados à margem das formas através das quais este se desenvolve.

Os meios apresentadores do currículo supõem um mercado que aproxima dos alunos um produto cultural e aproxima deles e dos professores um instrumento pedagógico. O produtor dos meios não é um mero intermediário entre a produção cultural e os consumidores, como é o caso de um editor qualquer, com todo o poder que isso supõe de difusão de uns produtos frente a outros, mas um agente ativo na determinação do currículo nas instituições educativas de um país. O editor de livros-texto, ou de qualquer outro meio que desenvolva o currículo, não só cria e distribui produtos culturais, como também configura uma prática pedagógica e profissional.

Esta peculiaridade legitima os poderes públicos para intervir e regular de alguma forma sua produção e distribuição. O problema é analisar a eficácia de tal intervenção para oferecer um bom produto, e se não seria mais conveniente intervir na melhora da prática com outros meios ao mesmo tempo em que se liberaliza o mercado: produzir dinâmicas distintas de desenvolvimento curricular, favorecer materiais para servir estritamente às necessidades dos professores, estimular o seu intercâmbio entre os professores, alterar o caráter descartável que esses meios têm, favorecer sua diversificação, etc. Ao mesmo tempo é preciso consciência de que, pelo mecanismo de controlar o processo pedagógico que se exerce pelos livros-texto que desenvolvem o currículo, não se melhora a prática nem se incide realmente em sua qualidade.

É curioso que a economia mista, de iniciativa pública e privada, seja defensável em setores produtivos diversos e de serviços, ou que se entenda o apoio com meios públicos à produção e difusão de certos bens culturais, livros, cinema, imprensa, etc. neste campo tão decisivo para a educação geral, bastando um mero controle administrativo, e que não se estimule a criação de melhores recursos, quando são tão decisivos para a prática.

A inovação do ensino a partir da elaboração de novos materiais pedagógicos tem sido uma constante nas estratégias de melhora massiva dos sistemas educativos desenvolvidos durante mais de duas décadas na Europa e nos Estados Unidos, ainda que hoje já não se veja uma panaceia nessa estratégia. Mas deixaram atrás de si materiais variados e potentes para professores e alunos (STENHOUSE, 1986) como consequência do trabalho interdisciplinar de pesquisa, de experimentação e de depuração na prática. Seguramente, entre nós, a melhora do ensino também se deve, em boa parte, à maior qualidade dos livros-texto, mas falta, no entanto, uma política de intervenção decidida para fomentar a pesquisa e experimentação de materiais alternativos; algo que as editoras ou não podem se permitir quando são fracas ou não têm necessidade de fazê-lo para colocar seus produtos no mercado quando são fortes. Em nosso caso, não existe tradição nem possibilidade à vista de que entidades privadas, empresas, fundações, instituições de pesquisa, universidades, etc. entrem nesta dinâmica, como ocorreu noutros países desenvolvidos. Ou a administração pública incentiva-a ou ninguém se preocupará com isso.

Se se quer utilizar o desenvolvimento do currículo para otimizar a prática do ensino através da melhora dos professores, se se pretende mudar os conteúdos da educação para elevar a sua qualidade, ou se intervém nos mecanismos reais que traduzem o currículo, ou as reformas ficam em meras disposições administrativas, embora uma nova retórica sempre acaba gerando alguns significados novos. A política que queira incidir na qualidade do ensino deve mudar a estratégia de divulgar a retórica pedagógica através de disposições administrativas, pela geração de recursos, para que os princípios se realizem na prática.

Daí a importância e a dificuldade que a política curricular progressista tem, com uma perspectiva liberadora dos professores, para renovar o seu ensino e a sua qualidade, planejando ações que satisfaçam necessidades presentes do professorado, mas que, ao mesmo tempo, incidam em seu desenvolvimento profissional progressivo. A política curricular é condicionadora da prática, não ao declarar, nas disposições administrativas sobre o currículo, como esta deve ser, mas:

1) Na medida em que possa alterar e melhorar uma determinada distribuição de competências profissionais no plano curricular, o que é um instrumento de profundo poder para condicionar a competência profissional dos professores.
2) Propiciando a criação e diferenciação de meios que traduzem o currículo para todos os professores.
3) Potenciando grupos de professores ou equipes interdisciplinares para criar materiais alternativos que se difundam a outros professores.
4) Exercendo o controle do currículo por outros meios que não seja a vigilância administrativa dos materiais que os professores e alunos usam. A fórmula vigente é pouco eficaz e, além disso, tem inconvenientes pedagógicos indiretos.

Um professor que crie todos os meios didáticos para sua prática, inclusive trabalhando em grupo, é, no melhor dos casos, uma meta. A imagem do profissional autônomo é um discurso liberador, mas não é um ponto de partida para todos os professores. Estimular grupos nesse sentido é necessário para percorrer o caminho até ela, mas fazem falta paralelamente medidas e meios de aplicação massiva, consumíveis por todo o professorado, que instâncias intermediárias têm de produzir. Hoje, entre nós, apenas as editoras de livros-texto ocupam esse espaço. A complexidade do conhecimento, sua articulação em currículos será cada vez mais uma trabalho complicado para um professorado que se renova muito lentamente no sistema escolar. Inclusive a necessidade política de aperfeiçoamento do professorado, inescusável em qualquer caso, pode preencher com dificuldade uma brecha que cada dia será mais ampla.

Caminhando para a meta, existe uma via privilegiada para comunicar ideias ou princípios com a ação dos professores, que reside nos elementos estruturadores do currículo. É preciso sempre reconhecer seu valor quando, por suas condições, contribuam para desenvolver um modelo pedagógico adequado e não sufoquem a capacidade profissional dos professores, mas a estimulem.

Em cada sistema educativo, de acordo com o campo legal que o regula e em função de certas traduções, formação e organização do professorado, mercado de materiais didáticos, forças sociais, econômicas, etc., o papel que o professor tem e os meios técnicos na elaboração do currículo que os alunos trabalham é muito peculiar, ainda que existam tendências dominantes similares em muitos países.

Quebrado o monopólio fechado dos livros-texto, se se dispusesse de materiais mais variados, se retornaria ao mesmo problema da dependência, mas já em outro nível de qualidade. Muita inovação é explorada pelos mecanismos do mercado de forma imediata. Pode-se dizer que existe toda uma economia da inovação escolar (PAPAGIANNIS, 1986). Como acontece no resto da sociedade de consumo, muitas inovações no mercado dos materiais didáticos têm como função provocar a caducidade do material existente, deixando de fato antiquado o material anterior, criando uma nova demanda de outros produtos, sem que a função básica do que substitui mude a dos substituídos. Isto é o que ocorreu quando o setor privado, sem mais controle, patrocinou novos projetos curriculares em outros países.

Esta determinação da prática por parte dos materiais curriculares pode ser vista como negativa se acreditamos que anula a capacidade de iniciativa dos professores, pois pode tornar as tarefas acadêmicas em algo pouco flexível e pouco adaptado às peculiaridades dos alunos e a seu contexto. Mas também pode ser utilizada como uma estratégia de inovação da prática, como uma oportunidade para incidir na realidade, se se sabe aproveitar adequadamente.

A possibilidade de estabelecer estratégias de melhora do currículo através de materiais mediadores ou a de renovar a prática com eles depende de uma série de condições:
  a) Análise das características do desenvolvimento curricular num determinado contexto escolar condicionadas pela política curricular, a sua administração, uma tradição historicamente condicionada, o sistema de controle, etc.
  b) Existência de variedade de recursos, adaptados a diferentes necessidades de alunos, ambientes culturais, etc. Os meios disponíveis num dado momento darão a configuração final possível do projeto curricular na prática. Materiais muito padronizados podem ser úteis para certas áreas, mas cercearão determinados objetivos de outras, como as ciências sociais e a linguagem.

c) Existência de políticas em nível geral e no centro escolar favoráveis à acumulação de meios utilizáveis pelos alunos, ao invés de provocar seu consumo acelerado e limitar sua utilidade.
d) Esquemas de organização docente nas escolas para a utilização flexível de abundantes meios coletivos.
e) Meios estruturadores que sugiram aos professores ideias a serem desenvolvidas e experimentadas mais que esquemas terminados aos quais se acomodar.
f) Criação de equipes interdisciplinares, de professores, especialistas na matéria, peritos em educação, etc. que elaborem propostas para experimentar e difundir entre o professorado, com o apoio de meios públicos e privados.
g) Compreensão da implantação de qualquer novo currículo ou materiais que o reflitam como um processo ligado ao aperfeiçoamento dos professores nas ideias centrais que contenham. A política de aperfeiçoamento, desligada das tarefas práticas reais que os professores realizam em seu centro de trabalho, pode ser bastante ineficaz.
h) Revisão dos mecanismos de autorização de materiais pedagógicos. Através dos meios que traduzem para os professores e para os alunos, se comunicam explícita ou implicitamente pautas de comportamento pedagógico. Mas seria um erro pensar que a autorização administrativa dos materiais pode ser um mecanismo eficaz para favorecer um bom ensino. Numa sociedade aberta, democrática e com um enfoque criativo de atuação dos professores, é preciso escolher um caminho diferente ao que se estabeleceu para ter o controle ideológico sobre as escolas.
i) Consideração, nos programas de formação inicial de professores, dos temas e problemas relacionados com os meios didáticos, especialmente os que traduzem o currículo, para que adquiram pautas para sua valorização e comportamentos profissionais que lhes deem segurança, sem cair numa dependência profissional absoluta e alienadora.

A melhora dos meios que traduzem e elaboram o currículo é uma via de eficácia reconhecida para elevar a qualidade do ensino, daí a necessidade de considerá-la numa política de renovação pedagógica. Os resultados da pesquisa ressaltam que o ensino e seu conteúdo são determinados em grande medida pelos materiais. Os alunos passam boa parte de seu tempo nas aulas e nas tarefas em casa em interação com eles. Meios que dizem se dirigir a um mesmo propósito, área ou cadeira e curso podem ser, na realidade, bastante distintos entre si. Entre nós não costumam ser avaliados e experimentados antes de produzi-los em massa. Os professores os escolhem entre o repertório disponível, muitas vezes sem conhecimento de opções diferentes, além disso investem pouco tempo no processo de sua escolha e não foram formados nem informados convenientemente para selecioná-los (GALL, 1981).

PAUTAS BÁSICAS PARA A ANÁLISE DE MATERIAIS CURRICULARES

Não é fácil dispor de pautas para a avaliação de materiais curriculares, pela simples razão de que, à parte de suas condições físicas e qualidade de sua informação e adequação a seus consumidores, de um ponto de vista pedagógico, enquanto estruturam a prática, as condições adequadas dependem das funções que se pretende devam cumprir. A peculiaridade de cada área ou cadeira do currículo implica necessariamente considerar critérios específicos de valorização. No entanto, abstraindo, propomos os seguintes pontos de reflexão.

Orientações básicas

- O professor é um consumidor de um importante mercado em cujos mecanismos reguladores deve propor-se intervir. Pelo fato de que atrás de todo material existe um produtor e um processo de elaboração, seria conveniente se perguntar por ele e se foi experimentado antes de sua comercialização definitiva, escolhendo-o comparando vários deles.
- Os professores deveriam pedir ao produtor do material uma declaração explícita das orientações pedagógicas, psicológicas e uma justificativa da seleção de conteúdos, de sua sequência e da estrutura que os ordena. Se dispõe de ideias diretrizes, torne-as explícitas, para assim saber, ao menos, quando não as têm.
- O professor deveria escolher materiais que pudessem ser aproveitados pelos alunos durante mais de um ano, ao menos os que se dedicam a oferecer informações elaboradas.
- O investimento de recursos estáveis na escola ajudaria a diversificar os materiais disponíveis para alunos e professores, coerentes com uma metodologia de busca para os alunos válida a partir de certas idades.
- O professor deveria abordar a possibilidade de substituir livros-texto por outros materiais que tratam os mesmos tópicos exigidos pelo currículo prescrito, mas de forma mais sugestiva. Buscar informação e saber ordená-la são habilidades básicas da educação obrigatória que não se podem cumprir com a dependência de um só livro-texto. É mais fácil encontrar alternativas em algumas matérias do que em outras. Deveria pensar que certos materiais podem ser substituídos por outros talvez menos caros que cumpram as mesmas funções, especialmente quando se dedicam a sugerir atividades aos alunos. Recolher, fichar e classificar informação pode ser muito útil como meio de acumular dados e conhecimentos aproveitáveis. O livro-texto apela para o uso de outros materiais variados, para meios de informação diferentes do próprio texto?
- A seleção coletiva dos materiais assegura a possibilidade de comunicar experiência profissional e conhecimento sobre os mesmos.
- A extensão de um material curricular nem sempre tem relação direta com sua qualidade.
- Os professores deveriam recolher sistematicamente opiniões dos alunos sobre os materiais, comunicando aos editores os defeitos encontrados.
- Os livros-texto dificilmente poderão oferecer informações sobre problemas atuais ou elaborações sobre temas relacionados com o contexto imediato.
- Os materiais nos quais o aluno escreve ou desenha são por definição de uso limitado e costumam encarecer seu preço.
- Adequação ao aluno.

Conteúdos

- Interrogar-se pelas concepções subjacentes aos conteúdos que se distribuem. Valor do conhecimento que se defende explicitamente.

- Cobertura de aspectos de uma área ou disciplina. Ponderação de componentes internos: dados, fatos, princípios, teorias, conceitos básicos, visão geral de um problema frente a informações fragmentadas, etc. Conexão de conteúdos com problemas práticos, sociais, pessoais, etc.
- Se a estrutura fosse explícita, o material poderia assinalar facilmente o que são componentes básicos e elementos de desenvolvimento dos componentes.
- Conexão interdisciplinar entre conteúdos de tipos diversos, relações, etc.
- A sequência ou ordem de temas propostos pelo material, quando não existe justificação da estrutura proposta, não deve ser seguida necessariamente, exceto se o domínio dos primeiros seja necessário para os seguintes. Podem se estabelecer, em princípio, sequências muito diferentes para chegar ao mesmo resultado, sobretudo em áreas ou materiais sem estrutura epistemológica linear.
- Se existe preocupação em fazer conexão com a realidade social, admissão de diferenças culturais ou subculturas do contexto de uso. Proximidade a problemas cotidianos.
- Currículo oculto: valores implícitos, preconceitos, estereótipos culturais, tratamento de conflitos sociais e de problemas controvertidos, valorização de diferenças sociais: cultura, sexo, raça, religião, etc.

Estruturação pedagógica

Tarefas do professor

- O professor deveria pensar no papel profissional que ele cumpre com o uso de diversos tipos de materiais, de acordo com as tarefas que o seguimento de algum material determinado o obriga. Um material muito estruturado talvez lhe seja mais cômodo, mas lhe ajudará pouco no seu desenvolvimento profissional. Tarefas didáticas que o professor deve completar: explica, resume, discute, organiza trabalho, perguntas e respostas, trabalho individual, demonstrações, laboratório.
- As estratégias didáticas para alunos concretos sempre têm de ser acomodadas pelo professor à realidade de cada caso. Nenhum material pode lhe dar todas as decisões pedagógicas elaboradas.
- Extensão da programação que cada material permite: de ciclo, anual, trimestral, etc.
- O uso de determinados materiais condiciona o conjunto de tarefas do professor: trabalho fora da aula, reprodução, busca, inclusive fora da escola, o que deve ser visto em seu horário de trabalho.

Tarefas do aluno

- O tipo de tarefa que o material traz para o aluno condiciona a atividade de aprendizagem, o âmbito de estímulos aos quais o aluno tem acesso, apropria riqueza do processo de ensino-aprendizagem. Tarefas diversas em uso prolongado produzirão ambientes escolares e efeitos distintos: observar, manipular, ler-compreender-resumir, tomar notas, assimilar, dar posições pessoais, buscar respostas dentro e fora do próprio material, idear ou imaginar, despertar interrogações, propor-organizar, realizar modelos, fotografias, planos, labora-

tório, manipulação, apelar à experiência pessoal, ordenar informação, discutir, cooperar, avaliar, etc. Pouca variedade de tarefas ocasiona modelos pedagógicos mais monótonos.
- Recursos que sugere utilizar ou combinar com outros meios. Fontes de informação legitimadas pelo material: professores, livros, jornais, etc. Complementaridade: sugestões de saídas do material estritamente curricular. Um defeito de muitos materiais reside em não sugerir atividades que não sejam o uso do próprio livro-texto, o que os torna autossuficientes.
- Todo material, independentemente da área à qual se dirija, deveria cultivar objetivos comuns a todo o processo educativo, como favorecer a comunicação entre alunos, propiciar a expressão pessoal, cultivar atitudes de tolerância, etc.
- Tipos de objetivos educativos ocultos: de conhecimento, habilidades, valores, atitudes, hábitos, etc. pelas atividades que sugere.

Ao falar dos meios que desenvolvem o currículo como seus mediadores ou veículo de ideias e concepções diversas para a prática, se coloca a exigência de realizar a análise em dois níveis: um nível de determinações *explícitas* para a prática formuladas nos materiais curriculares, que se nota na sua simples leitura, e um nível de determinações *implícitas,* que devem ser extraídas a partir da sua análise: de seu conteúdo, das orientações para os professores, das atividades sugeridas aos alunos. Acostumar-se a descobrir e discutir tais determinações é um bom recurso para refletir sobre a própria prática.

7
O currículo modelado pelos professores

- Significados, dilemas e práxis
- Concepções epistemológicas do professor
- Dimensões do conhecimento nas perspectivas dos professores
- Estrutura social do trabalho profissional e poder de mediação no currículo

Antes de mais nada, se o currículo é uma prática desenvolvida através de múltiplos processos e na qual se entrecruzam diversos subsistemas ou práticas diferentes, é óbvio que, na atividade pedagógica relacionada com o currículo, o professor é um elemento de primeira ordem na concretização desse processo. Ao reconhecer o currículo como algo que configura uma prática, e é, por sua vez, configurado no processo de seu desenvolvimento, nos vemos obrigados a analisar os agentes ativos no processo. Este é o caso dos professores; o currículo molda os docentes, mas é traduzido na prática por eles mesmos – a influência é recíproca.

Se o currículo é uma prática, afirma Grundy (1987), isso significa que todos os que participam dela são *sujeitos*, não *objetos*, isto é, elementos ativos. O que nos leva a analisar a fenomenologia que produz a intervenção de processos subjetivos – o professor como indivíduo ou como coletividade profissional – e, ao mesmo tempo, colocar um problema que não se refere a essa intervenção subjetiva de ordem psicológica, nem a um problema técnico relacionado com procedimentos de intervenção, mas à dimensão estritamente política, questionando se se deve intervir ou não, onde e em que medida. Quer dizer, não se trata apenas de ver como os professores veem e transferem o currículo para a prática, mas se têm o direito e a obrigação de contribuir com seus próprios significados (GRUNDY, 1987).

É evidente que no professor recai não apenas as determinações a serem respeitadas provenientes do conhecimento ou dos componentes diversos que se manifestam no currículo, mas também as obrigações em relação a seus próprios alunos, ao meio social concreto no qual vivem, e isso o chama inevitavelmente a intervir, devido à responsabilidade para com eles. Enfim, o currículo tem a ver com a cultura à qual os alunos têm acesso; o professor, melhor do que nenhum outro, é quem pode analisar os significados mais substanciais dessa cultura que deve estimular para seus receptores.

Faz parte do pensamento pedagógico desde muito tempo a consciência ou o ponto de vista de que os professores constituem um fator condicionante da educação e, mais concretamente, das aprendizagens nos alunos. Mais próxima é a preocupação da investigação pedagógica em considerar seu papel de mediador nos processos de ensino, dentro do que se denominou "paradigma mediacional centrado no professor" (PEREZ, 1983). As análises sobre os mecanismos através dos quais se realiza essa mediação e as suas consequências fazem parte de enfoques recentes que têm sua origem em influências diversas, com uma ampla repercussão em diferentes capítulos didáticos.

Essa ideia de mediação, transferida para a análise do desenvolvimento do currículo na prática, significa conceber o professor como um mediador decisivo entre o currículo estabelecido e os alunos, um agente ativo no desenvolvimento curricular, um modelador dos conteúdos que se distribuem e dos códigos que estruturam esses conteúdos, condicionando, com isso, toda a gama de aprendizagens dos alunos. Reconhecer esse papel mediador tem consequências no momento de se pensar modelos apropriados de formação de professores, na seleção de conteúdos para essa formação, na configuração da profissionalização e competência técnica dos docentes.

Mas estes pressupostos vão além, porque supõem conceber e entender como realmente os espaços escolares são lugares de reconstrução do conhecimento e da prática prefigurada pelos currículos, impostos de fora às instituições escolares. Hipótese de trabalho que se transforma numa alternativa para as teorias da reprodução, pois esta não se realiza senão através dos mecanismos que a produzem, e estes desenvolvem sua ação dentro de espaços de autonomia, ainda que seja mínima.

> Embora se costume discutir a reprodução cultural no nível social, enquanto é o resultado de um complexo sistema de forças, a forma de mediação nas escolas está decisivamente condicionada pelos esforços dos indivíduos para se desenvolverem com as limitações institucionais. (MCNEIL, 1983, p. 137).

Se o currículo expressa o plano de socialização através das práticas escolares imposto de fora, essa capacidade de modelação que os professores têm é um contrapeso possível se é exercida adequadamente e se é estimulada como mecanismo contra-hegemônico. Qualquer estratégia de inovação ou de melhora da qualidade da prática do ensino deverá considerar esse poder modelador e transformador dos professores, que eles de fato exercem num sentido ou noutro, para enriquecer ou para empobrecer as propostas originais. A mediação não é realizada intervindo apenas diretamente sobre o currículo, mas também através das pautas de controle dos alunos nas aulas, porque, com isso, mediam o tipo de relação que os alunos podem ter com os conteúdos curriculares.

Estes enfoques que se detêm na mediação dos fenômenos curriculares têm motivações diversas que residem não apenas numa certa concepção do exercício da profissionalização do docente, mas também no contrapeso que está exercendo um enfoque mais sociológico – especialmente o da "nova sociologia" – nos problemas didáticos em geral, superando a visão mais reducionista de tipo psicológico que dominou no passado recente, amparada numa tradição de pesquisa individualista e positivista. Como consequência de tudo isso, o ensino em geral e o próprio currículo são entendidos como um processo de construção social na prática.

A atividade dos professores é uma ação que transcorre dentro de uma instituição. Por essa razão, sua prática está inevitavelmente condicionada. A ação observável é fruto da modelação que os professores realizam dentro de campos institucionais de referência. Os estudos sobre como tomam decisões não consideram, em muitos casos, o fato de que para eles as possibilidades de escolher estão prefiguradas de algum modo dentro do campo em que atuam. O professor não decide sua ação no vazio, mas no contexto da realidade de um local de trabalho, numa instituição que tem suas normas de funcionamento marcadas às vezes pela administração, pela política curricular, pelos órgãos de governo de uma escola ou pela simples tradição que se aceita sem discutir. Esta perspectiva deveria ser considerada quando se enfatiza demasiado a importância dos professores na qualidade do ensino.

A profissão docente não é apenas algo eminentemente pessoal e criativo, sujeito às possibilidades da formação e ao desenvolvimento do pensamento profissional autônomo dos professores, mas é exercida também num campo que predetermina em boa parte o sentido, a direção e a instrumentação técnica de seu conteúdo. Possibilidades autônomas e competências do professor interagem dialeticamente com as condições da realidade que para o que ensina vêm dadas na hora de configurar um determinado tipo de prática por meio da própria representação que se faz desses condicionamentos. O professor costuma se encontrar com alunos selecionados pela própria estrutura do sistema educativo, a política curricular ordena-os em níveis aos quais atribui critérios de competência intelectual, habilidades diversas, etc., o sistema lhe proporciona meios, uma estrutura de relações dentro da instituição escolar, um horário compartimentado, a distribuição de um espaço, uma forma de se relacionar com seus companheiros, exigências mais ou menos precisas para considerar na avaliação e promoção de alunos, um currículo pré-elaborado em materiais, etc. O professor ativo *reage* frente a situações mais do que criá-las *de novo*. Mas, na realidade, ninguém pode escapar da estrutura, e uma grande maioria aprende logo, e com certa facilidade, a conviver com ela e até assimilá-la como o "meio natural".

Estas palavras de Gitlin (1987, p. 117) expressam a função de gestores de sua própria prática que os professores têm como papel institucionalmente atribuído, mais do que de planejadores verdadeiros:

> As estruturas escolares contribuíram para criar e manter uma experiência alienada no trabalho dos professores. E isso é assim porque o instrumento que utilizam para modelar a experiência educativa para os estudantes, o currículo, não lhes pertence. Mas dirigem um currículo cujas metas e fins estão em sua maior parte determinados por outros. O ensino como gestão do currículo desprofissionaliza os professores e lhes exige a competência necessária para fazer seus alunos se dirigirem de forma efetiva ao longo de uma rota predeterminada.

O professor, em suma, não seleciona as condições nas quais realiza seu trabalho e, nessa medida, tampouco pode escolher muitas vezes como desenvolvê-lo; embora, para ele, sempre caberá imaginar a situação e definir para si o problema e atuar de diversas formas possíveis dentro de certas margens, considerando que os determinantes possíveis quase nunca são totalmente inexoráveis nem sem possibilidades de moldamento. O caráter radicalmente indeterminado da prática sempre colocará a responsabilidade do professor e sua capacidade para "fechar" situações, ainda que estas não sejam definidas por ele.

Ao falar de esquemas de decisão nos professores é preciso lembrar essas referências para não cair no puro idealismo, já que suas ações fazem parte de uma prática social. O mesmo que ocorre com outras práticas, como a dos médicos que trabalham dentro das condições da hospitalização, que mesmo sendo consideradas profissões liberais, não são independentes já que estão institucionalizadas de uma determinada maneira.

Certo discurso idealista em educação, escassamente relacionado com condicionamentos sociais, institucionais, etc., difundiu a imagem da profissão docente como algo autônomo, pessoal e criativo, cujas coordenadas são fixadas e fechadas pelo professor com suas decisões profissionais autônomas, exaltando, assim, a importância de sua capacidade de iniciativa e da formação para estimulá-la.

Muito pelo contrário, a análise social da prática do ensino nos evidencia as consequências que uma prática institucionalizada tem, definida historicamente, ao menos em suas coordenadas básicas, por condicionamentos políticos, sociais, organizativos, uma tradição de desenvolvimento curricular, etc. A originalidade do professor, o que este decide realmente, se refere antes ao "fecho" e concretização das características que terá sua prática dentro de parâmetros que lhe são fornecidos e dentro dos quais ele mesmo tem sido socializado e formado profissionalmente. Por isso, a atividade dos professores renovadores é, em muitos casos, uma ação de "resistência", burladora de coerções diversas, isto é, uma ação política e não meramente adaptativa. Mas não é infrequente que esses parâmetros sejam aceitos como algo natural, fora de toda discussão e sem entrever, portanto, outras alternativas, na medida em que são valores e práticas aceitos acriticamente.

A margem de autonomia que o sistema educativo e curricular deixa nas mãos dos professores é o campo no qual eles desenvolverão sua profissionalização. Isso é uma opção e o resultado de situações históricas, referenciais políticos e práticas administrativas e de um nível de capacitação no professorado. A autonomia sempre existe, mas suas fronteiras também. É preciso ver a autonomia profissional de cada professor individualmente considerado, ou da profissão como grupo de profissionais, dentro do quadro de determinantes da prática.

Ao modelo que ultimamente dá ênfase ao pensamento e à tomada de consciência do professor é preciso contrapor referenciais de explicação social desse pensamento profissional e da prática consequente. Um enfoque psicologista do pensamento dos professores, que se extasie na observação e na descrição fenomenológica dos processos cognitivos que os professores desenvolvem e nas decisões que tomam, pode perder de vista a procedência dos conteúdos desses processos de pensamento e o fato de que tanto os conteúdos como os processos desse pensamento são fenômenos sociais desenvolvidos dentro do quadro de um cargo configurado por variáveis institucionais, sociais, políticas e históricas. O professor escolhe tarefas, mas trabalha dentro de um quadro no qual algumas são possíveis e outras não. Os limites da atuação nem sempre são evidentes para os que agem dentro do quadro dado. Certamente muitos professores os conhecem e procuram forçá-los na medida em que impedem a realização de outro modelo de educação mais aceitável. Mas muitos outros convivem bem com eles porque os interiorizaram.

A visão do professor como funcionário, servidor público dependente, cuja atuação está administrativamente controlada, alguém que cumpre com uma tarefa estabelecida de fora, é uma *configuração política* de seu papel profissional. Frente a ela, pode se contrapor outra forma de entender sua função profissional mais próxima à do planejador do conteúdo de sua própria atividade. E essa nova imagem não só é mais adequada com a realidade dos fatos e com a conveniência de uma proposição liberadora dos professores, para que progressivamente tenham maior controle sobre sua própria prática, como também é exigida inclusive pelas próprias necessidades educativas dos alunos. Quem, a não ser o professor, pode moldar o currículo em função das necessidades de determinados alunos, ressaltando os seus significados, de acordo com suas necessidades pessoais e sociais dentro de um contexto cultural? A figura do professor como mero desenvolvedor do currículo é contrária a sua própria função educativa. O currículo pode exigir o domínio de determinadas habilidades relacionadas com a escrita, por exemplo, mas só o professor pode escolher os textos mais adequados para despertar o interesse pela leitura com um grupo de alunos.

A análise do currículo como espaço teórico-prático, como um processo de deliberação no qual os professores participam como profissionais capazes, comprometidos com as necessidades educativas de seus alunos, é inerente a uma concepção educativa liberadora. Mas o discurso propositivo de modelos de atuação profissional deverá mover-se dentro de coordenadas críticas que proporcionem consciência sobre os obstáculos objetivos e subjetivos ao desenvolvimento do processo liberador.

A necessidade de entender o professor necessariamente como um profissional ativo na transferência do currículo tem derivações práticas na definição dos conteúdos para determinados alunos, na seleção dos meios mais adequados para eles, na escolha dos aspectos mais relevantes a serem avaliados neles e em sua participação na determinação das condições do contexto escolar. O professor executor de diretrizes é um professor desprofissionalizado.

A acepção do professor "executor" tem sido reforçada, desde um ponto de vista "científico", ao conceber as competências docentes como uma agregação de habilidades submetidas a controle de padrões específicos de comportamento. Proposições como a programação por objetivos, formação em habilidades condutuais, etc. servem a um modelo no qual os professores têm que precisar o que pretendem, porque essa é a forma de confrontar sua prática com as exigências curriculares exteriores, e com as políticas, decisivamente.

O profissional da docência não pode se comparar a outras profissões liberais. Não é o profissional que possa dispor de uma bagagem de técnicas instrumentais finalizadas, rotineiras e apoiadas em pretensos conhecimentos científicos, à imagem e semelhança de um técnico científico. O modelo da racionalidade técnica não é aplicável, em sentido estrito, aos professores, como tampouco se atribui rigorosamente a outros profissionais cuja atividade pode parecer que recai mais nesse esquema: um médico, um arquiteto, etc. A análise das atuações práticas dos professores, a essência epistemológica do conhecimento e da técnica pedagógica possível e os pressupostos éticos dentro dos quais há de se desenvolver a atividade do ensino nos impedem de admitir essa imagem fechada de técnico aparelhado de normas precisas. Mas tampouco se trata de uma estrita profissão de planejamento, de acordo com a terminologia de Schön (1983).

Para esse autor, os profissionais que atuam em campos aplicados, nos quais existe algum apoio de conhecimentos orientadores ou que fundamentam (arquitetos, urbanistas, psicoterapeutas, etc.), se comportam como planejadores reflexivos cuja ação não é uma mera realização de uma ação tecnologicamente estruturada, mas que implica problemas de seleção, ponderação, valorização e acomodação artística do conhecimento às situações nas quais se pretende utilizá-lo. Confrontam-se com situações únicas nas quais podem aproveitar conhecimentos e experiências, sem descuidar as particularidades da situação. O professor também enfrenta uma situação complexa e incerta na qual "é um problema encontrar *o* problema". Ao tratar de casos únicos não pode aplicar teorias ou técnicas-padrão, mas um processo de reflexão e de escolhas nas condições concretas da situação prática. Sua experiência prévia serve, bem como o conhecimento, mas a técnica não se deduz de forma automática desse conhecimento, mas do próprio processo de pensar e deliberar na situação a resolver. Schön (1983, p. 129) diz, referindo-se ao professor: "na meia hora ou algo assim que investe com o aluno, tem de construir e compreender a situação tal como ele a encontra. E como a encontra problemática, deve redefini-la".

Deveria levar em conta múltiplas considerações, modos alternativos de ação, reagir "artisticamente" frente à situação. Mas o problema é que, sendo essencialmente a situação tal como este autor a apresenta, o que é valioso para definir a entidade da competência profissional, na realidade o professor não pode investir meia hora em definir ou redefinir a situação do caso único que cada aluno lhe apresenta, cada propósito curricular, cada aula, cada momento ou jornada escolar, pelas condições da situação do trabalho, e não pela entidade da competência profissional. O arquiteto sim dispõe dessas condições: concebido o problema, analisada a situação única para a qual planeja, tomada nota dos objetivos do cliente, condições dos materiais, certas considerações sobre o valor da modelação do espaço na vida individual e social, ele elabora uma proposta que *outro realizará*; ele já pode passar a outra situação nova de planejamento. A diferença de contextos profissionais é que o professor pode planejar pouco e tem de executar sempre o plano nas condições reais de trabalho. O que não nos leva a negar a metáfora, mas a chamar a atenção sobre a desigualdade de condições sociais e institucionais da atividade dos professores e sobre a contradição em que, às vezes, nos situam os modelos.

O problema, em nosso caso, reside em que o exercício da profissão não se ajusta tanto a padrões reguladores intrínsecos ou conceitualização e a partir de certos valores, mas sim vem definido social e institucionalmente, porque é uma semiprofissão do ponto de vista sociológico e porque é exigida por um cargo institucionalizado. Uma semiprofissão não dispõe de *corpus* concreto de conhecimentos básicos pretensamente fundamentados, pois obedece a proposições muito diversas, apoia-se em conhecimentos muito díspares, nos quais se misturam aspectos científicos, técnicos e administrativos, transmitidos muitas vezes como "sabedoria artesanal" entre profissionais mais do que como procedimentos formalizados (TERHART, 1987).

A atividade do professor não se define na realidade, prioritária nem fundamentalmente, a partir de uma cultura pedagógica de base científica, seja qual for a acepção ou o paradigma do qual se parta na hora de definir um modelo de comportamento docente, mas surge de demandas sociais, institucionais e curriculares prioritariamente, prévias a qualquer proposição, às quais depois se modela e racionaliza e ataca inclusive a partir de argumentações pedagógicas. Daí a perpétua insatisfação entre as demandas de um modelo e as da situação prática dada. Sem querer levar ao extremo a comparação, pensemos na atuação institucionalizada de um psiquiatra sob esquemas profissionais que podem levá-lo desde a reforçar os esquemas de institucionalização da "anormalidade" definida como tal, até a preconizar o desaparecimento da situação institucional da anormalidade.

Afinal, o âmbito de decisões do professor é limitado e isso, como afirma Dale (1977), por duas razões fundamentais: l) porque as fontes de seu conhecimento e a retórica profissional explícita do professor estão decisivamente influenciadas pela cultura dominante, não se podendo esperar deles críticas e respostas muito provocativas; 2) porque as condições materiais de seu trabalho são mais decisivas na hora de determinar o que faz do que sua própria retórica profissional. Normalmente, o professor não costuma ter em suas mãos a possibilidade de mudar tais condições e, nessa mesma medida, não é ele autonomamente quem pode decidir de forma total o que é e será sua prática profissional.

O currículo, como dissemos noutro momento, é a expressão da função social da instituição escolar e isso tem suas consequências tanto para o comportamento de alunos como para o do professor: *a)* Como prática e expressão de metateorias e opções pedagógicas e sociais, o currículo é um esquema diretor ou referencial para o comportamento profissional dos docentes, condicionando as coordenadas do cargo e inclusive a estrita prática pedagógica, *b)* Sob outro ponto de vista, o currículo, como seleção de conteúdos culturais e habilidades de diferentes ordens, elaborados pedagogicamente e apresentados ao professor por meio de regulações, guias, livros-texto, materiais diversos, etc., é um determinante decisivo da prática profissional; mais ainda em contextos como o nosso, em que as determinações neste sentido foram sempre muito diretivas, especialmente para o professor do ensino fundamental.

A expressão última do currículo que chega aos professores, sua forma de desenvolvê-lo, etc., estrutura sua atuação profissional. As próprias regulações curriculares, por exemplo, determinam tempos de horários diferentes para tipos diversos de áreas, ponderam componentes, refletem opções epistemológicas que se referem aos conteúdos, etc., o que supõe uma valorização que se apresenta ao professor. Nesse sentido, a política curricular e a dependência em relação a meios que "traduzem" para o professor o currículo já elaborado são instâncias socializadoras do papel profissional que prefigura a estrutura do cargo.

A função socializadora da escola se faz operativa em boa medida através da configuração da função dos professores, porque mediante essa moldagem se condiciona a prática pedagógica dos próprios alunos. A busca de modelos ideais de professor é uma abstração à margem da análise das condições concretas nas quais exerce seu trabalho.

A influência exterior nas decisões que os professores tomam, sobretudo o desenvolvimento do currículo e mais concretamente sobre seus conteúdos, são evidentes (SCHWILLE et al., 1979a; 1979b; LUNDGREN, 1981): guias curriculares, padrões de controle, provas externas de avaliação de resultados ao final de um ciclo ou tipo de ensino, livros-texto previamente regulados administrativamente, avaliação exigida aos alunos, socialização profissional no curso de sua formação, influência de outros companheiros, pautas de funcionamento da escola, meios disponíveis nela, etc. são elementos que condicionam o grau de autonomia do professor e o sentido no qual a exerce. As forças orientadoras e determinantes exteriores são acumulativas, ou seja, as pressões reais ou percebidas em cada um desses elementos se somam no que passa a ser um quadro no qual os professores podem mostrar submissão, busca de brechas, resistência, confronto, etc. Uma formação pouco sólida, tanto no terreno cultural ou científico como no estritamente profissional ou pedagógico, facilita essa acomodação às instâncias políticas, burocráticas e aos meios didáticos elaborados fora da escola. Intervencionismo desde fora, debilidade organizativa do professorado e seu baixo nível de formação são realidades concomitantes.

A emancipação progressiva do trabalho dos docentes é um objetivo histórico, condição para seu próprio desenvolvimento profissional e pessoal. E é uma consequência de conceber o ensino como uma atividade moral que requer considerar os fins aos quais se dirigem suas práticas e as consequências de utilizar determinados meios com as pessoas. Uma caracterização da qual se deve retirar todas as consequências práticas, já que implica colocar de forma radical o papel dos professores como mediadores desse processo, e não como meros instrumentos que mecanicamente possam satisfazer exigências exteriores. O que tampouco deve levar a conceber o trabalho docente como algo que compete somente a um corpo de profissionais sobre o qual não se deve exercer controles sociais.

Dessa forma aparece desenhada com clareza a dimensão política da renovação pedagógica ao ter de se entender que esta não precisa apenas de mudanças no nível de práticas pessoais. Sem variar os referenciais, a renovação aparece muitas vezes como resistência ao sistema, o que produz um alto custo psicológico e profissional aos professores. A renovação é, em muitos casos, mais uma opção de oposição a essas condições exteriores por parte dos professores do que a expressão cultural da sua criatividade profissional. Sem tentar mudanças nessa estrutura ordenadora da prática profissional, esta pode mudar muito pouco em muitos aspectos.

O posto de trabalho dos professores é uma configuração histórica que expressa o papel atribuído à escola, daí a importância da análise histórica e política da profissionalização para a renovação pedagógica. Já não se trata de propor apenas mudanças metodológicas alternativas, mas também de alterar as bases profundas da atuação docente.

Uma análise da realidade observável, à parte de uma aspiração e uma defesa de um profissional mais ativo e autônomo, nos faz compreender que os professores também "fazem política desde baixo" (SCHWILLE et al., 1979b; 1982) ou, dito de outro modo, rompem a linha política imposta desde cima, ainda que dentro de certos limites. É, enfim, uma profissão a "reboque"* entre as liberais e as exercidas dentro de organizações produtivas ou burocráticas que definem com bastante precisão os papéis profissionais, embora hoje em dia seja difícil encontrar extremos puros neste sentido. Na medida em que isso ocorre, é preciso analisar os mecanismos através dos quais exerce seu peculiar grau de autonomia e em que aspectos a projeta.

Brophy (1982, p. 3) considera que:

> Ver os professores como meros executantes da política imposta desde cima é incorreto. Os professores distorcem essa política antes de serem fiéis aplicadores... para adaptá-la às necessidades que percebem em seus alunos, de modo que o conteúdo ensinado a estes é provavelmente um compromisso entre o conteúdo oficialmente adotado e as necessidades dos alunos tal como o professor as percebe.

Concepções dos professores sobre a educação, o valor dos conteúdos e processo ou habilidades propostos pelo currículo, percepção de necessidades dos alunos, de suas condições de trabalho, etc. sem dúvida os levarão a interpretar pessoalmente o currículo.

A perspectiva política que ressalta a linha de submissão-ruptura se complementa com uma concepção psicológica global sobre o professor como agente ativo da educação, que, desde o construtivismo psicológico de Kelly (1966) aplicado ao professor, significa concebê-lo como *alguém que constrói significados sobre as realidades nas quais opera*. O professor está envolvido num processo de observação, interpretação, construção de significados sobre a realidade pedagógica que lhe servem para prever acontecimentos e também guiam sua conduta. Esses processos são essenciais para o exercício de sua atividade, na medida em que o professor toma inexoravelmente muitas decisões, trabalhando com objetos e realidades interpretáveis, dentro de ambientes complexos, fluidos; algo que noutras profissões pode não ser tão decisivo. A visão política e técnica do professor como *executor* parte de uma concepção da natureza humana bem diferente ou então quer esquivar esse caráter criador dos professores em prol da submissão ao padrão de conduta reclamado pelo sistema social-escolar no qual opera. É curiosa a dissociação e incongruência que supõe, às vezes, aplicar um conceito determinado de aprendiz ativo ao aluno e ao mesmo tempo preconizar para o professor o papel contrário.

Um quadro de determinações da prática dos professores não pode tampouco nos fazer esquecer os limites que tem em sua atuação. Apenas quem teve alguma vez a aspiração ou crença de que os professores deveriam executar fielmente as disposições que orde-

---

* N. de R.T.: No original, a *caballo*. Traduzindo essa expressão do espanhol para o português literalmente, escreveríamos "a cavalo", porém, seu sentido corresponde à expressão usada na língua portuguesa "a reboque".

nam sua prática, ou que seu trabalho deveria se submeter a regulações fora do âmbito de sua atividade, guiar-se por planos moldados em objetivos muito concretos e formulados de forma inequívoca, pode se assombrar que o professor adapte e transforme na medida de suas possibilidades e condicionamentos qualquer sugestão ou normativa que lhe venha de fora. O currículo é muitas coisas ao mesmo tempo: ideias pedagógicas, estruturação de conteúdos de uma forma particular, detalhamento dos conteúdos, reflexo de aspirações educativas mais difíceis de moldar em termos concretos, estímulo de habilidades nos alunos, etc. Ao desenvolver uma prática concreta de modo coerente com quaisquer desses propósitos, o professor desempenha um papel decisivo.

De fato a profissão docente é algo aberto e indeterminado, que não tem, por muitas razões, as normas de comportamento assinaladas de forma muito precisa e que, nessa medida, pode se falar de uma profissão criativa que permite a expressão de quem a exerce. O docente, como profissional, se defronta com situações únicas, incertas e conflitivas, no sentido de que não existe uma só e indiscutível forma de abordá-las que se considere correta. Realmente, as finalidades da educação são complexas e conflitivas, os próprios conteúdos curriculares que se consideram componentes de uma educação de qualidade são muito diversos, existem tradições metodológicas variadas quanto a como se comportar para obtê-las e, por isso, não existe um apoio seguro num conhecimento determinado, que garanta a realização do que se pretende com um comportamento bem delimitado.

O conhecimento não controla rigorosamente a prática do ensino porque não existe um saber específico e inequívoco que assegure esse controle. Os paradigmas aproveitáveis e as contribuições concretas das quais se abre mão são, em muitos casos, contraditórios entre si. A imprecisão do objeto, de seus fins, as formas variadas de chegar a resultados parecidos fazem do ensino uma atividade de resultados imprecisos e nem sempre previsíveis. Realidade que se choca com a racionalidade técnica que pretensamente quer desenhar as práticas pedagógicas apoiadas num conhecimento instrumental firme e seguro.

Diorio (1982, p. 261) afirma que a autonomia do prático na direção de suas atividades é inversamente proporcional ao grau de controle que o conhecimento tem sobre a prática, o que está relacionado com a existência ou não de um conhecimento específico que regule essa atividade. Ou, dito de outra forma: "quanto menos saibamos sobre como realizar uma atividade, maior será a responsabilidade do prático para se deixar levar pelo seu próprio juízo e encontrar seu próprio caminho de ação. Neste caso, o indivíduo tem um amplo grau de autonomia em sua prática".

A relação entre conhecimento e prática condiciona os limites de autonomia de quem a governa e planeja. Um médico que atua dentro da medicina chamada científica tem maior grau de dependência do conhecimento do que um professor, por exemplo, e, portanto, menor autonomia pessoal na hora de "inventar" a atuação profissional. Ambos realizam práticas mais "criativas" do que um mecânico neste mesmo sentido, já que o "bom funcionamento" de um motor está mais definido e governado de forma mais precisa pelo conhecimento técnico correspondente do que pode estar o conceito de "boa saúde" ou de "bom ensino".

Consequentemente, o profissional do ensino pode recorrer ao exercício de atividades muito diversas que caem dentro do que podem ser versões ou modalidades variadas da profissionalização docente. O ensino é uma atividade difusa, na qual cabem uma infinidade de tipologias de atividades ou tarefas, o que proporciona potencialmente um alto grau de autonomia aos profissionais que a exercem. A "dispersão profissional" se vê propiciada pela própria variedade de objetivos que a educação institucionalizada cobre, os padrões diversos que sugerem, impõem ou propiciam diferentes áreas curriculares, etc.

Esta peculiaridade, como ocorre em qualquer outra atividade humana ou social, introduz sérios problemas na hora de julgar e avaliar a qualidade do ensino, a qualidade e eficácia profissional dos professores ou de buscar qual é o conhecimento que pode ser a base de sua formação. Se a realidade é assim, plural, conflitante, pode tornar-se mutilante legitimar um critério ou uma forma de atuar acima de outros.

Esta imagem de imprecisão, constitutiva da essência do conhecimento pedagógico (SCHWAB, 1983), que pode resultar incômoda para quem prefere a falsa segurança ou teme admitir o caráter conflitivo, contraditório e ideológico da realidade, pode dar lugar, por outro lado, à justificativa da imagem otimista de que o ensino e o trabalho dos professores é criativo, mesmo que seja apenas como necessidade para acabar a imprecisão. Essa imagem pode se sustentar unicamente negando outras determinações que fazem com que o ensino não seja uma atividade tão aberta e interpretável pelos professores, esquecendo que é uma prática social num contexto histórico e institucionalizado.

A autonomia do professor é um fato reconhecido como dado observável, seja qual for o grau e tipo de controle exterior em relação a sua atuação e sobre os resultados do sistema educativo, independentemente ou apesar da visão política que se tenha de sua função como serviço público, ou à margem do modelo de profissionalização que se defenda em sua técnica profissional. O que não supõe conceber seu trabalho como ofício cujas coordenadas básicas dependem apenas dos professores.

Se as pressões exteriores são evidentes na hora de distribuir o currículo, pelas regulações a que esta prática está submetida, um modelo determinista neste sentido também não pode explicar a realidade, na qual se podem ver brechas que o professor aproveita sempre e nas quais manifestam suas próprias crenças sobre o currículo, o conteúdo concreto e a organização de estratégias didáticas. Quando um professor julga um conteúdo e toma decisões sobre eles e dá uma determinada ênfase em seu ensino, está sem dúvida condicionado por influências externas, mas também reflete, ao mesmo tempo, sua própria cultura, suas ponderações pessoais, suas atitudes para com o ensino de certas áreas ou partes delas, etc. (BUCHMAN; SCHMIDT, 1981; SCHWILLE et al., 1979a).

A pesquisa empírica, constatando níveis de independência nos professores, é bastante frequente nos últimos anos (LEITHWOOD, 1982). O professor decide no que se refere à interação com seus alunos, em alguma medida à relação entre estes, ao tipo de atividade que vão realizar, à sequência de tarefas, seu espaçamento, duração, à forma e tempo de realizar a avaliação, escolhe materiais, livros-texto, estratégias de ensino, pondera conteúdos, fomenta um tipo de habilidade ou outro, etc.

Realmente, a *modelação* do currículo é o campo no qual melhor pode exercer suas iniciativas profissionais, fundamentalmente na estruturação de atividades, com a peculiar ponderação, valorização e "tradução pedagógica" dos conteúdos que nelas se realiza. Os professores dispõem de uma margem de atuação importante na acomodação do conteúdo, limitada mais diretamente por sua formação e capacidade do que pelos condicionamentos externos. A concretização do currículo em estratégias de ensino é o campo por *antonomásia* da profissionalização docente, como poderemos ver no capítulo seguinte. Qualquer professor tem experiência pessoal, por pouco consciente que seja de seu próprio trabalho, de que dedica mais tempo a alguns conteúdos do que a outros, de que realiza atividades mais variadas em alguns que em outros; inclusive alguns temas lhe agradam mais e outros nem tanto, etc. Uma margem de atuação que é mais ampla quando um só professor atende a um mesmo grupo de alunos na maioria das áreas do currículo. Isso inclusive em contextos rigidamente controlados, pois nenhum controle, felizmente, pode chegar a esses extremos de eficácia.

Schwille et al (1982, p. 12) afirma que:

> O professor é quem, em última instância, decide os aspectos a serem desenvolvidos na classe, especificando quanto tempo dedicará a uma determinada matéria, que tópicos vai ensinar, a quem os ensina, quando e quanto tempo lhes será concedido e com que qualidade serão aprendidos.

A avaliação da implantação de projetos curriculares, nas mais variadas áreas do currículo, tem destacado sempre essa modelação ou interpretação por parte do professorado como um elemento para explicar os resultados últimos da aprendizagem que os alunos obtêm, ou a implantação de pautas metodológicas mais ou menos ajustadas nas propostas originais contidas nos currículos (OLSON, 1980a, 1980b, 1981, 1982). O professor, ao adotar uma nova ideia, a faz em função de seus próprios constructos pessoais e ao desenvolver uma nova tarefa acadêmica também a interpreta e modela, porque, como veremos em outro capítulo, nenhuma tarefa é um esquema tão acabado e inequívoco que não ofereça possibilidades para a interpretação pessoal de cada professor, a partir de suas próprias finalidades e forma de perceber as demandas dos alunos e da nova situação.

O novo acaba, na realidade, traduzido pelos constructos e esquemas familiares dos professores, que transferem a proposta dentro de um sistema de ensino que funciona para eles.

Um simples dado de observação cotidiana nos evidencia o papel ativo do professor, inclusive dentro de um quadro de dependência. Um livro-texto contém conteúdos diversos numa determinada unidade e sugere às vezes diferentes atividades para que os alunos realizem em classe. O livro é por si só um mediador importante ao propor conhecimentos determinados, atividades de lápis e papel ou outras para realizar fora da escola, etc. O professor se dedica em suas classes mais a uns que a outros, obriga a realizar umas atividades e não outras em função de valorizações e opções pessoais que ele toma: comodidade pessoal, condições da aula, percepção de necessidades nos alunos de reforçar mais umas tarefas e aprendizagens do que outras, etc.

Por muito controlada, rigidamente estruturada, ou por muito tecnificada que uma proposta de currículo seja, o professor é o último árbitro de sua aplicação nas aulas. Como assinalou Ben-Peretz (1984), embora se preveja para o professor o puro papel de executor do currículo ou o de mero transmissor das mensagens que contém ou, inclusive, reconhecendo o valor de alguém que o desenvolva com certo grau de contribuição pessoal, a figura do docente é básica, daí que hoje se proponha a inovação de programas ligada à participação dos professores, mais do que lhes prever o papel de meros consumidores, que não serão em sentido estrito em nenhum caso, pois a implantação de qualquer currículo passa pelo crivo da interpretação dos profissionais do ensino.

O professor utiliza o currículo que lhe é apresentado por múltiplas vias, mas não é seu usuário, para melhor ou para pior, porque, para ele, o currículo não é neutro, mas sim, como afirma Doyle (1977), desperta *significados* que determinam os modos de adotá-lo e de usar a proposta curricular que recebe. Mais do que ver o professor como um mero *aplicador* ou um *obstrutor* em potência das diretrizes curriculares, é preciso concebê-lo como agente ativo cujo papel consiste mais em *adaptar* do que em *adotar* tal proposta, na expressão de Doyle.

Portanto, como assinala Stenhouse (1984), prevemos para o professor o papel de um perito com certo domínio do conhecimento, sensível a problemas de valor que coloca em seu trabalho, ou será mais um estudante entre estudantes, ainda que sempre com poder deformador, devido à relevância e autoridade de seu posto. Por isso mesmo, o currículo não pode ser concebido como propostas que automaticamente podem ser transferidas para a prática sem modificação de suas potencialidades, mas como hipótese, como tentativas que os professores devem ensaiar em suas classes, para sermos coerentes com o papel real que cumprem e organizarmos assim um referencial para uma prática criativa com participação ativa dos docentes. Frente a qualquer nova proposta de inovação de conteúdos, de procedimentos pedagógicos, ou para dar-lhes novos valores educativos, o professor ou compreende os novos significados relacionando-os com os que ele tem, ou a proposta será adotada mecanicamente. É preciso conceber a inovação ou melhora dos currículos como um processo dialético entre os significados prévios do professor e os das novas propostas (OLSON, 1981).

SIGNIFICADOS, DILEMAS E PRÁXIS

A atribuição de significados se concretiza em critérios para ponderar o conteúdo, em concepções ou apreciações a respeito do seu valor cognitivo ou sobre sua significação educativa, mas tais significados também vão *tingidos emocional e socialmente*. Isso se reflete em valorizações, em forma de atitudes diversas para com os componentes curriculares, em sua utilidade para seus possuidores, acerca de seu valor pedagógico e social, etc. A mediação do professor no currículo é complexa, não podemos vê-la como uma mera operação de mutilar ou acrescentar.

Em pesquisas recentes relativas ao acesso das mulheres aos estudos de ciências (KELLY, 1987), por exemplo, se constata que os homens frequentam mais estes estudos do que as mulheres. Este condicionamento sexual, provocado por fatores culturais ligados ao sexo, explica a escolha de profissionais, estudos especializados diversos, escolha de elementos optativos do currículo, etc. É importante ressaltar agora as influências dos professores para explicar essa diferenciação. A pesquisa indica que os professores, de um ou outro sexo, e seja qual for a matéria que lecionam, inclusive ciências, considera mais importante a educação científica para os meninos do que para as meninas (GOODARD, 1987). O sexo dos alunos condiciona a expectativa dos professores e a interação com eles no ensino das ciências. Diferentes conteúdos, em função do tipo de capacidades que se pressupõem como necessárias para seu melhor domínio, por sua projeção em ocupações distintas ou por sua desigual valorização social, podem ser vistos como mais próprios de um sexo do que de outro. Isso evidencia que valorizações sociais sobre a ciência, neste caso, e em sua distribuição entre sexos distintos filtra a valorização de uma parcela do currículo na hora de distribuí-lo a alunos de um ou outro sexo.

Fenômenos semelhantes podem se dar, em função da percepção, sobre outras diferenças psicológicas ou culturais dos alunos. Se uma área, disciplina ou conteúdo concreto é valorizado como mais próprio de um tipo determinado de aluno, obviamente essas apreciações devem refletir-se na prática, o que destaca a projeção da cultura do professor em sua prática pedagógica.

Buchman e Schmidt (1981) deixaram clara a relação positiva, por exemplo, entre a importância que os professores concedem a uma área de conteúdo e o tempo real em seu ensino em classe ao longo de um dia qualquer, em detrimento da dedicação a outras matérias. A partir disso concluem que a ênfase que determinadas áreas podem receber por parte dos professores é um elemento prognosticador do que depois farão em suas classes quanto ao tempo que lhes dedicam. Encontram idêntica relação em alguns casos entre a atitude para com uma área e o tempo investido nela. Isso deve nos fazer pensar sobre as consequências de que os professores lecionem ou não a especialidade, área ou matéria na qual se sentem mais à vontade e em torno de qual delas elaboram seu autoconceito profissional como especialista.

Obviamente, os professores desfrutam de margens desiguais de "autonomia didática" em diferentes estilos de organização da escola, etc. Essas margens desiguais se produzem em diferentes áreas do currículo segundo sua estrutura interna. Um professor de expressão artística no ensino fundamental, por exemplo, tem poucos critérios objetivos para seguir e pouca pressão exterior social ou dos pais para obter rendimentos concretos na hora de decidir sua prática didática, sendo o seu poder mediador do currículo potencialmente alto. Um professor de ciências sociais tem também amplas margens de autonomia, uma grande quantidade de oportunidades de entrar em contato com a experiência dos alunos, com o meio circundante que é muito diverso, etc., o que dá lugar a atividades potencialmente variadas nas quais se projetar profissionalmente com certa margem de autonomia. Um professor de matemática tem margem mais estreita nesse sentido, ou pode ser necessário ao menos um nível de formação mais elevado para exercer um nível mais alto de criatividade metodológica, enquanto os conteúdos têm uma estrutura mais linear. O grau de segurança no domínio de uma área é fundamental para se sentir capaz de abordá-la desde aproximações diversas.

O papel mediador do professor para que os alunos obtenham resultados e significados concretos, partindo dos conteúdos assinalados pelo currículo, é evidente em diferentes tipos de métodos, situações, etc. e, mais ainda, naqueles conteúdos que os alunos aprendem unicamente se lhes é ensinado algo sobre eles. Mas inclusive no caso de atividades menos estruturadas, com mais margens de atividade autônoma por parte dos alunos, como pode ser uma saída fora da escola com objetivos de aprendizagem ou uma tarefa para realizar em casa, uma pesquisa, etc., a estruturação dessas atividades, a provisão de guias por parte do professor, materiais, etc. são elementos diretivos muito importantes da aprendizagem por ele introduzidos.

Entender a mediação dos professores no conhecimento que os alunos aprendem nas instituições escolares é um fator necessário para que, em educação, se compreenda melhor por que os estudantes diferem no que aprendem, nas atitudes para com o aprendido e até a própria distribuição social do conhecimento. Porque a mediação se dá enquanto o professor transmite um conceito do conhecimento, enquanto contribui para distribuí-lo diferenciadamente entre diferentes subgrupos de alunos e ao se exigir diferente formação para exercer em distintos níveis do sistema educativo. Um professor que ensina a um tipo de aluno de um nível é formado também com um determinado domínio nos conhecimentos básicos.

O professor é mediador entre o aluno e a cultura através do nível cultural que em princípio ele tem, pela significação que atribui ao currículo em geral e ao conhecimento que transmite em particular e pelas atitudes que tem para com o conhecimento ou para com uma parcela especializada dele. Daí seu papel decisivo, já que a filtragem do currículo pelos professores não é um mero problema de distorções cognitivas ou interpretações pedagógicas diversas, mas também de distorções nesses significados que, de um ponto de vista social, não são equivalentes nem neutros. Se a distribuição do conhecimento na sociedade e no sistema educativo está relacionada com as pautas de controle e a distribuição do poder na sociedade, a mediação do professor nessa relação tem consequências importantes. Seu papel não é só analisável desde a ótica da correção pedagógica ou segundo o grau de respeito à essência do conhecimento, mas também pelas distorções que introduz.

O professor possui significados adquiridos explicitamente durante sua formação e também outros que são resultado de experiências continuadas e difusas sobre os mais variados aspectos que possamos distinguir num currículo: conteúdos, habilidades, orientações metodológicas, pautas de avaliação, etc. Qualquer inovação que se lhe proponha alterará suas bases conceituais, os mecanismos de segurança pessoal e o próprio autoconceito dos professores. A interação entre os *significados* e usos práticos do professor (condicionados por sua formação e experiência, que são as que guiam a percepção da realidade), as *condições* da prática na qual exerce e as *novas ideias* configuram um campo-problema do qual surgem soluções ou ações do professor, que são resultantes ou compromissos a favor de um extremo ou outro desse triângulo – é o triângulo de forças da práxis pedagógica.

Qualquer ideia que se pretenda implantar na prática passa pela sua personalização nos professores, isto é, por algum modo de introjeção em seus esquemas de pensamento e comportamento. E é evidente que na assimilação do novo existe um processo de adaptação interna cujo resultado não é a cópia mimética da ideia, mas uma transação entre os significados do professor e os que a nova proposta lhe sugere.

A resposta que dá em cada caso depende dos recursos pessoais que o professor tenha, do meio, das suas condições; tudo isso, por sua vez, em função de como ele imagina a situação, de como se configuram nele o que Olson (1980) chamou de os *dilemas práticos*. O currículo, mais que propor conteúdos e sugestões a serem implantadas, deveria fomentar os dilemas para que estimulem esse espaço problemático que os professores desenvolvem no nível de pensamento e de prática, quando se confrontam com propostas. Algo que deve ser considerado inclusive a partir da busca de eficácia: se inevitavelmente é o professor quem decide na *dissonância* que, consciente ou inconscientemente, lhe cria a nova proposta quando esta se confronta com o mundo de seus significados e de suas rotinas práticas, ponhamos ênfase em lhe criar dissonâncias ou dilemas e vias possíveis de solução, perante as quais desenvolver os processos de deliberação, mais que lhe propor caminhos ou soluções fechadas. Todo o ensino em si mesmo, como assinala Olson (1980), implica a existência desses dilemas, só que as propostas novas lhe permitem ganhar consciência mais clara a respeito. Por isso, o ensino e o currículo haverão de ser concebidos como um projeto de pesquisa na ação, já que são em si problemáticos. Aproveitar todas essas fendas é uma forma de evitar a tendência reprodutora da educação e do currículo.

Daí também a importância de estruturar a formação inicial e o aperfeiçoamento em torno dos temas curriculares, destacando os pontos de tensão nos quais os professores adotam uma direção ou outra, descobrindo seus significados prévios e os que despertam neles os currículos que têm de desenvolver.

Os papéis possíveis e previsíveis do professor frente ao desenvolvimento de um currículo estabelecido ou frente à implantação de uma inovação podem se localizar teoricamente numa linha contínua que vai desde o papel passivo de mero executor até o de um profissional crítico que utiliza o conhecimento e sua autonomia para propor soluções originais frente a cada situação educativa.

Tanner e Tanner (1980) considera que o papel do professor pode se situar em três níveis possíveis, de acordo com o grau de independência profissional que lhe é conferido:
1) No nível de *imitação-manutenção*, no qual os professores são seguidores de livros-texto, guias, se confia que tenham habilidades para desempenhar tarefas a cumprir conforme algum padrão, sem que eles devam questionar o material que utilizam. Um papel que serve à manutenção da prática estabelecida ou à implantação de cima de qualquer outro modelo. As inovações que se querem impor de cima para baixo confiam em que os professores desempenharão este papel. É uma imagem coerente com o papel de servidores públicos que comentamos, levada ao terreno técnico-pedagógico.
2) Num segundo nível, se vê o professor como *mediador* na adaptação dos materiais, dos currículos ou das inovações nas condições concretas da realidade na qual atua. Ele conhece os recursos do meio, da escola, as possibilidades de seus alunos, etc., com o que pode realizar uma prática mais aperfeiçoada, interpretando e adaptando, aproveitando materiais, textos, conhecimentos diversos que trata de aplicar, etc.
3) Num terceiro nível, se situa o professor *criativo-gerador*, que, junto com seus companheiros, pensa sobre o que faz e trata de encontrar melhores soluções, diagnostica os problemas e formula hipóteses de trabalho que desenvolve posteriormente, escolhe seus materiais, planeja experiências, relaciona conhecimentos diversos, etc. Diríamos que trabalha dentro de um esquema de pesquisa na ação. Aqui o professor avalia, diagnostica, interpreta, adapta, cria, busca novos caminhos.

São "opções políticas" que querem configurar *a priori* uma forma de entender a profissionalização docente. A base ou papel de mero executor, *imitador* ou de *manutenção*, é uma opção política na qual se concebe os professores como executores de algo que se planeja fora da esfera de suas decisões, ou se lhes pede que obtenham algo que eles não decidem conseguir. De qualquer forma, essa opção será uma ficção à qual se quer submeter o professor e não uma realidade, pois ele sempre exerce o papel de intérprete ativo, tal como vimos. Uma visão de dependência estrita quanto à burocracia organizativa ou de poderes exteriores, ou uma má-formação do professorado podem sustentar essa imagem carente de apoio na realidade. O professor é inevitavelmente mediador, para o bem ou para o mal, num sentido ou noutro, só que se pode lhe atribuir politicamente o papel de adaptador ou, em maior medida, o de criador.

A realidade da prática se desenvolve entre as duas últimas figuras de Tanner; distingui-las é uma opção quanto ao grau de autonomia que se pretenda lhes dar, sendo, no fundo, uma opção política, além de um modelo profissionalizador. Devemos nos perguntar, como sugere Grundy (1987), se é suficiente nos conformarmos com a ideia de que os professores interpretam o currículo ao mesmo tempo em que são excluídos de sua formulação, ou se, pelo contrário, é preciso preconizar que participem ativamente nesta última função. Já assinalamos que o papel ativo na formulação do currículo para um grupo determinado de alunos é inerente à sua função educativa, na medida em que têm de atender às necessidades dos alunos, analisando que valores culturais são os mais interessantes e libertadores para eles. Enfim, como defende Stenhouse (1984), os currículos não são mais do que hipóteses a serem experimentadas na prática pelos próprios professores, embora seja difícil conceber nos sistemas educativos organizados – principalmente considerando a formação que os professores têm – um papel de puros criadores do currículo, inclusive no nível universitário, que, em princípio, goza de maior liberdade neste sentido.

O papel dos professores é o resultado de situações históricas e opções diversas. A história de cada sistema educativo condiciona uma tradição para o professorado, alguma margem de autonomia, um peso na tomada de decisões muito particular em cada caso, que costuma diferir nos diferentes níveis do sistema educativo. O sistema universitário, o ensino médio ou fundamental não reservam obviamente os mesmos poderes e papéis para os professores. Num determinado momento, a orientação política pode acreditar no papel ativo dos profissionais do ensino ou em sua missão de acomodação às diretrizes da administração. A pressão social, sobretudo dos pais, na política e diretamente sobre os professores, quando existem canais de participação na gestão dos centros e em todo o sistema, pode deixar aos docentes mais ou menos margens de atuação e de escolha nas alternativas profissionais que podem seguir em nível pedagógico. O nível e a qualidade da formação dos professores é o que permite, de fato, a possibilidade de que intervenham ou não e de fazê-lo em uns temas ou em outros, uma vez que existam canais de participação. A estrutura de ideias pedagógicas dominantes, que num momento se propõem como adequadas para racionalizar a prática, podem acentuar nos professores o papel de técnicos submetidos a regulações precisas ou o papel de elaboradores mais criativos da ação em contextos indeterminados e abertos. A mesma crença de que a pedagogia possa e deva ser uma técnica rigorosa ou um conjunto de princípios abertos a serem interpretados e acomodados condiciona a concepção da competência docente e serve de argumento para uma opção política ou outra.

A forma de entender a profissionalização dos professores depende de todos esses fatores e acaba na atribuição de um tipo de papel ou outro no sistema educativo. Sistemas com fortes controles técnicos ou simplesmente ideológicos, uma fraca formação do professorado tanto profissional como científica, enfoques tecnocratas que ressaltam a importância das habilidades do técnico que não deve discutir as orientações, modelos científicos condutistas que pretenderam delimitar uma série de competências profissionais e adestrar os professores no domínio dessas competências têm sido, entre outros, motivos pelos quais o professorado do ensino não universitário, especialmente do ensino fundamental, se situou no nível de mero *imitador-mantenedor*. Não é fácil mudar, nem se pode mudar em pouco tempo um papel deste tipo assentado historicamente.

Se o discurso sobre o professor, como profissional ativo, organizado coletivamente e "pesquisador na aula", tem algum valor em nossos contextos com forte tradição centralizadora e dirigista, é o de servir de elemento "conscientizador", como diria Freire, sobre as condições dominantes de seu trabalho, que são contrárias a esse papel de profissional mais autônomo. Daí que é importante a atitude frente a esse fato: fomentar as margens de autonomia para desenvolver sua profissionalização ou, pelo contrário, reduzi-la para que seja uma profissão técnica de ajuste a exigências exteriores, que normalmente serão as da burocracia administrativa. Modelo de profissionalização que não deve levar a uma concepção patrimonial fechada de seu saber e de seu trabalho, corporativista, pois, afinal de contas, sua função é uma função social delegada e, como tal, deve estar submetida a controles democráticos.

CONCEPÇÕES EPISTEMOLÓGICAS DO PROFESSOR

Se uma margem de autonomia no professor é inevitável e também convém desenvolvê-la e prepará-la para seu melhor uso, de acordo com uma visão emancipatória da profissionalização docente, então as concepções dos professores adquirem um papel de primeira importância na modelação dos conteúdos e, em geral, todas aquelas perspectivas profissionais que se liguem mais diretamente com as decisões que o professor toma quando realiza uma prática, pois serão, em parte, responsáveis pelos significados que atribua aos componentes do currículo e às formas de desenvolvê-lo, seja qual for o grau de definição com que este lhe seja apresentado. De todas essas concepções, as que desempenharão um papel decisivo são as de tipo epistemológico, responsáveis por atribuir aos currículos significados concretos na aula.

A "epistemologia implícita", sua ideia do que é conteúdo de aprendizagem e conhecimento valioso, o levará a selecionar determinados elementos, a dar mais importância a uns que a outros, a se divertir com atividades diversas, em uns sim e em outros não, a levar tudo isso em conta na hora de avaliar, etc. Como afirma Young (1981b, p. 133), pode se chegar à conclusão:

> [...] de que realmente muitos professores – sobretudo no ensino médio — possuem uma certa ideia, ainda que seja genérica, acerca do que é o conhecimento, que pode desempenhar um papel importante na organização mais concreta das crenças e decisões sobre o conhecimento no ensino e no processo de aprendizagem.

Parece-nos que esta aproximação é válida para qualquer tipo de professor, embora, naturalmente, as perspectivas epistemológicas adquirem mais relevância, no caso de níveis educativos, como peso mais direto dos componentes de cultura elaborados. Essas perspectivas epistemológicas não se referem, obviamente, a um nível filosófico, em sentido estrito, mas sim a concepções globais, preferências pessoais, conjuntos complexos de argumentações não de todo coerentemente explicitadas, nem ordenadas, nem com uma estrutura hierarquizada entre os diferentes elementos que as compõem. Em alguns professores são mais explícitas que em outros; estão articuladas desigualmente. Essas concepções parecem ir ligadas a outras perspectivas sobre a educação em geral, pois os aspectos epistemológicos se integram em concepções mais amplas que podem definir toda uma ideologia pessoal sobre a educação com alguma projeção na prática (YOUNG, 1981b, p. 140; GIMENO; PEREZ, 1987a).

Young (1981a) assegura que existe uma especial conexão entre as crenças *epistemológicas* dos professores e os estilos pedagógicos que adotam, especialmente em dois aspectos: nos processos de *avaliação* e no papel do professor frente ao *controle* dos alunos. As crenças relativas ao conhecimento, à avaliação e ao controle mostram correlações positivas importantes. Os estilos pedagógicos nos professores, relacionados com o conteúdo exigido e com a forma de comprovar sua posse, desmascaram suas concepções epistemológicas implícitas. Este autor considera que, como fruto da pressão de uma sociedade muito marcada pelo conhecimento científico e suas derivações na tecnologia, a perspectiva global dominante dos professores é a cientificista, em detrimento de posturas hermenêuticas ou críticas. Acentua-se o valor da objetividade, da estrutura interna do conhecimento e se relegam as preocupações pessoais, a totalidade do ser que conhece, as implicações e causas sociais do conhecimento. Portanto, se pretende avaliar com precisão, se pede a posse de conhecimentos acabados, sem relação com a experiência, etc.

> Levando em consideração a função reprodutora que as escolas cumprem numa sociedade tecnológica e levando em conta que a perspectiva cientificista no conhecimento substituiu outras concepções mais tradicionais, é claro que a pedagogia visível da escola se converteu num aliado dessa perspectiva do conhecimento e da imagem tecnológica da prática" (YOUNG, 1981a, p. 202).

Pope e Scott (1984) ressaltam a importância de ver que a concepção positivista, empirista-indutivista da ciência está relacionada com uma visão absolutista do conhecimento e que, nesse caso, os conteúdos do currículo e a forma de ensinar os alunos prestam pouca atenção às concepções dos estudantes e à sua participação ativa. Uma visão relativista do conhecimento é uma atitude que está em coerência com muitas atitudes metodológicas para com os alunos, tolerância frente a seus erros, frente a caminhos alternativos de busca, estratégias de ensino do professor, etc. Evidentemente, se a verdade transmitida é objetiva e indiscutível, portanto, é lógico que o professor, que possui melhor nível de conhecimento e de "verdade" que os alunos, adotará uma série de perspectivas metodológicas em relação às perspectivas que possui sobre o conhecimento.

Numa amostra de várias centenas de professores de ensino médio em formação constatamos que as posições individuais se diferenciam frente ao problema da objetividade--verdade do conhecimento; trata-se de um tema polêmico. As opções relativas não se situam, precisamente, entre as perspectivas pedagógicas mais compartilhadas pelos futuros professores (GIMENO; PEREZ, 1987a). A visão do conhecimento como algo discutível talvez não seja uma característica dominante, nem dos programas de formação de professorado, nos quais costuma predominar a posição implícita e explícita de que o currículo e o conhecimento são algo dado e não problemático, o que sem dúvida tem uma influência decisiva nos futuros professores (GINSBURG, 1986; HARGREAVES, 1980). Visão que se transmite no conhecimento relacionado com os conteúdos do currículo e na forma de considerar o currículo escolar ou os próprios métodos pedagógicos. Na falta de uma preparação específica neste sentido, será o currículo oculto da formação de professores e o adquirido por experiência prévia os únicos elementos responsáveis por sua bagagem neste componente da formação profissional. Pelo simples fato de não se tratar esses dilemas epistemológicos na formação do professorado, se reforçam as concepções prévias dominantes.

Essas posições epistemológicas terão derivações diversas e singulares em diferentes áreas do currículo, segundo cada caso. Assim, por exemplo, se para um professor o importante da linguagem é sua correção formal acima da potencialidade para a comunicação, é lógico que, em seu ensino, primará o primeiro aspecto sobre o segundo. Se tem uma visão da forma linguística como algo absoluto e a-histórico, será menos tolerante, seguramente, diante dos "desvios" que os alunos possam apresentar.

Essa epistemologia implícita do professor quanto ao conhecimento é uma parte substancial de suas *perspectivas* profissionais, configuradas ao longo de sua experiência, na formação inicial como professor e inclusive como aluno. A qualidade da *experiência cultural* que os professores têm vai deixando-lhes um sedimento ao longo de sua formação, sendo a base da valorização que farão do saber e das atitudes, da ciência, do conhecer e da cultura. Perspectivas que colocará em ação quando tiver de ensinar ou guiar os alunos para que aprendam.

As *perspectivas* são, segundo Tabachnick e Zeichner (1982, p. 2): "[...] as formas com as quais os professores pensam seu trabalho e a forma em que dão um determinado significado a essas crenças através de seus atos em classe".

As considerações em torno do conhecimento que os professores têm neste sentido não são, pois, mero sedimento passivo, mas têm uma projeção prática. As perspectivas não são simples atitudes frente aos fatos, mas têm esse componente ativo que se projeta na ação. Representam uma matriz de pressupostos que dão sentido ao mundo, mas que não são simples reflexos da realidade e sim algo construído no curso da interação com outros, com essa realidade, na experiência (HAMMERSLEY, 1977). Enfim, não podem se ver à margem de sua cultura em geral e de sua cultura profissional em particular, já que expressam, precisamente, uma forma de estruturação dessa cultura vivenciada.

Comprovamos em professores em formação (GIMENO; PEREZ, 1987a) que as posições ou perspectivas frente ao conhecimento (seu caráter relativo, sua neutralidade, sua universalidade e obrigatoriedade para todos os alunos, independentemente de suas peculiaridades pessoais e culturais, a importância de tratar nas classes os problemas políticos e conflitantes, etc.) se correlacionam com posições políticas e com a especialidade universitária que cursaram, constatando-se inclusive diferentes posições em algumas dimensões em função do sexo dos sujeitos. Ou seja, as posições pedagógicas frente a problemas relacionados com o ensino em geral e com os conteúdos do currículo não são independentes da mentalidade, cultura global e atitudes de determinado professor.

O professor, antes de sê-lo, no que se refere a seu contato com a escola em geral ou com os alunos, pode ter vivências mais distantes, mas sua experiência pré-profissional, quanto a sua relação com o conhecimento, é muito imediata e foi contínua. O professor passa sem processo de ruptura, neste como em outros temas, da experiência passiva como aluno ao comportamento ativo como professor, sem que lhe seja colocado, em muitos casos, o significado educativo, social e epistemológico do conhecimento que transmite ou faz seus alunos aprenderem. Passa de aluno *receptor* a *consumidor* acrítico de materiais didáticos e a *transmissor* com seus alunos. São três papéis entre os quais certamente se dá uma certa continuidade. A experiência com o conhecimento configurará o arquétipo de "conhecimento valioso" que o professor desenvolverá; graças ao qual insistirá em seu ensino em umas coisas ou em outras, selecionará os conteúdos na avaliação, etc. Não esqueçamos que, em nosso sistema, que carece de controles externos, o sentido do que é essencial e valioso é determinado pelo molde que as editoras de livros-texto realizam do currículo prescrito como obrigatório, por um lado, e as avaliações que de forma praticamente autônoma cada professor efetua ou um grupo deles decide, por outro. A própria experiência profissional obrigará os professores, com o tempo, a afiançar, matizar, etc. posições em suas perspectivas. Comprovamos que existem diferenças nas posições relativas ao conhecimento entre professores com e sem experiência (GIMENO; PEREZ, 1987a).

Chama a atenção a escassa importância concedida, na formação inicial, à análise dos currículos como seleções e elaborações de conhecimento ou à análise dos materiais didáticos que os professores consomem. Em uns e outros, o conhecimento e as atividades a que se sugere submetê-lo têm um determinado valor, em que se induz às vezes a erros científicos e até se podem encontrar concepções ultrapassadas sobre parcelas ou tópicos concretos, ou se vê a insistência em aspectos irrelevantes para a própria área de conhecimento ou para a experiência do aluno.

Shulman (1987) considera que a análise da profissionalização dos professores, como toda tentativa de dotá-la de mais prestígio e relevância, passa pela consideração do conhecimento que serve de base fundamental para a atividade pedagógica. O ensino começa necessariamente – afirma este autor – por uma certa compreensão por parte dos professores *do que* vai ser aprendido pelos alunos e de *como* ensiná-lo. Embora se trate de uma atividade, obviamente, que, além disso, se justifica profissionalmente pelo domínio de outras formas de conhecimento junto a estas duas. Ao tentar definir a peculiaridade da profissionalização dos professores, costuma-se distinguir dois componentes básicos: a formação pedagógica, que é a que o profissionaliza como docente, e a formação básica, que é a que o capacita para transmitir ou ajudar a aprender conteúdos curriculares diversos. Esta simplificação metodológica não deve esquecer que esses dois aspectos na formação não podem realizar a função de profissionalizar os professores se estão desconectados entre si, já que sua função consiste em se *comportar pedagogicamente* quando desenvolvem o currículo, para o que se necessita um certo domínio do conhecimento, de modo que o tratamento, a seleção e a ponderação do currículo se faça também sob chaves pedagógicas. A competência profissional supõe uma projeção de um aspecto sobre outro. É importante considerar dimensões ou perspectivas epistemológicas relativas ao conhecimento e aos saberes dos currículos.

Todas as perspectivas dos professores, conjuntamente, são importantes para configurar a profissionalização específica no ensino.

São múltiplas as categorias de conhecimento que contribuem para legitimar o professor como possuidor de um saber profissional específico. Os tipos de conhecimento que apoiam a profissionalização dos docentes são os seguintes (SHULMAN, 1986; 1987):

- Conhecimento do conteúdo do currículo.
- Conhecimento pedagógico geral que se refere a princípios amplos e estratégias para governar a classe.
- Conhecimento do currículo como tal, especialmente dos materiais e programas.
- Conteúdo pedagógico que presta ao professor sua peculiar forma de entender os problemas de sua atividade profissional.
- Conhecimento dos alunos e de suas características.
- Conhecimento do contexto educativo.
- Conhecimento dos fins educativos, valores e seu significado filosófico e histórico.

Indubitavelmente, a primeira base intelectual de um profissional do ensino é o domínio, em um certo nível, da área ou da disciplina em que desenvolve sua atividade. Mas não de um domínio indiscriminado fruto da mera acumulação de estudos, pesquisas e perspectivas diversas, e sim acerca das bases desse conteúdo, sua estrutura substantiva e sintática, sua significação educativa, sua dimensão social e histórica.

Já faz tempo que Bruner (1972) ressaltou a importância desta competência intelectual para o ensino quando postulou que a forma de produzir uma aprendizagem valiosa nos alunos era prestar atenção aos princípios subjacentes que estruturam os conteúdos, aspecto fundamental em todo currículo, os quais podem ser aproximados do aluno de acordo com seu nível de compreensão, em forma de conteúdos e atividades diversas. Isso devido a quatro razões fundamentais:

a) Porque torna mais compreensível o conteúdo para o aluno.
b) Porque é uma aprendizagem mais resistente ao esquecimento.
c) Porque se pode transferir para a compreensão de outras coisas.
d) Porque se reduz o tempo para o domínio do conhecimento superior a partir do conhecimento mais elementar.

Correlativamente, para que uma orientação deste tipo seja possível, é preciso primeiro fundamentá-la no professorado, pois, do contrário, ela mal pode ser guia dos alunos.

O professor:

> Deve conhecer as estruturas do conhecimento, os princípios de sua organização e da pesquisa que ajudem a responder em cada campo duas perguntas: quais são as ideias e habilidades importantes em cada domínio do saber, como se ampliam e como se recusam aquelas que mostram deficiências pelos que produzem o conhecimento na área de que se trate. Isto é, quais são as normas e os procedimentos do saber ou da indagação. (SHULMAN, 1987, p. 9).

Comentávamos noutro capítulo que conhecer uma disciplina ou uma área pode significar muitas coisas (KING; BROWNELL, 1976) que não deveriam se reduzir à acumulação de saberes sem conexão que têm desigual importância para os professores que as ensinam. Diferenciar esses componentes dentro de cada área é importante para precisar necessidades de formação e aperfeiçoamento no professorado, para filtrar e enriquecer suas perspectivas epistemológicas.

O psicopedagogicismo acultural passa por alto a primeira das formas de conhecimento nos professores, a relativa ao *que* ensinar. Mas muitos "essencialistas" defensores do culturalismo *apedagógico*, no outro extremo, esquecem as demais bases do conhecimento, ou nem sequer levam em conta as necessidades especificamente profissionais no domínio do conteúdo das disciplinas ou áreas do currículo que os professores têm, já que não deveria ser suficiente um saber justaposto de fatos, teorias, perspectivas diversas, etc. Se é necessário um maior nível de formação nos professores em algum ou vários campos do saber, não é para preenchê-lo de mais conhecimentos acumulados, mas para introduzi-los em tudo o que significa um campo de conhecimento, para que possam ter critério neste sentido quando puserem os alunos em relação com os saberes contidos nos currículos e deixem de depender de materiais que dão, em muitos casos, visões empobrecidas do que é uma área de conhecimento.

O professor que pense minimamente sobre o conteúdo que transmite ou sobre o que os alunos aprendem tem de transformar necessariamente o conhecimento tal como ele o tenha apreendido. Quando um professor se esforça em comunicar saberes, se produz uma *transformação* dos saberes para facilitar sua compreensão por parte dos alunos através de analogias, exemplos, ilustrações, derivações práticas, etc. A transformação se desprende do esforço por passar da própria concepção ou forma em que se possui o conteúdo a uma representação e apresentação sua que seja útil para que resulte compreensível para os alunos (WILSON; SHULMAN; RICHERT, 1987).

A transformação do conteúdo da área ou disciplina recebido para *conteúdo pedagogicamente elaborado* acontece quando esse primeiro tipo de competência cultural, científica, artística, etc. dos professores se relacione com as demais formas de conhecimento assinaladas por Shulman (1986, 1987) ou outras que possam ser estabelecidas; isto é, o professor transforma o conteúdo do currículo de acordo com suas próprias concepções epistemológicas e também o elabora em "conhecimento pedagogicamente elaborado" de algum tipo e nível de formalização enquanto a formação estritamente pedagógica lhe faça organizar e acondicionar os conteúdos da matéria, adequando-os para os alunos.

> O conteúdo do conhecimento pedagógico não é um simples repertório de múltiplas representações da matéria. O que caracteriza esse tipo de conteúdo é uma forma que facilita a criação dessas transformações, o desenvolvimento do *raciocínio pedagógico*. (WILSON; SHULMAN; RICHERT, 1987, p. 115).

A *transformação do conteúdo pedagógico* já ocorre de alguma forma, por exemplo, quando o professor analisa e critica os próprios livros-texto ou qualquer outro material ao ver que não satisfazem as necessidades de seu estilo ou as de seus alunos num determinado ambiente.

Esse raciocínio pedagógico é fruto de um processo de reflexão sobre a própria prática, que não pode ser proporcionado com efetividade vicariamente na formação inicial, nem pode ser extraído da experiência por si mesma, a menos que se reflita sobre a própria prática. Exige, como condição de partida, um certo grau de formação pedagógica e um determinado nível no domínio da própria matéria; do contrário, a única transformação real do conteúdo é a que os materiais didáticos realizam, dos quais dependerá necessariamente o professor. Durante a formação inicial, o que é possível é tornar os professores conscientes de suas concepções epistemológicas iniciais, explorando as alternativas possíveis segundo a área da qual se trate (POPE; SCOTT, p. 120). A reflexão sobre todas essas dimensões do saber relacionadas com o conteúdo do currículo é uma das funções fundamentais das Didáticas Especiais na formação do professorado.

Enfim, como o professor é o decisivo e imediato mediador das aprendizagens dos alunos, e posto que a atitude que ele mantenha frente ao conhecimento condiciona enormemente a qualidade da aprendizagem e a atitude básica do aluno frente ao saber e à cultura, é importante a potencial responsabilidade que a formação do professorado tem neste sentido.

No curso da formação inicial, os professores aprendem conteúdos de uma determinada área ou disciplina, conhecimentos sobre os alunos, os processos de desenvolvimento e de aprendizagem, a instituição escolar, os fins educativos, etc. Não se costuma prestar atenção, em troca, ao significado educativo dos conteúdos, inter-relacionando todos esses conhecimentos diversos: o que significa o currículo e seus componentes parciais para os alunos de uma determinada idade ou ambiente cultural; que projeção têm segundo continuem estudando em níveis superiores ou, pelo contrário, passem desde um nível fundamental ou médio de ensino à vida ativa; por que recusam determinados conteúdos e estudam outros com mais agrado, etc.

Na formação de nosso professorado estes problemas não contaram muito. As Didáticas Especiais não se desenvolveram por norma geral, como capacitação profissional para meditar na oportunidade pedagógica de determinados saberes. A formação científica no professorado do ensino fundamental é insuficiente e, na universidade, não se atende a sua projeção pedagógica. A formação prática na qual esses problemas adquirem relevância é insuficiente e costuma estar desligada da teoria. Por isso, não é estranho que quase três quartos do professorado de ensino médio considerem que a formação inicial que receberam não lhes serviu para nada – um juízo que é tanto mais duro quanto mais jovem é o professorado. De qualquer forma, valorizam melhor sua formação científica que a profissional quando iniciaram sua profissão. A apreciação negativa sobre a formação profissionalizadora está mais desenvolvida no ensino médio do que no fundamental (ESPAÑA, 1985).

Depois da impregnação que para os professores supõe a experiência como alunos e a que adquirem no transcurso de sua formação, voltam a reforçar a valorização do conhecimento através dos próprios materiais didáticos dos quais dependem no ensino.

Às vezes eles são conscientes da diferença de qualidade entre uns materiais e outros, mas lhes é difícil verbalizar essas diferenças. Nesses materiais tampouco se proporciona justificativa do valor que têm diferentes tipos de conhecimentos. Não se pode esperar que os currículos que a administração apresenta aos professores, dado o formato com o qual costumam ser elaborados, possam comunicar a estes uma determinada visão clara, coerente e operativa das áreas e do conhecimento que contêm. Por tudo isso, não é estranho que os currículos e a prática do ensino tenham um caráter memorialístico de saberes pouco estruturados e, por isso mesmo, pouco valiosos e estimulantes intelectualmente; boa parte deles está composta de tópicos desconectados entre si e sem projeção educativa.

O professor constantemente toma decisões que refletem valorizações epistemológicas. No entanto, existem momentos decisivos nos quais se tomam opções com efeitos mais duradouros no tempo, como são as que ocorrem quando professores, no começo do curso, decidem os livros-texto, ou quando realizam a programação geral sobre unidades a tratar, a sua sequência, etc. (CLARK; ELMORE, 1981). O processo que pode se caracterizar como um dos mais conscientes do ensino, no qual se fazem explícitas opções sobre os conteúdos, é o da programação didática. Clark e Lambert (1985, p. 3) afirmam que:

> O planejamento do professor é o mais importante determinante do que se ensina na escola. O currículo, como produto feito realidade em certo tipo de publicações, é transformado e adaptado no processo de planejamento por meio de acréscimos, subtrações e pelas decisões do professor sobre o ritmo, a sequência e a ênfase em algum de seus componentes.

Embora, do nosso ponto de vista, seja preciso matizar a afirmação de que o planejamento do professor é o determinante mais decisivo do que se ensina nas aulas, devido às determinações das quais temos falado, é evidente o poder de transformador reflexivo que o professor tem nesse momento do planejameno do ensino, que é mais decisivo ainda quando um só professor é o encarregado de lecionar todas as áreas do currículo, pois as ponderações pessoais que, nesse caso, pode realizar se movem dentro de uma margem de autonomia maior. Autonomia que pode exercer na dedicação diferenciada de tempos a conteúdos diversos e na forma de estruturar conteúdos diversos em unidades de aprendizagem, decisão de tarefas acadêmicas, etc.

DIMENSÕES DO CONHECIMENTO NAS PERSPECTIVAS DOS PROFESSORES

As *perspectivas epistemológicas* nos professores não são independentes de concepções mais amplas, da cultura geral exterior e da pedagógica em si, que conjuntamente determinam modelos educativos, delimitados e vigentes em determinados momentos históricos. Já destacamos algum resultado de pesquisa neste sentido. No fim das contas, essas perspectivas são elaborações pessoais dentro de contextos culturais e de tradições dominantes dos quais recebem influências. A valorização do conhecimento é uma dimensão importante na configuração de um estilo pedagógico, uma orientação curricular ou uma determinada orientação filosófica sobre a educação. De fato, as concepções sobre o conhecimento marcaram historicamente os movimentos educativos e as diferentes etapas da evolução histórica da educação e do currículo em particular (LUNDGREN, 1983).

Como se concebe o conhecimento, como se *ordena,* que papel se concebe para sua *relação com a experiência* do que aprende, qual é sua *transcendência social* e sua *relação com a vida* cotidiana, qual é *sua origem, como se valida, como evolui,* a *ponderação* de seus componentes, como se *comprova* sua posse, etc. são aspectos cruciais sobre os quais se interrogar num modelo de ensino para analisar sua especificidade. O professor não tem muitas oportunidades de tratar essas dimensões epistemológicas dos métodos didáticos e nos currículos, nem são, com frequência, sequer discutidas no transcurso de sua formação. Suas posições a respeito, ainda que sejam implícitas, costumam ser adquiridas e assimiladas por osmose, e não é fácil que possa expressá-las de forma vertebrada e coerente.

Apesar dessa importância, em educação muitas vezes se dá ênfase a variáveis de tipo psicopedagógico, sobretudo quando se quer sair de um intelectualismo estéril, esquecendo que é discutindo o tipo de conhecimento mais útil no ensino de um determinado nível que se pode superar a obsolescência dos conteúdos, não concebendo uma educação sem elementos de cultura.

Tendo papel tão decisivo na determinação dos estilos de ensino, é curiosa a ausência desta dimensão epistemológica nas proposições pedagógicas e didáticas modernas mais desenvolvidas, expressão do vazio cultural em que caiu a psicologia da qual dependemos e a própria pedagogia, por um lado, e do acriticismo no discurso dominante, por outro; pois este é um tratamento reprodutor da cultura, dada como obrigatória para os alunos e para o próprio professor.

Nas obras clássicas de Bennett (1979), Joyce e Weil (1972), Weber (1976) e Weil e Joyce (1978) sobre estilos e modelos de ensino, chama a atenção como variáveis de tipo pessoal, processos psicológicos e sociais servem de base para estabelecer diferenças entre numerosos modelos de ensino, estando ausentes considerações em torno do primeiro motivo pelo qual existem: a transmissão de uma determinada cultura, com as diferentes opções que se podem tomar diante desse fato.

Não é estranho depois encontrar posições que concedem pouco valor ao nível de conhecimentos dos professores como um indicador da sua qualidade e de seu ensino. Posição que se explica por duplo motivo: pela pouca importância a essa dimensão, frente ao domínio dos enfoques psicopedagógicos exclusivistas, e pela crença de que esse maior nível não se traduz sempre numa consciência e valorização distintas sobre o conhecimento a transmitir ao aluno.

Os paradigmas contemporâneos que dominam a pesquisa pedagógica, a partir dos quais se deduz uma seleção de variáveis relevantes para entender os fatos pedagógicos e uma projeção mais ou menos direta para a prática, esqueceram o próprio conteúdo cultural que se transmite no ensino, a própria essência de sua justificativa; ausência que Shulman (1986) denominou como "paradigma perdido". Para esse autor, a separação entre conhecimento e pedagogia na pesquisa e no pensamento pedagógico é uma tradição relativamente recente na história deste último, com uma forte implicação na formação do professorado e na deficiente compreensão do que é o ensino em si mesmo. Fala-se da motivação dos alunos, de processos cognitivos de aprendizagem, de manejo da aula, de ambientes escolares, de condutas docentes relacionadas com o bom rendimento dos alunos, de processos de planejamento, de como avaliar o aluno, mas se silencia sobre o papel do professor na modelação do conhecimento e sobre o próprio conhecimento, dando-o, portanto, como algo não discutível, como o inexorável *corpus* que constitui o currículo que os professores têm que desenvolver, e os alunos, aprender.

O divórcio entre o pensamento e a pesquisa educativa, por um lado, e a discussão sobre o sentido da cultura que se distribui na escola, por outro, é consequência, em parte, da divisão acadêmica desses dois campos de saber e da escassa preocupação manifestada pelos setores dedicados à criação cultural, científica e tecnológica pelos níveis inferiores de educação. É necessária uma conjunção interdisciplinar, pois, do contrário, a formação de professores partirá da justaposição de saberes sobre o ensino e a educação junto a saberes a transmitir, mas não de conhecimento pedagogicamente elaborado sobre os conteúdos curriculares.

O componente epistemológico em educação e a transcendência de tomar uma ou outra posição frente ao componente surge quando se sistematizam as filosofias ou os modelos mais genéricos de educação, mas não é frequente tentar traduzir as consequências de tais orientações nos modelos mais específicos para analisar a realidade do ensino, quando, enfim, como vimos, é na prática que se adotam muitas decisões que têm a ver com a valorização de seus conteúdos.

Esta dimensão epistemológica do ensino foi tratada na sistematização de filosofias curriculares. Pope e King (1981) distinguem quatro modelos educativos, dentro das ideologias educativas ocidentais, relacionados com pressupostos sobre o desenvolvimento psicológico e sobre a natureza do conhecimento.

1) O *tradicionalismo cultural,* que, partindo do valor absoluto do conhecimento, enfatiza sua transmissão aos alunos, ligado a uma visão realista do mundo que lhe atribui sua existência à margem do homem e à tradição lockiana sobre o caráter passivo da mente, que depois se encontra no condutismo, por exemplo. A conduta para Skinner é uma construção de elementos acumulados.

2) O *romantismo,* que ressalta a importância de um ambiente adequado em que as forças do indivíduo se desenvolverão por si mesmas e que, em consonância com o idealismo filosófico, considera que a realidade última é a espiritual acima da física, o mental antes que o material. Absorve toda a tradição roussoniana até a pedagogia não diretiva e o movimento rogeriano, enfatizando o valor das emoções e o papel da maturidade, recusando ou subestimando a transmissão cultural.

3) A *educação progressiva* ligada ao construtivismo psicológico, que dá ênfase ao conflito cognitivo que surge da interação com o meio, da experiência e da averiguação na resolução de problemas. Supera-se assim a dicotomia entre a determinação absoluta do ambiente ou influência exterior e a maturação, relativizando esta última. Boa parte de pressupostos desta orientação se encontra nas contribuições de Dewey, Piaget e Bruner.

4) A *desescolarização* torna manifesta a falta de relevância para o aluno dos saberes escolares que aprende, o que transforma esta posição numa "ideologia" reativa para com as condições dominantes da escola, considerando impossível sua regeneração.

As grandes orientações curriculares dentro das quais se sistematizou a teoria do currículo destacam às vezes, como uma de suas dimensões formais, a posição frente ao conhecimento. Schiro (1978), na ordenação que faz das perspectivas em torno do currículo, posiciona-se frente ao conhecimento como um elemento decisivo na hora de definir filosofias curriculares diferenciadas. Distingue, como já vimos, quatro grandes "ideologias" curriculares: a *acadêmica,* a do *eficientismo* social, a do estudo da *criança* e a da *reconstrução social.* Dentro de cada "ideologia", com as variantes que cada uma tem, o conhecimento na educação tem um valor distinto.

As posições frente ao conhecimento são um desses pontos críticos na teorização do currículo e podem ser rastreados nos próprios currículos, traduzindo-se na prática por meio da configuração da mentalidade dos professores. As grandes orientações epistemológicas se refletem desordenadamente em opções decisivas e oportunas para os docentes. A mente dos professores não é nenhuma arquitetura simétrica com algum tratado sistemático sobre os mais variados problemas educativos, mas sua estrutura idiossincrática apresenta sim pontos sensíveis e decisivos relacionados com opções e posições epistemológicas sobre o conhecimento. A pesquisa sobre o pensamento do professor em geral demonstrou que essas perspectivas ou concepções epistemológicas do professor têm um grau de consistência baixo, mas existente (YOUNG, 1981a).

Daí a conveniência de analisar dimensões ou perspectivas diferenciadas nos professores, embora o nível de formação e a própria prática profissional farão com que umas dimensões apareçam em alguns professores e não em outros, que se mostrem com diferente nitidez, sejam mais ou menos proeminentes e decisivas para alguns professores e não para outros, etc. Devido à pouca atenção que estes aspectos têm recebido na formação e pelo pouco explicitados que estão nos currículos, é de supor que, em nosso caso, não sejam dimensões muito relevantes na tomada de decisões conscientes do professor, embora, em sua prática, sempre se filtrarão uma ou outras posições. Por outro lado, convém indicar que cada área do currículo, como forma de conhecimento e de experiência particular que é, coloca problemas particulares a respeito, pois a relevância educativa de cada uma delas destaca aspectos singulares neste sentido. Aqui analisaremos perspectivas gerais que em algum grau são pertinentes a todo o currículo.

De forma um tanto assistemática, e ainda que seja com baixo nível de consistência, no pensamento educativo, na reflexão dos professores e em suas ações, podemos notar *dilemas* (BERLAK, 1981) que são como pontos significativos de "tensão" frente aos quais é preciso optar e frente aos quais de fato sempre se toma alguma opção quando se realiza algum tipo de prática, ou quando se planeja o próprio ensino, de modo que a opção ou direção tomada configura um modelo ou estilo educativo peculiar. Os dilemas e as consequentes *perspectivas ativas* que se configuram em torno dos conteúdos não são proposições estritamente dicotômicas frente às quais se adote uma posição ou outra contraposta de forma nítida e excludente, pois as crenças e perspectivas dos professores não são algo muito delimitado, assistemático e estruturado com clareza, mas, tal como se disse, pontos de tensão. O professor realiza uma *representação* da situação de ensino, uma forma de definir o "espaço problema" no qual podemos distinguir pontos significativos de tensão que a caracterizam e a partir dos quais toma decisões.

As perspectivas pessoais dos professores relacionadas com o conhecimento são uma dimensão essencial de suas crenças e conhecimentos profissionais e são as que contribuem para resolver, numa direção ou noutra, os dilemas que o professor percebe quando decide metodologias, programa unidades, seleciona conteúdos, etc. Decisões que são automáticas ou implícitas, pois, em geral, o trabalho normal do professor não se resolve por decisões após reflexões prolongadas. As perspectivas epistemológicas e a opção que o professor toma frente a dilemas-chave *reflete-as* em sua prática, o que não quer dizer que sejam sempre posições explícitas que dirigem a reflexão prévia à tomada de decisões.

Praticando uma metodologia etnográfica, Young (1981b) observa, entre professores de ensino médio, que a dimensão mais clara dentro das concepções epistemológicas do professor é a que se refere à consideração do conhecimento tal como este é caracterizado dentro dos domínios científicos, com seus traços de ideias precisas, caráter lógico, objetivo, etc. frente a outras formas de conhecimento nas quais se dá importância ao pessoal, ao intuitivo, etc.

Hammersley (1977) parte da concepção de que o ensino é algo problemático, suscetível de enfoques e opções diversos que se especificam em torno de grupos de dimensões básicas, que se tornam instrumentos e produtos da investigação educativa e do pensamento pedagógico. Essas dimensões básicas são cinco: a definição do papel do professor, a concepção sobre o papel do aluno, a concepção sobre o conhecimento, a natureza que se pensa que a aprendizagem humana tem e a relativa a suas preferências metodológicas.

Dentro da dimensão relativa à natureza do conhecimento caberia distinguir uma série de opções ou perspectivas:
   a) A relação entre o currículo exigido e esse outro currículo que tem a ver com a expressão da individualidade do aluno, suas capacidades pessoais, as experiências extraescolares, etc.
   b) O conhecimento concebido como algo objetivo e universal ou como algo relativo que tem a ver com sua construção pessoal e social.
   c) O conhecimento como conjunto de saberes hierarquicamente estruturados em termos de dificuldade e *status* ou como componentes de igual forma disponíveis e da mesma categoria.
   d) Conhecimento agrupado em disciplinas distintas ou como formas integrais em unidades mais gerais.

Berlak e Berlak (1981) assinala como dilemas diretamente relacionados com o conhecimento os seguintes: conhecimento pessoal *versus* público, conhecimento como conteúdo ou como processo, conhecimento como algo dado frente a sua consideração como problemático, cultura comum para todos os alunos ou atenção específica à cultura particular de subgrupos.

Tabachnick e Zeichner (1982) tomam esses dilemas como pontos de referência frente aos quais os professores adotam perspectivas que modelam seu pensamento e sua ação, tendo encontrado diferenças entre eles nesse sentido, ou seja, tais dimensões encontram algum ponto de referência nos professores. Destacam as seguintes:
   1) A consideração de que o conhecimento é *público,* concebendo-o como um conjunto de informações, fatos, habilidades, etc., valorizados como corpos de conhecimento estabelecido que formam uma tradição e que existem independentemente de quem os aprende. Desde a perspectiva *pessoal*, pelo contrário, se considera o conhecimento como algo cujo sentido está precisamente em que tem relação com a experiência do indivíduo. Conforme Dewey (1967), o conhecimento tem relevância educativa na medida em que capacita as pessoas a dar significado a suas experiências, o que, enfim, é dar ao conhecimento valor em si mesmo somente ou considerá-lo como um meio.
   2) A crença de que o conhecimento é um *produto* que, composto por fatos, teorias, etc., forma um corpo organizado de informações que é suscetível de ser aprendido e avaliado. Por outro lado, pode se considerar como um *processo* no qual convém ressaltar o curso de sua elaboração, revisão, validação, utilizando-o como um recurso para pensar e raciocinar mais que assimilá-lo como algo dado.
   3) Cabe considerar o conhecimento como algo *certo* que representa a verdade estabelecida, que deve ser assimilada pelos alunos, ou ser visto como *problemático,* provisório, uma tentativa, que sofre um processo de construção e que está submetido a influências sociais, políticas, culturais e históricas em geral.
   4) A posição *universalista* considera que todos os alunos devem experimentar o mesmo currículo, enquanto uma posição mais *particularista* acredita que alguns conteúdos só devem ser oferecidos a certos indivíduos ou grupos.
   5) A cultura como algo comum, que deve fomentar no aluno um conjunto de valores, normas e definições sociais e, por outro lado, a consciência de subgrupo que enfatiza as *particularidades* de determinados subambientes ou coletividades cuja singularidade deveria ser reconhecida.

Estas perspectivas curriculares se complementam com outras duas referentes à aprendizagem, que estão muito relacionadas com as anteriores:
6) A ênfase na aprendizagem como partes separadas, *fragmentos* de conhecimentos sem relação que, uma vez dominados separadamente, formam o conhecimento total, posição favorecida pelos currículos não integrados (BERNSTEIN, 1983). Opção confrontada com a consideração da aprendizagem como um todo *holístico*, que é algo mais do que a soma das partes.
7) Aprendizagem *justaposta*, realizada em função da ordenação do conhecimento em compartimentos, dentro de cadeiras ou áreas de saber, frente à aprendizagem *integrada* que se realiza em torno de temas, ideias ou problemas, relacionando contribuições provenientes de especialidades ou cadeiras diversas.

Partindo de todas estas diferenciações sobre o conhecimento, que têm repercussão nas perspectivas profissionais dos professores e em diferentes opções metodológicas, distinguimos uma série de dimensões genéricas que, em princípio, podem afetar qualquer área do currículo e que nos servem para constatar diferenças idiossincráticas entre professores (GIMENO; PEREZ, 1987a). Essas diferenças confirmam a existência de peculiaridades na mentalidade pedagógica dos professores já que sua nitidez, relevância, conexões entre dimensões, etc. são singulares para cada professor, embora também se possa falar de mentalidades coletivas que compartilham determinados pressupostos.
1) Utilidade dos conteúdos para entender problemas vitais e sociais.
2) A cultura do currículo como uma cultura comum para todos os alunos, independentemente de suas peculiaridades sociais, linguísticas, etc.
3) Cultura comum para todos os alunos, à margem de suas singularidades pessoais, sexo, etc.
4) A obrigatoriedade para que passem a ser parte da formação comum aspectos como a religião, por exemplo, que são crenças e opções ideológicas.
5) A unificação ou diferenciação entre a cultura acadêmica e a dirigida para a atividade manual num mesmo currículo para todos os alunos.
6) A inclusão de problemas conflitivos e políticos nos conteúdos de ensino.
7) A compatibilidade-incompatibilidade *a priori* de certos conteúdos com o interesse dos alunos por sua aprendizagem.
8) O valor da experiência pessoal anterior do aluno e do processo de descobrir aprendendo certos conteúdos curriculares frente ao valor absoluto do conteúdo ordenado logicamente e sem relação com a experiência vital.
9) A consideração do conhecimento como algo objetivo e verdadeiro frente a posições relativistas, históricas e construtivistas.
10) Valor pedagógico do aprofundamento de uma parcela para alcançar conhecimento em profundidade frente ao domínio geral mais superficial.
11) Valor educativo de praticar os métodos de pesquisa próprios de diferentes áreas ou disciplinas.
12) Ordenação do conteúdo em torno de unidades mais ou menos integradoras de diversos tipos de conhecimentos e habilidades frente a opções de ordenação por cadeiras ou conteúdos separados uns dos outros.
13) Sequência de desenvolvimento determinada de antemão, inclusive a apresentada pelos livros-texto frente à opção de esquemas *ad hoc*.

14) Capacidade e divisão de competências e responsabilidades nas decisões sobre os conteúdos: pais, alunos, professores, etc.
15) Consideração de partes optativas nas diversas áreas para alguns alunos.
16) A existência de fontes variadas e válidas de informação para adquirir as aprendizagens consideradas importantes.
17) Concepção de áreas ou disciplinas como lugar de expressão de opções diversas por parte dos professores.

Todas estas dimensões, traduzidas pelo professor em *perspectivas* pessoais, serão um filtro decisivo para suas atitudes, seleção e definição de critérios na hora de ponderar, selecionar, distribuir conteúdos, selecionar atividades de aprendizagem para seus alunos, estabelecer critérios de valorização das aprendizagens escolares, etc. A mediação do professor na definição do significado do currículo será realizada, sem dúvida, guiada por esses critérios epistemológicos de significação educativa evidente para fomentar um estilo de ensino determinado. A formação, a cultura geral do professor, a interação que nele se estabeleça entre o conhecimento de conteúdos e a diferenciação de aspectos relativos à sua estrutura com outros conhecimentos e valorizações pedagógicas serão as responsáveis pelo papel real de mediação que o professor tem no currículo. Uma mediação subjetiva que responde a condicionamentos mais amplos e que transmite, dessa forma, valores e concepções supraindividuais, como vimos.

Essas dimensões em torno das quais os professores configuram perspectivas profissionais que influem na visão da cultura curricular e nas práticas que selecionarão para implantá-la, junto a outras referentes a outros aspectos psicológicos, de procedimentos, etc. são o que dão significado concreto à experiência educativa que os alunos podem obter nas instituições escolares ao receberem uma determinada seleção cultural. O currículo, moldado através das perspectivas dos professores dentro de determinados condicionamentos materiais, organizativos, etc., modelará a experiência cultural real que viverão.

Parece-nos que, numa concepção sobre o currículo como realidade social construída no próprio processo de seu desenvolvimento, no qual se entrecruzam subsistemas tão diferentes, é preciso ver o papel dos professores como mediadores pedagógicos nesse processo de construção, ao mesmo tempo em que são instrumentos através dos quais se "filtram" em tal processo todos os condicionamentos culturais e profissionais que o professor dá para a mediação que realiza.

A mediação do professor ressalta a sua influência e a importância de sua formação cultural e profissional. A qualidade do ensino, refletida na qualidade dos processos que se desenvolvem na prática pedagógica, tem, por isso, seu primeiro condicionante na qualidade do professorado. Os sistemas de formação de professores, as suas práticas de aperfeiçoamento, o desenvolvimento de áreas de pesquisa relativas ao significado educativo e social do saber e da cultura em suas mais variadas parcelas, etc. se refletem na prática do ensino através dos docentes. Estes não são meros adaptadores dos currículos, mas, através das introjeções realizadas por eles dentro do próprio processo de desenvolvimento do currículo, se transformam em mediadores entre a cultura exterior e a cultura pedagógica da escola. O professor é, por isso, um agente decisivo para que o currículo real seja o projeto cultural desenvolvido nas condições objetivas, tal como ele as vê e sob o filtro dos processos subjetivos através dos quais se desdobra na ação.

A constatação do papel ativo dos professores deve nos levar a defender seus campos de participação ativa na configuração e no desenvolvimento dos novos currículos no nível do grupo de classe e dentro das escolas. Novas ênfases nos são dadas sobre a importância da formação do professorado e exige um referencial político e administrativo para decidir o currículo mais flexível e participativo. Apenas uma ideologia de controle manifesta ou encoberta através de esquemas técnicos pode obstaculizar tal aspiração.

ESTRUTURA SOCIAL DO TRABALHO PROFISSIONAL E SEU PODER DE MEDIAÇÃO NO CURRÍCULO

Vimos os processos e mecanismos ressaltados através de argumentações e dados de pesquisa que se referem aos professores considerados individualmente. Falamos de perspectivas do professor que afetam o currículo enquanto este expressa uma seleção cultural para determinados alunos. Trata-se, pois, de uma mediação curricular subjetiva individual dos professores; ainda que possa supor a existência de crenças compartilhadas. Isso se deve, certamente, ao fato de que a própria pesquisa pedagógica está condicionada pelo campo organizativo dominante e é aceito por ela. Tal mediação individual dos professores sempre existe, mas, em geral, está mediada na realidade por relações sociais profissionais, por outros professores, colegas de trabalho ou pelo grupo profissional no nível coletivo com meios formais e informais de comunicação. A socialização profissional produzida pelos próprios colegas é um fator de disseminação de atitudes e crenças sobre o currículo, o conhecimento, a avaliação, os comportamentos frente aos alunos, etc. Boa parte do que são os professores como tais, quanto a seu pensamento e a seu comportamento, se explica por mediações de socialização profissional.

O tipo de conhecimento requerido para exercer uma competência profissional está em função das peculiaridades de tal habilidade e dos aspectos mais ou menos restritos sobre os quais intervém. Se se entende o desenvolvimento do currículo como uma competência individual de cada professor, o tipo de profissionalização que se ressalta é distinta em parte se se entende como um projeto que exige, além de ações individuais dos professores, outras coordenadas das equipes docentes para dar cumprimento a determinados objetivos, realizar certas atividades, etc. Entender a profissionalização como um exercício profissional individual ou compartilhado tem consequências não apenas no tipo de mediação possível que o professorado pode introduzir no desenvolvimento do currículo, como também no cultivo de certas competências profissionais.

Ressaltou-se muitas vezes que o saber prático útil aos professores procede basicamente de sua própria experiência e da transmissão do saber coletivo do conjunto de profissionais do ensino por via de socialização horizontal nos centros escolares. Esta posição surge tanto da constatação de que boa parte da teoria e pesquisa pedagógica e psicológica não se traduz em orientações criadoras na prática como da defesa de um praticismo acrítico e ateórico que considera não necessitar de outras sustentações exteriores.

O individualismo profissional tem sido uma particularidade destacada da forma social de exercer o trabalho de professor (LORTIE, 1975; HOYLE, 1980). Estilo dominante que se desenvolve ao mesmo tempo em que se sabe da existência de uma socialização profissional nem sempre explícita entre colegas, que não se elabora abertamente. Ainda que os professores tenham esse estilo profissional predominantemente individualista, sempre existe uma filtragem através de estruturas profissionais coletivas. Isto é, enquanto os professores não trabalham isoladamente, tampouco serão mediadores isolados no currículo, e, de uma perspectiva libertadora, deve se acentuar essa mediação coletiva, dentro de mecanismos de racionalidade grupal nas equipes docentes.

A necessidade de abordar o exercício profissional dos docentes de forma coletiva e de entender, dessa maneira, sua possível mediação no currículo se fundamenta ao menos em três ordens de fatores.

a) Do ponto de vista da eficácia da conquista de certas metas dos currículos, é preciso considerar que boa parte dos seus objetivos gerais deve ser abordada conjuntamente por todos os professores nas diversas etapas educativas ou através de diferentes áreas ou disciplinas curriculares. Os resultados mais decisivos da educação têm a ver com objetivos nos quais todos os professores deveriam se ocupar, pois não têm relação com a parcela singular de sua cadeira ou área curricular. Este é o caso da capacidade de expressão, da habilidade para encontrar informações apropriadas para resolver problemas, sentido relativo do conhecimento, ensinar a se expressar, comunicar com clareza pensamentos próprios, fundamentar uma atitude crítica, fomentar hábitos de trabalho, conseguir habilidades em diversas áreas ou disciplinas, cultivar atitudes de colaboração, etc. que são exemplos, entre muitos outros que se poderiam citar, que exigem proposições coordenadas por parte dos professores. Seu sucesso depende da existência de um modelo educativo coerente sustentado por toda a equipe docente que incide sobre um aluno e, inclusive, através de prolongadas etapas educativas. Daí que, como se assinalou, a unidade de inovação estrategicamente eficaz é o centro escolar como unidade e não as aulas em separado.

Por outro lado, desde a perspectiva de análise do que supõe o currículo real distribuído e recebido pelos alunos, no qual se mesclam componentes explícitos e ocultos, é indubitável que muitos efeitos importantes da escolarização, como é a aprendizagem do conceito de ordem, disciplina, trabalho escolar de qualidade, lazer, etc. dependem dos efeitos concomitantes, coerentes ou contraditórios entre si produzidos pelo conjunto dos professores.

A própria organização do currículo em ciclos educativos, ou incorporando elementos optativos, exige estruturas de funcionamento coordenado entre os professores. Na medida em que o currículo ofereça elementos de flexibilização para concretizar em cada caso e não seja um guia detalhado de antemão para os professores, exigirá estruturas de funcionamento coletivo. Por isso, qualquer política educativa considerar notar a potenciação dos aspectos organizativos nas escolas para coordenar os professores, ao mesmo tempo em que se proponham reformas curriculares que não sejam propostas fechadas para cada um deles aplicar mecanicamente.

O individualismo profissional é coerente com uma função restritiva do papel profissional do professor, pois resulta cerceadora de aspectos educativos que requerem a atuação coletiva coordenada. O planejamento ou a programação do currículo em equipe é exigência da necessidade de oferecer aos alunos um projeto pedagógico coerente e, nessa medida, pede-se uma instância modeladora do currículo no nível supraindividual. Ou seja, os processos de mediação dos professores entre o currículo prescrito ou o que a eles se apresenta e a prática real com os alunos são processos que se produzem no grupo e nos indivíduos. Não se pode esquecer que a congruência do currículo, a conquista de determinados objetivos e habilidades ou atitudes que dependem de tratamentos prolongados e múltiplas experiências pedagógicas ou se alcançam nas várias aprendizagens que os alunos obtêm na situação escolar, tratando com diversos professores e áreas curriculares, ou são uma ficção.

Essa coerência do tratamento para os alunos e a busca de objetivos comuns, a longo prazo, deve ser produzida por uma equipe de professores em conjunto que proponha estratégias congruentes e chegue a significados mínimos compartilhados que o currículo global deve ter para seus alunos. Os próprios problemas de aprendizagem do aluno são, muitas vezes, defeitos acumulados de descoordenação entre professores, descontinuidade de estilos pedagógicos apropriados, etc.

As estruturas de funcionamento coletivo dos professores, decididas ao nível da escola, são fatores mediadores importantes do currículo e devem ser mais num projeto de mudança qualitativo. Daí a importância de analisar os elementos da organização escolar como modeladores de um projeto pedagógico coletivo que acaba incidindo em cada aluno em particular. Nessa mesma medida, é preciso entrever um nível de mediação consistente do currículo, que pode desempenhar um papel decisivo em sua construção: a escola como unidade de definição e planejamento do currículo. Esse nível de mediação afeta objetivos comuns, mas também se reflete nos objetivos e conteúdos particulares de cada área ou disciplina. Nesse caso, entram em ação os mecanismos individuais dos quais temos falado e também todos aqueles procedentes da organização social do trabalho docente.

b) Do ponto de vista dos professores, a consideração social de sua profissionalização é básica por múltiplas razões. O professor que atua individualmente não tem controle sobre certas variáveis de organização escolar, que são competência da coletividade ou de órgãos de direção, das quais depende o exercício de uma certa metodologia ou um estilo educativo. O horário escolar, o uso de determinados meios nas escolas, a escolha de material didático ou livros-texto, a criação de um ambiente coerente, o estabelecimento de normas coletivas para os alunos, a existência de um clima de participação democrática nas escolas, a organização de atividades paracurriculares e extracurriculares, etc. exigem decisões coletivas de todo o professorado.

Daremos um exemplo: professores que não questionem a conveniência ou não de se especializar na docência de uma ou mais áreas, na hora de preencher o tempo de ensino que dedicam dentro de um determinado horário, não se darão conta de que com maior especialização terão de lecionar a mais alunos e, nessa medida, o conhecimento e a atenção individual a eles fica bastante comprometida, condição necessária para orientar certos processos de aprendizagem complexa, projetos de trabalho pessoal, etc. Uma decisão de tipo organizativo que exige questionamento e decisão coletiva afeta o exercício da profissão individual de cada professor e a qualidade do desenvolvimento do currículo e dos resultados de aprendizagem.

Um professor que não pode intervir nas dimensões que configuram a vida do centro escolar como comunidade educativa não se coloca determinados problemas relacionados com o centro como organização social, com regras de funcionamento interno e de relações com a comunidade exterior, com a administração educativa ou com o corpo social em geral.

Um estilo individualista circunscrito à sala de aula como espaço "natural" de trabalho se desenvolve e se firma dentro de um espaço estrito de problemas possíveis no qual só cabem alguns temas, algumas decisões, algumas opções pedagógicas e não outras. Cada atividade ou situação problemática reclama um tipo de conhecimento para ser resolvida. As interrogações profissionais a serem solucionadas individualmente em geral não requerem ou não propiciam análises de situações sociais, organizativas, institucionais, etc. Os problemas organizativos exigem, pelo contrário, outro tipo de conhecimento. Se não se abordam tais problemas, tampouco se desenvolve o conhecimento estratégico necessário para enfocá-los, analisá-los e propor alternativas de funcionamento. Cada competência profissional reclama um determinado tipo de conhecimento como necessário para o seu objetivo pois o desenvolvimento profissional do docente depende do tipo de decisões que se consideram próprias ou impróprias de sua função. Os dilemas e as perspectivas cognitivas do professor se desenvolvem em função das situações problemáticas que enfrenta, reclamando soluções e esquemas de análise da realidade.

A ampliação da profissionalização das dimensões coletivas do currículo e de sua organização supõe resgatar para os problemas margens mais amplas de profissionalização, novas esferas de conhecimento, quando necessárias para resolver e questionar situações.

A consideração da dimensão social da profissionalização é inescusável desde o momento em que se sabe – e os próprios docentes reconhecem – que a comunicação profissional entre iguais é uma fonte de acumulação de saber prático dos professores e de disseminação do conhecimento profissional, como ocorre em muitos outros campos, realizando-se dentro do grupo ou entre grupos diversos (HAVELOCK, 1979).

c) Finalmente, se o centro escolar se relacionar com a comunidade na qual está inserido, dentro de uma determinada filosofia educativa e sociopolítica, atendendo a sua cultura, aproveitando seus recursos e projetando-se nela, essas exigências pedem um plano particular do currículo que escapa às competências individuais dos professores, reclamando-se uma coordenação para a elaboração de um projeto educativo de centro que os leve em conta.

A dimensão coletiva da profissionalização é congruente com a possibilidade de que o currículo possa ter maior poder de transformação social e ser mais adequado para um contexto, para um tipo de aluno, quando se recrie em cada situação na qual se aplica, já que esta condição exige a profissionalização compartilhada entre os professores.

Em alguma medida, a mediação profissional grupal existe sempre como fenômeno próprio de uma situação coletiva de trabalho. Mas, além disso, é preciso reconhecer sua importância e estimulá-la em direções coerentes por múltiplas razões:

1) Porque o aluno que recebe o currículo é uma unidade de aprendizagem que requer coerência de tratamentos. Diversos professores propõem, às vezes, tarefas contraditórias e com níveis de exigência que fazem com que o trabalho do aluno fique mais difícil.
2) Aprendizagens e conteúdos sem coordenação repercutem numa cultura pouco integrada por falta de relações entre seus componentes, reflexo direto de tratamentos pedagógicos distintos por parte dos professores.
3) O currículo para um curso, nível, etc. propõe objetivos ou habilidades que todos os professores têm de atender, à margem da matéria especializada que lecionam.
4) O currículo para o aluno exige uma continuidade sequencial no tempo que exige a coordenação dos professores dentro de um curso, ciclo, etapa, etc.
5) A educação dos alunos e as próprias exigências do currículo pedem a realização de atividades que ultrapassam o âmbito de áreas ou disciplinas concretas, caso de atividades culturais, saídas ao exterior, etc.
6) Um contexto organizativo favorável ao melhor ambiente de aprendizagem reclama decisões coletivas por parte de todos os professores que incidem sobre os mesmos alunos.

O individualismo profissional, quando não é uma defesa diante de um meio coletivo hostil à inovação, costuma vir acompanhado de um certo tecnicismo de tipo pedagógico. Na individualidade da aula, os problemas são mais técnicos; os problemas coletivos, organizativos e institucionais são, ao contrário, mais sociopolíticos. Por um lado, o isolamento individual é o estilo estimulado por uma política curricular apoiada no dirigismo da administração que exige a dependência e a responsabilidade do professor frente a esta e não frente ao grupo e comunidade na qual trabalha. Por outro lado, explica-se por um estilo didático baseado na aplicação de materiais extraclasse por parte do professor que planeja seu próprio ensino. Sob essas circunstâncias, a comunicação entre professores não será considerada muito necessária. Já comentamos anteriormente que o papel de executor é uma visão política do papel dos professores.

O trabalho em grupo do professor pode lhe subtrair autonomia em suas funções, do ponto de vista da capacidade de iniciativa individual, em troca de oferecer um projeto global mais coerente e uma maior racionalidade aos alunos. Em nossa opinião este último critério deveria prevalecer. Essa racionalidade reclama, em primeiro lugar, a coordenação de professores que incidem sobre o mesmo grupo de alunos, o que pode deixar muitas estruturas de centro intactas. E, em segundo lugar, a discussão e escolha de um modelo coletivo no âmbito da escola. Dessa forma, a renovação pedagógica mostra sua dimensão organizativa que é, no mínimo, tão importante como a renovação no nível de técnicas de aplicação individual, já que as estruturas que regulam o funcionamento coletivo limitam ou favorecem as estratégias didáticas que depois cada professor pode ou não aplicar.

A profissionalização compartilhada significa um espaço ampliado de decisões pedagógicas, no qual a possível perda de autonomia profissional é compensada pelo ganho de espaços em outros âmbitos de decisão que talvez a pedagogia e ideologia de controle dominante sobre o professorado e o sistema educativo não consideraram próprios, sequer, dos docentes, mas que um sistema democrático e um professorado mais desenvolvido profissionalmente exigem, sem sombra de dúvida. Tal ampliação para dimensões coletivas dos métodos pedagógicos, do uso de recursos, das formas de organização, da atenção ao aluno e ao grupo, que envolvem mais de um professor, resgatam novos problemas para discutir, sobre os quais recolhe informação e apoio em experiências alheias.

O enfoque coletivo da profissionalização docente para desenvolver um currículo coerente para os alunos é uma necessidade urgente entre nós. O isolamento nas aulas supõe a falta de questionamento das estruturas e decisões que dependem de instâncias coletivas. O individualismo dos professores, que pode cobrir inseguranças profissionais, modelos discutíveis e nem sempre confessáveis de relação com seus alunos, se faz tanto mais impermeável à mudança quanto menos desenvolvidas estão as estruturas de funcionamento coletivo. A pedra angular da profissionalização dos professores está em entendê-la de forma coletiva, como assinalou Berg (1983), superando o espaço da sala de aula como lugar proeminente de exercício da profissão e evitando, por outro lado, que o poder do professor sobre os alunos fique salvaguardado nesse espaço de "intimidade".

A tradição histórica de ordenação dirigista do currículo, em nosso sistema educativo, privilegiou a relação vertical de cada professor com as orientações administrativas que lhe ditavam o que devia fazer, mais do que as relações entre professores para prever um plano coerente em nível de escola. Algo que se vê refletido na forma de ordenar o currículo, na escassa autonomia que as escolas delas alcançaram e no pouco desenvolvimento das funções organizativas dentro delas. Hoje, lamentavelmente, vemos como os "direitos adquiridos" ou a antiguidade têm um eficaz predomínio em muitas ocasiões sobre qualquer outro critério de racionalidade coletiva, em que esses valores individualistas limitam suas primazias em favor da coerência coletiva a favor dos alunos. Esse individualismo é, no fundo, uma forma eficaz de evitar que se discuta o projeto coletivo de trabalho e que se ponha em questão o modelo educativo que os alunos recebem, as condições organizativas, etc. O individualismo profissional defende, na realidade, uma visão conservadora da prática educativa, pois obstaculiza enormemente que se questionem estruturas sociais de funcionamento coletivo.

Tal funcionamento é coerente com a dificuldade e até impossibilidade de que as equipes docentes criem materiais alternativos adequados para contextos concretos que exigem a comunicação profissional, repercutindo, enfim, na dificuldade de se emancipar profissionalmente, pois este objetivo necessita não apenas de apoios psicológicos entre colegas, como a comunicação dos saberes profissionais comparados.

Os vícios herdados neste sentido não são alheios às vezes a reações corporativas em defesa de privilégios profissionais individuais acima das necessidades da comunidade educativa. Longe da autonomia corporativa, inexplicável num trabalho social que se submete a controles democráticos, o desenvolvimento da profissionalização do professor exige a liberação progressiva do individualismo profissional.

8

O currículo na ação: a arquitetura da prática

• As tarefas escolares: conteúdo da prática

O valor de qualquer currículo, de toda proposta de mudança para a prática educativa, se comprova na realidade na qual se realiza, na forma como se concretiza em situações reais. O currículo na ação é a última expressão de seu valor, pois, enfim, é na prática que todo projeto, toda ideia, toda intenção, se faz realidade de uma forma ou outra; se manifesta, adquire significação e valor, independentemente de declarações e propósitos de partida. Às vezes, também, à margem das intenções, a prática reflete pressupostos e valores muito diversos. O currículo, ao se expressar através de uma práxis, adquire significado definitivo para os alunos e para os professores nas atividades que uns e outros realizam e será na realidade aquilo que essa depuração permita que seja.

Se o currículo é ponte entre a teoria e a ação, entre intenções ou projetos e realidade, é preciso analisar a estrutura da prática em que fica moldado. Uma prática que responde não apenas às exigências curriculares, mas está, sem dúvida, profundamente enraizada em coordenadas prévias a qualquer currículo e intenção do professor. Por tudo isso, a análise da estrutura da prática tem sentido colocando-a desde a ótica do currículo concebido como processo na ação. É agora o momento decisivo da análise da *prática pedagógica* na qual se projetam todas as determinações do *sistema curricular*, em que ocorrem os processos de deliberação e em que se manifestam os espaços de decisão autônoma dos seus mais diretos destinatários: professores e alunos.

Preenche-se o tempo de classe basicamente de tarefas escolares e de esforços para manter uma certa ordem social dentro do horário escolar, sob uma forma de interação entre professores e alunos. Um currículo se justifica na prática, enfim, por pretensos efeitos educativos e estes dependem das experiências reais que os alunos têm no contexto da aula, condicionadas pela estrutura de tarefas que cobrem seu tempo de aprendizagem.

O currículo recai em atividades escolares, o que não significa que essas práticas sejam somente expressão das intenções e dos conteúdos dos currículos.

A estrutura da prática obedece a múltiplos determinantes, tem sua justificativa em parâmetros institucionais, organizativos, tradições metodológicas, possibilidades reais dos professores, dos meios e das condições físicas existentes. Precisamente, quando se aborda a mudança do currículo, vemos que os mecanismos que dão coerência a um tipo de prática são resistentes, dando a impressão de que dispõem de autonomia funcional, o que não é senão o resultado de que a prática se configura por outros determinantes que não são apenas os curriculares. A prática tem um esqueleto que mantém os estilos pedagógicos a serviço de finalidades muito diversas, uma estrutura na qual se envolve o currículo ao se desenvolver e se concretizar em práticas pedagógicas. O currículo se expressa em usos práticos, que, além disso, têm outros determinantes e uma história.

Mas a prática é algo fluido, fugaz, difícil de apreender em coordenadas simples e, além disso, complexas enquanto nela se expressam múltiplos determinantes, ideias, valores e usos pedagógicos. A pretensão de querer compreender os processos de ensino com certo rigor implica mergulhar nos elementos diversos que se entrecruzam e interagem nessa prática tão complexa. A investigação, assim como o trabalho de intervenção consciente e sistemático e a renovação pedagógica da prática no ensino consideram esses elementos na intervenção planejada.

Essa tentativa de compreender os processos de ensino se realizou desde perspectivas ideológicas, conceituais e metodológicas muito diversas, que se articulam em diversos paradigmas de investigação educativa. Os estudos analíticos do ensino destacaram inúmeras variáveis, fixando-se sobre aspectos muito definidos; atitude metodológica que, inclusive, conduziu à perda do senso unitário do processo que se diz querer estudar, ao parcelar a realidade em aspectos que por si mesmos e sem relação com outros carecem de significado. A tradição positivista com enfoques pretensamente rigorosos nos deixaram uma forte marca neste sentido, sobretudo em relação ao estudo da interação que se dava nas aulas como expressão genuína do processo de ensino.

Em muitos casos, dentro de uma tentativa de captar o que era o ensino eficaz, quiseram ligar as variáveis em que se dividem os fatos reais e os métodos aos efeitos na aprendizagem, de acordo com o paradigma processo-produto (PEREZ, 1983). A fragmentação do sentido e significado do ensino que realizaram e realizam as recuperações do paradigma dominante na pesquisa educativa impedem a sua utilização por parte dos professores.

A pesquisa mais desenvolvida, até bem avançados os anos 1970, se centrou em variáveis que se referem ao aluno ou ao professor como entes isolados ou à interação entre eles, sendo esta reduzida a um intercâmbio pessoal em categorias discretas, como se essas unidades tivessem significado absoluto à margem de referências contextuais e do conteúdo que se comunica no ensino. Mas tem se insistido muito pouco e, em todo caso, de forma parcial em enfocar essa interação dentro do meio real no qual ocorrem os fenômenos. Desconsidera-se assim o caráter próprio da situação de ensino como tal e a significação que tem para os seus atores principais, dentro de um contexto mais amplo, o de ser uma atividade dirigida, com determinados conteúdos culturais curriculares, que se desenvolve com certos meios, que se enquadra dentro de relações pessoais e dentro de um determinado ambiente escolar organizado e sociocultural em geral.

O ensino não é uma mera interação entre professores e alunos, cujas particularidades podem se relacionar com as aprendizagens dos alunos para deduzir um modelo eficaz de atuação, como se essa relação estivesse vazia de conteúdos que podem representar opções muito diversas, possibilidades de aprendizagens muito desiguais, desconsiderando que maneja instrumentos de aprendizagem muito diferentes e que se realiza em situações muito diversas.

A análise do ensino não pode ficar limitada aos usos ou a cultura técnica específica ligada às práticas concretas que se criam na situação de ensino institucionalizado — caiu-se com muita frequência neste erro. O ensino sim cria certos usos específicos, uma interação pessoal entre professores e alunos, uma comunicação particular, alguns códigos de comportamento profissional peculiares, mas a singularidade de tudo isso deve ser vista em relação ao tipo de conteúdos culturais que se "amassam" nesse meio específico que é o ensino institucionalizado e aos valores envolvidos nessa cultura.

Os próprios efeitos educativos dependem da interação complexa de todos os aspectos que se entrecruzam nas situações de ensino: tipos de atividades metodológicas, aspectos materiais da situação, estilo do professor, relações sociais, conteúdos culturais, etc. Entender essa situação e planejá-la para que contribua para determinados propósitos implica um campo de conhecimento mais amplo no qual se atendam a todos os elementos e às suas interações.

Popkewitz (1986, p. 228) afirma que:

> A investigação não pode detalhar empiricamente os elementos de uma organização como a escola ou identificar condutas discretas dentro de um ato de ensino, como é comum ver nos estudos que analisam os efeitos dos professores, sem considerar ao mesmo tempo questões sobre o contexto no qual se produz.

Na realidade, trata-se de uma superposição de múltiplos contextos, que é o que dá o significado real às práticas escolares. O autor citado distingue três: o contexto dos fatos pedagógicos, o contexto profissional dos professores e o contexto social. O problema da pesquisa educativa reside em articular procedimentos que analisem os fatos pedagógicos considerando o significado que têm dentro desses contextos inter-relacionados.

Vejamos um exemplo que consideramos esclarecedor. Smith e Connolly (1980), analisando os ambientes de educação infantil desde uma perspectiva ecológica, destacam as interações entre aspectos materiais das aulas, pessoal que atende às crianças, materiais com os quais brincam, tipo de atividade em que entram, etc. As classes mais numerosas conduzem as crianças a se agruparem espontaneamente em duplas, evitando estruturas de relação social mais complexas; pelo contrário, nas classes menores, todas as crianças se conhecem e se relacionam mais entre elas. O tamanho dos espaços determina o tipo e a quantidade de atividade física que desenvolvem, com a importância que isso possa ter no seu desenvolvimento psicomotor. Quando nos ambientes pré-escolares há abundância de material com que se entreter, as crianças tendem a estabelecer pequenos grupos de brinquedo, realizando menos intercâmbios sociais ao mesmo tempo em que decresce a atividade física. Quando as crianças se envolvem em atividades mais estruturadas, em contraste com outras mais livres, ou seja, aquelas cujo curso de ação tem uma orientação mais marcada, se produz então mais interação com o pessoal que os atende e menos com seus próprios colegas. Com essas atividades mais estruturadas diminui a atividade física e se reduz o brinquedo de fantasia. Pode-se notar, pois, que aspectos e variáveis muito diversos podem contribuir para produzir efeitos complexos, sendo que todos interagem dentro da atividade.

Desde colocações mais compreensivas, auspiciadas por uma maior influência dos esquemas sociológicos e antropológicos nos paradigmas que guiam a pesquisa educativa e o pensamento pedagógico sobre bases científicas, se tende a enfocar mais diretamente a *situação ecológica da aula* como elemento de análise significativa, ressaltando o valor do contexto de ensino como modelador dos processos de aprendizagem do aluno e também dos esquemas de comportamento dos professores.

Acompanhando essas colocações ecológicas, a aula se configura como o microssistema educativo mais imediato definido por certos espaços, certas atividades, certos papéis a serem desempenhados e certa forma de distribuir o tempo, certas coordenadas organizativas, etc. Este meio se mantém como algo constante no tempo e é bastante semelhante de umas situações para outras, ao estar em boa parte definido institucionalmente, de forma prévia a qualquer enfoque original por parte dos professores.

Trata-se de um sistema que se aninha dentro de outros mais amplos, ao modo das bonecas russas (BRONFENBRENNER, 1979; 1981). Tradicionalmente se atendeu mais aos aspectos interpessoais desse ambiente que ao papel que desempenham as atividades realizadas dentro dele na configuração de suas características e em seu poder educativo.

A classe é: "um ambiente complexo que se prolonga durante longos períodos de tempo. Como resultado das inter-relações que se estabelecem entre seus componentes, as mudanças que ocorrem num aspecto têm consequências para os demais elementos do sistema" (DOYLE, 1979a, p. 188).

A conduta de alunos e de professores se explica por estar integrada nesse ambiente, sendo seu produto e sua causa ao mesmo tempo.

Dessa forma, chama-se a atenção sobre as *situações* ambientais que configuram a realidade da aula como ponto de referência para pensar e analisar não apenas a prática, como também a competência dos professores, assim como para explicar o comportamento e os resultados nos alunos (DOYLE, 1982). Aos professores não cabe manejar variáveis isoladas, mas saber planejar, desempenhar e guiar situações complexas de aprendizagem. Colocação que está em consonância com a percepção de que as aulas, e nós acrescentaríamos também os centros escolares por si mesmos e em relação com seu ambiente exterior, são ambientes complexos com múltiplas dimensões e aspectos que operam simultaneamente (DOYLE, 1977). Isto é algo que deveria ser levado em conta na formação dos professores.

Não se pode descobrir a realidade do que ocorre no ensino senão na própria interação de todos os elementos que intervêm nessa prática. Se os professores têm de planejá-la, conduzi-la e reorientá-la, sua competência está em saber se desempenhar em situações complexas, embora uma determinada rotinização do comportamento profissional simplifique tudo isso, de modo que o que parece complexo e dificilmente governável desde esquemas conscientes de atuação profissional se torna fácil e quase automático ou "rotineiro" para o professor socializado profissionalmente.

Os ambientes escolares se caracterizam por uma série de peculiaridades que é preciso levar em conta na hora de pensar as competências básicas dos professores para mover-se dentro deles. O comportamento profissional destes está muito mediado pela pressão em ter de atuar, constantemente, sendo exigidos pelas urgências de um ambiente que requer que um grupo numeroso de alunos se mantenha ocupado, dando cumprimento às exigências do currículo, às normas sociais da escola, etc. O professor atua como membro de um ambiente imediato, o da classe, caracterizado por uma série de notas que foram ressaltadas por numerosos autores.

Essas notas fundamentais são as seguintes:
1) A *pluridimensionalidade,* no que se refere às tarefas que deve executar, às vezes simultaneamente e outras de forma sucessiva, são variadas e numerosas, nas quais se envolvem aspectos muito diferentes entre si. O professor realiza tarefas de ensino, de avaliação, administrativas, etc.
2) A esta característica se soma o fato de que muitas dessas atividades colocam suas respectivas exigências ao professor de forma *simultânea,* pois, num mesmo tempo, se produzem acontecimentos diversos, se requer atenção seletiva para processos e demandas que se dão simultaneamente.
3) Essas demandas para o professor podem ser previsíveis e previstas apenas em grandes traços, pois outra das condições do meio ambiente em que o professor trabalha é a *imediatez* com que se produzem os acontecimentos.
4) A *imprevisibilidade* é outro dos traços desse acontecer prático, já que os fatores que o condicionam são muito diversos.
5) Pode-se falar também de seu caráter *histórico,* pois são de práticas que se prolongam no tempo.
6) Trata-se de uma prática para a qual não existe a possibilidade de um *controle técnico* rigoroso apoiado em conhecimentos seguros, mas sim que se governa na base de orientações de princípios, tomadas de posições pessoais, em "negociação" com os diferentes elementos que exigem algo da prática.
7) Além dessas caracterizações observáveis em qualquer ambiente de classe, e por isso mesmo, o professor mantém um forte *envolvimento pessoal* (HUBERMAN, 1986), pois os processos de ensino, a própria comunicação, às vezes, se conduzem em boa medida através da comunicação pessoal, criando-se uma trama psicológica forte na qual todos ficam envolvidos. Isso dificulta em que as decisões a tomar possam ter uma fase de maturação prévia, uma objetividade distante da realidade que as requer, etc.
8) Finalmente, caberia acrescentar que as tarefas escolares representam ritos ou esquemas de comportamento que supõem um referencial de conduta. É uma prática que não depende apenas das iniciativas, intenções ou qualidades do professor, mas à qual este deve submeter-se às demandas que lhe são colocadas. Este caráter *social* das tarefas empresta-lhe um alto poder socializador dos indivíduos, pois, através delas, se concretizam as condições da escolaridade, do currículo e da organização social que cada centro educativo é.

Na classe se produzem muitas coisas aos mesmo tempo, que se sucedem rapidamente, que se desenrolam de modo imprevisível, e tudo isso acontece durante muito tempo (JACKSON, 1968; DOYLE, 1986b). Por isso, muitas das decisões que o professor tem de tomar aparecem como instantâneas e intuitivas, mecanismos reflexos e, por isso mesmo, é difícil, se não impossível, buscar padrões para racionalizar a prática educativa enquanto esta se realiza. A prática interativa do ensino é difícil de controlar conscientemente, aspecto que se consegue por outros caminhos, como veremos.

Um ambiente com essas características, que nos sugere um fluxo mutante de acontecimentos, parece contraditório à primeira vista com outras duas constatações muito comprovadas: por um lado, a estabilidade dos estilos docentes, desde a perspectiva pessoal e coletiva, o que nos leva a buscar as pautas que explicam sua possível racionalidade, sua estabilização em padrões de conduta pedagógica, sua coerência ou incoerência, sua própria continuidade temporal, etc. Por outro lado, a simplicidade com que um professor sem muita preparação e/ou experiência se desempenha na situação de ensino demonstra que existem mecanismos simplificadores para reduzir a complexidade a dimensões manejáveis.

A abordagem da complexidade desse ambiente, percebendo a existência de um estilo de comportamento estável nos docentes, não pode ser explicada, precisamente, pela existência de fundamentos imediatos racionais estáveis que o professor tem e utiliza para cada uma das ações que executa na aula ou no centro, como se cada uma de suas decisões fosse um ato elaborado racionalmente, apoiado em critérios estáveis, mas sim à existência de *esquemas práticos* subjacentes nessa ação, com força determinante continuada, que regulam sua prática e a simplificam. Alguns esquemas são relativamente estáveis, reclamados por um princípio de economia de ordem psicológica no profissional e pelos condicionamentos institucionais e sociais que demandam pautas adaptativas de resposta. Esses esquemas de comportamento profissional estruturam toda a prática do docente.

Os esquemas práticos dos que ensinam controlam a prática, se reproduzem, se comunicam entre professores, se aplicam às vezes de forma muito semelhante em diferentes áreas ou disciplinas do currículo e outras vezes se especializam em algumas delas, embora sofram pequenas alterações e acomodações quando vão repetindo-se em sucessivas aplicações. A estabilidade desses esquemas práticos dá continuidade aos estilos e modelos pedagógicos vistos na prática, transformando-se em uma arquitetura através da qual se produz o molde de significados de qualquer proposta curricular quando se implanta na realidade concreta. Porque, embora uma proposta curricular, na medida em que pretenda orientar o professor, possa lhe sugerir esquemas práticos distintos, o fato é que a estrutura existente, que, não esqueçamos, tem fortes raízes numa série de condicionantes institucionais e em mecanismos de segurança pessoal e profissional nos professores, prolonga sua existência mais além ao assimilar as novas propostas, ainda que possa ser alterada por elas. A renovação é um processo de acomodação de esquemas prévios em função da assimilação de outras propostas.

O professor não pode atuar dentro de um esquema de tomada de decisões pensadas, com fundamentos contrastados em busca de resultados desejáveis e previstos na atividade cotidiana. O que o professor pode fazer antecipadamente à prática, e de fato assim ocorre, é prefigurar o campo no qual realizará a atividade escolar, de acordo com as tarefas que serão realizadas. Depois, quando a ação está em andamento, o que faz é manter o seu curso, com retoques e adaptações do esquema inicial, mas seguindo uma estrutura de funcionamento apoiada na regulação interna da atividade que implicitamente lhe dá o esquema prático. Algo que o professor domina mesmo através de uma pauta aprendida, depurada no curso de sua continuada prática profissional.

Para captar a complexidade da ação a que aludimos, para entender a conjunção na interação de todos os elementos que configuram uma situação ambiental, para explicar, no entanto, a estabilidade dos estilos docentes, necessita-se de uma unidade de análise que contribua para dois propósitos que à primeira vista podem parecer contraditórios: simplificar a complexidade do processo global para sua melhor compreensão e manejo, por um lado, mas sem perder de vista o caráter unitário e seu significado para os sujeitos que vivem essas situações, por outro. É preciso uma *unidade* com caráter *básico* que, ao mesmo tempo em que reduz a complexidade, tenha significação por si mesma e resuma as propriedades do todo.

Isto é, convém buscar uma unidade de análise que mantenha a coesão de toda a variedade de interações entre aspectos que intervêm nas diferentes *situações* de ensino, para que não se perca seu significado real. Um significado derivado do equilíbrio particular, das posições singulares que nessa situação mantêm a totalidade dos elementos que se entrecruzam nela. Referimo-nos à relação entre os elementos pessoais do processo de ensino, o processo de aprendizagem que o aluno realiza, o tipo de atividade do professor, o conteúdo cultural curricular, os meios com os quais se realiza, a organização dentro da qual está inserida, o clima de trabalho e de ordem, etc.

Ler um texto para captar seu significado, redigir um relatório depois de observar ou realizar uma experiência, construir uma maquete, realizar os exercícios propostos por um livro-texto, configurar um jornal em classe, abordar uma tarefa em grupo, revisar o trabalho realizado em casa são atividades básicas que definem situações de ensino-aprendizagem com um significado peculiar.

Esta consideração é fundamental para qualquer análise intelectual ou científica sobre o ensino, se queremos que tenha alguma significação profissional para o professor, pretendendo estabelecer certas relações entre conhecimento e prática nos docentes. As análises que em prol da precisão fragmentam a realidade perdem a significação unitária da prática, diminuindo, por isso, sua utilidade.

Para que o conhecimento sobre o ensino tenha valor na sua compreensão e alguma capacidade para fundamentar nos professores ou nos candidatos a sê-lo, um saber fazer profissional e um enriquecimento deste saber, é fundamental reparar nas consequências da escolha de uma unidade de análise ou de outra. Acredito que nos serve muito pouco saber que um professor tem, por exemplo, um estilo eminentemente expositivo ou dialogante com seus alunos, sem saber qual é o significado dessas condutas dentro da interação com outros aspectos das situações didáticas. As atividades de expor ou dialogar em classe não têm valor por si mesmas sem analisar o significado e as dimensões dessas ações. Pode-se expor o que interessa ou não, que seja essencial ou não; pode-se dialogar sobre conteúdos absurdos, impostos, etc.

AS TAREFAS ESCOLARES: CONTEÚDO DA PRÁTICA

As tarefas, formalmente estruturadas como atividades de ensino e aprendizagem dentro dos ambientes escolares, que definem em sequências e aglomerados o que é uma classe, um método, etc., podem ser um bom recurso de análise, na medida em que uma certa sequência de algumas delas constitui um modelo metodológico, limitando o significado real de um projeto de educação que pretende algumas metas e que se guia por certas finalidades.

Existem tarefas ou atividades muito diferentes, de grau diverso de complexidade e duração, envolvendo elementos simples ou mais complexos. Dentro das mais amplas cabem outras mais específicas, inclusão na qual encontram sentido. São estruturas de atividade que podem ser compostas de subunidades mais específicas. Podemos visualizar a prática do ensino como uma sequência ordenada, ainda que seja apenas na medida em que é algo que se reitera, períodos de atividade com um certo sentido, segmentos nos quais se pode notar uma trama hierárquica de atividades, incluídas umas nas outras, que contribuem para dar sentido unitário à ação. Existem atividades referenciais como preparar um relatório, realizar certas experiências, fazer um jornal escolar, etc., que exigem tarefas menores cujo significado psicológico e educativo para o aluno será visto na relação com o sentido unitário que presta à atividade global, algo que pode proporcionar unidade à prática escolar se não queremos reduzi-la a mosaicos sem tema comum. O significado da prática e do currículo na ação pode ser analisado a partir das atividades que preenchem o tempo no qual transcorre a vida escolar, ou que se projetam nesse tempo, e em como se relacionam umas tarefas com outras.

Nem toda a atividade observável de professores e alunos tem o mesmo valor ou é na mesma medida essencial para caracterizar a partir de quaisquer delas o trabalho de professores e alunos. Muitas atividades ou tarefas na classe não têm o valor de trabalhos formais acadêmicos a que vamos nos referir. Recolher material de uma estante, fechar uma porta, etc. são atividades sem esse valor essencial ao qual nos referimos, embora ocultem significados profundos que se descobrem em qualquer rito ou norma de comportamento escolar. Nosso interesse está centrado naquelas atividades que mais diretamente possibilitam a função cultural da instituição escolar e, de forma concreta, desenvolvem o currículo escolar.

As *tarefas formais,* às quais nos referimos de um modo direto, são aquelas que institucionalmente se pensam e estruturam para conseguir as finalidades da própria escola e do currículo. Não são exigências vazias de conteúdo e finalidade para o aluno, tampouco são as únicas tarefas, mas sim as mais essenciais e as que agora nos interessam. Sua complexidade é o resultado da própria complexidade dos fins que perseguem. Fins ricos em conteúdos exigem tarefas complexas; tarefas simples servem apenas para finalidades simplificadas.

Podem haver tarefas acadêmicas propriamente ditas e outras atividades pensadas com valor educativo para outras facetas que não sejam as que se referem estritamente à aprendizagem de conteúdos culturais. Mas, na prática, será bem difícil distinguir tarefas pelos efeitos de tipo intelectual, afetivo, social ou moral, já que, precisamente, cada uma define um microambiente por si só com efeitos múltiplos, diretos e secundários. Por outro lado, os estilos dominantes na realização de tarefas acadêmicas colonizaram os mais variados âmbitos da educação não estritamente intelectual. É curioso observar como na Ética ou Religião, por exemplo, ou na Educação Artística, se executam tarefas acadêmicas muito semelhantes às que se realizam em Ciências Naturais ou Língua.

Embora tenhamos nos referido mais diretamente às áreas curriculares mais "acadêmicas", as derivações que este esquema de análise tem para outros âmbitos, como a educação musical ou artística, são muito importantes, em parte porque, como dizíamos, a estrutura de tarefas de tipo mais acadêmico impôs suas pautas de organização aos processos de ensino-aprendizagem nesses outros âmbitos da cultura e da educação.

O academicismo invade toda a atividade educativa em ambientes escolares, porque todas as finalidades culturais, sociais e morais da escola se submetem às pautas de desenvolvimento das atividades propriamente acadêmicas. Isso é fundamental para compreender a atividade escolar em si mesma e as dificuldades que os programas de mudança nas escolas encontram. Ao mesmo tempo, é preciso ressaltar a importância da ruptura dos moldes acadêmicos que pode supor a introdução de atividades culturais diversas, extraescolares, oficinas de tipo diverso, etc., principalmente se se relacionam com as atividades "normais" para desenvolver o currículo geral.

Uma tarefa não é uma atividade instantânea, desordenada e desarticulada, mas algo que tem uma ordem interna, um curso de ação que, de alguma forma, pode se prever porque obedece a um esquema de atuação prática, que mantém um prolongamento no tempo ao se desenvolver através de um processo, desencadeando uma atividade nos alunos e com uma unidade interna que a torna identificável e diferenciável de outras tarefas. A ação prolongada se configura como a sucessão de tarefas praticadas de forma sucessiva ou de subtarefas diferenciadas dentro de outras mais amplas, ainda que em certos cursos de ação na classe possam transcorrer várias simultaneamente. As tarefas se justapõem umas às outras formando períodos de atividades mais prolongados que caracterizam uma jornada escolar, uma metodologia unitária, o estilo de um professor, etc.

Do ponto de vista psicológico, quando existe envolvimento ou motivação, a tarefa marca uma certa tensão que provoca a persistência em seu desenvolvimento enquanto se realiza e se produza certa resistência a seu abandono (BRONFENBRENNER, 1979). Essa tensão é produzida pela própria direção da finalidade da tarefa que busca o seu encerramento. Quando a tarefa é imposta, essa tensão se mantém pela força da imposição exterior.

Esses "fragmentos" de atividade que são as tarefas têm uma certa coerência interna, buscam uma determinada finalidade, se ocupam de um conteúdo preciso, envolvem elementos mais simples combinados de uma forma partícula. Por isso, as tarefas têm um modo particular de regular a ação enquanto transcorre o processo de seu desenvolvimento, de acordo com um padrão interno singular para cada tipo de tarefa. Em cada uma delas podemos dizer que existe um plano mais ou menos preciso que regula a prática no seu transcorrer. Graças a essa ordem interna, que estrutura com uma determinada coerência os elementos que intervêm na ação, as tarefas são os elementos básicos reguladores do ensino. O leque de atividades observáveis num determinado contexto escolar é o resultado da adaptação, às vezes criadora e outras simplesmente passiva, das iniciativas que, neste aspecto, os professores desenvolvem num determinado campo escolar.

O desenvolvimento de uma tarefa organiza a vida da aula durante o tempo em que transcorre, o que lhe dá a característica de ser um esquema *dinâmico,* regula a interação dos alunos com os professores, o comportamento do aluno como aprendiz e o do professor, marca as pautas de utilização dos materiais, aborda os objetivos e conteúdos de uma área curricular ou de um fragmento propõe uma forma de transcorrer os acontecimentos na classe. As tarefas são reguladoras da prática e nelas se expressam e conjugam todos os fatores que a determinam. Desse modo, o currículo se concretiza através de esquemas práticos.

Doyle (1979a, p. 203) afirma que: "a estrutura das tarefas na classe proporciona um esquema integrador para interpretar os aspectos da instrução, selecionar estratégias para trabalhar o conteúdo e utilizar materiais didáticos".

A ação do ensino nas aulas não é um puro fluir espontâneo, embora existam traços e acontecimentos imprevistos, mas algo regulado por padrões metodológicos implícitos nas tarefas que se praticam. De fato, essa dinâmica é muito fluida, imprevisível, mas os esquemas de atividade que a ordenam não. Seu dinamismo está, pois, condicionado pela ordem interna da atividade. Se conhecemos de antemão um determinado tipo de tarefa que um professor vai realizar, pode-se predizer de algum modo como transcorrerá sua prática, porque o curso de ação que cada tarefa tem segue um plano implícito que regula seu desenvolvimento e se acomoda no seu transcurso. Por isso, os estilos pedagógicos dos professores, apesar de seus componentes idiossincráticos, são tão parecidos, porque a estrutura de tarefas nas quais se concretizam são semelhantes. Se é certo que não há dois professores iguais, nem duas situações pedagógicas ou duas aulas idênticas, também é verdade que não há nada mais parecido entre si.

Evidentemente, as interações particulares que se deem no transcurso das tarefas são imprevisíveis, mas o curso da ação não é espontâneo, em sentido estrito. Estas, tal como se mostram enquanto se realizam, têm uma estrutura, isto é, são práticas configuradas por um plano interno de alguma forma; práticas que se geraram como padrões de comportamento nos professores, elaboradas concretamente, planejadas por coletividades docentes, aprendidas de outros, reproduzidas dos livros-texto e guias dos professores, etc. Os esquemas práticos podem ser planejados *ex novo*, mas fundamentalmente são aprendidos e reproduzidos, ainda que sejam objeto de uma modulação particular no estilo idiossincrático de cada professor ou em cada circunstância institucional. Não poderia ser de outra forma quando a atividade escolar é a concretização das finalidades implícitas e explícitas designadas à instituição escolar. A ação numa sala á tão previsível, em certo sentido, como é a que ocorre numa sala de cirurgia ou em qualquer outro âmbito de ação regulado institucionalmente por padrões estabelecidos de profissionalização.

Dessa forma, ao nos defrontarmos com ações que envolvem uma forma ordenada e reiterada de andamento dos acontecimentos, devemos buscar a sua dimensão racionalizadora implícita e explícita, o plano interno que dirige seu transcorrer, os fatores que o explicam, os agentes que determinam essas ações e em que momento se decidem, suas dimensões características. Aspectos que, claro, não residem apenas na mente ou na capacidade dos professores. As tarefas que preenchem a prática não são mera expressão da vontade profissional dos professores, embora seja o âmbito verdadeiro de sua atividade.

A racionalidade inerente às ações de ensino, à prática, não pode ser analisada desde o estreito campo do pensamento e capacidade de decisão dos professores. Essa racionalidade e as justificações da ação se repartem entre múltiplos agentes: a organização do sistema escolar, o quadro organizativo de um centro de modo concreto, o currículo que o professor tem de desenvolver, as pautas de comportamento profissional coletivo, as pressões exteriores, etc. De qualquer forma, devemos ver os professores como agentes que expressam uma certa racionalidade de forma pessoal, que é, na realidade, tradução pessoal de outras instâncias determinantes mais amplas.

As tarefas, de acordo com Doyle (1979a), podem ser analisadas em função de três componentes básicos: *o seu produto* ou *sua finalidade, os recursos* que utilizam ou elementos dados pela situação e uma série de *operações* que podem ser aplicadas aos recursos disponíveis para alcançar o produto. Quer dizer, uma tarefa provoca a realização de um processo ou processos dirigidos, utilizando determinados recursos e produzindo certos resultados, Newell e Simon (1972) acrescentam também as dificuldades ou *constrições* como outra característica formal.

De nossa parte, queremos acrescentar que uma tarefa não pode ser compreendida sem ser analisada em função do *significado* que adquire em relação a proposições pedagógicas e culturais mais gerais dentro das quais adquire verdadeiro valor educativo.

A pesquisa centrada nas *tarefas* distinguiu este conceito de *atividade* como unidade de análise na pesquisa. Este último, derivado da psicologia ecológica, se refere a esquemas de conduta aberta na classe, ou fora dela, tanto de professores como de alunos, que podem ser descritos em termos de espaço físico no qual se realizam, o número de participantes que intervêm, os recursos utilizados, o conteúdo focalizado pela atividade, etc.

O conceito de tarefa, pelo contrário, procede dos estudos cognitivos e faz mais direta referência ao modo peculiar com que um determinado processamento de informação, requerido por um ambiente, se estrutura e se converte em experiência para os sujeitos. Ou seja, faz alusão ao conteúdo de aprendizagem e, nessa medida, é adequado para analisar a cristalização do currículo nos alunos através da apresentação que se faz dele e dos processos de aprendizagem a que se lhes submete. A análise das tarefas dominantes em um determinado modelo ou estilo educativo é imprescindível para determinar o seu valor, em função de que atividades sejam dominantes nele. Pedagogicamente, a utilidade do conceito de tarefa implica não apenas ver nele uma estrutura condicionante do processo de transformação da informação, mas também como um referencial regulador da conduta, da atividade em geral.

Na tradição pedagógica, o termo atividade é, precisamente, o que costuma agrupar ao mesmo tempo as marcas dos dois conceitos anteriores, utilizados na psicologia ambiental e cognitiva. A atividade pedagógica ou metodológica se especifica por toda essa série de parâmetros ou aspectos observáveis, mas que são ações educativas, precisamente, na medida em que todos esses elementos se estruturam para despertar um processo no aluno que origine efeitos coerentes com uma finalidade. Isso não exclui que existam finalidades subjacentes nas práticas metodológicas. Portanto, desde nossa perspectiva, utilizaremos os conceitos de atividade e de tarefa como equivalentes dentro de nossa análise.

Frente a uma aproximação pedagógica que, fixando sua atenção na consecução de produtos, enfatiza a consecução ou não de objetivos, estabelece-se outra perspectiva que distingue qualitativamente tipos de processos educativos relacionando-os com a qualidade da aprendizagem, analisando os elementos da tarefa como constituintes de microambientes educativos. Ou, o que dá na mesma: permite uma aproximação à qualidade do ensino tal como este ocorre em determinadas condições reais. Esses processos não são apenas o resultado da dinâmica desse microambiente, afetados pelas exigências ou fluxo de acontecimentos da atividade ou atividades que se desenvolvem nas tarefas, mas também têm uma *finalidade*. As tarefas escolares, como atividades formais que preenchem o currículo de significado, na prática têm um fim, são operações estruturadas para uma meta, definindo um espaço problemático e uma série de condições e de recursos para buscar o objetivo, de modo que é a tarefa que dá uma finalidade à atividade (CARTER; DOYLE, 1987; DOYLE, 1979b). De uma perspectiva de análise crítica, é necessário confrontar na prática a correspondência entre os fins e objetivos que explicitamente guiam as ações com as finalidades que, de fato, cumprem as tarefas tal como estas se realizam.

O número, a variedade e a sequência de tarefas, assim como as peculiaridades de seu desenvolvimento e seu significado para professores e alunos, junto a sua congruência ou incoerência dentro de uma filosofia educativa, definem a singularidade metodológica que se pratica em classe. Um método se caracteriza pelas tarefas dominantes que propõe a professores e alunos. Um modelo de ensino, quando se realiza dentro de um sistema educativo, se concretiza numa gama particular de tarefas que têm um significado determinado. Uma jornada escolar ou qualquer período de horário diário é uma concatenação singular de tarefas dos alunos e do professor.

Por tudo isso, as tarefas acadêmicas, como elementos nos quais se entrecruza a atividade de professores e alunos, são as atividades nas quais se expressa a prática pedagógica:
1) Cada tarefa ou cada sequência de uma série de atividades define um microambiente e o ambiente geral de classe.
2) Uma sequência de tarefas, enquanto se repete, constituirá um ambiente escolar prolongado, configurará uma metodologia que, por sua regularidade, desencadeará certos efeitos permanentes.
3) As tarefas mediam a absorção peculiar que os alunos fazem da escolaridade e do currículo, pois é preciso analisar a realização do currículo dentro da estrutura de tarefas.

4) As tarefas expressam o estilo dos professores e articulam suas competências profissionais, tendo como correlatos esquemas teóricos de racionalização, ainda que sejam implícitos.
5) Uma tarefa ou uma série delas apela à interação das proposições didáticas e curriculares com os aspectos organizativos do sistema escolar, porque estes são campos nos quais se realizam e dimensões das mesmas. As tarefas são possíveis dentro de um modelo de organização escolar e de um tipo de aula determinada, ou exigem ambientes diferentes neste sentido.
6) Uma tarefa tem um significado pessoal e social complexo, por seu conteúdo. pelas pautas de comportamento que exige, pelas relações sociais que fomenta, pelos valores ocultos que possui, etc. Daí que a estrutura de tarefas para concretizar o currículo seja, ao mesmo tempo, uma estrutura de socialização mais ampla dos indivíduos, tanto dos alunos como dos professores.

Podemos observar, no quadro comparativo que segue, exemplos reais nos quais se especificam as sequências de tarefas que os alunos de três aulas diferentes desenvolveram num mesmo dia do curso acadêmico — supõem uma jornada escolar completa. As tarefas foram realizadas por todos os alunos de cada grupo de forma simultânea, o que significa que todo o grupo cumpre a mesma atividade numa unidade de tempo do horário.

À primeira vista, destacam-se várias peculiaridades que diferenciam a situação nos três grupos de alunos e o estilo dos três professores. Existe uma variação entre eles, ao mesmo tempo em que também aparece uma série de regularidades evidentes. Em grande medida, as tarefas estão relacionadas com os conteúdos dos livros-texto, leituras que os alunos vão realizando em voz alta sucessivamente, comentando diferentes aspectos, palavras, etc.; leitura compreensiva, estudo, atividades diversas, etc. Nos três casos, as tarefas se circunscrevem à sala de aula, usando os meios que existem dentro dela. Nos três casos os alunos as realizam de forma simultânea, passando sucessivamente de uma para outra, de forma que é fácil imaginar a organização interna da sala de aula, que não é preciso descrever. Somente no caso da tarefa relacionada com "valenciano" (Caso B), o professor teve necessariamente de elaborar antes um material. No restante, parece que os professores não precisam de muita dedicação imediata na hora de "preparar" essa jornada escolar.

Em princípio, embora a qualidade das realizações dos alunos de um caso a outro possa variar sensivelmente em função dos processos que ocorram dentro de cada uma dessas tarefas, se deixa entrever um estilo docente bastante parecido entre os três professores, que pertencem a centros distantes e sem relação alguma.

É preciso acrescentar que, ainda que essas tarefas possam variar em ordem e aparecer outras novas em dias distintos, trata-se de estruturas de horário que se reiteram com bastante facilidade: leitura, comentário, atividades propostas pelo livro, exercícios no quadro, correção... formam o núcleo de atividades básicas nos três casos e é de suspeitar que essas tarefas serão reproduzidas reiteradamente através de diferentes conteúdos e em momentos distintos. O fato de que todas elas se localizem na sala de aula; se desenvolvam com os únicos recursos do livro-texto individual e o caderno do aluno empresta uma determinada caracterização ao conteúdo abarcado e à experiência de aprendizagem,

Mas também aparecem singularidades próprias de cada caso. Dentro de um mesmo horário escolar em cada um dos grupos de alunos notamos que se produz uma densidade e ritmo diferente de atividades. O caso *B* mostra uma maior variedade de tarefas curtas, enquanto o A é o que apresenta tarefas realizadas mais dilatadamente no tempo. Isto não é, por si só, bom ou mau, pois depende dos processos que se despertem num caso ou noutro. No A se demora mais em cada uma das tarefas, enquanto no B se passa mais rapidamente de uma para outra. Nos casos A e C, uma sessão de 90 minutos se estrutura em torno da linguagem, com mais variedade no segundo caso. O A esgota a jornada com cinco atividades, enquanto os outros dois o fazem com uma dezena, o que sugere ritmos e mudanças de atividades diferenciados.

PROFESSOR A	PROFESSOR B	PROFESSOR C
• Leitura comentada com atuação sucessiva dos alunos (90 minutos) • RECREIO • Exercícios de cálculo postos no quadro pelo professor (60 minutos) • SAÍDA AO MEIO-DIA • Corrigir exercícios de cálculo (30 minutos) • Comentário da unidade "A câmara fotográfica", do livro-texto (40 minutos) • Realização de atividades propostas pelo livro sobre essa unidade	• Corrigir exercícios de linguagem do livro de leitura, realizados no dia anterior (30 minutos) • Realizar exercícios sobre a unidade "O diálogo", do livro-texto (30 minutos) • Esclarecimentos ao grupo sobre a próxima prova de Valenciano (10 minutos) • Leitura de um texto multicopiado nesse idioma e perguntas sobre ele (50 minutos) • RECREIO • Exercício no quadro em torno do conceito "Solidariedade" (Ética) (15 minutos) • Leitura de um texto sobre como se comportar solidariamente (30 minutos) • Oficina de pintura (30 minutos) • SAÍDA AO MEIO-DIA • Leitura-estudo livro-texto sobre "Medidas com decimais". Exercícios propostos pelo livro e pela professora no quadro (60 minutos) • Revisão da leitura do livro de Ciências Naturais realizada anteriormente (30 minutos) • Fazer exercícios do livro-texto sobre leitura anterior (30 minutos)	• Leitura-estudo sobre como escrever um postal • Comentário de um desenho do livro sobre esse tema • Responder às questões colocadas pelo livro-texto a respeito • Escrever três postais sugeridos pelo livro-texto • Ler poesias • Atividades propostas pelo livro-texto sobre esse tema (ao todo: 90 minutos) • RECREIO • Exercícios de cálculo postos no quadro (60 minutos) • SAÍDA AO MEIO-DIA • Leitura sucessiva e comentada sobre "Letras enfeitiçadas" (60 minutos) • Audição de fitas de música • Solfejo e entonação (60 minutos)

Vejamos agora o caso de uma professora também do ensino fundamental, do terceiro ano, que chamaremos caso D e que propõe um estilo diferente, refletido em atividades em parte muito semelhantes às dos três professores anteriores, mas em parte bem diferentes. Sua jornada escolar se especifica em dez atividades para seus alunos, que vão desde tarefas de tipo mais mecânico, para o qual, num caso, a professora inventa o recurso de que os alunos se perguntem uns aos outros por duplas, talvez para mitigar o escasso atrativo da aprendizagem que se propõe com o conteúdo da atividade; propõe uma leitura simulando uma investigação, permite a escolha de temas para desenvolver "pesquisando" e realiza tarefas mais livres durante a tarde.

PROFESSOR D

- Os alunos exercitam a tabuada da multiplicação em duplas, tarefa combinada um dia antes (30 minutos)
- Exercício de cálculo a partir dos escritos no quadro pela professora (30 minutos)
- Leitura compreensiva sobre "A mão negra", tratando de responder à pergunta de investigação proposta pela professora (15 minutos)
- Apresentação cm comum da pesquisa (10 minutos)
- RECREIO
- Escolha e votação de um tema para pesquisar proposto pela professora: os animais e as plantas (10 minutos)
- Formação de equipes de pesquisa segundo o interesse pelo animal escolhido (10 minutos)
- Elaboração do caderno de pesquisa, assinalando o que querem saber do animal escolhido (40 minutos)
- SAÍDA AO MEIO-DIA
- Assembleia de classe. Divisão de responsabilidades. Organização da aula em função das preferências dos alunos (60 minutos)
- Tempo livre para atividades organizadas: teatro, filmes, leituras, canções, etc. (45 minutos)
- Organização da aula (15 minutos)

Comparando este caso (D) com os três anteriores, nota-se um estilo didático diferente para abordar o mesmo currículo obrigatório que os demais professores. Esse estilo, independentemente do tipo de relação pessoal que esta professora mantém com seus alunos, se concretiza em atividades ou tarefas que sugerem processos de aprendizagem nos diferentes alunos, permite a optatividade em diferentes aspectos, reúne os alunos em grupos, propõe processos de busca, sugere uma organização diferente de aula (que é preciso organizar no final da tarde), utiliza meios audiovisuais, etc.

Podemos dar outro exemplo muito diferente quanto à estrutura de tarefas que propõe, que chamaremos caso E, também real, de uma classe de *bachillerato*. Neste nível de ensino, como costuma ocorrer no terceiro ciclo da EGB, a estrutura de horário é muito diferente: os horários se parcializam por áreas ou materiais em espaços curtos de tempo. A sequência de tarefas é muito simples. Um exemplo: entra-se em classe durante um tempo que pode durar entre 10 e 15 minutos, pergunta-se pelas dúvidas surgidas no estudo do conteúdo da classe anterior. Depois, o professor começa a exposição de novo conteúdo, sendo que os alunos devem tomar notas que resumam os seus aspectos essenciais. Com esta tarefa, que algumas vezes pode ser interrompida com perguntas e outras vezes não, acaba a aula desse professor. É uma sequência de atividades muito simples e bastante repetida, sem que caibam variações importantes, devido à estrutura do horário.

Neste último caso, para o aluno a jornada escolar compõe-se de tarefas realizadas com diferentes professores. Cada professor, em função de seu estilo e matéria, estabelece um padrão caracterizado por uma sequência necessariamente simples de um número reduzido de atividades, pois o horário escolar não facilita outra alternativa. O fato de que os diferentes professores não conheçam em muitos casos o que seus companheiros fazem e pedem aos alunos dificulta a aprendizagem destes, lhes propõe processos de adaptação a estilos nem sempre coerentes, a exigências sem ajuste às suas possibilidades e os faz vivenciar que o ensino é algo muito ligado à vontade de cada professor, não necessariamente regido por padrões de racionalidade.

Mas para o professor o processo de ensino, ainda que lhe cause desgosto, foi simplificado quanto à estrutura e, portanto, quanto ao plano e à preparação pedagógica. Para uma hora de classe basta que tenha em seu repertório profissional algumas atividades simples. É mais estimulante, *a priori*, e mais rico, profissionalmente falando, planejar ambientes quando um mesmo professor atende durante toda a jornada escolar e com várias áreas curriculares a um mesmo grupo de alunos, prolongando-se sua atividade durante cinco horas de trabalho, do que cumprir essa exigência para uma hora de classe. Um professor medianamente sensível em seu ofício tem de "inventar", no primeiro caso, para manter um certo nível de envolvimento psicológico dos alunos na atividade. Essa peculiaridade organizativa do ensino pôde contribuir para caracterizar o estilo docente mais academicista no *bachillerato*, junto ao fato de que os conteúdos têm um maior peso e de que os professores têm uma formação menos psicopedagógica.

Vemos, pois, que um horário e um estilo didático se especificam numa sequência de tarefas concretas que os alunos realizam e que correlativamente nos dizem, de alguma forma, quais atividades o professor deve fazer, sejam prévias, simultâneas ou posteriores às do aluno. Tarefas de ensino (do professor) e tarefas para aprender (do aluno) se envolvem de forma característica numa trama que preenche a prática. O papel dos professores e o dos alunos, fora e dentro de aula, se entrecruzam nas tarefas praticadas na sala de aula, na escola e fora desta.

O fato de que as tarefas escolares se apresentem em sequências determinadas dentro de um período do horário escolar, dentro de uma matéria ou para um determinado professor, etc., facilita a análise de métodos educativos e de estilos nos professores. Estas sequências também costumam ter bastante estabilidade no tempo. A redução na variedade de tarefas que o professor utiliza ou costuma propor vem exigida por uma inevitável tendência a transformar em rotineiros certos mecanismos de decisão nas atuações docentes que cristalizam num estilo pessoal. A economia nos esquemas práticos do professor impõe o assentamento de estilos docentes que se concretizam em sequências de tarefas praticadas de uma forma particular, pois é impensável que um professor esteja cotidianamente inventando sua prática.

Como um certo número de tarefas se concatenam de forma peculiar, além do efeito de economia profissional que isso introduz, facilita-se a análise dos complexos processos de ensino-aprendizagem. Um professor pode ser caracterizado de acordo com as tarefas dominantes, assim como pelas sequências que faz com elas. As tarefas e suas particulares ordenações temporais são elementos reguladores da atuação dos professores e à medida que se estabilizam proporcionam o elenco de esquemas práticos ou de habilidades profissionais para o docente.

Geralmente, a variedade de tarefas escolares praticadas pelos professores e pelos alunos não é tão ampla como poderia parecer à primeira vista e na teoria. Muito pelo contrário, apesar da dispersão de estilos educativos que caracterizam os professores, com seus matizes, as tarefas que propõem a seus alunos são muito semelhantes, apresentando bastante regularidades, inclusive entre áreas e disciplinas muito diferentes entre si. As tarefas numa classe se parecem muito com as de outra, qualquer que seja o professor, a matéria de estudo e até o nível educativo de que se trate. Um sistema escolar define uma série de tradições didáticas bastante depuradas, reforçadas pela própria organização escolar e, embora existam alternativas pedagógicas diversas, sempre se pode notar uma certa homogeneidade em todo o sistema. A variedade de tarefas indica a existência de estilos diferenciados.

O sistema educativo, como cultura de usos e comportamentos, tem, precisamente, continuidade por meio das tarefas bastante homogêneas que nele se praticam. Existe uma série delas que, com uma estrutura parecida (pela atuação de professores e de alunos, meios empregados, localização, sistema de organização exigido, submissão a avaliações, etc.), pode ser encontrada em todas as áreas do currículo e em boa parte dos professores. Por isso, a prática de ensino é estável ao longo do tempo. Certamente, o papel reprodutor do sistema educativo reside, em boa medida, na constância de uma série de padrões de comportamento, no quão estável são as situações de trabalho para professores e alunos; condições que contribuem para configurar atividades, formas de pensar e atitudes. Os estilos didáticos reproduzem, dessa forma, uma prática profissional e através desta os condicionamentos que dão significado ao currículo. Os conteúdos podem mudar, mas se mantém a estrutura da prática dentro da qual eles são transmitidos e aprendidos. A prática do ensino mostrou uma continuidade histórica assombrosa, e a persistência do esqueleto que a articula – as tarefas – tem muito a ver com isso. Algo que poderia nos explicar a resistência à mudança das práticas escolares e o conservadorismo natural dos professores, aferrando-se a uma série de esquemas práticos de ação que lhes dão segurança profissional. Afinal de contas, a estrutura do trabalho é a mesma para todos os professores.

Outro tema é a diferente qualidade na realização de tarefas parecidas em função de professores, dotação de materiais, atitude para com o conteúdo, etc.

A mesma regularidade de tarefas que se vê entre docentes ou entre níveis e estilos pode ser observada em cada professor individualmente ao longo de extensos períodos de sua vida profissional – isso é lógico em certa medida. Um professor não pode estar criando e propondo a seus alunos tarefas muito diferentes de um dia para outro, inventando continuamente, ou propor tarefas muitos diferentes entre si ao abordar conteúdos diversos. O repertório de esquemas práticos é reduzido, devido à homogeneidade do sistema, à formação do professorado, aos meios e às condições. Parece que o professor vai polindo paulatinamente o modo particular de realizar uma tarefa e que incorpore pouco a pouco "achados" de novas tarefas que surgem como inovações em sua atuação profissional.

As mudanças nos estilos docentes são mudanças evolutivas e paulatinas, não são produto de mutações grandes e bruscas (STAKE, 1986). A acumulação e a evolução do saber profissional, condensado em forma de esquemas práticos no professor no nível individual, são um processo que transcorre normalmente de forma parcimoniosa, com uma continuidade importante através do tempo, sem grandes rupturas, embora assimile novos esquemas planejados por ele ou imitados e adaptados de outros colegas, propostos pelos materiais curriculares nos quais se apoia, etc. Não pode ser de outra forma se pensamos que, nesse mesmo processo de evolução de esquemas teóricos, o professor tem de fazer corresponder os esquemas teóricos – aglomerados mais ou menos estruturados de crenças e de valores – que, para ele, legitimam essas práticas, ao mesmo tempo em que se produzem readaptações da identidade ou do autoconceito profissional.

Condições do contexto, esquemas práticos, esquemas teóricos de racionalizar a prática e identidade profissional estabelecem um equilíbrio. Quando se pretende romper esse equilíbrio pela introdução de alguma variação ou acréscimo num desses elementos, deveria se considerar a reestruturação que exige em todos os demais para que a mudança se confirme.

Os estilos docentes, no nível pessoal e no nível coletivo, não apresentam mutações numerosas e importantes. Pode-se notar tal permanência do estilo didático na reiteração de tarefas acadêmicas realizadas por professores e alunos. A sociologia profissional destacou que o estilo profissional dos docentes cristaliza relativamente cedo em suas vidas profissionais e costuma se manter bastante estável. A própria instituição na qual se exerce o trabalho exige implicitamente essa continuidade porque é conservadora.

De acordo com Doyle (1979a; 1985), as tarefas e sua estrutura, facilitando o entendimento da realidade educativa, são seu esqueleto, transformam-se num recurso de duplo valor:

1) Para "facilitar uma referência organizativa que integra os elementos do sistema" (DOYLE, 1979a, p. 197).

2) Para "designar estruturas situacionais que organizam e dirigem o pensamento e a ação. As tarefas contêm o plano para a conduta que está integrado no ambiente, planos que são partes decisivas para as cognições dos participantes nesse ambiente ... As tarefas organizam a cognição definindo uma meta e proporcionando instruções para processar a informação dentro de um determinado ambiente" (DOYLE, 1985, p. 134).

As tarefas nos servem para desentranhar as peculiaridades dos processos complexos de ensino, sendo assim um recurso heurístico para mergulhar nas práticas reais, nos estilos de professores, etc. Na medida em que as tarefas são mediadoras dos processos de aprendizagem dos alunos, podem nos ajudar a analisar a qualidade do ensino, prestando atenção aos processos de aprendizagem que modelam e os resultados previsíveis que se deve esperar de diferentes tipos de tarefas. Como campos controladores da conduta e sendo recursos organizadores dos diversos elementos que se entrecruzam no ensino, podem nos facilitar a sua compreensão e dos professores e, talvez por isso, nos ajudar a estabelecer esquemas para sua formação e ajuda.

Se a prática do ensino é uma determinada estrutura peculiar de tarefas, planejar sua sequência é dispor de um elemento de direção ou de racionalização dessa prática. A tarefa pode ser o elemento de referência para planejar e governar situações, manejar-se com comodidade dentro delas, considerando os diversos elementos que as compõem e a fluidez do meio ambiente escolar.

As tarefas como mediadoras da qualidade do ensino através da mediação da aprendizagem

"O desenvolvimento de uma pessoa é função da variedade substantiva e da complexidade estrutural das atividades básicas nas quais se envolve..." (BRONFENBRENNER, 1979, p. 55).

A tarefa, por seu peculiar formato, modela o ambiente e o processo de aprendizagem, condicionando assim os resultados que os alunos podem extrair de um determinado conteúdo e situação. O interesse pelas tarefas dentro da pesquisa psicológica se explica enquanto são mediadores entre os fenômenos cognitivos e a interação social (DOYLE, 1983; POSNER, 1982, etc.), atuando como ponte entre o ambiente e o processamento de informação, o que em educação significa vê-las como elementos condicionadores da qualidade do ensino por meio da mediação do processo de aprendizagem.

Como assinalou Blumenfeld (1987), a forma das tarefas tem efeitos identificáveis sobre a conduta e a aprendizagem de professores e alunos, porque define seu trabalho, regulando a seleção de informação e o seu processamento. A tarefa, ao propor uma demanda particular ao aluno, exige ou facilita um tipo de processo de aprendizagem determinada (DOYLE, 1983). As tarefas são *microcontextos* de aprendizagem.

Bennett afirma (1988, p. 24) que: "as tarefas organizam a experiência, pelo que a sua compreensão e a do processo de aquisição de aprendizagem requerem em primeiro lugar a compreensão das tarefas nas quais os alunos trabalham".

Mudando as tarefas modificamos os microambientes de aprendizagem e as experiências possíveis dentro deles. Esse é o sentido de analisar a estrutura da prática que um currículo tem de acordo com as condições nas quais se desenvolve, fundamentando a posição de que um currículo na realidade não pode ser entendido à margem das condições nas quais seu desenvolvimento ocorre, pois é necessário analisá-lo moldado em atividades práticas.

Inclusive as próprias diferenças de aprendizagem que os alunos obtêm a partir de uma mesma situação poderiam ser explicadas não apenas pelo grau de conhecimento com que abordam uma nova tarefa ou pelo esforço dedicado a ela, mas também pela sua diferente compreensão e a definição que fazem para si do que representa cada uma delas como padrão de trabalho (NESPOR, 1987). Uma hipótese que se apoia na ideia de que nenhuma tarefa impõe um modelo de comportamento fechado e de processamento tão inequívoco que não permita interpretações, criação e descoberta do seu significado do objeto, das ações a serem desenvolvidas e dos limites que a afetam. Os parâmetros de uma tarefa são percebidos de forma particular por cada aluno. As tarefas são esquemas de conduta, não uma pauta pormenorizada de comportamento iniludível.

A partir do exposto, pode-se estabelecer o princípio de que um mesmo tópico de um programa ou um currículo trabalhado na sala de aula ou fora dela com diferentes tipos de tarefas daria resultados qualitativamente diferentes. A qualidade do conhecimento e da experiência que contém o currículo não é independente das relações que se estabelecem entre estes e os esquemas práticos do professor ou os que são possíveis dentro de certas condições de escolarização.

Tal enfoque reconcilia o conteúdo do ensino com as formas que este adota, colocando uma interação entre ambos os aspectos pedagogicamente essenciais e inseparáveis para ofertar alternativas práticas. Só assim pode-se partir de um ponto no qual o tratamento das formas pedagógicas não se torne independente dos conteúdos e analisar o valor destes a partir de sua tradução em formas pedagógicas. Isso significa recuperar a relação entre currículo como expressão da cultura escolar e as práticas de instrução como usos nos quais essa cultura adquire sentido. Enfim, é manter a relação de continuidade ou de interação entre meios e fins que Dewey (1967a) já havia colocado.

O dualismo currículo-instrução (conteúdo *versus* processo, conteúdos da ação *versus* planos postos em ação) se configurou como uma verdadeira doutrina nos estudos do currículo (TANNER; TANNER, 1975), reforçada pelo domínio dos esquemas psicologistas para analisar os processos educativos e apoiada também em outro dualismo muito desenvolvido em educação: o de meios-fins, que tanto sucesso e divulgação teve em proposições curriculares apoiadas em esquemas de racionalidade tecnocrática. A própria conceitualização do currículo como expressão de conteúdos ou planos educativos, reservando para o capítulo da instrução a análise e o planejamento dos processos, reforça essa separação entre conteúdos e formas pedagógicas, entre conteúdos planejados e realidades obtidas por meio de processos instrutivos.

Trabalhos como o de Johnson (1967), que teve importante incidência na concepção do currículo, partem da separação meios-fins, entendendo este como os resultados de aprendizagem alcançáveis e a instrução como o meio para lográ-los. O próprio Beauchamp (1981), dentro das "teorias em educação", separa as teorias curriculares das teorias da instrução, sendo que estas últimas têm a ver mais diretamente com o plano preciso de conteúdos para distribuí-los e aprendê-los numa sequência determinada, considerando as qualidades do aluno.

Analisar a capacidade de molde que a estrutura de tarefas tem do currículo, dentro de uma ótica prática que escrutine o valor deste, com seus propósitos, conteúdos e códigos curriculares, tem o poder de recuperar o diálogo entre os conteúdos e as formas em educação.

As implicações dessa interação podem ser vistas em múltiplas circunstâncias práticas. Popkewitz (1987) diz que o conhecimento escolar está relacionado com as normas particulares, os padrões de conduta e os papéis desempenhados na instituição escolar. Só é próprio da escola conversar enquanto se está sentado em filas de disciplinas, dedicar tempos específicos para ser criativo ou para indagar. Os modelos manifestados na escolaridade têm potencial capacidade de transformar os conhecimentos, as emoções, as condutas e as atitudes que se experimentem nesse quadro. Todas as peculiaridades da experiência escolar se concretizam em padrões específicos de comportamento acadêmico que, sob a forma de "tarefas escolares", propõem esquemas de conduta e pensamento aos alunos. São, como dissemos, verdadeiros campos de socialização global da personalidade.

Este princípio tem consequências muito importantes, não apenas para pensar e compreender a prática, como também para quando pretendamos mudá-la. As atividades acadêmicas, estruturadas como tarefas formais para cobrir as exigências do currículo nas aulas, são quadros de comportamento estáveis que fixam as condições na seleção, na aquisição, no tratamento, na utilização e na valorização dos conteúdos diversos do currículo. Por seu caráter formal e por sua constância e reiteração, além do clima de avaliação e controle no qual se desenvolvem, seguramente elas têm efeitos duradouros. Por isso é razoável esperar, como afirma Doyle (1985), que as estruturas de conhecimento em classe se constituem em função das tarefas que se pede aos estudantes que realizem para cumprir com as exigências do currículo. Como este se refere à aquisição de aprendizagem, pode ser definido como uma justaposição de tarefas (DOYLE, 1983) que têm uma determinada potencialidade intelectual e educativa em geral. Não é infrequente encontrar, como temos visto, definições e concepções do currículo como conjunto de experiências e atividades dos alunos. Nos níveis inferiores, essas tarefas dão ênfase explicitamente a uma série de aprendizagens de conteúdos variados, mas à medida que a escolarização avança, tais aprendizagens têm uma conotação mais estritamente acadêmica e intelectual, ainda que subsista o quadro de socialização global.

A renovação qualitativa da prática escolar é um problema que deve enfocar e atacar diretamente a acomodação adaptativa que, desde um ponto de vista histórico, se produziu na tradição pedagógica e no estilo de cada professor entre um tipo de conteúdo e as tarefas dominantes usadas para abordá-lo. O conhecimento profissional operativo dos professores é composto por recursos práticos ou tarefas muito ligadas a concepções epistemológicas ou valorizações de certos componentes da cultura selecionada pelos currículos: atividades mecânicas servem para conteúdos empobrecidos, conteúdos irrelevantes não podem sustentar tarefas estimulantes e complexas.

Quando a ideia de que o conhecimento relevante é uma soma de definições de conceitos, uma sucessão de dados, datas ou acontecimentos, essa teoria do conhecimento implícita no professor se acomoda, busca ou se reforça em tarefas que exigem formas rotineiras de aprendizagem, escassos meios didáticos, pouca variedade metodológica, relevância de aspectos memorialísticos na avaliação, táticas individuais de aprendizagem, etc. Qualquer forma de querer romper essa adaptação empobrecedora deve discutir a visão do conhecimento que as tarefas implicitamente carregam, ao mesmo tempo em que se oferecem alternativas de atividades ou esquemas práticos de atuação coerentes com outro significado do conhecimento.

Esta dupla perspectiva é indispensável na inovação curricular e na renovação pedagógica. Em educação, sempre se admitiu como princípio que o método é capaz de modelar os potenciais efeitos dos conteúdos, sem cair na absolutização metodológica, pois a *forma* pedagógica da tarefa e o seu *conteúdo* são aspectos indissociáveis – duas dimensões de uma mesma realidade, já que uma se envolve na outra.

É na análise das atividades acadêmicas que se nota a estreita conexão entre o professor, o aluno e o conhecimento organizado no currículo (BENNETT, 1988), porque aí se conjugam as condições de organização metodológica de uma estratégia de ensinar e os processos prováveis de aprendizagem que podem ocorrer nos alunos para abordar determinados conteúdos curriculares. Por isso, compreender a aprendizagem na classe requer entender os efeitos que os alunos vão acumulando progressivamente no trabalho fixado. O ensino viria a ser a organização das tarefas nas condições mais favoráveis para que possam se desenvolver processos de aprendizagem adequados para obter a apropriação das possibilidades dos conteúdos de um determinado currículo ou parcela dele. As intenções do professor, as possibilidades desse currículo são realizadas ou não, são conquistadas de uma forma ou de outra, de acordo com o cenário microambiental que configuram as tarefas escolares.

Em outro momento vimos a tradução experimental que pode ter para o aluno a realização de uma prática de biblioteca escolar. Agora nos deteremos num exemplo para ver que o valor de uma atividade não pode ser considerado apenas por ela mesma, ainda que se veja que está claramente dirigida para cobrir parcialmente um objetivo do currículo, mas que depende de fatores contextuais que ultrapassam o professor e o quadro estritamente escolar.

Neste caso se pode ver que o trabalho do aluno, ao prolongar-se por ordem do professor fora do âmbito da classe, fica também submetido à existência de recursos extraescolares, o que deixa os alunos em oportunidades educativas muito desiguais. Currículo, tarefas acadêmicas e contexto cultural sociofamiliar ficam, dessa forma, ligados por uma via que, em princípio, pode parecer bastante inocente. É preciso chamar a atenção ao se considerar demasiado normal, por ser prática muito difundida, que o aluno para completar certo tipo de tarefas deve recorrer a recursos que não são os que a instituição escolar por si só oferece. Isto significa que a localização espaço-temporal das atividades não é uma mera dimensão formal asséptica, mas que tem amplas repercussões acadêmicas e sociais, relacionadas inclusive com a igualdade de oportunidades dos alunos pertencentes a diferentes meios culturais.

5° Curso Primário. Exercício de linguagem proposto pelo livro-texto.
Localização temporal e espacial da tarefa:
O professor decide que os alunos realizem essa atividade em casa.

A partir do desenho que o livro-texto apresenta, o exercício pede que o aluno realize uma pequena descrição do desenho.

Comentário sobre as condições de realização da tarefa:

O aluno só dispõe da informação gráfica que o material lhe proporciona, que, como se pode ver, é muito pobre.

O livro não fornece nenhuma outra informação sobre o que representa a Torre de la Giralda, a que conjunto de monumentos faz parte, como é por dentro e por fora, que funções cumpria, que estilo artístico representa, em que momento histórico se enquadra, etc.

Evidentemente, os alunos, para fazer uma descrição, pedem ajuda em casa, ilustrações ou informações, das quais nem todos os lares dispõem e para as quais os pais têm desiguais oportunidades de ajudar, segundo seu nível cultural.

A tarefa será, de alguma forma, avaliada, e isso o aluno sabe, pois fazê-la melhor ou pior não é indiferente. O decisivo neste caso é que, pela insuficiência do livro-texto, a qualidade da atividade fica submetida às oportunidades desiguais que os alunos têm em suas famílias.

Os efeitos educativos não se derivam linear e diretamente dos currículos que professores e alunos desenvolvem, como se uns e outros tivessem um contato estreito com o currículo ou aprendessem diretamente seus conteúdos e suas propostas. O trabalho de professores e de alunos desenvolvendo um currículo está mediado pelas formas de trabalhá-lo, pois essa mediação é a que condiciona a qualidade da experiência que se obtém. As tarefas acadêmicas, basicamente e de forma imediata, ainda que atrás delas existam outros determinantes, são as responsáveis pelo filtro de efeitos. Os recursos possíveis estão em função da congruência das tarefas com os efeitos que se pretendem, de acordo com as possibilidades inerentes a elas quanto a sua capacidade de propiciar alguns processos de aprendizagem determinados.

O conhecimento enfatizado como valioso ou facilitado pelos usos escolares será o que as tarefas escolares possibilitam. Muitos projetos curriculares fracassaram na prática, na longa história da inovação curricular, enquanto as atividades metodológicas das aulas não foram mudadas, mantendo-se as mesmas tarefas acadêmicas que vinham sendo praticadas. As novas mensagens se acomodam à forma das tarefas que são apresentadas ao aluno. Por isso, a inovação curricular implica relacionar propostas novas de conteúdos com esquemas práticos e teóricos nos professores.

A tarefa é elemento intermediário entre as possibilidades teóricas que o currículo prescreve e os seus efeitos reais. Apenas através das atividades que são desenvolvidas podemos analisar a riqueza de uma determinada proposição curricular na prática. Podemos transferir aqui a hipótese estabelecida por Bronfenbrenner (1979) referente à educação pré-escolar que estabelece que a variedade e a complexidade de atividades básicas disponíveis para a criança, nas quais se envolve, marcam a riqueza de seu desenvolvimento.

O problema reside em que, tendo evidências desse papel mediador das tarefas acadêmicas, sendo geralmente todas elas complexas, a pesquisa a respeito pode oferecer pouca ajuda aos professores. O repertório de esquemas práticos dos professores – seu saber fazer – nutre-se mais dos achados espontâneos que da busca sistemática. A pesquisa dominante fixa-se mais em tarefas muito específicas do que em outras tarefas básicas, ainda que se deem passos importantes na análise de atividades como a leitura compreensiva de textos, a escrita, etc. À medida que o nível de complexidade de um comportamento ou processo cognitivo para resolver uma tarefa se eleva, é mais difícil especificar modelos que nos digam em que consiste o bom funcionamento de tal processo. As atividades mais complexas são precisamente as de maior interesse para os professores, como é o caso da leitura compreensiva, a resolução de problemas matemáticos ou científicos, etc. (GARDNER, 1985).

Mas é preciso não esquecer que o valor das tarefas não é independente tampouco dos conteúdos abarcados em seu desenvolvimento, porque a relação entre conteúdos curriculares e atividades é recíproca: a riqueza dos conteúdos condiciona as tarefas possíveis e estas, por sua vez, medeiam as possibilidades do currículo. Não é muito fácil buscar atividades potencialmente ricas com conteúdos pouco estimulantes. É mais fácil falar e planejar tarefas sugestivas com conteúdos potencialmente ricos. De fato o valor educativo destes e outros componentes dos currículos depende das atividades com que sejam tratados e desenvolvidos, mas os efeitos educativos estarão também em função das possibilidades inerentes aos próprios conteúdos.

Existe uma certa adequação entre tarefa e conteúdo, que explica, por exemplo, que algumas atividades sejam possíveis apenas em certas áreas curriculares. Pensemos no caso de experiências de laboratório nas ciências ou a visita aos museus, etc. Se o ensino da ciência consiste em transmitir dados, classificações ou descrições de como é a natureza, nenhuma das duas experiências anteriores será imprescindível. Se pensamos, pelo contrário, que a ciência deve comunicar aos alunos os processos que ocorrem na natureza, então os laboratórios ou outro ambiente no qual observar e manipular serão inescusáveis. Mas se, além disso, acreditamos que é valioso repassar como o homem foi elaborando explicações da realidade na qual vivia, as visitas a certos museus serão muito apropriadas. O aspecto do conhecimento científico selecionado como valioso sugere procedimentos para seu tratamento. A seleção de conteúdos que formam os currículos, enquanto têm uma estrutura interna que transmitir, impõe de alguma forma os modos de abordá-lo. Esta peculiar adaptação entre conteúdo e atividade nos põe em guarda ante a pretensão de querer delimitar tarefas com valor universal para qualquer conteúdo.

Peters (1966), partindo do pressuposto de que nos conteúdos selecionados como valiosos há aspectos que vale a pena saber pelo valor intrínseco que têm, considera que nesses mesmos componentes existem critérios para guiar-nos na hora de tratá-los no ensino. Quanto a uma determinada forma de conhecimento, as humanidades, as ciências, a arte, etc. têm uma estrutura interna peculiar que inclui procedimentos próprios dessa área de conhecimento, sugerindo, de alguma forma, a maneira de abordá-los no ensino; ou seja, devem nos estimular a encontrar as tarefas mais adequadas para trabalhar com tais conteúdos. A busca de esquemas práticos deve ligar-se, então, à busca do conhecimento valioso em educação para fazer parte da formação dos indivíduos. A mera acumulação de esquemas práticos por achados experienciais dos professores faz parte de uma dinâmica historicamente muito assentada e explicável como recurso de acumular saber profissional, mas deve ligar-se à análise do valor do conhecimento que cada tarefa didática é capaz de transmitir ao aluno.

A relação entre conteúdo e forma de tratá-lo não é senão a consequência de dois raciocínios. É difícil em termos gerais admitir a independência dos processos de aprendizagem e de pensamento quanto aos conteúdos, pois em cada área cultural se manejam processos de pensamento diferenciados em alguma medida. Enquanto os conteúdos variam, existem processos diferenciados de raciocinar, de descrever, de indagar, de buscar a evidência, de justificá-los, etc. (BELTH, 1977). Não se explica da mesma forma a causa ou a descrição em história e a causa em ciências naturais, por exemplo, e dessa singularidade do conhecimento, numa e noutra área, se derivam formas didáticas distintas; por isso, um ensino ativo em história requer procedimentos ou tarefas diferenciados em relação a uma classe experimental em ciências da natureza. Poderíamos dizer algo parecido da literatura, da matemática ou dos estudos que se referem aos problemas sociais cotidianos. As áreas ou disciplinas não variam apenas porque tratam objetos distintos, mas também pelas atividades mais apropriadas para tratá-los. Por isso *conteúdo, processo de aprendizagem* ou pensamento estimulado em torno de certos conteúdos e *tarefa* que o possibilita têm relação. Por outro lado, enquanto os conteúdos curriculares tratam de objetos diversos, podem ser necessários cenários diferentes, estímulos distintos, etc., o que empresta uma peculiaridade importante a cada tarefa.

Stenhouse (1984, p. 134) afirma que "ali onde existe uma forma de conhecimento, uma especificação do conteúdo implicará como se deve manejar", então, o autor deduz que averiguar em que consiste o essencial do conhecimento, o que se seleciona como valioso, é um princípio que pode nos guiar no planejamento do ensino, derivando procedimentos para trabalhar com eles.

É preciso reconhecer que a determinante epistemológica dos processos de ensino--aprendizagem, dos métodos pedagógicos, é um capítulo muito pouco desenvolvido, por diversas razões. Por um lado, porque os especialistas que trabalham em diferentes campos culturais não se preocupam com as consequências que têm para o ensino suas elaborações e os métodos de pesquisa com os quais trabalham. Por outro, no pensamento e na pesquisa pedagógica ou psicológica predominam um discurso no qual os conteúdos culturais não fazem parte da discussão e dos esquemas conceituais e nos quais até se chegou a tirar importância do valor da comunicação cultural. Certas correntes autodenominadas progressistas em educação caminham mais à vontade pela mão de um psicologismo vazio culturalmente do que pensando a qual projeto cultural estão servindo.

A ESTRUTURA DE TAREFAS COMO MATRIZ DE SOCIALIZAÇÃO

O poder mediador que uma tarefa ou sequência de várias delas tem sobre a qualidade dos processos cognitivos que os alunos poderão experimentar é evidente; por isso, a validade cultural do currículo depende das atividades com as quais se trabalha. Da revisão da pesquisa sobre diferentes campos curriculares, leitura, escrita, matemática, ciências e literatura, Doyle (1983, p. 162; 1985, p. 20) extrai uma tipologia de tarefas acadêmicas de acordo com os processos cognitivos que nelas se realizam de forma predominante:

a) Tarefas de *memória,* nas quais se espera dos alunos que reconheçam ou reproduzam informação previamente adquirida, referente a dados, fatos e nomes. A informação adquire um caráter episódico sem ligação interna. O resultado ou a execução dessas tarefas é bastante previsível.

b) Atividades de *procedimento* ou de *rotina* nas quais se pede aos alunos que apliquem uma fórmula ou algoritmo que leva a uma determinada resposta.

c) Tarefas de *compreensão,* nas quais se requer que os alunos reconheçam a informação, de modo que possam nos dar sua própria versão, apliquem procedimentos a situações novas, extraiam consequências, etc. Exigem a captação do significado dos conteúdos de que se ocupem, algo que manifesta na transformação pessoal de quem o assimilou. Este tipo de tarefas pretende gerar estratégias ou resultados, partindo da captação da estrutura semântica do conteúdo. Frente às atividades-rotina, neste caso, o sujeito compreende as razões pelas quais chega a um determinado resultado; a lembrança ou a recuperação de informações é involuntária, e o que a memória faz é reestruturar as informações num processo de reconstrução semântica do que reproduzi-las. Já não se espera do aprendiz o caráter previsível de respostas precisas. São tarefas que exigem maior experiência, tratando o conteúdo detidamente e sob formas de atividades diversas, às quais nem sempre é fácil aplicar padrões de avaliação muito precisos.

d) Tarefas de *opinião,* nas quais se pede ao aluno que mostre suas reações pessoais e preferências sobre algum conteúdo. São atividades com resultados abertos, escassamente previsíveis, que inclusive não necessitam da compreensão do material embora se possa notar no resultado se é feita relação a ele ou não.

Poderíamos acrescentar as tarefas que implicam processos de *descoberta,* cujo produto final não é a simples opinião aberta, mas os resultados de alguma forma redescobertos pelo aluno.

Na realidade da prática em ambientes naturais, o que ocorre é que as atividades acadêmicas englobam normalmente múltiplos tipos de processos intelectuais, embora algum deles possa ser dado como predominante e, assim, caracterizar a tarefa de que se trate. Ainda que existam tarefas que cultivam um tipo de processo de aprendizagem determinado, o fato é que, se se trata de atividades básicas que preenchem a atividade da classe, contêm processos cognitivos diversos e superpostos. O trabalho acadêmico é bastante complexo, em geral, e uma possível taxonomia de processos intelectuais, como a que acabamos de citar, pode nos servir, quando muito, para identificar tipos básicos de processos intelectuais nas tarefas, levando em conta que têm expressão muito desigual em diferentes tipos de conteúdos. As taxonomias generalizáveis de processos cognitivos nas aprendizagens escolares são difíceis de estabelecer de forma válida para todas as áreas do currículo e para os variados objetivos educativos que se pretendem. Porque, evidentemente, os processos cognitivos que se desenvolvem com diferentes conteúdos curriculares são muito distintos entre si, como acabamos de comentar.

Um estudo puramente cognitivo das tarefas esqueceria aprendizagens de outra ordem implícitas na atividade escolar, de tipo afetivo, social ou motor. É evidente que cada tarefa, pelo tipo de tratamento a que submete o conteúdo e pelo processo que desencadeia nos alunos para seu domínio, supõe uma peculiar forma de processar a informação, de apelar para estímulos variados, etc. Na medida em que seja um tratamento reiterado, é de supor que terá efeitos duradouros nas próprias estratégias de aprendizagens do aluno. Aprendendo, o aluno adquire uma forma de aprender. É conhecida a particular "economia" que um aluno segue para responder à exigência exata de um professor e como vai desconsiderando aspectos dos conteúdos, informações anexas, indiretamente relacionadas com o objeto da tarefa, que ele acredita que não têm a ver com a exigência que lhe fazem. O microambiente da tarefa é um clima de socialização no qual se reforçam determinados processos intelectuais sobre outros, pautas para responder às demandas desse meio, formas de perceber as exigências requeridas, etc.

Por isso, o valor das atividades ou tarefas didáticas vai mais além de ser um recurso para mediar nas aprendizagens cognitivas nos alunos. A compreensão do ambiente educativo da aula deve observar toda a gama de atividades que se realizam durante a escolarização e não só as tarefas acadêmicas estruturadas como tais, mas, de qualquer maneira, estas têm consequências que vão mais além dos efeitos de aprendizagem cognitiva, consequência de serem vistas com um determinado conteúdo. A própria *tarefa acadêmica é também por si mesma todo um ambiente, fonte de aprendizagens múltiplas:* intelectuais, afetivas, sociais, etc. e é um recurso organizador da conduta dos alunos nos ambientes escolares.

Como King ressaltou, os alunos categorizam suas percepções sobre o que é o ensino, guiam e regulam seu comportamento na classe de acordo com a percepção que desenvolvem quanto às tarefas que realizam. Não são apenas um marco de referência para perceber e interpretar o que é o ensino e seus professores ou a situação escolar em geral, mas também se transformam em *organizadores de toda sua conduta*. A tarefa sugere ao aluno como deve aprender, de que forma fazê-lo, como executar um trabalho, com quem fazê-lo, que rendimento se considera mais valioso porque é o valorizado como mais relevante e o que se espera dele; enfim, quais as atitudes e os padrões de conduta que produzem mais sucesso nos contextos educativos, introjetando tudo isso em valores de referência para o próprio autoconceito pessoal como aprendiz e em diferentes áreas curriculares. Uma vez que se assimilam os parâmetros mais sobressalentes das tarefas, levando em conta que estas se reiteram com bastante frequência, condiciona-se o modo como o aluno abordará momentos posteriores de sua experiência acadêmica.

Blumenfeld (1987) especifica os aspectos que a estrutura ou a forma da atividade comunica ao aluno: no que se refere à sua conduta, a tarefa assinala como deve obter a informação, como processá-la ou elaborá-la e como a aprendizagem será avaliada. Quanto às preocupações do aluno, a tarefa lhe comunica o que deve fazer, como deve fazê-lo e se pode fazê-lo, etc. Isso implica admitir que, em termos mais gerais, as tarefas medeiam toda a experiência dos que aprendem com a cultura e o meio escolar.

Como consequência, as tarefas dominantes com que se trabalha um tipo de conteúdo curricular, disciplina, etc., vão adquirindo um significado experiencial complexo para os alunos que está muito marcado pela atividade que cada uma delas favorece, desenvolvendo-se certas atitudes e motivações para sua aprendizagem.

A forma de realizar as atividades configura um ambiente de socialização no qual se dá significado pessoal à experiência escolar. Quando evocamos o que era aprender latim, matemática ou história, recordamos como algo muito peculiar o tipo de tarefas que caracterizavam o estilo de ensino dominante nessas disciplinas, e só com certa perspectiva cultural se pode diferenciar o valor do seu conteúdo do modo como foram trabalhadas. Mas nem toda a população escolar consegue esse distanciamento de perspectiva.

A tarefa, ao ter esses poderes estruturadores da conduta de professores e de alunos, comunica a estes o comportamento que se espera deles, regulando sua vida nas salas de aulas e inclusive fora delas.

O aluno logo aprende o que se espera dele em cada tipo de atividade. Uma vez que, no curso de sua experiência escolar, perceba as exigências que cada tarefa requer, a estrutura destas molda seu trabalho intelectual, seu comportamento na aula, com os demais colegas e com o próprio professor. O ato de assumir tais parâmetros é fundamental para a própria autodireção do aluno e para a conquista do controle de sua conduta canalizado pela ordem interna da atividade inerente a cada tipo de tarefa.

Pensemos, por exemplo, em duas atividades bem diferentes: completar os exercícios que propõe uma lição do livro-texto, cujas respostas podem ser extraídas de sua leitura, e realizar uma síntese escrita entre vários alunos depois de ter estudado e discutido um tema qualquer. Processos de aprendizagem, fluxo de estímulos possíveis, relações sociais, interação com materiais, etc. se misturam de forma diferente em um e outro caso. Tornar dominante um tipo de tarefa, com suas variantes internas, é dar primazia a um ambiente sobre qualquer outro, o que faz supor efeitos a longo prazo, indubitavelmente.

Por isso, um professor, ou uma escola, ou uma metodologia, etc. se distingue didaticamente à primeira vista pelas tarefas que propõe para os alunos ou lhes permite realizar. O trauma de uma mudança de professor para os alunos, ou o que se produz com certa frequência quando se passa de um sistema a outro de ensino, da EGB ao *bachillerato,* por exemplo, são verdadeiras *transições entre meios ecológicos* distintos. O aluno vive verdadeiramente uma alteração de cultura, no sentido antropológico do termo, ao experimentar uma mudança de pontos de referência vitais para ele, para se desenvolver na situação, no modo de trabalhar, de se comportar, tipos de exigências diferentes, etc., quando as tarefas ou os parâmetros de sua realização e avaliação se alteram. O método define uma cultura, um meio de socialização. A impregnação nos alunos se realiza basicamente em função dos parâmetros que definem as atividades que eles executam ao longo de sua estada na escolarização. A tarefa define um quadro global de socialização, porque configura um contexto de vida, de aprendizagens complexas, um quadro de valores, de relações sociais, etc.

A tarefa sugere um modo de tratar os materiais, um certo tipo de controle do comportamento, uma forma de interação entre os alunos e entre estes e o professor, uma norma de qualidade na realização do trabalho. Esse parâmetro nem sempre vai ligado à sua qualidade intrínseca, mas tem muito a ver com as valorizações de quem define tal norma. As tarefas acadêmicas chegam a regular inclusive a vida dos alunos fora do centro escolar, na medida em que prolongam suas exigências na esfera extraescolar. Por isso, salientamos seu papel de marcos de socialização geral dos alunos. A ideia de "normalidade", do que está bem ou mal feito, está muito ligada às normas de realização da tarefa acadêmica e aos resultados esperados.

As atividades, tanto as acadêmicas como as que são de outro tipo, se realizam dentro de um quadro e de certas relações concretas de autoridade e poder, reflexo dos padrões mais genéricos que existem em toda a escolaridade e na sociedade exterior, que se expressa, precisamente, através das tarefas. A sociologia das organizações mostrou que a natureza das atividades que se desenvolvem dentro de uma organização, e os centros escolares o são, afeta o modo como se exerce a autoridade dentro das tarefas. "Os traços que a autoridade adota numa aula dentro de um estilo determinado não são tanto um problema que emane de uma ideologia pessoal do professor ou do método de ensino, mas procedem do tipo de estratégia que o professor escolheu para seu ensino." (COHEN, 1979).

A ordem e o comportamento considerados corretos são a ordem imposta por uma determinada dinâmica de trabalho. Os esforços para obter o controle, governando com certos recursos o grupo de alunos, relacionam-se com a forma de organizar o trabalho.

A "ordem na classe", expressão de uma forma de entender a conduta global do aluno, significa que, dentro de certos limites, os estudantes seguem o programa de ação preciso para que alguns acontecimentos escolares se realizem numa determinada situação (DOYLE, 1986). Numa tarefa de leitura compreensiva individual, espera-se que os alunos trabalhem independentemente sem molestar-se, extraindo informação das fontes assinaladas pelo professor, etc. Numa sessão de perguntas e respostas entre alunos e professor, espera-se que os alunos tenham disciplina, que respondam quando perguntados e com correção, que prestem atenção ao que os outros dizem, etc. Uma tarefa define um padrão de comportamento e neste se expressa um conceito de ordem, de autoridade, de "correção" em suma.

Os padrões de comportamento aceitáveis nos alunos se manifestam em muitos casos através de uma norma de conduta explícita emanada do professor ou de outra fonte de autoridade no centro escolar. A educação tradicional, manifestamente moralizante, infundia padrões de comportamento de forma explícita e com o fim exclusivo de submeter o aluno a um modelo determinado. Mas, na maioria dos casos, dentro da ideologia pedagógica que difundiu a nova pedagogia e as colocações progressistas desde o começo do século, essas normas de comportamento estão ligadas ao processo didático, à forma de realização particular que se considera adequada e aceitável dentro de cada tarefa escolar e aos padrões de qualidade que se exigem ao produto das tarefas.

As "normas de qualidade" que se estabelecem para cada tipo de trabalho e em cada tarefa escolar são parâmetros através dos quais se definem valores, uma concepção da ordem dentro da situação escolar. O modelo do "bom aluno" se define dentro da instituição escolar em relação aos comportamentos que favorecem a realização das tarefas que lhes são exigidas. Quando os alunos entendem o que se pede deles em diferentes tipos de atividades, autorregulam seu comportamento de acordo com a norma requerida para cada tarefa.

Tal afirmação é coerente com o que acontece em outras atividades que estão submetidas a processos de controle na sociedade moderna. O controle da conduta de um trabalhador, que realiza uma operação concreta dentro de uma linha de montagem, não deve ser realizado por nenhum chefe ou supervisor, mas sim pela adaptação ao funcionamento da própria linha na qual se incluem as operações ou tarefas que ele realiza. O professor também logra o controle dos alunos através da forma de organizar o trabalho escolar. Mais adiante veremos a significação que têm para o professoras tarefas acadêmicas para governar o grupo de alunos.

Os tratados pedagógicos se ocuparam explicitamente deste tema do controle da classe através do trabalho didático. Curiosamente a proposição da disciplina desapareceu em boa parte das proposições pedagógicas modernas, talvez pelo mau cheiro que desprende tudo o que se refere à educação moral em nossa sociedade e em parte porque é através da organização da instituição escolar e da dinâmica do trabalho que se conquista de fato, isto é, pela via do currículo oculto. A educação social e moral passou a ser um objetivo próprio dessa faceta não manifesta do currículo, que raras vezes se expressa como ideologia explícita.

A boa disciplina, diz a pedagogia clássica, quando este tema era de tratamento obrigatório, sobretudo nos manuais dirigidos para formar professores, é aquela que brota da ordenação do trabalho escolar, apoiado em conteúdos e atividades atrativos, reagindo contra a imagem sombria de uma escola que mantinha a ordem através de procedimentos coercitivos, incluindo o castigo, para assimilar conteúdos pouco interessantes.

Vejamos alguns exemplos. Falando dos novos métodos de educação moral, como proposta de educação ativa frente ao verbalismo moralizante da pedagogia tradicional, Piaget (1967, p. 34) afirma que a classe é uma associação de trabalho, o que supõe "[...] que a vida moral está intimamente ligada a toda a atividade escolar".

Freinet (1972, p. 32) assegurava que: "[...] não pode haver melhoramento da educação moral e cívica – na escola, bem entendido – sem uma radical reformulação de nossa técnica de trabalho e, portanto, de nossos instrumentos e centros de trabalho".

Stöcker (1964, p. 311), falando da educação para a urbanidade, considerava que era da maior importância o exercício de hábitos e condutas no *campo puramente didático*, preconizando que:

> Se consideramos a maneira de trabalhar de uma classe, ou seja, seu modo de receber o ensino e de estudar, de se expressar, de julgar e calar, de utilizar o quadro e explicar as lâminas, etc. como uma reação a determinados 'estímulos', condicionados, em primeiro lugar, pelos impulsos dados pelo professor e, por extensão, pela personalidade deste, reconheceremos também aqui a *importância do hábito* para lograr bons modos no trabalho e no comportamento.

O discurso que preconiza uma nova educação moral dentro de propostas modernas está ligado ao questionamento da própria atividade do trabalho escolar. O que acontece é que falar de moralização através da escola e de seus procedimentos, talvez por um complexo de culpa quanto a um passado ainda próximo, produz certo pudor. A socialização dos cidadãos dentro de normas de comportamento moral e social é um problema atendido pela pedagogia moderna, em grande medida, através do currículo oculto, dos procedimentos didáticos que utiliza, sem que tenham desaparecido de todo outros procedimentos mais explícitos. Daí que convenha ressaltar como a estruturação acadêmica do trabalho escolar para desenvolver o currículo se torna uma matriz de socialização geral dos alunos, e, ao contrário, um currículo encontra seu molde dentro de uma rede de comportamentos didáticos cuja funcionalidade e sobrevivência nas instituições escolares não é explicada apenas por razões de reprodução de conteúdos intelectuais. O currículo se envolve na cultura global que representa a escolarização, às vezes assume essa função explicitamente, mas, em qualquer caso, sempre a executa.

As pautas aceitáveis de comportamento, o quadro de valores para a socialização dos indivíduos são proporcionados pelo ambiente no qual as tarefas escolares se realizam, as suas normas de qualidade, os padrões de conduta pessoal e interpessoal considerados como modelos em sua melhor realização. A disciplina aceita e não imposta para a nova pedagogia é a que brota da realização de atividades interessantes, transferindo o poder modelador da conduta que tem a imposição exterior para as próprias condições de realização do trabalho escolar. Trata-se de um controle técnico implícito nas próprias condições de realização do trabalho, que leva a aceitar uma certa ordem interior. Esta é uma constante na pedagogia moderna e assim tem refletido a didática quando tinha como capítulo inevitável o tratamento do problema da ordem e da disciplina em classe, algo que desaparece das proposições atuais, ao menos explicitamente.

A disciplina, em qualquer método pedagógico, é vista como condição de eficiência no ensino, e todo professor deixa transparecer isso muito claramente quando se defronta com a situação complexa de uma aula, mais claramente quanto menor seja sua experiência e mais inseguro se sinta. A diferença está em como se estabelece essa disciplina. Uma estruturação fechada do trabalho do aluno é um elemento tão disciplinado como qualquer imposição exterior, mas é um recurso técnico de controle da conduta, alheio na aparência à manifestação de vontades exteriores. Isso é o que ao menos aparenta.

King (1977) revelou o papel socializador da atividade didática ou das tarefas "mais escolares" de forma clara para as crianças da educação infantil. As normas na distribuição e no uso de materiais, sendo estes elementos básicos de qualquer metodologia em educação pré-escolar, definem as características das experiências que as crianças podem obter em suas relações com os materiais, com o professor e com outros colegas. Sabemos que o currículo de educação infantil está relacionado à manipulação de diversos materiais. A organização e a regulação do tempo de uso de diferentes materiais definem as categorias de brinquedo e de trabalho, distinção fundamental na socialização escolar que as crianças adquirem nas atividades de manipulação dos materiais. "A seleção, a organização e a apresentação dos materiais, assim como o tipo de interação que as crianças mantêm com eles, contribuem para que elas desenvolvam um tipo de compreensão e aceitação do que é a conduta apropriada de um aluno na classe" (KING, 1977, p. 124).

As crianças aprendem a noção de trabalho separada da de brinquedo na escola usando diferentes objetos em modelos diferenciados de conduta, categorias comunicadas pelos professores que são quem diferenciam, às vezes, seu uso como material de brinquedo e outras como instrumentos de trabalho. Serão materiais de trabalho aqueles os que os alunos usam, de acordo com as normas proporcionadas pelo professor, dentro de tarefas tipicamente escolares: livros, papéis, lápis, etc., atividades seguidamente obrigatórias, desenvolvidas individualmente, mas por todos ao mesmo tempo, produzindo em todos os alunos resultados parecidos. Essas tarefas "sérias" se veem submetidas a padrões de valorização pelo professor. Pelo contrário, é brinquedo toda aquela atividade realizada em situações nas quais se interage livremente com o material.

A disposição dos materiais em sala de aula, as normas para seu uso, a localização da atividade (na mesa, no canto do brinquedo, etc,), a organização do tempo, as interações com o professor ou com os colegas enquanto se utilizam os materiais não apenas determinam os processos de aprendizagem explícitos da educação infantil, como também definem todo um clima complexo de socialização das crianças pequenas. As condições nas quais as atividades se realizam e os recursos utilizados definem um contexto, um ambiente, com uma complexa trama de normas de comportamento que proporcionam o sentido da atividade educativa, com claras mensagens para a socialização do comportamento. "Os padrões educativos só podem ser compreendidos de forma adequada, e a ideologia subjacente avaliada em termos de atividades escolares" (KING, 1977, p. 186).

A escola define situações, ou seja, padronizou tipos de atividades que são referenciais de comportamento para professores e alunos de forma prévia à chegada de uns e de outros a esses ambientes. O professor indica ou explicita tais condições, socializado em algumas pautas de comportamento, e as define com bastante nitidez desde o começo do curso. A eficácia da socialização que as situações ou os contextos escolares proporcionam é facilitada pelo fato de que as atividades ou tarefas são pouco variadas e se reiteram com escassas mudanças. Evidentemente, professores e alunos, sobretudo quando têm um maior grau de independência, podem negociar em alguma medida as situações, ocorrendo o mesmo com o professor que pode ajustar suas decisões com a instituição na qual se enquadram.

Para compreender os limites de atuação, é preciso assinalar que as tarefas diferem pelo fato de possuírem peculiares graus de ambiguidade na hora de comunicar ao aluno o comportamento exigido deles. Algumas definem um padrão de conduta mais ou menos estável, outras são menos definitórias. Isso está relacionado, por sua vez, com os padrões de avaliação que normalmente pendem sobre as atividades escolares (DOYLE, 1985). As atividades acadêmicas são, de fato, avaliáveis, seja por procedimentos explícitos, seja por apreciações informais do professor. A tarefa diz ao aluno o que se espera dele – o seu produto –, os meios a serem usados e o modo de utilizá-los, assim como as operações que deve ir realizando. Precisamente, o peso da avaliação é o que comunica ao aluno a importância que algumas tarefas ou outras têm, um modo ou outro de realizá-las, segundo a ênfase fornecida pela avaliação exigida ou que ele perceba como tal.

Como resumo, podemos considerar que o meio educativo ou o contexto do ensino supõe uma série de ambientes concêntricos, aninhados uns dentro de outros, com interferências e ocultamentos recíprocos, que dependem em grande medida ou se definem no modo de se desenvolver as tarefas, segundo a organização da escola e de acordo com as conexões da vida acadêmica com o ambiente exterior. O primeiro nicho ecológico para o aluno é a sala de aula. Um ambiente configurado por microcontextos que são as atividades acadêmicas. O aluno vive os ambientes da sala de aula e da escola fundamentalmente através de suas vivências nessas tarefas, que preenchem a maior parte de seu tempo, ainda que não sejam as únicas experiências que obtém da situação escolar. Como nos centros escolares se concentra a maior parte do trabalho do aluno, e as tarefas acadêmicas dão sentido a tudo o mais que acontece externamente a elas, resulta que, em numerosas ocasiões, são essas atividades que dão sentido aos ambientes da sala de aula e da escola para os alunos.

As tarefas tornam-se, assim, nos meios ecológicos básicos mais imediatos, configuradores de todo o ambiente escolar. O currículo, normalmente moldado fora das salas de aula e dos centros, tem uma forte responsabilidade na seleção de tarefas que se realizam nas classes, pois normalmente este não é apenas uma mera seleção de conteúdos organizados, mas também costuma ser apresentado aos professores e alunos elaborado sob códigos pedagógicos.

A redução do ambiente escolar definida pelas atividades acadêmicas é mais concreta ainda nos estilos pedagógicos mais desenvolvidos, pois neles a vida nas salas de aulas resume-se praticamente às tarefas acadêmicas, sendo estas quase que as únicas atividades possíveis e que se desenvolvem com escassas relações com outros estímulos procedentes da escola e fora dela.

Por sua vez, a organização escolar tradicional mantém isolados entre si os ambientes de aula dentro da escola, como células separadas. Praticamente só no campo de brinquedo e de recreio o isolamento se rompe. A sala de aula e a escola permanecem um tanto isoladas, fechadas em si mesmas e com escassas conexões com o ambiente exterior. Neste esquema, que é bastante generalizado, o currículo como texto propositivo e a forma de desenvolvê-lo marca decisivamente a configuração de todos esses.

Figura 8.1 Contextos aninhados no ambiente escolar.

Uma pedagogia mais moderna apaga o caráter concêntrico dos ambientes, rompendo suas barreiras. As atividades acadêmicas numa pedagogia renovadora, seja pela diferente configuração de seus componentes ou dimensões, seja pela incorporação de novos instrumentos para seu desenvolvimento, por se apoiar numa concepção diferente do conhecimento e por manter uma melhor comunicação com estímulos que ultrapassam o ambiente de sala de aula, alteram a concepção de contexto fechado. Neste caso, as fronteiras entre os ambientes esfumam-se e tornam-se permeáveis. Visitar um museu, observar uma formação geológica, realizar uma enquete social, etc., junto com outras atividades mais tipicamente escolares são também tarefas "acadêmicas" que definem parâmetros de experiência diferentes, rompendo o isolamento escolar.

A caracterização das tarefas como moldadoras de um ambiente com possibilidades muito diversas torna-se ainda mais evidente quando pensamos as tarefas acadêmicas com uma situação diferente, como elemento de ruptura do isolamento do nicho ecológico da sala de aula em relação ao exterior, ou quando pensamos em atividades realizadas em oficinas, etc., dentro das escolas.

As tarefas na sala de aula adquirem um determinado valor pelas possibilidades que permitem aos processos de aprendizagem que se desenvolvem dentro de tal ambiente, fora da sala de aula teriam outro valor distinto. Correlativamente, as tarefas do professor, ainda assim, são bem diferentes em distintos contextos.

A pesquisa pedagógica dominante estuda os ambientes de sala de aula fechados em si mesmos, sem pôr em dúvida a adaptação histórica que se produziu entre esses ambientes e o tipo de atividade que se desenvolvem neles. Mudar as tarefas escolares para melhorar a qualidade do ensino exige mudanças importantes na estruturação do espaço escolar, do horário, das conexões com a realidade exterior, etc. Uma mudança metodológica circunscrita ou limitada à sala de aula tem, por isso, certas limitações impostas por esse contexto, ainda que dentro dela se possam enriquecer os estímulos pedagógicos à base de abundantes materiais, uma correta atuação do professor, etc.

Cada vez com mais clareza vemos a necessidade de observar os aspectos organizativos que configuram o quadro de experiências possíveis para professores e alunos como um elemento de primeira importância para entender os processos didáticos e as possibilidades de mudança qualitativa em educação. Dito de outra forma: os processos didáticos adaptam-se ou acomodam-se dentro dos contextos organizativos, e mudar os primeiros requer questionar os segundos. Os conteúdos e métodos de ensino nos chegam como algo dado porque se desenvolvem sempre em contextos organizativos configurados anteriormente, como a situação "normal" na qual se desenvolver. As possibilidades da estrutura do sistema não mudam à medida das necessidades da vida interior, como ocorre no desenvolvimento de muitos seres vivos, mas provocam conflitos e contradições. Conteúdo processual e estrutura na qual habita mantêm uma particular relação de adaptação mútua e de conflito que acaba em readaptações.

A organização escolar, de um ponto de vista didático, nos é dada como um *a priori* do sistema escolar, bastante difícil de mudar, principalmente quando não há margens para a auto-organização, segundo um projeto pedagógico próprio. Daí que o processo de renovação qualitativa do ensino, que carrega mudanças metodológicas ou de tarefas, implica a necessidade de atender a seu correlato organizativo, para vencer a resistência e ampliar os limites que o contexto organizativo impõe, no qual a metodologia será ou não possível. A renovação qualitativa e metodológica do ensino deve implicar a remoção das estruturas nas quais se acomodaram os métodos que se querem mudar, porque, talvez, essa adaptação já veio exigida pela cobertura exterior. O discurso da renovação qualitativa do ensino é, por isso, em boa parte, um discurso político de resistência: frente a rotinas acomodadas aos parâmetros da organização escolar, contra normas de funcionamento do centro, removendo os professores adaptados a elas, reclamando outra política que mude tais parâmetros, etc. A interação entre elementos didáticos e organizativos é vista com clareza na análise das tarefas escolares.

A estrutura de tarefas define o ambiente onde acontecem as experiências do aluno e molda, ao mesmo tempo, o ambiente da escola. Mas um contexto de escola imposto, quanto à forma de organizar a instituição escolar, proporciona um marco de referência que limita as atividades que se podem realizar dentro dela. A força da organização escolar, das normas de seu funcionamento e dos hábitos de pensamento e conduta que gerou nos professores limita a escolha de tarefas possíveis. Neste sentido, pode-se dizer que os ambientes escolares são elementos a partir do quais "se permite" que professores e alunos desenhem o ambiente definido pelas atividades acadêmicas que são possíveis nessas coordenadas.

As tarefas como base de análise da profissionalização docente

Se as tarefas são responsáveis pela moldagem do significado final do currículo e têm o poder de sustentar a prática, compreenderemos agora mais claramente como os professores projetam suas possibilidades de autonomia profissional e modelam o projeto originário através do planejamento de atividades.

O ensino, para seus profissionais, consiste fundamentalmente em planejar ambientes ou situações de trabalho para os alunos, conduzindo a atividade de modo que se vá desenvolvendo o currículo ao mesmo tempo em que se preenche a vida escolar de forma ordenada, guiados por uma intencionalidade. Os professores – embora não sejam os únicos agentes que o fazem – têm algum papel na modelação desses ambientes, sendo convocados a manter o curso da ação de acordo com as pautas próprias exigidas por cada tipo de tarefa e em função de limitações que o meio escolar e exterior estabelecem.

O papel profissional dos docentes, do ponto de vista didático, se especifica nas tarefas que têm de desenvolver para elaborar e conduzir situações justificáveis a partir de um determinado modelo educativo.

As tarefas transformam-se em elementos nucleares estruturadores do comportamento profissional dos docentes dentro dos âmbitos escolares, porque facilitam que estes se desenvolvam com certa desenvoltura no ambiente de classe e realizem as funções básicas que a instituição escolar tem, atribuídas pela sociedade: instruir, manter um ambiente de trabalho, controlar a conduta do aluno dentro de determinados moldes de comportamento, colaborar, em suma, na socialização dos alunos dentro de uma cultura, de certos valores, de certos padrões de conduta social. Por isso, as tarefas são unidades significativas de análise da profissionalização do professor em contextos naturais.

O ensino, do ponto de vista dos professores, supõe um desempenho em ambientes complexos, dinâmicos, cujos objetivos nem sempre estão claramente definidos, nem os problemas a serem resolvidos aparecem estruturados como tais, pois atuar inteligentemente nessas situações seria tarefa demasiado difícil se não fosse facilitada pondo-se em funcionamento esquemas simplificadores de toda essa complexidade na percepção e na tomada de decisões (LEINHARDT; GREENO, 1986).

Ao decidir tarefas, o professor cumpre duas demandas básicas: escolhe o tratamento de que o currículo será objeto e estabelece as regras de jogo para o comportamento dos alunos dentro sala de aula. Missões complexas que os professores manejam de forma econômica, desenvolvendo a ação ou os padrões de comportamento profissional inerentes a diversos tipos de atividades acadêmicas. O planejamento e o controle das tarefas é a forma simplificada que os professores têm de manter um certo controle das condições complexas nos ambientes de classe. O domínio dos esquemas de ação que cada tipo de tarefa implica é um fator importante no desenvolvimento da profissionalização na prática. Esses esquemas são importantes por serem *rotinas* profissionais economizadoras para serem manejadas em situações complexas, ordenando o transcorrer da prática e fazendo, de alguma forma, o ambiente previsível. Entendendo por rotina um segmento de conduta de alunos e professores estruturada em forma de atividade orientada para o cumprimento de uma finalidade, que, uma vez dominada, permite que se realize o ensino num curso de ação fluido e de alguma forma previsível (LEINHART; WEIDMAN; HAMMOND, 1987).

Esses esquemas práticos garantem o desenvolvimento ordenado da ação e, o que é mais importante, permitem ao professor obter a informação mínima necessária para ter conhecimento do andamento da atividade e do comportamento do grupo de alunos sem investir muitos esforços,

Os bons professores, do ponto de vista da ordenação de sua ação, caracterizam-se por desenvolver sua prática seguindo uma espécie de "agenda" cujo conteúdo são planos operativos para desenvolver unidades de trabalho, compostas de outras unidades mais específicas que podem se modelar de forma peculiar.

Para Leinhardt e Greeno (1986, p. 76):

> A "agenda" se baseia num plano de ação operativo que inclui estruturas de atividade e rotinas operativas, que são versões específicas de esquemas pertencentes; à base de conhecimentos gerais dos professores. A agenda inclui também elementos relativos à tomada de decisões que permitem uma constante atualização e revisão da própria agenda.

A previsão e a ordenação desses segmentos dentro da agenda é o que os professores consideram quando realizam suas programações. Uma programação da ação vem a ser a representação formal de uma agenda ou de seus segmentos (LEINHART; WEIDMAN; HAMMOND, 1987). A prática fluida, ordenada e congruente com alguma orientação ou finalidade consiste na concretização e no desenvolvimento, com certa flexibilidade, dos esquemas de atividade contidos na "agenda"; dessa forma, as intenções unem-se às ações. Proposta ou ideia e realidade ligam-se no mesmo mecanismo de tomada de decisões por parte dos professores. Descobre-se o valor do nexo psicológico nos docentes dentro do círculo teoria-prática.

A função dominante, mal vista hoje, do professor como informador dos alunos, na pedagogia moderna tem sido, em muito boa parte, substituída pela de "gestor da prática na classe", que não é necessariamente coincidente com a de orientador dos processos de aprendizagem do aluno, pois o professor torna-se, em muitos casos, um mero gestor da atividade guiada pela sequência de tarefas propostas pelos materiais didáticos, especialmente as dos livros-texto. No primeiro caso, recusa-se o modelo por ser inadequado para o aluno; no segundo, esconde-se uma inevitável alienação profissional.

As tarefas são os elementos nucleares que constituem a prática, porque, para os professores, são o instrumento para dirigir a ação numa classe com um grupo numeroso de alunos e servem para traduzir o currículo para atividades práticas durante cursos prolongados de tempo (CARTER; DOYLE, 1987; DOYLE, 1987). Traduzem o currículo não apenas como projeto que contém conteúdos e experiências de aprendizagem explícita, mas também, como acabamos de comentar, as funções de socialização mais ocultas do mesmo e de tudo o que supõe a escolarização. O professor que domina com flexibilidade um certo repertório de tarefas controla a prática, sente-se seguro frente à mesma e reduz sua complexidade a dimensões manejáveis por ele. É por isso que, inclusive os professores que não são muito bons, profissionalmente falando, podem manter sua atividade governando ambientes complexos na aula com grupos numerosos de alunos. Com esquemas simples podem satisfazer múltiplas demandas e exigências.

As tarefas são *esquemas práticos* de atuação que simplificam em "imagens de ação" exigências curriculares, meios didáticos, formas de realizar a atividade e que, além disso, ordenam, resumem e tornam operativo o saber fazer profissional, a experiência pessoal do professor e a comunicação desse saber entre os que ensinam. Adicionalmente, e não é o menos importante, as tarefas são um instrumento que serve para estruturar o pensamento do professor na medida em que debaixo de cada uma delas existem pressupostos muito diversos que constituem o *esquema teórico* subjetivo, idiossincrático, inerente a cada um desses esquemas práticos, sustentando a prática com uma determinada racionalidade. Essa fundamentação subjetiva é o peculiar apoio com o qual o professor funciona em seu ofício. Além dessa base racional, o professor dispõe de ideias, crenças, etc. sobre a realidade educativa e sobre os elementos que intervêm na educação, mas sem que estes componentes do pensamento profissional expliquem diretamente a atividade prática que realiza,

Daí que, do ponto de vista do professor que decide a prática, as tarefas sejam um lugar de encontro potencial entre a teoria e a ação, algo que veremos mais adiante.

Como esquemas práticos, as tarefas são o recurso para governar a ação em aula – algo que pode parecer trivial e insignificante, mas que tem um valor estratégico de primeira ordem nos professores. Estes, no exercício de sua prática profissional, selecionam tarefas que supõem recursos úteis para dar saídas à exigência de "manter" a atividade com um grupo de alunos durante tempos prolongados, dando resposta, por sua vez, às exigências do currículo tal como eles as interpretam. O contexto de classe é um ambiente potencialmente conflitivo para o professor, que pode ver nele "riscos pessoais" pelas implicações que têm, que deve governar imperiosamente, antes inclusive de questionar o currículo e a metodologia apropriada.

A prática nas condições dominantes, mais que ser o fruto do plano prévio, explicitamente meditado, da ação que os professores realizam, é uma demanda institucional que tem modelos de desenvolvimento anteriormente marcados. Daí que os professores adquirem sua profissionalização mais por osmose e por socialização profissional do que por dedução a partir de sua formação ou de pressupostos teóricos, enquanto a realidade lhes exige a urgência da atuação.

Muitos docentes sentem a cultura da "ordem dentro da classe" como prioritária ou como pré-requisito antes de ponderar fins educativos, aprendizagem de conteúdos, etc. No professor do ensino médio, a necessidade de perceber que a atividade "anda" é certamente mais imediata do que a de saber que tal tarefa obedece a um determinado modelo de racionalidade prática, que cumpre com certos objetivos e é coerente com um esquema como modelo. Este aspecto da direção da aula com grupos numerosos de alunos é o primeiro motivo desencadeante da ação para muitos professores. A exigência curricular e a moldagem do currículo que eles realizam ficarão inclusive concretizadas e prefiguradas no repertório de tarefas que selecionam e realizam prioritariamente para *manter a atividade*.

Entender a função didática que os professores desenvolvem exige a configuração da sua profissão no sistema educativo, para não se cair em abstrações. As tarefas docentes do professor não são as únicas que este desenvolve com seus alunos, tampouco durante sua jornada de trabalho e inclusive fora dela, já que seu papel é mais amplo e complexo. O trabalho dos professores se define por sua multiplicidade de funções e indefinição de muitas delas, que não se esgotam no trabalho em presença de seus alunos, nem nas funções estritamente didáticas, que é normalmente ao que se refere a palavra "ensino" na linguagem didática e profissional mais desenvolvida.

As tarefas do professor desenvolvem-se em fases diferentes do ensino, tal como assinalou Jackson (1968), distinguindo as facetas *pré-ativa, interativa e pós-ativa,* que podemos fazer corresponder às de planejamento, desenvolvimento e avaliação ou revisão. Essas funções são realizadas em momentos que não coincidem de todo com a permanência em sala de aula ou na escola. O professor executa fora desse âmbito tarefas de programação, preparação de materiais, de avaliação, funções burocráticas, planejamento com seus colegas, preparação de saídas ao exterior, etc. que têm uma projeção fundamental nas tarefas acadêmicas dos alunos e nas atividades que ele mesmo desenvolve enquanto está com eles.

As atividades acadêmicas não esgotam os papéis profissionais dos professores. A estrutura global de seu trabalho determina as funções didáticas que exercem. Por isso, as tarefas observáveis de ensino estão condicionadas pela estrutura total do trabalho como globalidade. Isto é importante para compreender o próprio papel didático dos professores e as dificuldades que se encontram quando se pretende mudar seu modo de comportamento pedagógico com os alunos. Muitas inovações e modelos educativos não consistem em propostas de mudança ou substituição de funções nos professores, mas de acréscimos muito decisivos às atividades que a profissão concretiza, e esta não pode ser estendida à vontade, apenas dentro de certos limites.

Daremos alguns exemplos de interação entre funções. Um professor especialista em ensino fundamental ou médio, ao lecionar uma área ou disciplina determinada, encarrega-se da docência de vários grupos de alunos para preencher o tempo que dedica à escola. Isso significa que as atividades de ensinar serão, com toda certeza, muito parecidas nesse professor em qualquer das aulas nas quais o observássemos. A preparação de suas classes será muito mais econômica. Mas ao ter múltiplos grupos de alunos, as funções de atenção individual para estes, à margem da docência em horário de classe, podem se ver dificultadas. O critério de especialização em conteúdos é econômico para a preparação e para a execução do ensino, mas pode não sê-lo para a avaliação dos alunos, o acompanhamento do trabalho individual e o conhecimento e a atenção tutorial a eles. A forma de realizar as tarefas didáticas interfere com outras funções pedagógicas. A uma maior especialização nos professores corresponde maior número deles lecionando a um mesmo grupo de alunos, o que significa padrões de comportamento distintos, exigências e planos de trabalho descoordenados, etc.

Podemos pensar em outra hipótese observada na realidade. Em certos pressupostos é conveniente que os alunos tenham um numero reduzido de professores, para tornar o ensino mais interdisciplinar. Por exemplo, um professor, dando várias disciplinas, coordena-se mais facilmente consigo mesmo do que com outros colegas. Se, ao mesmo tempo, pedimos que os docentes preparem seus próprios materiais de ensino e que não dependam de livros-texto, terão de se dedicar a um espectro de conteúdos mais variado, o que, sem dúvida, é uma dificuldade muito decisiva. Temos assim o caso de demandas contraditórias difíceis de adequar em alternativas práticas possíveis.

Outro caso de interação de funções. As tarefas acadêmicas não são independentes da função de controle que se atribui ao professor, por exemplo, algo que realiza algumas vezes através do controle das tarefas acadêmicas e, em outros casos, de ações específicas de avaliação. Segundo a forma de exercer o controle, as tarefas acadêmicas adquirem uma ou outra conotação muito distinta. A avaliação não é uma simples exigência de comprovação de como funciona o processo de ensino-aprendizagem, mas cumpre um papel nas relações pessoais de professores e alunos e um papel dentro da instituição escolar e na sociedade, que, em certos casos, o professor sabe utilizar para manter um determinado controle pessoal sobre a conduta dos alunos.

Isto é, o fato de que as tarefas acadêmicas sejam avaliadas, recaindo sobre algumas as conotações que acompanham a avaliação, faz com que adquiram peculiaridades que não têm quando o professor não exerce controle pessoal ou de rendimento sobre elas. Por isso, os modos de exercer o controle afetam as tarefas acadêmicas, enquanto se costuma exercer essa função também através delas.

Mencionaremos outro caso de interação entre funções distintas. Em muitas experiências de renovação pedagógica, inovação de programas, etc., pretende-se mudar as atividades didáticas dos professores, pois já sabemos que estas condicionam as dos alunos e, enfim, os próprios resultados da educação e a qualidade do ensino. Uma inovação das práticas didáticas implica uma mudança nas tarefas de avaliação e de programação, por exemplo. Pode ocorrer que, por não considerar essas inter-relações, peçamos aos professores mudanças nas atividades de ensino sem ver as dificuldades que têm para realizar outras tarefas conectadas de preparação e de avaliação, por falta de tempo, por não saber fazê-las, etc. Pode inclusive se pedir aos professores que realizem tipos de avaliação com tais exigências que lhes diminua o tempo de desenvolver funções didáticas como preparar as classes, os materiais para os alunos, etc.

A ênfase em atividades de supervisão e controle, junto a outras condições de trabalho, a própria sobrecarga de tarefas que implica um currículo amplo induzem cada vez mais que o trabalho do aluno, dedicado realmente à aprendizagem, se realize inclusive fora das aulas, sendo o tempo do professor com os alunos um tempo para propor, sugerir e controlar esse processo. Horários com espaços curtos de tempo para cada disciplina ou área favorecem essa dinâmica de atividade entrecortada. As tarefas para casa, em certos casos, não são apenas fruto de um plano para estimular o trabalho autônomo do aluno, mas também a expressão pelos professores da necessidade de dar cumprimento a um modelo de exigências que consideram adequado para desenvolver o currículo; às vezes, de acordo com o que lhe apresenta o livro-texto como guia de ação. A tarefa em casa, apesar de horários escolares muitas vezes sobrecarregados, longe de ser trabalhos criativos, de expansão ou de pesquisa do aluno, são mera execução de atividades rotineiras não cobertas pelo "curto tempo de classe". Uma norma introjetada a partir das exigências do currículo tal como é apresentada aos professores.

A estruturação do trabalho dos professores não é independente das tarefas que de fato desenvolvem. Algo que vem condicionado institucionalmente e que se compõe de múltiplas facetas. Todo elemento regulador da atividade dos professores, seja do tipo que for, incide na seleção de tarefas que escolhem para seus alunos e, através delas, nos efeitos educativos.

Um estudo das tarefas acadêmicas de alunos e professores, sem ver as implicações destas com outras exigências do sistema educativo para os professores, proporcionaria uma análise asséptica da realidade que seria muito pouco real.

A profissionalização dos professores esfuma-se bastante neste sentido. A relação entre as atividades específicas deste trabalho e a localização laboral dessas funções não é tão clara como em outras profissões. As atividades talvez mais decisivas do professor para adquirir competência e coerência no controle das tarefas acadêmicas do aluno em classe acontece fora da aula e, portanto, fora do âmbito do que costuma se considerar "realidade" do ensino na linguagem comum e na pesquisa mais desenvolvida sobre os processos didáticos. Se nos limitarmos ao "que acontece nas aulas", nos escapará boa parte do papel didático e profissional dos professores, simplesmente porque se realiza fora desse âmbito.

Este foi um defeito importante na pesquisa pedagógica, que, em muitas ocasiões, quis descobrir o conteúdo dos processos de ensino apoiando-se na observação da interação didática na classe, sem analisar o papel que tarefas e atividades prévias, laterais e posteriores dos professores cumprem em tal interação. Admite-se como normal que o trabalho dos professores tenha uma certa preparação e continuidade fora do contato com os alunos e inclusive fora da jornada escolar que rege seu trabalho.

O trabalho do professor se especifica numa série de tarefas muito diversas que não se esgotam no âmbito da aula, nem da escola, dentro das quais se encontram as dirigidas mais diretamente para planejar e facilitar o desenvolvimento das atividades dos alunos. Mas muitas outras tarefas, não estritamente acadêmicas, que também são parte do trabalho dos professores no sistema educativo, interagem com as primeiras e as condicionam. A própria função de ensinar exige, por sua vez, diversas dedicações. E inclusive existe uma certa pressão moral sobre os professores ao se considerar que a qualidade de seu trabalho depende em boa medida do tempo e das funções realizadas fora de seu horário regulado e pago.

A análise das tarefas que o professor realiza no plano didático não pode ser feita à margem de outras exigências por parte do sistema social que simultaneamente recaem no professor e, mais especificamente, do sistema escolar no qual ele trabalha. Ao professor se pede não apenas ensinar ou facilitar a aprendizagem e avaliá-la, mas também realizar trabalhos de tutoria pessoal, manter a ordem, organizar os recreios, preparar atividades extraescolares, gestionar múltiplos aspectos burocráticos, preencher boletins de avaliação, relatórios sobre eles para os pais, falar com estes, atualizar-se, confeccionar materiais, etc. Todas as tarefas que o professor realiza formam um todo com inter-relações entre todas, que é o que configura a *estrutura de seu trabalho*. Por isso, não podemos entender um aspecto do papel dos professores sem ver os demais, porque tal papel não é algo que pode ser estendido à vontade nem limitado no tempo. Algo que é fundamental colocar nos programas de reforma e de inovação dirigidos a professores. Como estrutura repercute nas funções didáticas mais diretamente moduladoras do currículo, a globalidade do trabalho não é indiferente à maneira como essa modulação ocorre.

A estrutura do trabalho pode ser analisada em três dimensões que consideramos básicas:

a) Quanto a seu conteúdo, ou seja, a especificação de funções diversas, que são variadas e ultrapassam o que comumente se entende por trabalho pedagógico.

b) A localização geográfica e temporal de tais funções, pois se desenvolvem em âmbitos diversos: na sala de aula, na escola, fora de ambas, dentro do horário de classe, dentro do horário de trabalho na escola e inclusive fora dela e do horário de trabalho estabelecido.

c) Certas funções se realizam individualmente e outras são coordenadas entre diversos professores. Ver como as atividades do docente se concretizam nessas três dimensões básicas supõe uma aproximação que consideramos bastante útil para ter um conhecimento real da estrutura do trabalho do professor e entender as dificuldades para mudá-lo se não se dão determinados pressupostos, já que o papel didático do professor não é uma parcela independente das demais. É evidente que programas de mudanças metodológicas na aula podem incidir na mudança de estrutura do trabalho nessas três dimensões; ou que tentativas de mudar as tarefas metodológicas dos professores encontram dificuldades na prática porque alteram a estrutura global do trabalho, já que nem sempre se trata de uma simples substituição no repertório de esquemas práticos de ordem metodológica.

A análise da estrutura do trabalho é fundamental, não apenas do ponto de vista de sua eficácia, que é como às vezes se tem abordado este tema, mas também pela observação na pesquisa, na formação de professorado e na inovação de programas dirigidos a professores. Trata-se de um caso de profissionalização "diluída", amorfa às vezes e, de qualquer forma, complexa, exercida em tempos não estritamente considerados como de trabalho e que varia, em parte, segundo o nível educativo, a especialidade, os modelos pedagógicos, etc.

Propor inovações pedagógicas aos professores é remover a estrutura do trabalho e conscientizar-se de certas interdependências, já que, em geral, não se trata de simples substituições metodológicas, mas de importantes alterações que devem ser vistas dentro da complexidade dos encargos da função do professor e de acordo com suas possibilidades e obrigações de trabalho.

Veremos duas colocações esclarecedoras da "extensão" dos papéis do professor. Hilsum e Cane (1971), observando no que consiste "o dia do professor", comum sistema de observação que permitia comprovar o tempo dedicado a cada tipo de tarefa, a frequência e a sequência destas, encontraram categorias muito diversas de atividades, que se agrupam numa série de grupos básicos:

1 – Instrução, demonstração e avaliação em interação com os alunos.
2 – Organização do trabalho do aluno na classe, designando encargos.
3 – Atuação em incidentes e contingências.
4 – Organização do movimento dos alunos.
5 – Manutenção da disciplina.
6 – Organização e desenvolvimento de mensagens diversas extraclasses.
7 – Avaliações sem a presença de alunos.
8 – Atenção aos alunos em seus assuntos pessoais.
9 – Organização das condições da classe.
10 – Supervisão passiva de alunos.
11 – Atuação junto a outros professores que estão com os mesmos alunos.
12 – Disposição equilibrada do equipamento em classe.
13 – Discussão com outros adultos sobre assuntos escolares.
14 – Preparação de lições sem alunos.
15 – Atividades extraescolares, culturais, desportivas, etc.
16 – Gestão de assuntos diversos.
17 – Planejamento de atividades e disposição da classe.
18 – Cuidado do bem-estar físico dos alunos.
19 – Registro de dados, assistências, meios, notas, etc.
20 – Tarefas mecânicas, como preparar equipamentos, dispô-los adequadamente, etc.
21 – Atividades relacionadas com objetos ou meios de propriedade do aluno.
22 – Vigilância do edifício.
23 – Atividade no local de recreio.
24 – Atividade em espaços da escola fora da sala de aula: refeitório, etc.
25 – Leituras profissionais.
26 – Tempos de espera.
27 – Vigilância em exames.
28 – Ocasiões especiais: festas, jornadas, etc.
29 – Reuniões profissionais, de coordenação, etc.
30 – Receber informações sobre algum tema.
31 – Saídas fora da escola, relacionadas com seus encargos ou com os alunos.
32 – Outras atividades não observadas na escola.
33 – Atividades pessoais em classe.
34 – Atividades pessoais sem a presença de alunos.
35 – Atividades exteriores não relacionadas com a escola.

Especificando mais as funções que poderíamos chamar estritamente didáticas, utilizamos um sistema de análise das funções do professor de ensino fundamental, que nos serviu para avaliar as mudanças que a inovação de programas introduz na estrutura do trabalho (GIMENO; PEREZ, 1986b). Tal sistema nos permitiu comprovar mudanças nas atividades do professor, nas três dimensões citadas, relativas à estrutura do trabalho.

ATIVIDADES DOS PROFESSORES

Atividades de Ensino

A) Preparação prévia ao desenvolvimento do ensino:
1. O professor lembra ou aprende novos conteúdos.
2. Planejamento de atividades metodológicas, experiências de observação, de laboratório, etc.
3. Preparação, seleção ou construção de materiais didáticos.
4. Repassar o livro-texto e/ou os guias didáticos para o professor.

B) Ensino aos alunos:
5. Explicações orais, demonstrações, sínteses, etc.
6. Diálogos com os alunos, discussões sobre os conteúdos, etc.

C) Atividades orientadoras do trabalho dos alunos:
7. Dar instruções de como os alunos devem realizar uma atividade, um exercício, distribuir tarefas, etc.
8. Dar instruções sobre como utilizar instrumentos, aparelhos, materiais, etc.
9. Organizar e orientar grupos de trabalho.
10. Organizar o espaço, dispor os materiais de laboratório ou outros, etc.

D) Atividades extraescolares:
11. Acompanhar os alunos em saídas, excursões, visitas a museus, etc.
12. Organizar clubes (música, teatro, etc.), oficinas, etc.
13. Preparar sessões de cinema, audições, apresentações teatrais, etc.

E) Atividades de avaliação:
14. Elaboração de provas, controles, etc.
15. Realização ou vigilância de exames e provas, etc.
16. Correção de exames, exercícios, cadernos, etc.
17. Discussão dos resultados da avaliação, comentário de exercícios, etc.
18. Passar as metas para os registros ou boletins dos alunos.

ATIVIDADES DE SUPERVISÃO E VIGILÂNCIA
19. Organização de entradas e saídas à sala de aula e à escola.
20. Vigilância de alunos durante o recreio.
21. Vigilância de refeitórios e outros espaços.

ATENÇÃO PESSOAL E TUTORIAL AO ALUNO
22. Comentar com os alunos seus problemas pessoais (relativos a amigos, família, etc.) não relacionados com a classe.
23. Tratar dificuldades que os alunos tenham, ocasionadas por seus estudos, com outros professores ou com o próprio professor.
24. Esclarecer e resolver problemas do grupo, conflitos entre os alunos, etc.
25. Falar com os pais sobre o andamento acadêmico e o comportamento de seus filhos.
26. Organizar brincadeiras nos recreios.
27. Dar orientações sobre estudos ou saídas profissionais para os alunos ou seus pais.

ATIVIDADES DE COORDENAÇÃO E GESTÃO NA ESCOLA
28. Funções de Chefia de Estudos, coordenador de área, ciclo, etc.
29. Reuniões com professores do ciclo ou da área.
30. Reuniões com o Diretor, Chefe de Estudos, etc.
31. Reuniões de professores, Conselho Escolar, etc.
32. Contatos com a administração para resolver trâmites administrativos, etc.
33. Organização de horários, seleção de livros-texto, materiais, etc.

continua

continuação

> **TAREFAS MECÂNICAS**
> 34. Fazer a chamada em classe.
> 35. Levar o registro de biblioteca.
> 36. Responder cartas, requerimentos administrativos, etc.
> 37. Fazer xerox, digitar, etc.
> 38. Consertar materiais, instrumentos, etc.
>
> **ATIVIDADES DE ATUALIZAÇÃO**
> 39. Leitura de livros ou revistas profissionais, sem relação com a preparação imediata das classes.
> 40. Assistir a conferências sobre temas profissionais.
> 41. Fazer cursos de aperfeiçoamento, frequentar escolas de verão, etc.
> 42. Seminários permanentes ou grupos de trabalho com outros colegas.
> 43. Realização de estudos universitários.
>
> **ATIVIDADES CULTURAIS PESSOAIS**
> 44. Atividades culturais: música, cinema.
> 45. Leituras: jornais, livros, etc.
> 46. Esportes.

Uma análise das tarefas do professor mais relacionadas com as do aluno, que costumam ser consideradas como propriamente acadêmicas, pode nos dar uma visão parcial, não apenas da função do professor, que vemos que é polifacética, mas também do próprio funcionamento nessas tarefas mais didáticas, já que elas mantêm interações com outras diferentes. Deve-se compreender a qualidade no exercício das tarefas didáticas do professor relacionadas com o trabalho acadêmico dos alunos, analisando as inter-relações entre as diversas exigências que são feitas aos professores.

Decisões práticas em campos prefigurados

É bem conhecido que a prática do ensino é configurada por diferentes fatores de tipo institucional, um definido modelo de organização escolar, uma determinada tática de desenvolvimento curricular, uma certa tradição e também a habilidade profissional dos professores, entre outros elementos. Admite-se, além disso, que a prática real está prefigurada antes que comece e antes que o professor se encontre com um grupo de alunos, porque essa prática supõe um conjunto de usos que se foi modelando historicamente e obedece a terminações concretas. É evidente que, com certa probabilidade, pode-se prever o que um professor fará quando assume um grupo de alunos em determinadas condições, o que significa que a prática profissional é uma configuração prévia, embora não totalmente fechada, a qualquer decisão individual de um professor concreto. Também é óbvio que os professores têm o poder profissional de configurar, com algum grau de originalidade, a prática que realizam, ainda que se encontrem dentro de tradições, instituições que a prefiguram, diretrizes curriculares, etc.

Lembremos os exemplos sobre as sucessões de tarefas que ocorriam em diversas classes pertencentes a distintos professores, que comentamos no começo deste capítulo. O sistema de horários de uma escola, em um nível escolar determinado, é uma variável organizativa que não é um assunto a ser decidido autonomamente por cada professor em particular. Observação muito mais decisiva quando são vários os professores que trabalham com um mesmo grupo de alunos.

Na primeira etapa de nossa educação fundamental, um professor trabalha dentro de um determinado horário com bastante liberdade, na medida em que só está encarregado basicamente de um grupo de alunos em todas as áreas do currículo. Pode selecionar tarefas que permitam longos desenvolvimentos, combiná-las de acordo com critérios psicopedagógicos para combater o cansaço, etc. Mas, na segunda etapa desse nível educativo, no *bachillerato* ou no próprio ensino universitário, os períodos de horário mais longos são os de uma hora, que com o "tráfego" de entradas, saída, mudança de atividade, preparação de materiais e demais ritos escolares fica reduzido ainda mais. Esse formato de horário tem consequências importantes para selecionar tipos de tarefas acadêmicas que se ajustem a ele. Vimos um exemplo de *bachillerato* que está muito desenvolvido como estilo didático.

Na avaliação de uma amostra de escolas que está envolvida na experimentação do Terceiro Ciclo de EGB, comprovamos que entre 70 e 90% das classes têm entre três quartos e uma hora de duração, segundo as diversas áreas do currículo (GIMENO; PEREZ, 1987b). Circunstância que afeta a Educação Artística ou as Ciências Naturais, como a Língua ou a Matemática. Isto significa que as possíveis atividades que os alunos podem realizar são de curta duração. Assim sendo, é mais provável que se ocupem esses horários com atividades como, por exemplo, estudar a partir de um livro, fazer um resumo, realizar um desenho esquemático, trabalhar informações muito elaboradas e resumidas, que, com outras tarefas, como, por exemplo, a de acompanhar um determinado processo num laboratório ou na própria natureza, realizar um mural, etc.

Nem os professores, nem as escolas questionam, na maioria dos casos, essa adaptação seletiva que se produz entre espaços horários e tarefas possíveis; é uma tradição calcada do *bachillerato* e da universidade que acomoda a distribuição do tempo a tipos de atividades pouco variadas, bastante intelectualizadas e muito dependentes basicamente do método centrado na iniciativa constante do professor.

O campo organizativo já dado neste caso impõe uma estrutura de distribuição de tempos entre professores e materiais que condiciona as decisões sobre funções e tarefas didáticas de alunos e de professores. Não sabemos se os horários baseados em espaços de uma hora foram feitos para dar abrigo ao método dominante de ensino expositivo, caracterizado pelo predomínio de determinadas tarefas didáticas ou se esse tipo de ensino é quase que a única possibilidade que se adapta a essas condições horárias.

Mencionamos os horários como uma variável da organização para os processos didáticos, projetada nas tarefas acadêmicas possíveis. Poderíamos dar muitos outros exemplos. Pense-se no número de alunos por professor, que é outra "imposição", ou a organização do espaço dentro das escolas e nas salas de aula.

O número de alunos por sala de aula é muito importante para o exercício e a qualidade de uma série de funções do professor. A um maior número de alunos para cada docente atender, este selecionará tarefas e estratégias que, de forma econômica, lhe permitam dar uma certa atenção simultânea a eles. Algumas tarefas podem ser feitas melhor com poucos alunos (acompanhamento de trabalhos em grupo, desenvolvimento de experiências de observação, etc.) e outras são mais factíveis quando se tem um grupo numeroso (leitura simultânea em classe, tal como vimos nos exemplos esquematizados, exposições do professor, etc.). O número de alunos para atender condicionará também a forma de realizar a avaliação, que é uma tarefa do professor fundamental para o sistema e, como dissemos, contaminadora de toda atividade acadêmica.

Quando um professor é especialista numa área ou disciplina, deve dar aula a vários grupos de alunos para cobrir sua carga horária, o que implica que tem mais alunos.

A atividade didática com cada um dos grupos pode não se alterar pelo fato de ter mais alunos, mas as funções de avaliação e acompanhamento deles, que são também tarefas do professor, serão mais afetadas neste caso, no qual é impossível esperar que um professor controle o progresso desse número alto de alunos, observando múltiplos aspectos para seu melhor conhecimento.

As decisões didáticas não são autônomas em relação aos campos organizativos pois, por experiência, sabemos que não são fáceis de mudar – até pode ser "anormal" discuti-los. O professor é sensível ao número de alunos porque as consequências são palpáveis para ele, mas pode ser menos sensível ao problema da estrutura horária, na qual, talvez, períodos curtos de tempo sejam menos cansativos. Os estilos docentes são respostas adaptativas, ainda que sempre pessoais, às condições do sistema escolar. A criatividade no aspecto técnico profissional é possível e até inevitável, mas costuma tornar-se uma resposta a um campo dado de antemão ou, em todo caso, mais difícil de mudar, ainda que seja apenas porque sua configuração não é competência individual de cada professor.

É curioso notar como nas últimas revisões e trabalhos de compilação da corrente ou paradigma de investigação centrados nos processos de pensamento e tomada de decisões dos professores, que entre outros temas se ocupam das decisões destes no planejamento de suas classes e na gestão das tarefas, estão ausentes proposições que levem em conta os limites ou caminhos prefigurados pelos quais a capacidade autônoma de decisão dos docentes tem de passar, devido à importância que o tema tem (BEN-PERETZ, 1986; CLARK; PETERSON, 1986; HALKES; OLSON, 1984; SHAVELSON; STERN, 1983).

É preciso lembrar que, precisamente, o trabalho dos professores não se caracteriza nos sistemas escolares e curriculares dominantes da maioria dos sistemas educativos por dispor de amplas margens de autonomia e de possibilidades para tomar decisões que se apoiem numa estrita lógica profissional, ao estilo das profissões liberais em nossa sociedade. O trabalho do professor é a concretização dos encargos que a sociedade e o sistema educativo atribuem ao docente. As decisões sobre a educação e sobre as práticas de ensino foram tiradas do professor, se é que alguma vez ele as teve. As decisões são tomadas pela regulação burocrática do sistema educativo, os agentes que lhe apresentam o currículo, o *ethos* profissional de grupo, o clima da escola, etc.

Considerar os conteúdos e processos de seu pensamento, ao exercer tal função atribuída, como algo autônomo, é coerente com a recuperação que certo cognitivismo psicológico fez dos pressupostos positivistas que não costumam analisar a conduta como resposta às condições do meio.

O campo institucional e a forma organizativa concreta que adota condicionam as tarefas dominantes que, percebemos, configuram a realidade do sistema educativo, que é peculiar em seus diferentes níveis e modalidades.

Num trabalho de pesquisa com uma amostra de professores de ensino fundamental, Martinez (1987), analisando como estes aplicam o princípio da escola relacionada com o meio, sendo que os professores estão, inclusive, identificados com esse princípio, nota-se que, para desenvolvê-lo, realizam tarefas nas quais usam fotografias ou slides em maior proporção do que atividades nas quais se recorre a recursos pessoais, institucionais ou realidades fora da escola, compreendendo assim que é difícil romper o campo institucional estabelecido e configurado pelo horário, a dotação de meios, a política curricular, etc. Alterar o papel profissional – mudar algumas atividades por outras – é muito mais que um problema de vontades individuais ou de teorias e crenças do professor.

As tarefas dominantes determinam o quadro de interrogações e decisões que o professor tem. A dinâmica do pensamento profissional dos docentes é uma resposta às interrogações que sua prática lhe coloca, que se especifica numa série de tarefas exigidas ou possibilitadas por um determinado contexto. Inclusive os professores insatisfeitos com o que lhes é solicitado e que aspiram a um ensino diferente têm de realizar algum tipo de compromisso com essas exigências. Na prática renovadora dos professores mais inquietos pode se notar uma certa justaposição de tarefas e um equilíbrio de compromissos: umas que dão certa satisfação a um modelo renovador de ensino e outras que são inevitavelmente fruto de uma exigência exterior, da pressão dos pais, do currículo estabelecido, etc. Lembremos o caso da professora *D* dos primeiros exemplos.

A competência dos professores não está em planejar tarefas próprias ou escolher a partir do conhecimento de um hipotético repertório muito amplo elaborado pela tradição e pelo conhecimento profissional coletivo. Tem a ver muito mais com sua capacidade para prever, reagir e dar solução às situações pelas quais transcorre seu fazer profissional num campo institucionalizado.

Sua competência profissional se expressa melhor no *como enfrenta as situações que lhe são dadas*. Trata-se de ver mais a originalidade no modelar pessoalmente as situações que já lhe são dadas prefiguradas ou ver como se choca com elas, driblando os limites impostos ou adotando uma posição de submissão. A competência ideal que se poderia pensar como um esquema apriorístico racionalizador de toda sua prática não é real, porque o professor trabalha com condições que têm um determinado grau de flexibilidade. A racionalidade que pode introduzir é situacional, referente a posições concretas. E as decisões que toma são respostas, mais ou menos originais e coerentes, a essas situações, introduzindo uma certa intencionalidade em sua prática, coerente com um currículo, um modelo de educação, etc. Por isso, a renovação pedagógica é, em muitos casos, um discurso de resistência frente ao dado, sobretudo quando se parte de um sistema rígido e burocratizado.

Neste campo de atuação do professor, como em qualquer outro, as decisões que adota são soluções para os dilemas práticos que se configuram para ele de forma particular, a partir do confronto entre a percepção pessoal das condições dadas e sua bagagem profissional. As respostas que dá a esses dilemas podem ser mais ou menos previsíveis porque são repetições diante de um contexto relativamente homogêneo que se reitera no tempo ou podem ser originais para cada caso. Podem ter uma explicação consciente para ele ou ser uma resposta adaptativa ou tomada de outros. O contexto não é apenas a realidade existente, ainda que em alguma medida moldável, flexível e não fechada, mas também é operativo através da percepção concreta que se tem dele. Os condicionamentos podem ser vistos como inevitáveis, possíveis de serem subvertidos, favoráveis, dificultadores, etc. E tudo isso depende, em boa parte, da bagagem pessoal do professor: de sua formação, de sua atitude profissional, se age individualmente ou como membro de uma equipe que quer transformar as situações, etc.

Enfim, o exercício da profissionalização é o resultado particular para cada caso da dialética entre a contribuição individual e os condicionantes exteriores, tal como sejam percebidos.

O esquema a seguir mostra a decisão ou a escolha de tarefas como a saída para os dilemas práticos do professor, fruto, por sua vez, da tensão entre a profissionalização aceita, de forma individual, como possível e a percepção da profissionalização contextualmente configurada pelas condições exteriores.

Se a racionalidade da prática e a tomada de decisões ou iniciativas é situacional, como é aceita hoje na teorização mais promissora sobre o currículo, para entender em que consiste a atividade do professor e as margens de flexibilidade com que pode realizá-la será preciso analisar os condicionamentos de tais situações.

1) É preciso descobrir o que ou quem define as situações com as quais os professores se encontram. Tratamos exemplos de condicionamentos organizativos que podem selecionar tipos de tarefas didáticas. Em outro capítulo, nos ocupamos de condicionamentos institucionais, político-administrativos, etc. O que se mostra evidente é que uma visão da profissionalização docente, como uma gama de competências que se exercem automaticamente, é algo irreal, ainda que essa possibilidade se dê num certo grau e seu desenvolvimento seja uma reivindicação necessária. Em uma maior margem de autonomia profissional, como indivíduos e como grupo profissional, maior capacidade e possibilidade de desenvolvimento profissional.

2) É evidente que dentro dos fatores que definem as situações com as quais o professor se encontra uns são mais determinantes que outros, apresentando grau diverso de flexibilidade e resistência à mudança. Em alguns aspectos, a autonomia dos professores pode se desenvolver mais do que em outros. Já comentávamos que um professor pode selecionar as atividades para desenvolver em sala de aula, mas lhe é mais difícil escolher tarefas para realizá-las fora. Um professor pode escolher entre vários tipos de livros-texto, mas lhe será mais problemático decidir uma dinâmica alternativa ao uso dos livros-texto, porque toparia talvez com a inexistência de bibliotecas, resistência de colegas, das normas da escola, dos próprios pais, etc. Normalmente, os campos curriculares e organizativos proporcionam condicionamentos estáveis e persistentes. Uma vez feita a distribuição dos professores e dos alunos nas aulas, começa propriamente a autonomia do professor na situação dominante: o fecho das condições didáticas que caracterizam o trabalho dos alunos.

Daí a importância de que existam projetos da escola elaborados pelas equipes docentes a partir da realidade de cada um deles e daí a transcendência de um quadro curricular moldável e pouco rígido. O projeto coletivo da escola tem a possibilidade de planejar as invariantes dos campos organizativos que, uma vez estabelecidos, são difíceis de mudar para cada professor individualmente.

3) A própria institucionalização do campo em que operam professores e alunos assinala os aspectos que ficam abertos às concretizações do professor; a definição da situação marca esses limites. Os professores têm o sentido e o conteúdo de sua profissionalização circunscritos basicamente ao campo técnico didático, muito condicionado, por sua vez, pela política curricular e pela organização escolar e ao campo das relações com seus alunos. Mas já sabemos a forte interdependência que esse âmbito didático mantém quanto a outras variáveis. As decisões para modelar aspectos organizativos ficaram definidas como taxativamente fora de seu alcance, considerando a pouca autonomia de que dispuseram e dispõem as escolas; ou transformam-se de fato em algo difícil de mudar dentro de uma tradição profissional individualista.

4) Obviamente, a capacidade técnica e de análise dos professores é um fator de primeira importância para fechar as caraterísticas das situações em uma direção ou em outra, para explorar os limites de autonomia que as condições definem e para estabelecer estratégias que forcem e driblem esses limites. Uma capacitação que vem de sua estrita formação e da capacidade de atuação conjunta com outros professores. Muitas vezes "o dado", algo que se vê como elemento objetivo da situação, não é mais que a percepção de um obstáculo como inevitável, a expressão da resignação profissional.

O paradoxo é que a formação é, na maioria dos casos, uma aprendizagem ou reforço das condições dadas, um elemento de socialização dentro dessas condições. Indicada para modificar as condições negativas do sistema escolar, a formação inicial do professorado passa, em muitos casos, a ser um importante reforço dessas condições. A inovação nos sistemas educativos provém mais dos modelos de formação no exercício, dos programas de inovação curricular, dos grupos de professores autônomos, que dos sistemas de formação inicial, muito desligados das necessidades da prática.

5) A capacidade dos professores para fechar as condições de sua prática dentro dos contextos dados tampouco se realiza no vazio, mas a partir das coordenadas de um determinado discurso pessoal e coletivo. O fecho criativo das coordenadas que são dadas não é uma resposta radicalmente individual, ainda que seja pessoal, mas se produz desde a localização dos professores num contexto de aspirações possíveis, dentro dos modelos de escola alternativa que tenham elaborado. Os professores, em geral, no nível individual ou como grupo inovador, colocam a modelação das condições escolares a partir de um discurso mais ou menos estruturado e coerente, considerando modelos realizados em outros lugares, de teorias ou de pesquisa, mas não do nada. Isso ressalta o valor da formação e o conhecimento do que os outros fazem.

A renovação pedagógica no decorrer deste século, a qual se tem entendido como pedagogia progressista ou progressiva, por exemplo, cavalga sobre a ideia de se fazer uma escola mais adaptada aos interesses do aluno, com um trato mais humanizado, na qual se relativize a importância de seus conteúdos, etc. Esta bagagem é o exemplo de um quadro a partir do qual se quer modelar a prática pedagógica.

Evidentemente, os campos de referência a partir dos quais o professor ou grupos de professores querem mudar as tarefas dominantes na escola, aproveitar os limites de autonomia que esta permite ou mudar as próprias condições ressaltam a importância de uns elementos sobre outros. Seu discurso está estruturado em torno de certos pontos dominantes a partir dos quais se projeta a inovação e a proposta de novas tarefas. Percebe-se a mudança necessária daquelas condições da prática ressaltadas como relevantes. Entre nós se tem insistido muito, por exemplo, na superação dos livros-texto, na aproximação às condições culturais do meio próximo às escolas, em dar menos importância aos conteúdos, etc.

Por isso, parece-nos importante prestar atenção ao discurso da renovação. Em alguns casos se privilegiam as atividades extracurriculares, por exemplo, e em outros se privilegiam as mudanças nas atividades relacionadas com as matérias "fortes" do currículo.

Se a resposta adaptativa e submissa dos professores às condições mostra-nos a força dos processos de socialização profissional, a dinâmica de criação pessoal ou de resistência frente ao dado, pelo contrário, nos coloca os processos de instalação de um novo conceito de profissionalização, um processo de ressocialização em novos modelos, a partir de outras teorias e ideias.

As atividades como recurso estruturador dos planos de ação do professor

Sem perder de vista essa realidade, desde uma perspectiva didática, as possibilidades de planejar ou "fechar" as condições do tipo de prática que se realizará ocorrem quando o professor planeja ou elabora sua ação e quando escolhe as tarefas que se executarão depois na prática. Seja qual for o sistema educativo no qual nos situemos, seja qual for o grau de responsabilidade e autonomia que esse sistema permite aos professores, estes sempre têm a função da programação de sua prática como um dos encargos profissionais básicos. A profissão docente supõe o exercício de uma prática institucionalizada que sempre inclui uma margem de ação autônoma, e, nessa medida, por analogia mais do que por outra coisa, pode-se incluir sua função dentro das profissões que exercem o planejamento de práticas apoiadas num processo de reflexão na ação (SCHÖN, 1983). Ainda que sua autonomia ficasse, no pior dos casos, reduzida ao trato com seus alunos e à aplicação de um material que contém o plano do processo didático a ser seguido, de alguma forma deve decidir o que fará com seus alunos e com esses materiais.

O professor concretiza a capacidade de elaboração, como competência profissional, fundamentalmente na escolha e nos modelos de tarefas acadêmicas. É o campo de suas decisões por antonomásia. Sua atuação profissional se circunscreve muito mais nesse âmbito que na configuração de outros aspectos das instituições escolares, seleção de conteúdos do currículo, sua organização, etc.

Por serem, pois, tão características do papel docente, trataremos de ver como as tarefas sustentam a profissionalização dos professores no planejamento da prática. As atividades são elementos nucleares nessa função. Se a prática docente é bastante estável, tal como comentávamos anteriormente, e essa estabilidade está ligada aos esquemas práticos inerentes às tarefas, o planejamento tem de cumprir o papel de degrau intermediário nessa continuidade.

No transcurso da prática, o professor tomará muitas decisões para resolver problemas que vão surgindo ou fluindo à medida que a própria ação o faz num espaço de tempo, mas o quadro dessa ação se mantém bastante estável e ficou fixado desde o princípio quando realiza o seu planejamento. O planejamento como fase prévia, explicitamente colocado como momento no qual se pensa e se decide, nem sempre é um hábito profissional que se atualiza em cada momento ou período de ensino. Em muitos casos, trata-se da simples continuidade de um estilo adquirido com o tempo que, num primeiro momento, pode ter sido objeto de reflexão e de comprovação na prática.

Clark e Elmore (1981, p. 1) afirmam que: "boa parte da aprendizagem e da interação social que ocorre nos meses seguintes ao começo do curso podem pré-desenhar-se direta ou indiretamente pela forma em que o sistema de instrução e o sistema social de classe tenham se colocado na primeira semana do curso".

Na revisão realizada por Shavelson (1983), ressalta-se esse efeito de continuidade dos primeiros planejamentos do professor, que têm uma influência importante no que ocorre depois em classe. O professor, nos momentos prévios ao início de um período de atividade, pode estabelecer questões básicas sobre como organizar o ambiente geral de classe, a disposição do ambiente físico, a organização e seleção de materiais, as normas globais de comportamento, etc. Recorre, em suma, a uma determinada configuração dos esquemas práticos de atuação.

Vários resultados de pesquisa incidem nesta mesma apreciação. Marx (1981), citado por Walter (1984), acredita que o número de decisões que os professores tomam decresce à medida que avança o desenvolvimento de uma unidade, o que se explica porque a prática ficou regulada de alguma forma nas primeiras decisões.

> O planejamento que os professores fazem a longo prazo no começo do curso tem um impacto importante sobre o que decidem no restante do curso. Essas decisões afetam o conteúdo, as atividades, o agrupamento dos alunos, os projetos gerais e as normas para os estudantes (WALTER, 1984. p. 63).

Essas apreciações sobre a determinação do curso da ação na classe e do comportamento dos professores, as quais motivam as decisões tomadas no começo do curso, poderiam se referir por igual ao começo de cada período significativo no calendário escolar e a cada unidade de tempo correspondente a uma unidade didática ou da jornada escolar. "A natureza e os efeitos dos processos observados em classe são seguidamente muito determinados pelos esforços que, com antecedência, os professores realizaram no curso da preparação ou plano, algo em que se presta atenção com menos frequência" (CALDERHEAD, 1984, p. 69).

Esta condição do comportamento profissional do professor ressalta o que significa a função de planejar: *a)* proporcionar um *organizador* prévio de sua conduta; *b) regular a prática* na qual se expressa o plano; *c) estabilizar,* de alguma forma, as pautas gerais pelas quais a ação transcorre, dando-lhe coerência enquanto dura uma unidade de tempo ou o desenvolvimento de uma unidade didática. O plano fornece assim estabilidade e coerência ao curso fluido dos acontecimentos, que, à simples vista, podem parecer espontâneos, imprevisíveis, anárquicos, etc. A expressão de uma certa tendência a simplificar e a reduzir a complexidade da classe conduz ao prolongamento da ação pré-desenhada no plano até a conclusão da prática, dando coerência e economia à tomada de decisões dos professores.

Os diversos esquemas com os quais se quis analisar os processos de planejamento do ensino que os professores realizam, derivados de proposições sobre plano curricular ou do estudo dos processos que os professores seguem na tomada de decisões, ressaltaram, em geral, o fato de que os docentes devem realmente levar ou levam em conta alguns elementos bastante genéricos na hora de programar uma unidade didática ou uma jornada escolar. Neste sentido, os esquemas normativos que quiseram regular essa função didática do planejamento nos professores, para que este se ativesse a uma ordem determinada, estiveram bastante distanciados do que é a prática.

A unidade básica para analisar a ação didática e a programação é a tarefa, afirma Shavelson (1983). O esquema de programação com base na formulação e na sequencialização de objetivos concretos fortemente estruturados tem sido um esquema alternativo que entre os professores não teve muito sucesso, precisamente por não se ater a como os processos de regulação da prática operam e por ser um esquema de racionalidade alheia à forma de proceder dos docentes.

Na hora de escolher esquemas para que o professor possa se apoiar neles no momento de realizar seus planos docentes, costumamos nos defrontar com recomendações extremas: ou se trata de propostas muito genéricas e, por isso, pouco operativas para uma grande parte do professorado ou são esquemas tecnicistas que pretendem fixar meticulosamente microatividades para responder a objetivos específicos, distribuir os tempos por tarefas, etc. As projeções desses esquemas analíticos na concepção mais geral do ensino têm sido evidentes nos esquemas-guia para o planejamento docente (GIMENO, 1982), proporcionando visões demasiado vazias de significado para atender à prática do ensino na realidade. Devido a isso, necessariamente, os professores tiveram que operar, por sua vez, com esquemas genéricos, extraídos de sua própria experiência e de acordo com as coordenadas institucionais, curriculares, etc., dentro das quais trabalham, adaptando-os à sua forma de operar e às condições reais nas quais desenvolvem seu trabalho.

Na história do pensamento didático ou do planejamento curricular se deram diversas orientações normativas, tratando de dirigir a conduta profissional dos professores quando programam. Que modelo de atuação racional seguir no desenvolvimento dessa competência profissional? As respostas têm sido múltiplas. Encontramos esquemas baseados no acompanhamento da estrutura do conteúdo que ocupa a atividade acadêmica; podemos achar modelos de planos para habilidades; esquemas para planejar experiências que tratam de resolver problemas; propostas apoiadas na necessidade de estruturar unidades didáticas de acordo com projetos relacionados com interesses dos alunos, etc.

De perspectivas mais ligadas a teorias psicológicas da instrução se derivaram modelos de planejamento instrutivo, geralmente com um alto nível de estruturação, que costumam ter escassa funcionalidade para serem manejados pelos professores, sem entrar agora em suas bases e possibilidades (ver, a título de exemplo, REIGELUTH, 1983).

Como no caso de outras competências profissionais, esta também é exercida, particularizadamente, de acordo com os conteúdos e a situação a que se refere. Calderhead (1984, p. 78) lembra que:

> Pelo fato de que diferentes atividades, conteúdos, alunos, etc. exigem vários tipos de preparação diferente, é impossível identificar um modelo de planejamento eficaz. Parece que as habilidades para planejar referem-se não tanto ao domínio de uma técnica em particular, mas sim ao conhecimento de quais técnicas a situação requer.

Pensemos na diferença entre as áreas de conhecimento social, artístico, literatura, matemática, nas diferenças entre crianças da educação pré-escolar e alunos de *bachillerato*, etc.

Em educação às vezes são propostos modelos pretensamente universalizáveis por uma ideia incorreta do que é uma norma pedagógica, sem analisar as possibilidades inerentes de generalização que têm os princípios e conceitos que se manejam; e, em outros casos, porque o discurso psicologista e pedagogicista evita a determinação e a especificidade que os conteúdos culturais do currículo introduzem.

A discussão sobre modelos de planejamento ou programação para os docentes centrou-se na disputa em torno do modelo de objetivos e nas alternativas ao mesmo. O primeiro atravessou o panorama pedagógico das duas últimas décadas, apresentando-se como o esquema universalmente racionalizador da prática por excelência, incluída a prática dos professores (GIMENO, 1982). Acredito que esta discussão nos despistou quanto aos problemas reais a serem abordados. Existem esquemas conceituais que não só não ajudam, como também, às vezes, atrapalham a busca por caminhos mais frutíferos ao não se fixarem nas verdadeiras chaves do problema.

O desafio não está em encontrar um esquema universal sobre como os professores devem planejar, mas sim em ressaltar quais são os problemas que haverão de abordar nessa função de planejamento, considerando as circunstâncias em que a executam. Quer dizer, quais são os elementos-chave que configuram as situações pedagógicas que estão ou devem estar no campo de decisões autônomas dos professores? Para que o plano oriente realmente uma prática adequada, deve considerar as peculiaridades desta dentro do contexto em que o professor se desenvolve profissionalmente.

Quando se pretende que um esquema teórico passe a ser um instrumento de guia na prática pedagógica, um saber fazer (à parte da análise dos pressupostos ideológicos e científicos em que se apoia qualquer proposta que se faça em educação), deve-se contrabalançar as possibilidades que esse esquema tem de ser aceito como esquema teórico-prático pelos profissionais ou especialistas, neste caso os professores, levando em conta as condições reais nas quais será utilizado. Quer dizer, em que medida um esquema ideal proposto desde fora é útil para desenvolver esquemas práticos de ação nos professores. Ou o que dá no mesmo: analisar seu valor profissionalizador.

Um esquema conceitual, como é o caso de um modelo de programação, que pretende ser prescritivo para o professor, propondo-lhe uma certa forma de se comportar, não é um mero conteúdo a ser aceito mentalmente pelos docentes, mais ou menos científico e coerente, com certos valores implícitos, mas propõe formas de *comportamento profissional*. Ou seja, afeta o conceito e o exercício da profissionalização. Essas formas não se instalam na prática pelo mero fato de que os profissionais as tenham assimilado em sua memória e as tenham compreendido, removam outras concepções anteriores ou mudem suas atitudes. Sua implantação depende da medida com que encaixem com as condições objetivas que configuram o desenvolvimento dos comportamentos profissionais, o que já não depende apenas de vontades pessoais individuais. Porque os esquemas práticos, além de se referirem a uma forma de se organizar em nível subjetivo o saber fazer dos professores, encontram ou não seu apoio e afiançamento em condições da prática que o professor não decide.

A incorporação de um esquema ou de uma ideia à prática estabelece um triplo desafio: *a)* por um lado, o de se instalar na mentalidade dos professores, de forma que estes o assimilem significativamente e descubram seu sentido, vencendo resistências de atitudes, crenças prévias, etc.; *b)* além dessa assimilação deve-se estabelecer uma relação com as tarefas práticas reais que os professores têm encomendadas; c) em terceiro lugar, para que esse esquema ou ideia se concretize num comportamento profissional praticável em contextos reais, deve encontrar uma certa aceitação no contexto de trabalho dos professores, algo que eles não definem individualmente, nem as peculiaridades do conhecimento pedagógico ou do esquema concreto que lhes proporcionemos.

Uma corrente alternativa de pesquisa do comportamento profissional dos docentes, centrada no estudo dos processos e das tarefas que o professor desenvolve em situações naturais, alentado por paradigmas qualitativos e naturalistas de pesquisa, contribuiu poderosamente para nos proporcionar outra visão muito diferente de como os professores operam, propondo uma perspectiva distinta na qual assentar a racionalidade da prática dos docentes e de modo concreto a competência do plano.

Da observação de como os professores operam, de fato, em determinadas situações, não se reduz inexoravelmente um modelo da forma como seria conveniente que eles atuassem. Da observação da realidade não se pode extrair o modelo normativo de como deve ser essa realidade, a não ser que a admitamos como a melhor das possíveis, com todos os seus pressupostos: nesse caso, a formação não teria sentido. O papel ideal dos professores tem sempre a ver com modelos considerados convenientes e aconselháveis, em função de filosofias diversas, independentemente de como é a prática real.

Mas os esquemas que servem na realidade para racionalizar, subjetivamente e no nível de grupo profissional, as práticas espontâneas e naturais, que se assentaram como comportamentos profissionais característicos de um grupo profissional, podem nos indicar quais são os *mecanismos adaptativos* que, nas situações naturais, tornam-se "econômicos" para os professores. Se esses mecanismos estão desenvolvidos e realmente funcionam, nos perguntamos pelas razões de seu sucesso.

Como a psicologia cognitiva mostrou, manejar situações complexas implica a necessidade de simplificá-las para torná-las manejáveis para quem tem de tomar decisões e mover-se dentro delas. Assim, pois, caberia perguntar pelos mecanismos, simplificações operativas ou reduções que os professores utilizam para imaginar o que é uma situação de ensino, para ver como a percebem, que aspectos ressaltam nessa percepção e que elementos levam em consideração quando programam atuações dentro desses ambientes complexos.

O professor sempre planeja sua atuação de alguma forma, ou sob o formato de plano escrito explícito ou elaborando internamente uma estratégia mental para orientar e sequencializar sua ação. A ação intencional segue, como comentamos em outro momento, uma *agenda* cujo desdobramento guia o transcorrer da prática profissional. No caso de uma ação puramente rotineira caberia falar de esquemas implícitos. Parece que os planos têm um fio condutor que lhes dá sentido, no caso de serem a expressão sincera de esquemas pensados para pôr em ação, ou seja, quando expressam a estratégia mental real que organiza a atividade, e não são uma mera resposta a qualquer exigência administrativa. Os planos do professor são compostos por atividades selecionadas e concatenadas para tratar os objetivos e conteúdos curriculares vigentes ou para dar-lhes uma alternativa dentro de um quadro temporal e organizativo concreto.

Yinger (1977, p. 116) considera que as *atividades* são como "marcos condutistas controlados" que permitem essa simplificação e redução da complexidade de que falávamos, facilitando a tomada de decisões do professor. Tal simplificação proporciona uma economia importante na hora de se desempenhar em ambientes complexos, tornando-os mais manejáveis e ajudando a planejar a ação futura, ressaltando os aspectos mais relevantes que aparecem de forma imediata na mente dos professores como os verdadeiros articuladores da prática.

As atividades, como marco de referência do pensamento dos professores e no planejamento que fazem de sua prática, adquirem um significado profissional importante para definir e desenvolver sua atuação. Por isso, podemos analisar o valor das tarefas como elementos reguladores da conduta profissional dos professores.

Ao planejar tarefas ou atividades, se está condicionando fortemente a ação, na medida em que o esquema prático é uma imagem-resumo do que será a prática; prefigura-se o quadro no qual podem ocorrer determinados processos de aprendizagem, certos comportamentos dos professores, o uso dos meios didáticos de uma determinada forma, as relações particulares e intercâmbios pessoais, a forma de abordar o currículo, o procedimento para se desempenhar dentro ou fora da instituição escolar, etc. Temos apreciado as tarefas acadêmicas como recursos que dirigem o pensamento e a ação, tanto dos alunos como dos professores.

De acordo com uma importante quantidade de pesquisa e a observação da realidade cotidiana, as *atividades* ou tarefas são elementos decisivos em torno dos quais os professores estruturam sua ação. As atividades definem o tipo de prática que se realiza e são o esqueleto que pode nos servir para compreender como funciona essa prática. Se, além disso, são uma categoria significativa que os professores levam em conta quando planejam a ação, podemos começar a entender que os planos ou programações – fase *pré-ativa* do ensino – tenham continuidade na prática, na medida em que a estrutura de tarefas ou atividades previstas se mantenha estável desde o planejamento até a realização ou fase interativa do ensino.

As tarefas são de fato recursos utilizados pelos professores para planejar a prática. E se isso é assim, talvez seja porque são úteis para o professorado se desempenhar profissionalmente dentro dos ambientes nos quais deve operar ou porque cumprem essa função simplificadora da situação complexa para que o professorado possa percebê-la, decidi-la e governá-la. É possível que se trate de uma conduta profissional adaptativa às exigências da peculiaridade de sua profissão e à complexidade das situações de ensino.

A profissionalização, composta por uma série de competências profissionais e conhecimentos justificadores, não é algo que se deduza de modelos filosóficos ou de esquemas teóricos em abstrato. Enquanto seu conteúdo é algo definido historicamente e exigido de alguma forma pelas características do sistema educativo no qual atuam, pelos usos em torno do desenvolvimento curricular, os esquemas de organização escolar dominante, pautas de controle para o uso, etc., as generalizações que querem se fazer neste sentido têm de considerar esse quadro histórico e realizar qualquer modelo ideal de comportamento dos docentes. De qualquer forma, sua possível universalização deverá se referir às condições do meio profissional concreto no qual trabalham num momento e contexto dados. Daí, em parte, a variedade de resultados que se encontra na pesquisa sobre como os professores planejam sua ação didática.

Estes estudos nos mostram que os professores atuam com esquemas muito gerais que vão reacomodando paulatinamente no curso da realização do ensino (YINGER, 1977). Os elementos que são mais úteis aos professores, como ponto de apoio de seus planos, são basicamente os *conteúdos* curriculares aos quais têm de atender e as *atividades* que consideram que se deveria realizar com os alunos. Os materiais didáticos estruturadores do currículo desempenham o importante papel de sintetizar ambos os elementos numa proposta determinada. Estes materiais – os livros-texto, por exemplo – são suporte de estruturações, de sequências sugeridas ou explícitas de tarefas e conteúdos, como pode facilmente se comprovar.

Obtêm-se resultados parecidos de outras pesquisas que insistem no fato de que as atividades são um ponto de referência importante no planejamento, embora seja difícil generalizar resultados, pois o significado do que são atividades varia de alguns casos para outros, e varia também a amplitude do tempo e conteúdo que abarcam os planos do professor, seu grau de especificidade, etc.

Após um estudo em diversas áreas de conteúdo, Taylor (1970) acreditava que, nos planos escritos dos professores, o elemento que mais se destacava quanto à extensão que abrangia eram os *conteúdos,* seguido das *atividades* metodológicas. Em um trabalho posterior realizado por Zahorik (1975) se mostra que, ainda que o conteúdo seja o elemento pelo qual os professores costumam começar a realizar os planos, a categoria mais utilizada por todos eles para confeccionar seus planos docentes ou programações eram as atividades que iam ser realizadas pelos alunos. Peterson, Marx e Clark (1978) obtiveram resultados parecidos aos de Zahorik, quanto à preocupação que os professores mostram pelas estratégias de ensino ou pelas atividades metodológicas que desenvolverão em classe. Tillema (1984) nota também a organização dos procedimentos e das atividades como uma categoria de referência no planejamento que os professores fazem, junto a outros elementos como a estrutura e a sequência da matéria, o conhecimento prévio dos alunos e sua motivação. Num trabalho de pesquisa de Salinas (1987) referente a nosso contexto, volta a se comprovar que as atividades de professores e alunos são pontos de referência importantes quando os professores estabelecem os planos de trabalho.

Yinger (1977) assinalou que as atividades são um elemento estrutural básico na tomada de decisões dos professores por diferentes razões:

1) Enquanto lhes permitem organizar a classe de forma manejável. As atividades são algo mais específico do que pensar na matéria em conjunto ou em unidades globais e em troca são mais genéricas e significativas que os objetivos. São unidades de referência úteis, suficientemente precisas para orientar a ação, mas mantendo um nível de complexidade no qual caibam os diversos aspectos que se entrecruzam na prática. Reduzem, como dissemos em outro momento, a complexidade mantendo a unidade da prática.

2) Porque seu alvo são a ação e o trabalho que os alunos vão realizar; daí seu valor de sugestão do "que vai acontecer", que é uma preocupação básica dos professores.

3) Podem se sequencializar, enquanto são elementos relativamente independentes, configurando planos válidos para cursos de ação prolongados, para períodos de tempo marcados pelos calendários e horários escolares.

4) São comunicáveis com facilidade, pois transmitem claramente a norma de comportamento de professores e alunos. Dois professores falando do que fazem se comunicam eficazmente quando expressam sua experiência em termos de ação.

5) Permitem análises objetiváveis da realidade complexa, multidimensional e fluida, assim como dos significados subjetivos que têm para professores e alunos.

Todas essas pesquisas não devem nos levar a concluir, ou buscar, que um ou mais pontos de referência sejam os princípios de uma sequência temporal nos processos de tomar decisões que um professor realiza quando programa ou elabora sua prática, ao que seguiriam sucessivamente considerações relativas a outros aspectos, pois o processo de planejamento não é linear. Isto é, não se trata de encontrar a possível sequência de problemas que os professores vão colocando e resolvendo quando realizam os planos ou as programações, se primeiro pensam em objetivos ou em atividades e depois no conteúdo, nos materiais ou na avaliação que têm de fazer.

O problema está em considerar que os professores, ao estabelecerem um plano ou estratégia mental para ordenar sua própria ação posterior, levam em conta uma série de pontos de referência ou questões relevantes que podem considerar simultaneamente ao definir uma situação problemática, só que, na hora de decidir a ação, alguns desses pontos podem ser um referencial mais adequado, mais relevante ou de maior força para encaminhar essa situação problemática.

Como assinalou Morine (1976) e Tillema (1984), entre outros, os professores não isolam categorias específicas que mais tarde elaboram consecutivamente, mas sim que, na decisão, essas categorias têm implicações recíprocas. Segundo esses autores, parece mais aconselhável enfocar o planejamento dos professores como uma função na qual se deve dar resposta a uma série de interrogações-chave, envolvendo aspectos que são interdependentes entre si.

Tais referências a trabalhos realizados em diversos contextos e com metodologias diferentes, além de destacar que os modelos de racionalização da prática que quiseram partir do estabelecimento de objetivos não são, na realidade, seguidos pelos professores, porque seguramente não lhes são úteis no exercício de sua profissão, ressaltam sempre que são as *atividades,* junto com os conteúdos, um ponto básico de referência para estruturar os planos docentes, tanto se estes se concretizam em esquemas escritos quanto se são meras estratégias mentais.

O professor, quando planeja, estrutura a situação de acordo com uma série de elementos que para ele são relevantes, úteis para se desempenhar dentro de seu ambiente natural de trabalho, e que se constituem em categorias significativas para reconhecer as peculiaridades da situação que tem de enfrentar; pode assim organizar antecipadamente sua conduta como professor.

O professor pode refletir, e se deve aconselhá-lo que o faça, sobre os objetivos que quer conseguir e os que potencialmente conquistam de forma implícita a partir de aprendizagens secundárias derivadas das tarefas dominantes que ele pratica com seus alunos. Mas o objetivo não indica normalmente a forma de sua realização em termos de uma prática escolar concreta, embora seja importante a clareza com que se nos apresente e o valor que lhe concedamos; no entanto, o fato de que se consiga ou não o objetivo depende, precisamente, de como se realize essa prática, da atividade desenvolvida e do modo de fazê-lo.

Conquista-se um objetivo através do tempo, como consequência de realizar múltiplas atividades, e pode ser alcançado por caminhos diferentes. Essa indefinição operativa que aninha a estratégia meios-fins, derivada da proposição curricular de Tyler (l973), é o que transforma este esquema de planejamento, retirado da declaração e precisão de objetivos, em algo escassamente operativo para os professores, que acabam confundindo em sem saber o que são objetivos e o que são atividades.

Tentemos penetrar nas razões pelas quais as atividades ou tarefas pareçam um elemento relevante nas estratégias mentais ou nos planos dos professores. O fato de que os conteúdos sejam assinalados sempre como um elemento prioritário é natural, pois o ensino tem explicitamente como primeira justificação desenvolver um currículo, e o professor tem de assumir esse papel de uma forma ou de outra. Mas o fato de que as atividades ou tarefas sejam assinaladas como elemento relevante se deve a razões de economia profissional.

Um professor não pode, a partir de determinado modelo teórico, decidir sua ação considerando numerosas variáveis em relação ao aluno, à matéria, aos materiais, a ele mesmo, ao ambiente escolar, etc. Poderá elaborá-la e refletir sobre ela antes e depois de executá-la. Mas o exercício normal de sua profissão não prevê lapsos generosos de tempo para que isso ocorra de forma natural e suficiente. O que normalmente faz é simplificar o processo de tomada de decisões recorrendo a *tarefas-tipo,* esquemas práticos de seu repertório que implicam cursos de ação simplificados e prefigurados de alguma forma, nos quais todos esses elementos pedagógicos estão implicados sob uma fórmula sintética para ele. Assim, é fácil para o professor deflagrar a ação, dirigi-la e mantê-la durante o tempo que seja necessário.

Uma tarefa didática lhe sugere uma imagem ativa, uma representação, de como operarem ambientes complexos, como ocorre com o exemplo que vimos de começar uma classe com uma leitura coletiva, que se realizava de forma simultânea por todos os alunos de um grupo. O saber prático profissional operativo é composto por um repertório de tarefas que o professor sabe pôr em marcha em determinadas condições e para certos fins.

Na análise de dimensões ou aspectos pedagógicos envolvidos numa tarefa compreendemos a complexidade simplificada num esquema prático. Shavelson e Stern (1983) pensam que uma tarefa acadêmica tem os seguintes componentes básicos: um conteúdo, alguns materiais a serem utilizados, as atividades peculiares de professores e alunos, os objetivos gerais, mas funcionais, as condições do aluno e o contexto sociocultural da instrução.

No mesmo sentido, Calderhead (1984, p. 73) assinala que:

> Ao planejar uma atividade, os professores consideram uma série de fatores e tomam várias decisões. Devem decidir sobre a matéria a ser coberta, a informação a ser dada aos alunos, os procedimentos a serem ensaiados, os livros e materiais a serem usados ou os exercícios a serem realizados. Ao tomarem essas decisões devem levar em conta o contexto no qual se trabalha, as capacidades e interesses dos alunos, o currículo e outros aspectos, como o plano global da escola e as restrições do horário.

Esses componentes da tarefa são os aspectos que um professor deve planejar e gestionar em suas classes; por isso, supõe para ele um recurso cômodo de atuação profissional.

As tarefas praticadas pelos professores que demos como exemplo são bastante conhecidas para qualquer profissional do ensino, inclusive me atreveria a dizer que as conhece sem preparação específica para ser professor. Recorrendo a elas, tem uma jornada escolar organizada, embora o faça de forma rotineira. São procedimentos que põem um grupo de alunos em marcha. É o recurso para encaminhar a situação.

Citando Geoffrey, Denscombe (1985, p. 123) afirma:

> Como a urgência e a complexidade não podem ser eliminadas por completo, a vida para o professor pode ser mais fácil por meio da estruturação cuidadosa do trabalho de classe, proporcionando continuidade aos acontecimentos, o plácido transcorrer sequencializado e a apropriada dosificação do trabalho.

A estruturação do trabalho e do tempo através da previsão, da decisão e da realização de tarefas permite ao professor controlar uma situação complexa como a da classe, reduzindo a ansiedade, facilitando o andamento ordenado de um grupo numeroso de alunos e dando cumprimento às exigências do currículo. Necessidades psicológicas do professor e economia ergonômica podem explicar a relevância das atividades como elemento de referência nos planos e na atividade docente e que seus saberes profissionais operativos se estruturem em torno desses esquemas práticos.

O papel das tarefas no controle da classe

Manejar um grupo de alunos de forma que todos se envolvam numa dinâmica de trabalho para que se desencadeiem determinados processos de aprendizagem individual, tratando certos conteúdos dentro de um modelo educativo que consideremos adequado, não é tarefa fácil. É tão difícil que não podemos pensar na possibilidade de que um professor preveja, siga, dirija em alguma medida e diagnostique ou avalie esses processos em todos e cada um dos alunos que estão a seu cargo. O professor dirige a prática porque, de alguma forma, a simplifica. Os bons docentes, de acordo com este critério, são capazes de fazê-lo com esquemas mais complexos. Mas não esqueçamos que as funções do professor não se esgotam no ensino. Ele tem de desempenhar papéis diversos atribuídos institucionalmente para a criação e manutenção de um clima para a socialização dos alunos, o funcionamento da classe e da escola.

No máximo podemos aspirar a que o professor organize o cenário com as condições mais propícias para que tais processos educativos aconteçam nas melhores condições e os siga em suas linhas gerais. Se isto é assim em cada uma das atividades que os alunos podem realizar dentro de um período de tempo escolar, pensemos que, ao longo deste, se realizam múltiplas atividades e que às vezes são várias as que estão decorrendo simultaneamente. Um professor normal não pode equilibrar todas as dimensões implicadas na quantidade de tarefas que deve realizar. Um certo automatismo na ação é inevitável, exceto se prevemos para os professores um modelo de máquina inteligente em funcionamento.

Quando num grupo se desenvolvem diversas atividades simultaneamente e ocorrem fenômenos diversos, a gestão da aula fica difícil sensivelmente e se torna uma urgência para os professores. O professor consegue simplificar a situação recorrendo a *rotinas* profissionais que reduzem essa complexidade.

Brophy (1988, p. 4) afirma:

> Evitando algumas atividades e procurando que outras ocorram em determinado momento e em certas condições, as normas e os procedimentos simplificam as complexidades da vida na classe tanto para os professores como para os alunos, impondo estruturas que fazem mais facilmente previsível o acontecer na aula.

São padrões de comportamento e de autocontrole que, na maioria dos casos, não é preciso tornar explícitos nem impô-los aos alunos. São fruto da socialização de professores e de alunos numa cultura pedagógica que vai paulatinamente condensando-se num estilo profissional, como modo natural de se comportar em situações de ensinar e de aprender na escola. Sabedoria que nutre o saber prático dos professores, o que Brophy (1988) chama conhecimento profissional de *procedimento*, ou o que Shulman (1986, 1987) denomina conhecimento profissional *estratégico*, um saber fazer muito ligado às condições da prática real, que supõe pôr em funcionamento, em situações reais, diferentes princípios, normas, etc., conjuntamente, embora sendo muito diferentes entre si, e que se integra junto ao conhecimento profissional sobre a matéria que se ensina, sobre princípios psicológicos e pedagógicos diversos, graças à experiência profissional.

Professores e alunos têm de funcionar apoiados num certo grau de autodireção que é resultado da introjeção desses esquemas de ação. Para isso, devem ter, em alguma medida, clareza e assumir o curso que cada atividade ou tarefa lhes reclama. Exige-se que os alunos estejam familiarizados com ela, conheçam-na previamente ou lhes seja explicitada de antemão.

A autodireção dos alunos só é possível quando interiorizaram e aceitaram, de algum modo, os padrões de comportamento exigidos por cada tipo de tarefa. Mas a falta de adequação, em muitos casos, dos conteúdos e das atividades aos interesses e capacidades dos alunos dificulta essa autodireção ao obstruir a aceitação das normas de comportamento no trabalho, que, dessa forma, têm-se de impor. Daí que o ensino sem interesse para o aluno reforce as pautas de controle e de autoridade explícitas por parte dos professores, que têm de tornar evidente seu poder para manter o controle que a dinâmica de trabalho não pode conseguir por si mesma. Por isso, não é estranho encontrar modelos de comportamento docente baseados na prática de tarefas homogêneas para todo o grupo de alunos em uma classe e de realização simultânea para todos ao mesmo tempo.

Esse é um estilo mais cômodo de guiar os alunos pela mesma sequência de tarefas e, se for possível, mais ou menos ao mesmo tempo. Mas a simultaneidade de tarefas em grupos necessariamente heterogêneos de alunos implica vê-las com diferentes ritmos de trabalho e de aprendizagem, o que se traduz em potenciais problemas para o controle da aula. Não é estranho que o professor desenvolva certa prevenção a tudo o que não seja o "aluno mediano", porque desempenhar-se com a diversidade dentro da classe com uma sequência de tarefas para realizar de forma simultânea não é fácil, embora se oculte quando as classes são de duração curta. Assim, o problema se anula para o professor, ao não perceber evidências de que há ritmos diversos. A prática de tarefas simultâneas requer, em troca, dotes didáticos mais complexos e alguma tolerância por um certo grau de "desordem".

Conseguir que "o trabalho funcione" e a classe se mantenha dentro de certos limites de conduta é uma exigência que todo professor sentiu como necessidade psicológica pessoal ou como exigência da própria organização escolar. Implícita ou explicitamente, social e profissionalmente, sempre se considerou como uma qualidade profissional nos professores sua capacidade para manejar o grupo de classe, de forma que a vida transcorra sem distúrbios ou graves interrupções, mantendo-se um certo clima e nível de trabalho. É uma demanda profissional proveniente do modo em que se organizou institucionalmente o processo educativo.

O professor utiliza a estrutura de tarefas que se desenvolvem na aula como um recurso para estabelecer e manter algum tipo de controle sobre o andamento da vida social do grupo de alunos.

Bossert (1979, p. 12) afirma que: "a estrutura de atividades – que é uma forma particular de organizar o ensino em classe – cria o contexto no qual professor e alunos interagem e configura uma forma de relações sociais".

Essa necessidade psicológica e da instituição requer a organização da ordem do trabalho que transcorre ao longo do dia e em cada momento. A gestão dos professores, neste sentido, é dirigida basicamente para manter o decorrer da ação que preenche o horário escolar, o ambiente no qual o ensino e a aprendizagem ocorrem (BROPHY, 1983; DOYLE, 1986). A manutenção de uma ordem de trabalho na instituição escolar é fundamental para o cumprimento não apenas das finalidades requeridas pelo currículo, mas também para alcançar esse objetivo nem sempre explícito da socialização dos indivíduos dentro de certas normas de comportamento. Os papéis de dirigir o trabalho e de manter a ordem se realizam conjuntamente através do primeiro encargo, como vimos em outro momento, evitando que o segundo se torne óbvio como tal. Como já citamos anteriormente, a ética da ordem baseada no trabalho substituiu a norma imposta pela autoridade, que, dessa forma, não tem de tornar-se evidente por meio de imposições explícitas do professor.

Os controles sobre os indivíduos nas sociedades modernas são controles simbólicos e técnicos, mais do que apoiados em intervenções pessoais diretas. "O controle perde a aparência de uma luta pessoal e tende a apresentar-se como um programa de organização, um imperativo organizativo ao qual professores e alunos estão obrigados acima de seus desejos" (DENSCOMBE, 1985).

Manter a dinâmica de trabalho significa muitas coisas: clareza do que vai se realizar, obtenção de algum interesse por concluir a atividade, continuidade na transição entre diferentes tipos de tarefas, adequação do grau de dificuldade para o aluno, manejo ordenado dos materiais, organização do comportamento dentro da classe, atenção aos alunos que se mostram lentos ou adiantados em relação ao ritmo médio de progressão; ou seja, se requer, em suma, uma estratégia para enfrentar as diferenças, proporcionar pautas para que os alunos saibam se progridem adequadamente ou não para a meta das tarefas que realizam, etc. Tudo isso faz parte da "ordem do trabalho".

A preocupação por ter os alunos ocupados é evidente em qualquer professor enquanto está com eles. Todo docente tem estratégias para consegui-lo e para dirigir os alunos que se adiantam em seu trabalho. Lembro meu professor do ensino fundamental que tinha um problema algébrico escrito no quadro, inalcançável para as possibilidades da classe, destinado a todos aqueles que tivessem sido diligentes no trabalho normal, para seguir mantendo-nos ocupados, o que provocava uma diminuição do ritmo de trabalho, pendendo essa "ameaça". Mas, para ele, era uma regulação eficaz da atividade para manter a classe ordenada. Existem outras estratégias mais edificantes de um ponto de vista pedagógico, como a leitura recreativa, o desenho livre, etc. Muitos professores têm tarefas-chave para esses casos em que a ordem interna da classe pode decair.

As condições da instituição escolar, as de uma classe numerosa de alunos, a ética do trabalho exigem uma ordem. Tal preocupação por manter o grupo ocupado, mais do que ser a expressão de uma ética do esforço ou do trabalho, é a concretização de uma necessidade de sobrevivência para o professor e uma forma de cumprir as funções que a instituição do ensino lhe atribui. Estar ocupados em algo não é valioso em si mesmo, mas na medida em que facilita o manejo da classe para o professor (DENSCOMBE, 1985).

Daí que o clima social que um tipo ou outro de tarefas acadêmicas origina seja uma dimensão relevante a ser considerada na análise da atividade escolar, em geral, e de cada tarefa acadêmica, em particular. O repertório, a sequência e os cursos alternativos na realização de tarefas é fundamental para gerar um determinado clima e uma forma de controlá-lo. A estrutura do trabalho desencadeia processos determinados nas relações dentro da aula, e a forma de organizar o trabalho é um recurso para manter um determinado tipo de ordem e de controle.

As tarefas escolares implicam uma forma explícita de comportamento de professores e alunos dentro dos ambientes complexos, motivando um certo sentido da ordem social dentro das classes, tornando previsíveis os acontecimentos que transcorrem assim por caminhos previstos, que fazem o professor se sentir profissionalmente "dono" da situação. Essa é uma preocupação de todo docente, em maior medida quanto menor seja sua experiência, porque, dadas as condições em que ocorre, o ensino escolarizado é um pré-requisito do "bom funcionamento" e do "rendimento" escolar.

O professor necessita ter consciência de que tudo transcorre ordenadamente, que os alunos trabalham, que o fazem com alguma atenção, que se mantém um nível de "ruído" e de conflitos tolerável, que vão cumprindo seus afazeres em tempos considerados como aceitáveis; tudo isso de acordo com os parâmetros definidos pelas atividades que se realizam. Estrutura de tarefas, manejo da classe e ordem de trabalho são aspectos muito envolvidos entre si.

A unidade básica para a organização da atividade e da conduta dos alunos na classe é a tarefa acadêmica, dando a este termo uma ampla acepção (BERLINER, 1983, apud DOYLE, 1986b), na medida em que organiza seu comportamento pessoal, ou de todo um grupo, indicando o caminho pelo qual a ação deve transcorrer.

Também neste campo da gestão e organização dos acontecimentos que decorrem numa classe durante o calendário e o horário escolar ressaltou-se a importância e a continuidade de efeitos das normas e mecanismos de controle da aula que se estabelecem nos primeiros dias do curso (DOYLE, 1979b; EMMER; ANDERSON, 1982; TIKUNOFF; WARD; DASHO, 1978).

Sendo tão importante para o professor orquestrar a atividade ordenada de todo um grupo, é lógico que sejam as tarefas que lhe servirão de forma tão decisiva para organizar-se na hora de estabelecer seus planos docentes e na hora de manter o ambiente de aprendizagem desse grupo. As tarefas, por esta razão, tornam-se elementos muito funcionais para propor a prática e para mantê-la até seu final.

Mover-se na ambiguidade

Todos os processos e produtos previsíveis da realização de uma tarefa definem-se com diferente grau de ambiguidade. Doyle (1983) sugere a possibilidade de classificar as atividades acadêmicas de acordo com essa ambiguidade. Uma característica importante, considerando o clima de avaliação que impregna toda a atividade escolar. A definição do produto final que o aluno deve mostrar numa determinada atividade supõe uma concretização dos valores da escola que ele assimila como padrão de referência. A ambiguidade é uma peculiaridade inerente à aprendizagem. Numa tarefa que requer processos de memorização podem se notar os resultados que se produzem nos alunos com menos ambiguidade que em outra que exige compreensão, ou em outra que reclame processos de resolução de problemas. A precisão ou a falta de definição de qual é o processo estimulado por certas tarefas ou o valor dos resultados alcançados pelos alunos nesses tipos de processos é um elemento regulador da conduta dos professores na hora de selecionar atividades de aprendizagem. As tarefas das quais se esperam resultados de mais clara apreciação se acomodam melhor ou são mais coerentes com o clima de avaliação reinante em toda a atividade didática e com certa intolerância para com a diversidade.

Isso poderia motivar um certo mecanismo seletivo na hora em que os professores decidam ou escolham atividades dentro de um repertório hipotético. Nas tarefas que definem processos imprecisos ou pretendem metas divergentes e que, por isso mesmo, podem originar resultados muito diferentes nos alunos, o professor ou os materiais que estruturem a tarefa não podem transmitir aos alunos o que é que se espera exatamente deles. Quando tiver de memorizar o conteúdo essencial de um texto, o processo requerido e claro, tornando-se fácil determinar a qualidade da realização desse objetivo. Propor um problema para lhe encontrar soluções alternativas não permite essa clareza.

Estas diferenças qualitativas entre tarefas de tipo diverso, no que se refere ao grau de ambiguidade do produto esperado delas, implica, como assinalou Elliott (1980), que é mais fácil para os professores controlar o rendimento da ação pedagógica através de tarefas com alto nível de definição, isto é, que são menos ambíguas. Na medida em que o professor tenha a urgência de controlar tudo o que os alunos fazem, pretendendo que todo trabalho seja avaliável, ideia que, de alguma forma, a própria instituição educativa transpira, irá se sentir mais seguro dentro de atividades que permitam um controle mais fácil dos resultados.

Disso se deduz que é mais provável encontrar pautas docentes de comportamento nos professores que tendem a estimular essas tarefas que conduzem a produtos menos ambíguos, quando toda a atividade escolar está submetida a um certo ambiente de avaliação e de controle. O clima de avaliação que afeta as tarefas escolares não é favorável para desenvolver atividades abertas, que estimulem a divergência, porque tais características são contrárias ao clima de controle e dão menos segurança ao professor sobre a validade e a eficácia dos procedimentos pedagógicos.

Num clima escolar, e com alguns professores educados dentro do clima de controle das aprendizagens, é lógico que exista a tendência à redução na variedade de tarefas possíveis. Pensemos, além disso, em como essa mentalidade é favorecida por esquemas pedagógicos que estimulam acriticamente a objetividade da avaliação, a programação precisa de processos pedagógicos para ter segurança objetiva nos resultados obtidos, etc. Proposições que, nas últimas décadas, foram estimuladas na pedagogia por um certo cientificismo mal-entendido.

Essa tendência em relação à seleção de atividades menos ambíguas pode, além disso, ser produzida por outra razão. Uma tarefa mais definida, quanto ao processo que se deve seguir para obter o resultado que se espera dela, permite um controle mais fácil do grupo de alunos. Uma tarefa mais indefinida exige mais orientações do professor para os alunos, mais supervisão e assessoramento, mais volume de atividade, se queremos expressá-lo assim. Contrariamente, não é necessário dedicar tanto esforço a uma atividade rotineira, pois é mais cômoda.

Não é de estranhar que, tendo de atender a um grupo numeroso de alunos, os professores, ao se verem submetidos a copiosas demandas de intervenção com as tarefas ambíguas, tendam a selecionar outras que implicam uma atuação mais definida nos alunos, simplificando-se assim a gestão da classe e a manutenção da ordem (DOYLE, 1986b). A ansiedade que a "ingovernabilidade" da classe gera nos professores menos experientes pode levá-los a excluir, precisamente, tarefas que lhes exigirão mais atividade e provocarão uma sensação de insegurança.

As atividades "mais ricas" introduzem imprevisibilidade para professores e para alunos, desenhando um quadro profissional docente inseguro, embora seja mais estimulante, o que exige saber viver dentro de um clima de risco e de insegurança profissional, em atitude indagatória, de tolerância para com os cursos individuais de ação que caminham cobrindo processos pouco conhecidos e escassamente controláveis. Tais tarefas abertas propõem um campo de profissionalização não fechada para professores mais criativos e pesquisadores de sua ação, longe da busca de fórmulas feitas para resolver problemas e aspirações muito definidas. O curso de ação dos professores deve ser proposto dentro de um clima de indefinição profissional no qual cada professor "feche" sua própria atuação, como os docentes devem defender esse clima para as tarefas que eles propõem aos alunos.

Como muito bem assinalou Bernstein (1983), a pedagogia moderna carateriza-se, precisamente, por estimular processos e métodos mais ambíguos, com parâmetros técnicos e de qualidade mais difíceis de definir, de concretizar e de provocar consenso social e profissional e, portanto, mais difíceis de controlar. Os professores se veem, em muitos casos, submetidos ao conflito de um discurso pedagógico progressista em contradição com a realidade na qual trabalham. Devem estimular, através de uma série de tarefas dominantes, processos fechados que levam a resultados mais facilmente tangíveis, que facilitam o "trabalho ordenado em classe", por pressões da própria instituição na qual desenvolvem seu trabalho, pelo clima de controle que afeta toda a educação escolarizada e pela economia de seu próprio trabalho. Ao mesmo tempo, desde perspectivas ideológicas ou pedagógicas, exige-se deles uma educação mais moderna centrada em tarefas que, por definição, desenvolvem processos mais incontroláveis, que atendam às diferenças individuais dos alunos, a ritmos de aprendizagem e a interesses distintos, etc. Não é fácil prever quem vence nesse dilema de exigências contrapostas.

Este discurso pedagógico moderno, preconizador de novas metodologias, que se concretizam em tarefas mais complexas para professores e alunos, certamente exige outras condições muito diferentes para os professores. Não é um problema que se resolva simplesmente formando estes, mas que reclama profundas mudanças nas condições de trabalho e na organização escolar, assim como uma redução da pressão do controle. Do contrário, será convertido numa mera pretensão ideológica de mudança, mas não em programas eficazes.

O grau de ambiguidade nos produtos esperados nas tarefas varia também de umas matérias ou áreas para outras e, inclusive, dentro da própria matéria, em função do tipo de conteúdo. Esse critério é importante para compreender como algumas atividades acomodam-se ou adaptam-se a um tipo de conteúdo e matéria melhor do que a outros. No caso das ciências sociais, por exemplo, recuperar os estímulos e conhecimentos da vida exterior às aulas é uma fonte de sugestões para encontrar tarefas inovadoras, em um tipo de conhecimento que tem uma estrutura mais radical que linear e no qual a dispersão de resultados previsíveis é mais tolerável *a priori* do que em outras áreas, como podem ser as ciências ou a matemática. A peculiaridade do conteúdo, a utilização do método científico, a possibilidade de conectar com recursos do meio, sejam naturais ou sociais, facilitam o desenvolvimento da profissionalização dos docentes. A margem da criatividade e autonomia profissional é mais estreita ou mais difícil de concretizar em tarefas inovadoras quando o currículo é composto de elementos mais abstratos e distanciados da experiência concreta do aluno, se tem, além disso, uma estrutura interna mais definida que obriga uma sequência e o logro de resultados prévios para continuar progredindo.

Em outros casos, a tolerância para com resultados diversificados pode tocar a estrutura profunda das relações na aula e nas escolas. Mudar e alterar as tarefas dominantes para trabalhar a linguagem, por exemplo, talvez necessite de mudanças profundas anteriores ou paralelamente em algo mais amplo como são os padrões de comunicação nos ambientes educativos. A forma de abordar didaticamente a linguagem na escolaridade tem certa relação com os esquemas de autoridade que as instituições escolares desenvolvem, que se concretizam precisamente no uso da linguagem, em quem pode usá-la e quando pode fazê-lo. Quem pode falar nas aulas? Qual é o padrão de comunicação dominantes nelas? A linguagem é o padrão de comunicação dominante nela? A linguagem é o meio de controlar a ação pedagógica através de ordens, de exercícios, de exames, de perguntas do professor, etc. Mudar o sentido do currículo relativo à linguagem talvez exija revisar o papel que os códigos linguísticos, falados e escritos, desempenham nas relações sociais na educação e no exercício de controle dentro dela. Mas se se exerce a prática da cópia, do ditado, a busca da correção formal como valor prioritário, à parte de refletir certa tradição pedagógica, não se estará denotando também um clima no qual o professor tem o domínio da palavra, no qual a expressividade da pessoa em geral não tem muita aceitação e, por isso, tampouco a tem na linguagem?

Acredito que existem profundas implicações entre o tipo de cultura que formam os currículos e que as instituições escolares distribuem e a maneira como se estrutura a profissionalização dos professores e, de modo concreto, a bagagem de recursos práticos em termos de tarefas características que vão consolidando-se no professor. As tarefas didáticas regulam a prática dos professores, mas o fato de algumas se estabilizarem como dominantes e outras não não é um mero problema de escolha didática, mas sim que tem relação com as funções sociais do ensino, a forma como a instituição escolar responde a essas funções e com o tipo e sentido da cultura que se seleciona nos currículos que depois se desenvolvem nos processos de ensino.

Vemos, pois, outro exemplo de que os processos de decisão dos professores estão submetidos às coordenadas que, como é o caso da mentalidade de controle, o tipo de cultura e o significado dessa cultura na escola, etc., caracterizam muito decisivamente a atividade escolar.

As tarefas como base de comunicação entre teoria, conhecimento subjetivo e prática

Não se pode analisar nem questionar a prática do currículo senão enquadrada na perspectiva de contribuir para emancipar ou para submeter os agentes que o recebem e o desenvolvem, isto é, alunos e professores. Deve-se ver a opção emancipatória refletida na aproximação, no tipo de análise e no conhecimento que se considera próprio dos professores e em como consideremos sua prática. Um conhecimento que deverá servir para a reflexão mais do que para a direção da ação (GRUNDY, 1987). Sendo o currículo terreno de jogo da dialética teoria-prática, veremos que ela operará também nos mecanismos que estruturam a ação através das tarefas acadêmicas.

Por isso, o currículo, através de seu formato pedagógico e na medida em que uma determinada elaboração desse formato sugira ou facilite atividades aos professores e aos alunos, é um elemento mediador entre a teoria e a ação, ponte entre princípios e realidades, pois são as tarefas que modelam a prática. O professor, ao escolher e modelar tarefas, delimita o cenário da relação teoria-prática que pode expressar-se nesta última.

Se as tarefas mantêm-se minimamente estáveis, algo que se cumpre quase de forma inevitável, significa que, de fato, *a racionalidade concreta a que está submetida ou que dirige para a prática expressa-se e está regulada pela racionalidade inerente à sequência, aos tipos de tarefas realizadas, ao seu plano interno e às formas de desenvolvê-las.* Nesse sentido, pode-se dizer que toda prática, toda tarefa, sejam estas quais forem, expressam um tipo de racionalidade, o que não significa que toda prática parta *a priori* de uma proposição racional determinada, explícita e coerente. Esta última costuma ser um desejo para alcançar uma ação fundamentada e não rotineira ou de resposta a pressões de tipo diverso. Por isso, nos parece que a primeira tentativa para comunicar teoria, pesquisa, conhecimento e prática passa por revelar primeiro o tipo de racionalidade inerente às práticas vigentes. Se estas se configuram por concatenação de atividades básicas ou tarefas, então seria conveniente analisar a comunicação explícita e implícita de pressupostos de ordem diversa através das tarefas vigentes ou nas quais se planejem *ex novo*.

Toda ideia ou princípio derivado de uma teoria, ou da pesquisa, moldada num projeto de currículo ou na mente de um professor pode ser transferida e iluminar a prática à medida que incida nos mecanismos que a analisam, modelam, guiam e transformam. Enquanto a ação condiciona-se e prefigura-se decisivamente no plano, as tarefas pensadas e decididas no planejamento do ensino, as quais os professores realizam individualmente ou em grupo, ou o próprio material didático do qual os professores partem, poderiam ser elementos de referência para pensar na possível comunicação intencional entre teoria e prática. Mas, em qualquer caso, as tarefas práticas reais são expressão de múltiplos pressupostos implícitos de ordem psicológica, pedagógica, epistemológica e social. Uma ideia, elementos de uma teoria, um princípio, projetam-se na ação enquanto servem como fundamentos para planejar e realizar tarefas acadêmicas. Se esta não é a única via, é um caminho importante, devido à capacidade de "preenchimento" da prática que as tarefas acadêmicas têm.

A prática é um entrelaçado particular de tarefas de professores e de alunos em sequências caraterísticas. Cada tarefa é analisável em função de uma série de dimensões que se entrecruzam e sintetizam-se nela, tal como argumentamos em outro momento. Em tais dimensões, podemos ver se refletir pressupostos diversos que, explícita ou implicitamente, são os fundamentos da ação, a sua base racionalizadora. A tarefa tem uma coerência interna, ao se configurar como uma atividade estável e, ao menos esquematicamente, repetível, que conduz a uma finalidade. De acordo com os pressupostos que se projetam nela tem também uma coerência teórico-prática.

O conhecimento, as teorias, os resultados de pesquisa podem nos ajudar a descobrir os pressupostos nos quais, de fato, se apoiam as atividades práticas, compará-los com as ideias introjetadas pelos professores como sustentação racionalizadora de suas ações, combater os pressupostos e sua peculiar concretização subjetiva nos docentes quando se considere que são errôneos, etc. Tarefas, suas dimensões e seus pressupostos subjacentes seriam os três elementos da cadeia da comunicação e interação dialética entre prática, teoria, princípios e valores que funciona em duplo sentido: como recurso de análise para buscar os fundamentos que as práticas vigentes têm de fato, refletindo sobre a ação, e como instrumento para estruturar práticas inovadoras diferentes das conhecidas, a partir de determinados princípios e pressupostos, atribuindo ao conhecimento um papel de guia. O esquema pode servir como via de conscientização sobre os pressupostos da prática vigente ou como elemento projetivo na configuração de novas realidades, embora este último não seja um caminho muito real na criação de novos usos práticos em educação. O gráfico a seguir sintetiza esta proposta.

Figura 8.2 A comunicação entre teoria e prática através das tarefas.

Isto significa que as justificativas, as fundamentações, as razões e as valorizações que tenhamos para selecionar, ordenar, ponderar e modelar tarefas na hora de planejá-las e realizá-las de alguma forma serão as fundamentações e os pressupostos que "se transferem" para a ação e a orientam. Neste sentido, as tarefas ou atividades acadêmicas, com todos os pressupostos explícitos ou subjacentes a cada uma de suas dimensões básicas, são um veículo de comunicação ou de mediação entre a teoria ou conhecimento sobre o ensino e a prática. Analisando as tarefas que se desenvolvem em uma área ou disciplina, em um estilo de educação ou em um nível educativo, podemos ver o fluxo entre ideias dominantes e práticas.

Essa comunicação entre teoria e prática não ocorre de modo abstrato. O valor do conhecimento em educação não reside tanto em que ajude a concretizar práticas educativas eficazes, como pretende a visão positivista da relação teoria-prática, mas sim que, admitindo o valor das categorias interpretativas dos professores, as que eles utilizam para dar significado e "racionalidade" a sua prática, descubra o seu valor, seus pressupostos, interesses aos quais servem, condicionamentos que refletem, etc. (CARR; KEMMIS, 1988 p. 142). Como indicam estes autores: "[...] embora seja certo que a consciência 'define a realidade', também é certo que a realidade pode distorcer sistematicamente a consciência".

Práticas reais, sua racionalização por parte dos professores e pressupostos subjacentes analisados desde contribuições diversas e desde uma visão crítica da realidade, são a interação que deve provocar a dinâmica de conexão entre teoria e ação, de forma que a teoria recupere o valor "ilustrador" da prática para os professores, oferecendo-lhes instrumentos de análise crítica das experiências práticas (CARR; KEMMIS, 1988).

Comentamos duas funções básicas das tarefas acadêmicas: serem mediadoras da aprendizagem real dos alunos e serem elementos estruturadores da prática e da profissionalização dos professores. As tarefas são, além disso, o veículo entre os pressupostos teóricos e a ação, não apenas no sentido teoria-prática, como também no sentido inverso, da prática para a teoria.

Considerando o professor como elemento de referência, a comunicação entre seu pensamento e sua prática realiza-se por meio da decisão de tarefas nas quais se expressam os pressupostos teóricos no nível subjetivo, seus raciocínios na adoção de decisões. Em situações normais, o professor costuma tomar iniciativas ou modelos propostos desde o exterior, desde o material didático, etc. Neste caso, o jogo dialético entre teoria e prática supõe uma interação circular entre os modelos propostos, as interpretações que o professor realiza como mediador e a prática real.

O pensamento dos professores pode ser explicitado através de múltiplos procedimentos metodológicos, o pensamento operativo na prática, formado por conjuntos de pressupostos, ideias, crenças, certamente assistemáticos e inconscientes e está em estreita relação com as tarefas que realiza. Enfim, de alguma forma, todo o *pensamento prático* dos professores, sintetizado em imagens, princípios, rotinas, etc., o qual se elabora como consequência de pensar sobre a existência própria e a de colegas de profissão, tem como primeiro desencadeante as contingências que ocorrem durante o transcurso de sua experiência. As tarefas definem as situações práticas sobre as quais, de forma imediata, o professor pode e deve refletir. São *esquemas de ação* nos quais se podem encontrar pressupostos muito diversos que justificam a prática.

A atividade pedagógica, desde uma perspectiva teórica, tem escassa consistência, já que escapa à apreensão em conceitos fixos, partindo do pressuposto de que o método é um aglomerado complexo de pressupostos de ordem espistemológica, psicológica, organizativa, instrumentação de materiais, etc. O método de ensino-aprendizagem como categoria de análise oferece escassa utilidade científica na hora de elaborar um modelo explicativo do ensino, uma teoria sua, pois, no que se refere à atividade, é um processo inapreensível, que necessitaria de categorias muito diversificadas para fixá-lo, tipificá-lo e poder distinguir certas situações metodológicas ou modelos de outros diferentes. O método ou *atividade* metodológica é "uma síntese prática de opções tomadas em variáveis de ordem psicológica, didática, filosófica" que, para ser compreendido, requer uma análise das posturas que adota nas mais diversas dimensões (GIMENO, 1981).

No entanto, ao ser uma categoria integradora, um esquema prático no qual se reflete o saber estratégico profissional dos professores, sintetiza toda essa série de elementos, sendo, certamente, um dos recursos mais úteis para eles quando pensam a prática, planejam-na e realizam-na. A atividade metodológica concretizada em tarefas é um elemento básico, significativo e manejável, que estrutura toda a prática, que conecta saber e saber fazer, sintetizando elementos ou opções muitos diversos no contexto de ação que configura. É um elemento integrador de todos os aspectos que se entrecruzam na prática – isso é o que pode explicar os resultados das pesquisas que assinalamos.

É evidente a utilidade da *atividade* como elemento nuclear e sintetizador das dimensões do ensino, daí o fato de que seja um aspecto importante para os professores para desenvolver uma prática que não pode ser decidida em cada uma de suas dimensões de modo isolado. Esta categoria é, portanto, um elemento funcional e econômico para o professor.

Cinco aspectos básicos exigem a atenção do professor quando planeja a ação. São os que servem de referência mais imediata quando deve pensar e decidir uma atividade acadêmica ou uma sequência de atividades para um período de tempo escolar em condições normais:

   a) Considerar quais aspectos do currículo pensa preencher com as atividades ou com a sequência delas.
   b) Pensar nos *recursos* de que dispõe: laboratórios, bibliotecas, livros-texto, cadernos de trabalho, objetos diversos, etc.
   c) Ponderar os tipos de *intercâmbios pessoais* que se realizarão para organizar a atividade: trabalho individual supervisionado pelo professor, tarefa plenamente autônoma, trabalho entre vários alunos, etc. Este aspecto é básico para a direção da atividade na aula.
   d) *Organização* da classe para que tudo isso seja possível: disposição do espaço e dos móveis, preparação de recantos de trabalho, horário, aproveitamento de outros recursos da escola e organização da saída da escola.
   e) Apenas de forma implícita o professor intui que de um tipo de atividade se deduz um *processo educativo* que ele considera aceitável. Certamente esta razão opera como ponto de referência evidente na decisão nos professores mais capazes, mas não costuma ser habitual sua explicitação na hora de realizar a opção numa programação. É uma razão inerente ao repertório de atividades que constitui o estilo didático dos professores, seu acervo profissional prático.

Atrás de cada um destes aspectos básicos existem pressupostos e possibilidades para escolher. Torná-los claros com os professores e discuti-los é um caminho para lhes fazer conscientes desses pressupostos e das teorias implícitas que lhes guiam, descobrindo assim a racionalidade ou irracionalidade própria de sua prática, promovendo outras alternativas.

No exercício normal do trabalho, ou na hora de planejar a prática, não podemos exigir que todo professor pense cada uma das atividades segundo as características e dimensões que se entrecruzam nelas. As dimensões teóricas assumidas pela prática são fruto de uma reflexão exterior que se pode fazer com os professores e que eles próprios a façam. No entanto, pode-se pretender que os professores decidam sua prática dedutivamente, partindo de teorias ou de pressupostos teóricos.

Essas decisões são agilizadas ao fazerem parte de *rotinas* profissionais. Os professores têm imagens mentais do que é cada atividade-tipo, com suas justificações, geralmente implícitas, e estes são os recursos que usa quando decide um plano de ação. A reflexão não é alheia à escolha de esquemas práticos, mas seria ilusório acreditar que cada tarefa decidida é precedida de um processo de reflexão oportuna. Suas decisões tampouco se apoiam em conhecimentos formais comparados, que, fora da prática, costuma denominar-se como teoria ou conhecimento científico. O conhecimento mais útil para eles é o experiencial.

O professor é reconhecido basicamente como possuidor de experiência, mas não de conhecimento formalizado sobre sua prática, embora colocações recentes sobre o pensamento dos professores ressaltem o valor de seu conhecimento experiencial prático (ELBAZ, 1983; CLANDININ, 1986). Esse conhecimento prático, no entanto, é de grande utilidade, sintetizando em *imagens* que resumem a experiência, a sua reflexão, com dimensões afetivas e morais, projetando-se na ação futura (CLANDININ, 1986).

Um problema não resolvido pela pesquisa sobre o pensamento prático dos professores é a ligação que pode existir entre essa racionalidade subjetiva, que está infestada de pressupostos e "retalhos" de cultura, com teorias formais, válidas ou caducas, divulgadas através de sua formação profissional e que estão presentes na cultura à qual ele pertence. Sob essa experiência e sob as reflexões presentes ou passadas envolvidas nela, os professores partem de pressupostos teóricos que não são geralmente conscientes nem explícitos. A conexão teoria-prática tem um primeiro significado: explicitar a racionalidade inerente às atividades para discuti-las e compará-las.

O que cabe fazer na formação e no aperfeiçoamento dos professores é dissecar e fundamentar as *atividades-tipo,* que são estratégias de utilidade demonstrada, para facilitar decisões mais fundamentais, além de lhe oferecer outras novas. Falar de esquemas de ação com pressupostos teóricos numa perspectiva de autonomia profissional é algo muito diferente das "receitas" acabadas.

Quando um professor lê Freinet, por exemplo, entende muito facilmente diante de que modelo se encontra e certamente vê possibilidades de aplicá-lo em alguma medida; nem tanto, talvez, pela filosofia que se aninha dentro dele, mas porque esse modelo se especifica em atividades concretas para o professor e para os alunos; é um recurso facilmente captável como elemento significativo para organizar sua prática. Stenhouse (1979) dizia que a melhora da prática real será produzida mais facilmente quando proporcionemos ao professor "exemplos imitáveis", descrições de casos e não de princípios abstratos, pois são os que dão um grande valor à comunicação entre professores como recurso de enriquecimento e desenvolvimento profissional e de criação de um *corpus* de conhecimento profissional prático.

A socialização profissional dos docentes costuma ser o elemento formativo mais relevante na hora de dotá-los de um repertório de tarefas. A formação inicial não costuma se deter ou atender a estes níveis operativos, porque funciona mais como modelo implicitamente dedutivo, porque pressupõe que, de princípios muito diversos, o futuro professor saberá tirar proveito dessa experiência. Um pressuposto que contribui para que tal formação seja, em boa parte dos casos, inoperante.

A bagagem do saber fazer profissional ligado à forma de abordar as diferentes áreas curriculares é composta de achados que sintetizam a criatividade profissional e que, de alguma forma, estabilizam um recurso de comportamento dos docentes que resulta operativo. O próprio professor que conseguiu o achado irá repetir ou comunicar esse achado a outros professores. Um professor, quando começa, não inventa toda a sua bagagem profissional achado de repente, mas nem por isso é incapaz de conduzir uma classe. O que faz é reproduzir esquemas de tarefas que ele conhece, que viveu ou reproduz por experiência vicária.

As tarefas são, pois, algo assim como os pontos de condensação da experiência e da criatividade da coletividade profissional, síntese de operações práticas e de pressupostos teóricos, que se propaga através da formação e da socialização profissional dos docentes. É dessa forma que o saber profissional se faz transmissível. Mas é preciso estabelecer uma diferenciação: enquanto alguns professores possuem e vão adquirindo os fundamentos das tarefas que praticam, assimilam novas bases para reafirmar, corrigir ou ir modelando seu saber fazer, mantendo uma atividade de autocrítica e autoanálise profissional, outros realizam um trabalho submetendo-se aos padrões de comportamento de tarefas acadêmicas nas quais se sentem cômodos ou cumprem a missão institucional atribuída sem ter de buscar esses fundamentos.

O professor criativo não é, pois, somente aquele que busca novas tarefas ou pretende realizá-las de forma pessoal numa área curricular determinada, mas é quem, além de enriquecer seu conhecimento de recursos, possui os fundamentos das tarefas que realiza. A formação e o aperfeiçoamento de professores deve sintetizar esses dois componentes sem separá-los: ideias que contribuem para afiançar, revisar ou encontrar práticas novas e recursos práticos que se aprendem como formas operativas que se devem fundamentar.

Mas esse é um modelo ao qual aspirar. O professor, na realidade, seleciona algumas tarefas ou outras em função de critérios muito gerais e escassamente estruturados, mais por adaptação às condições de seu contexto ou segundo certos traços muito chamativos das tarefas. Decide atividades grupais, por exemplo, por considerar que "os alunos trabalham assim com mais motivação", ou recusa essa atividade "porque perde muito tempo", "provoca desordem", fica mais difícil controlar e acompanhar o que os alunos estão fazendo, etc. Também não podemos desejar que um professor analise pormenorizadamente como transcorre cada atividade ou tarefa com cada um dos alunos que atende, sabendo que um professor deve se ocupar de um grande grupo durante um tempo prolongado.

Clark e Peterson (1986) destacaram que os *esquemas teóricos* dos professores ou seu pensamento pedagógico se condensam, em boa medida, em torno do que acontece na prática da aula. Shulman (1986) assinala duas formas básicas de conhecimento, de acordo com as quais se organiza o saber pedagógico dos professores: o *conhecimento de casos* práticos e o conhecimento *estratégico*. No conhecimento de casos, que não é mais do que uma sucessão de situações práticas junto à forma de desenvolvê-las, o professor pode encontrar modelos de exemplificação de princípios e proposições mais abstratas. O conhecimento estratégico é o que se manifesta quando o professor enfrenta situações práticas, que não são simples, nem sempre vulgares. Este conhecimento é o que o induz a revisar os esquemas de ação, os pressupostos prévios, os modelos tomados de outros, proporcionados por *casos* de outros professores ou seus próprios. Apenas a reflexão sobre a própria ação e a dos outros, antes e depois de executá-la, pode tornar operativo esse conhecimento estratégico vinculado sempre à prática.

Por isso, centrar-se na análise do que constitui a prática – as tarefas – é a forma operativa de remover e melhorar os *esquemas de atuação prática* dos professores, pois elas têm de forma inerente, como já vimos, uma ordem interna de ação que configura a profissionalização do professor. Mas, além disso, é o caminho mais eficaz para explicitar primeiro, analisando e criticando depois, os *esquemas teóricos* que dão base racionalizadora a essas práticas. Esquemas práticos e esquemas teóricos relacionam-se entre si.

A prática e a urgência do currículo e do tempo escolar exigem que o professor desenvolva *esquemas práticos*. Por isso, acreditamos que ou têm *a priori* muito bem concretizados em tarefas-esquemas os pressupostos que queira fazer valer como princípios racionalizadores de sua prática, o que configura seus esquemas teóricos operativos, ou dificilmente as tarefas que execute podem ter um esquema fundamentalmente operativo. *A teoria operativa para os professores na hora de guiar situações práticas é composta de todo o aglomerado de pressupostos, princípios, dados de pesquisa, "retalhos" de grandes teorizações e orientações filosóficas, etc., que, formando um esquema teórico mais ou menos estruturado, atua como elemento racionalizador dos esquemas práticos inerentes às tarefas.* A teoria pedagógica e a pesquisa educativa podem ter, além disso, outras virtualidades para os professores, mas a que assinalamos nos parece básica e prioritária para considerar, a fim de que a atividade profissional reflita uma intencionalidade fundamentada, deixando de ser rotina ou tradições acríticas.

Na medida em que as atividades acadêmicas são a forma na qual se organiza e expressa a profissionalização do docente dentro de um contexto institucional que exige realizar atividades para cumprir o currículo, é através dessas tarefas que podemos ver as interações entre pressupostos subjacentes e atividade prática. A cada tarefa, como esquema prático operativo de ação, corresponde um esquema teórico racionalizador. Mas de um esquema teórico prévio não se deduz facilmente um esquema de atuação prática, porque em cada tarefa se entrecruzam múltiplos pressupostos e porque não é fácil que do conhecimento se derive uma diretriz evidente e unívoca.

A via dedutiva de comunicação entre conhecimento, pesquisa ou teoria com a ação, quando o conhecimento pode orientar a ação, tem alguma possibilidade de se realizar nos momentos em que se planeja a prática, tempo em geral escasso na estruturação profissional do trabalho da maioria dos professores. Nas ações de ensino, concebemos a teoria como o conjunto de pressupostos que demonstram ou podem ver-se na ação. A institucionalização da função dos professores favorece para que estes sejam executantes de esquemas de ação, mas não seus planejadores a partir de esquemas teóricos.

As tarefas práticas serão o primeiro motivo de reflexão crítica dos professores. Esse é um pressuposto fundamental das colocações de *pesquisa na ação*. Estudar a continuidade-descontinuidade entre pressupostos científicos, crenças do professor, planos docentes ou estratégias mentais para atuar e práticas reais que se estabelecem num quadro escolar e social determinado permite analisar os caminhos pelos quais teoria e ação se interpenetram em educação. O conhecimento em nível didático é um regulador técnico da prática através da regulação das tarefas e do pensamento do professor que se projeta em suas análises e decisões.

Uma tarefa acadêmica supõe um curso de ação, desencadeia fenômenos, reações nos alunos, põe em funcionamento materiais, métodos, etc. que proporcionam ao professor a hierarquia de possíveis "sinais" ou estímulos sobre os quais pensar profissionalmente. O fluxo desses sinais e dados significativos para o professor, a partir dos quais ele percebe, interpreta e reage, está condicionado pela ação concreta que desenvolve, pelas tarefas que os alunos e professores realizam (JOYCE, 1980). As atividades são microambientes que proporcionam os *dados* que definem o sentido da realidade para os professores. Dessa forma, o próprio processamento de informações que os professores podem realizar, a interação entre pensamento e prática, o que de forma mais urgente lhes solicitam os problemas a serem resolvidos de modo imediato ficam mediados pelas exigências de sua própria prática. A prática, como urgência imediata dos professores, é o campo que sugere problemas e questões dentro de contextos complexos.

A prática vigente é, em princípio, o teatro mais imediato que estimula o pensamento e as reflexões do professor, sem que isso seja obstáculo para que se possa atingir mais além desse campo. Não significa que o pensamento se esgote nas urgências da prática e que não tenha valor na hora de configurar proposições práticas a partir de determinadas ideias e posições, mas sim que é pressionado, canalizado, estimulado, requerido por ela e, nessa mesma medida, condicionado. A necessidade de reagir frente a exigências imediatas absorve preocupações, tempo e recursos de pensamento. As interpretações que o professor realiza são uma forma de ordenar e tornar inteligível a cena da classe ou qualquer outro ambiente pedagógico (CARTER; DOYLE, 1987). A compreensão de situações implica processos de construção nos quais se dá uma interação em que ocorrem informações da memória semântica para captar as situações presentes dentro de contextos específicos. Esses contextos específicos estão determinados pelas tarefas práticas que ocupam a atividade dos professores.

Desde a opção de transformar os docentes em agentes que dominem sua própria prática em vez de serem dominados por ela, o papel intelectual do professor no que se refere às suas ações adquire significado especial. Reivindicar o papel do conhecimento nos professores não tem o significado de torná-los especuladores abstratos sobre a educação, mas sim analistas reflexivos de sua prática e das condições *nas quais e pelas* quais ela se produz, o que leva a uma profunda revisão do conceito de competência profissional, a favor de uma proposta confrontada com a imagem de *técnicos, servidores públicos ou executivos* (SMYTH, 1987). Longe de uma interpretação instrumentalista do papel do professor ou de intelectual dedicado a elaborações abstratas distanciadas da prática, a imagem do professor como intelectual comprometido com sua própria realidade prática supõe dotar-lhe do poder e dos instrumentos para discutir e reelaborar sua própria ação. Proposta que exige dotar-lhe de capacidades para questionar os pressupostos morais, sociais e políticos da ação educativa (SMYTH, 1987), do modo como Gramsci concebia o papel do intelectual na sociedade.

É a consequência de uma proposição de pedagogia crítica em que o pensamento pedagógico deve contribuir para um esclarecimento de todos os pressupostos que se escondem nas práticas educativas e nos campos nos quais se realizam. As práticas escolares concretizadas em tarefas acadêmicas expressam modelos de comportamento intelectual, atitudes para com o saber, valores sociais e morais para modelar o comportamento do aluno, tal como vimos anteriormente. Apenas a atitude do intelectual crítico nos professores pode contribuir para dar-lhes consciência dos valores que definem de fato suas práticas, dos seus efeitos, presumíveis algumas vezes e evidentes em outras, dentro de uma perspectiva de transformação da realidade educativa e social mais além de uma simples reflexão técnica sobre sua prática.

Este é um processo sem fim. Porque, não apenas é preciso buscar a racionalidade, digamos de tipo mais técnico, referente a apoios psicológicos ou didáticos a tudo o que se faz ou se queira fazer no ensino, mas também a coerência com esquemas culturais e filosóficos dentro de um modelo educativo, social e dentro de sua própria projeção histórica na vida dos homens e dos grupos sociais.

É conveniente partir da reflexão sobre a própria prática para evitar que o mundo do discurso intelectual – esquemas teóricos – se separe das práticas reais que se exercitam nos ambientes escolares. Uma possibilidade nada fácil de instalar dentro dos sistemas educativos, algumas vezes pela própria autodefesa do professor para não questionar e deixar que outros questionem o que faz; outras pelas condições de trabalho nas quais atua e por exigências exteriores para que alcance efeitos padronizados de aprendizagem nos alunos, de acordo com padrões de qualidade, rentabilidade e excelência que lhe são sugeridos de fora. A prática se estabiliza e se constrói com base em tradições históricas e pressões sociais. Os professores como analistas da ação educativa devem comprometer-se em sua reconstrução (SMYTH, 1987).

Daí a importância de remover os pressupostos das práticas vigentes e de promover sua análise. O pensamento e as preocupações técnico-profissionais dos professores podem ser inferidos ou explicitados por diferentes caminhos metodológicos, mas é fundamental a autocrítica, a revisão autobiográfica, a análise junto a observadores externos e dos próprios colegas, partindo das tarefas que se realizam em classe. Dessa análise pode-se tirar o modelo cognitivo e os diversos pressupostos que guiam o professor na configuração e no desenvolvimento de uma tarefa (CARTER; DOYLE, 1987). Um recurso importante para a formação e aperfeiçoamento do professorado apoiados na reflexão sobre a ação.

Não parece realista que se apresente um esquema ideal no qual, partindo de pressupostos de conhecimento, de teoria, de opções de modelo, se pense e se decida um sistema escolar, o funcionamento de uma escola ou de uma aula e até o de um processo de ensino-aprendizagem. A construção a partir do nada não é frequente em sistemas escolares desenvolvidos que acumulam tradições numerosas, exceto que se possa dar oportunamente em programas específicos. O caso da educação pré-escolar pode ser um exemplo no qual é possível construir com poucos condicionantes dados, pois é um estilo em configuração, para um nível ainda sem muita tradição nem total desenvolvimento entre nós.

Um professor, com muito ou pouco conhecimento, aterrissa num sistema escolar já configurado, com seus níveis, seus currículos, suas pautas de funcionamento interno e junto a outros professores. É a partir de sua entrada dentro de tais condições que se pode pensar a possível ação de suas ideias na prática que ele executará, respondendo de uma forma adaptativa particular às condições de todo esse contexto. A comunicação de ideias para a ação costuma ser realizada com um determinado tipo de prática em desenvolvimento enquanto transcorre. Inovar em educação, como em outros campos de ação social, costuma ser mais um problema de mudar o curso de ações já preexistentes do que criar algo totalmente novo.

Acontece algo parecido quando se pretende inovar um sistema escolar em sua totalidade desde determinadas proposições. Encontra-se com certas condições da realidade. E a qualidade das ideias inovadoras em abstrato pode ser julgada com padrões ideais, mas, no caso da incidência dessas ideias na prática, é preciso valorizá-las pelo jogo que se estabelece entre elas e as condições do meio no qual se desenvolvem.

O jogo entre ideias e prática, seja em um ou em outro sentido, para analisar a prática a partir da teoria ou para planejar práticas a partir das ideias, funciona dentro de um sistema que, com seus condicionamentos, introduz certas possibilidades para essa comunicação ou lhe marca certos roteiros. E o poder das ideias para mudar as práticas se dá quando aquelas intervêm na "iluminação", no esclarecimento e na discussão das práticas reais dominantes que se exercem ou que se vão implantar. A comunicação teoria-prática através das tarefas deve ser vista no ambiente real em que se produzem.

Costuma-se admitir que são dois os caminhos privilegiados para comunicar ideias ou teorias com a ação pedagógica: *a)* A formação dos professores, enquanto proporcione práticas ou condicione seus modos de perceber e analisar a realidade educativa ou dê esquemas teóricos sustentadores de práticas diversas; *b)* Em segundo lugar, o currículo, que seleciona e estrutura o conteúdo e os objetivos partindo de determinadas ideias sobre a educação, a aprendizagem, as necessidades sociais, etc. No transcurso da ação de ensinar, esses dois caminhos operam entrelaçados em alguma medida, porque o desenvolvimento do currículo na prática depende da modelação particular que os professores lhe deem. Daí que, para transferir determinados pressupostos ou ideias para realizações concretas, esses dois caminhos de comunicação se misturem, mas passando, de qualquer forma, pela formação de professores, pois o currículo como fonte de códigos pedagógicos, afinal de contas, tem como destinatário o professor.

As tarefas na formação e no aperfeiçoamento de professores

Por trás do debate da formação dos professores está a pergunta básica sobre o *status* do conhecimento sobre o ensino, sobre que conhecimento é o que melhor ajuda os professores, se é que este existe (DIORIO, 1982). Considerando que as tarefas nos servem para analisar coerentemente a prática e para entender a relação entre esta e os pressupostos teóricos, parece que tal perspectiva pode ser interessante na formação de professores.

O processo de expressão das ideias e propostas curriculares através da concretização nas práticas ou atividades escolares é o campo mais diretamente implicado na tarefa profissional dos docentes.

A formação de professores tem múltiplas facetas e prioridades, mas, de qualquer modo, deve considerar indispensavelmente as seguintes:

1) Dotá-los de um *saber fazer prático* nos níveis e nas áreas do currículo que vão desenvolver, na organização das escolas, etc., oferecendo alternativas diversas. Um saber fazer que deve concretizar-se em modelos ou esquemas, não completamente fechados, de tarefas didáticas apropriadas para os alunos, de acordo com a especialidade que exerce. Não se trata de provê-los de modelos de conduta metodológica para reproduzir, mas de esquemas práticos moldáveis e adaptáveis segundo as circunstâncias, sem esquecer os fundamentos que lhes servem de apoio.

2) Ajudá-los a estabelecer uma *fundamentação* desses saberes práticos para justificar e analisar sua prática, em função da coerência das tarefas que realizam com um determinado modelo educativo e com o conhecimento aceito como válido num dado momento. Toda prática deve justificar-se em função dos valores e das ideias que a sustentam. Esta fundamentação deve preencher todas as dimensões implícitas nas tarefas, atuando como elemento flexibilizador dos es-

quemas práticos ou do saber fazer, facilitando sua adaptação a circunstâncias muito diversas.
3) Serem capazes de *analisar e questionar as condições* que delimitam as práticas institucionalmente estabelecidas, analisando seus pressupostos e promovendo alternativas mais de acordo com modelos educativos adequados às necessidades dos alunos e a uma sociedade mais democrática e justa.

Para alcançar esses objetivos pode-se optar por alternativas muito diversas. A formação de professores, metodologicamente falando, é tão complexa como a dos próprios alunos. O que nos parece importante ressaltar agora é o fato de que ou se ligam de alguma forma os diversos componentes do currículo de formação com as atividades reais que os professores realizam e terão de realizar nos contextos escolares ou essa formação pode ficar, no mínimo, isolada do exercício da profissionalidade. Não queremos dizer que toda formação que não tenha um reflexo na capacidade de análise e proposta de um tipo de prática didática careça de sentido, mas sim que esta terá outras justificativas. A prática educativa pode ser entendida não apenas no que se refere a tarefas didáticas, mas como modelos coerentes de educação que respondem de forma particular a pressupostos muito diversos de ordem filosófica, moral, social e política.

Sem essa projeção do conhecimento, os professores continuarão sendo reprodutores das práticas nas quais se especializaram e que as instituições lhes pedem para realizar. Se não conseguimos alguma conexão entre formação e prática, a profissionalização docente, ou seja, a bagagem de usos práticos com os conhecimentos, os valores e as ideologias que os sustentam, atua e se reproduz sem que seus atores intervenham em sua modelação e melhora.

É importante que o professor saiba que existe correlação entre as diferenças sociocutural e econômica dos indivíduos na sociedade com as oportunidades educativas e os resultados escolares, por exemplo. Mas também é preciso ajudá-lo a ver como essas diferenças se reproduzem nas próprias práticas que ele realiza, nos métodos verbalistas que ele preconiza, etc. É importante estar a favor da igualdade dos sexos na sociedade, mas é imprescindível mostrar como o professor reproduz atitudes sexistas formando grupos de trabalho, tratando os alunos, em sua linguagem, organizando brincadeiras, etc. É muito importante conhecer modelos psicológicos de aprendizagem ativa, teorias construtivistas de aprendizagem, etc., mas é preciso refleti-las em atividades concretas que os alunos realizem.

As tarefas, como unidade de análise aplicável à ação de professores, à dos alunos ou a qualquer outro elemento que substitua o professor como emissor de conteúdo ou estruturador da prática, podem ser um recurso interessante para se entrar na compreensão e se desempenhar no *contexto real de ensino*. Uma análise muito analítica, mais microscópica, do processo de ensino-aprendizagem romperia para os professores a unidade significativa da ação.

O sucesso e a atualidade de proposições como a da *pesquisa na ação* com os professores se baseia em que contribuem para relacionar teoria e prática não abstratamente, mas nas próprias tarefas e interação que eles mantêm com seus alunos. O que estes enfoques pretendem é incidir na compreensão dos pressupostos que se aninham nas práticas, assim como nos resultados que se deduzem delas para os alunos.

A importância, na formação de professores, da análise básica da prática de ensino que as tarefas permitem, nas quais tantos pressupostos e dimensões se entrecruzam, estaria, resumindo o tratado, nos seguintes pontos:

a) Nas tarefas ou atividades que professores e alunos realizam escondem-se pressupostos filosóficos, psicológicos e didáticos que podem ser os fundamentos da ação, o seu componente racionalizador, sendo as tarefas o elemento que liga tais pressupostos com a prática. As grandes concepções sobre a educação, os modelos educativos, as teorias educativas, os resultados da pesquisa, etc. contribuirão para planejar ou remodelar a prática na medida em que nos ajudam a selecionar, estruturar e construir tarefas para os alunos e para os professores. Supondo-se que, desde uma mesma concepção teórica, pode-se extrair múltiplas direções práticas.

Da mesma forma, analisando as tarefas dominantes numa realidade, podemos extrair os pressupostos que operam nela, realizar a crítica e prever alternativas. O professor verá como são significativos para sua prática determinados enfoques teóricos, especulações, resultados de pesquisa, etc., na medida em que tudo isso lhe aclare aspectos de sua prática cotidiana relacionados ineludivelmente com as tarefas que ele e seus alunos realizam.

b) Numa tarefa *observamos* atividades dos professores, dos alunos, materiais com que se realiza, processo de aprendizagem que desperta, condições institucionais que requer ou que a condicionam. Mas será preciso a análise do significado subjetivo que tem para os seus agentes, assim como seu valor dentro do modelo educativo geral que contribui para definir e dentro do qual operam, para lhe dar o significado real que possui. As tarefas podem ter um valor psicológico determinado para os alunos, de acordo com os processos que desencadeiam, mas sua validade educativa fica definida pela adequação desses processos e de todos os efeitos secundários que se produzam quanto ao padrão ou modelo educativo que contribuam para definir. Não podemos ficar numa mera análise positivista da prática dos processos de ensino-aprendizagem.
c) Uma tarefa isolada tem significado sobretudo à medida que se repete e tem um certo caráter dominante dentro de um modelo metodológico. Mas onde cada uma delas em particular realmente encontra seu significado é dentro do contexto de tarefas com as quais se entrecruzam nessa sequência didática e dentro de um modelo pedagógico mais amplo. Os modelos educativos são traduzidos em sequências de tarefas e, dessa forma, tornam-se sugestões úteis para os docentes. O professor capta a essência de um esquema metodológico e educativo e se apropria dele enquanto o concretiza em atividades práticas, pois é dessa forma que os esquemas teórico-práticos podem ser significativos e operativos para ele.
d) A tarefa ou atividade, ao ser um elemento definidor de um contexto que controla a conduta, define de forma particular o comportamento dos alunos envolvidos, as interações sociais e a dos alunos com o próprio professor. A tarefa condiciona a comunicação na aula, diz se o aluno trabalha só ou com outros colegas. Desses processos comunicativos se deduzem consequências e efeitos pedagógicos muito diversos. Para os alunos, as tarefas marcam os microcontextos de aprendizagem, condicionam os processos estimulados e seu valor educativo e de socialização. Dessa forma, determina-se o cenário de aprendizagem e de socialização possíveis, os processos ocultos e o seu âmbito: cognitivos, afetivos, sociais, motores, etc. Assim, na análise da prática tomaremos consciência

dos processos de comunicação na aula e ajudaremos os professores no enfoque ecológico das situações que enfrentam.

e) As tarefas são úteis para os professores para dirigir sua conduta dentro de situações complexas, mantendo um certo domínio das situações e do ambiente, evitando inseguranças e ansiedades profissionais. A gestão e o controle da classe estão muito relacionados com as tarefas, como pudemos ver. O domínio de sua estrutura reduz a ansiedade porque facilita o controle da prática. Os professores sem experiência sentem com mais urgência essa necessidade de controle dos acontecimentos nas aulas e nos centros escolares. Um professor sem domínio sobre tais situações, apoiado num plano de trabalho, acentua o comportamento autoritário pessoal sobre os alunos como forma de manter a ordem. Mas é preciso também conscientizá-lo do tipo de ordem implícita que existe atrás de cada forma de realizar o trabalho escolar.

Uma formação que leve em conta este enfoque da segurança dos professores pode evitar que eles caiam presos aos usos dominantes da instituição escolar na qual entram, frente à falta de uma alternativa própria que eles possam implantar com segurança profissional.

f) As tarefas do professor ou de qualquer outro elemento que oriente a atividade do aluno – caso dos materiais curriculares estruturados, como pode ser um livro-texto – selecionam, conduzem ou alimentam tarefas do aluno, sendo estas, junto com os conteúdos, as responsáveis pelo tipo de processos de aprendizagem estimulados e, dessa forma, do molde real das propostas do currículo. Desses processos dependem os resultados educativos. Portanto, um dos elementos mais imediatos para julgar uma tarefa é o tipo de processo de aprendizagem que desperta e os efeitos secundários que produz, expressão de seu currículo *oculto*. Da análise das tarefas dominantes numa classe, num modelo educativo ou num determinado sistema escolar, podemos extrair o juízo sobre a qualidade do ensino, assim como a consciência dos aspectos que ficam esquecidos pelos modelos imperantes.

g) Os conteúdos encobertos pela tarefa e a forma de tratá-los interagem entre si. Conteúdo e forma da tarefa são aspectos inter-relacionados, expressão da relação dialética entre conteúdo e método em educação. Não podemos esquecer que um conteúdo tem diferente potencialidade educativa em função do que façamos com ele. Mas é igualmente certo que diferentes tipos de conteúdos, ou uma seleção diferente dentro de uma mesma parcela cultural, podem seguir diversas tarefas e conferir a estas possibilidades muito desiguais. Daí que as atividades variem em diferentes áreas do currículo e que diversas concepções do que há de ser a ciência ou as humanidades proporcionem diferentes atividades metodológicas. Os professores devem compreender o poder que as atividades têm para dar sentido ao currículo e como se esconde um currículo possível e não outro atrás das atividades dominantes, uma concepção determinada sobre o valor dos conteúdos. É preciso combater, na formação de professores, a separação entre conteúdos e ideias sobre a educação do seu conteúdo.

h) A tarefa, tal como o professor a imagina, aponta os materiais necessários, a forma de sua utilização e, portanto, a sua rentabilidade didática. Muitas tarefas não são possíveis pela carência desses recursos didáticos, e a sua variedade facilita a variedade nas atividades. Com dados materiais só são possíveis determinadas tarefas, mas, se não se conhecem os processos de aprendizagem inerentes a cada uma delas, os materiais não serão adequadamente explorados ou nem sequer se chegará a sentir a necessidade de sua utilização. Pensemos que certos professores propiciam a utilização de materiais de pintura para tarefas repetitivas, ou que, em muitas ocasiões, não se utilizam os poucos instrumentos de laboratório de que se dispõe, etc. A utilização pobre que às vezes os professores fazem dos recursos existentes se explica, em parte, porque não os sentem como elementos necessários para as tarefas que eles selecionam. O fato de que certos materiais "se especializem" em determinado tipo de atividades nos indica que os professores configuram imagens do que é uma tarefa que vem ligada a certos elementos didáticos e não a outros. Assim, por exemplo, veremos utilizar slides em ciências sociais ou em ciências naturais e muito pouco em atividades de linguagem.

A imagem que o professor tem do que é uma tarefa e de como desenvolvê-la implica a existência ou não de materiais e o modo de usá-los. Daí que a renovação pedagógica exija explicitar as possibilidades dos recursos em tipo diverso de atividades, para estimular os processos correspondentes de aprendizagem. Os meios audiovisuais, por exemplo, como pode ocorrer com a incorporação dos processadores de texto, não mudaram demasiado a educação porque foram "assimilados" ou "recuperados" para tarefas esquemáticas e empobrecedoras a que os professores estão acostumados. Os meios didáticos têm, por si mesmos, escasso poder de renovação dos esquemas teórico-práticos dos professores, exigindo investimentos que muitas vezes ficam subtilizados.

i) A tarefa ou uma sequência de várias delas marca uma organização do tempo, do espaço, da própria estruturação da aula, de seus elementos e até da escola. A atividade didática, justaposição de tarefas, tem uma localização institucional e exige determinadas condições ou se vê limitada por elas. Uma organização escolar concreta é um campo para que algumas tarefas sejam possíveis e outras não ou para que se desenvolvam com distintas possibilidades. As alterações qualitativas no ensino, que exigem mudanças nas atividades que se realizam, também exigem renovar pautas de organização para que isso seja possível. Os horários, o mobiliário, a disposição de espaços na escola, etc. condicionam fortemente o tipo de atividades que são possíveis, ainda que exista uma margem de flexibilidade. Por isso, a renovação pedagógica não só tem uma dimensão estritamente metodológica no que tange aos professores, mas também outra dimensão organizacional e institucional. O professor deve aprender a ver interdependências entre comportamentos didáticos e formas de organização escolar.

j) Enquanto um tipo de tarefa reforça um certo valor do conteúdo ou se adapta melhor a uns conteúdos do que a outros, apoia o que será objeto de avaliação. Um professor de ciências sociais que utilize com frequência o aproveitamento de informações provenientes do contexto exterior realize visitas a instituições da comunidade, estimule os alunos a fazerem enquetes, etc. está tornando clara a relevância que um tipo de conhecimento tem. Como essas atividades são coerentes com uma valorização epistemológica do conhecimento como instrumento de compreensão da realidade circundante, certamente essa mesma concepção marcará os aspectos relevantes abarcados pela avaliação que realize e inclusive pode marcar a própria forma de avaliar.

Cada tipo de tarefa reforça um processo de aprendizagem e dá sentido aos conteúdos tratados, ponderando o que se considera relevante para a escola e para o professor. Por trás das tarefas existe um molde implícito do que é essencial, preparando assim o campo da seleção para a avaliação. O conteúdo dos exames e das avaliações no ensino é selecionado, de fato, pela estrutura de tarefas dominantes nos métodos em uso.

    k) A análise de tarefas em função das dimensões que se podem encontrar nelas é um instrumento igualmente válido para analisar os materiais nos quais o currículo se reflete. No fim das contas, os professores decidem, iniciam e realizam muitas tarefas de acordo com as sugestões que encontram nos materiais didáticos. Não esqueçamos que quem planeja realmente a ação em muitas ocasiões não é o professor, já que o plano escapou de suas possibilidades. O material que apresenta o currículo ou um aspecto seu pode ser analisado em função das tarefas que propõe a professores e alunos.

A prática de analisar todas estas determinações e aspectos nas tarefas é uma boa metodologia de formação e aperfeiçoamento do professorado. De forma operativa pode se desentranhar o significado de realidade, os seus fundamentos, etc. Metodologias como a análise de incidentes críticos, a análise de casos relevantes, experiências-modelo ou a pesquisa na ação operam com o pressuposto de que a conexão teoria e prática se produz melhor ao analisar esta última para orientá-la posteriormente.

Tal enfoque nos permite realizar uma análise suficientemente precisa da realidade do processo de ensino-aprendizagem, da inovação e do comportamento dos professores, sem perder o significado global dos fenômenos didáticos. A atividade didática, com todos os aspectos que se entrecruzam nela, adquire sentido unitário para o professorado e lhe facilita pensar o ensino em torno das dimensões que o configuram. Enfim, se as elaborações conceituais devem ter alguma utilidade para os professores, devem também facilitar seu desenvolvimento nos ambientes ou contextos naturais nos quais eles trabalham.

Certamente, a partir da fundamentação das tarefas a serem realizadas, propiciar um processo de deliberação em sua seleção, de acordo com os efeitos que se pressupõem em cada uma delas, buscar alternativas e modos diferentes de realizá-las, é como os professores podem articular tecnicamente seu ensino, preservando certo grau de racionalidade interna. É, talvez, o meio para que os professores consigam graus mais altos de racionalidade em sua prática, de que apliquem o conhecimento e de que sejam estimulados nos processos circulares de conexão teoria-prática.

Dimensões das tarefas acadêmicas

A complexidade de variáveis ou dimensões que se entrecruzam nas tarefas, a sua adiversidade de acordo com a área curricular na qual nos encontremos tornam difícil estabelecer qualquer tipologia de tarefas com utilidade geral para qualquer professor. É mais fácil analisar a atividade proposta num material tal como aparece ali, com o inconveniente de que o seu valor real somente pode ser apreciado no contexto de sua realização. O que pode ser interessante é analisar tarefas de acordo com algumas de suas dimensões relevantes para caracterizá-las e valorizá-las de um ponto de vista educativo.

A partir de diversas contribuições (BLUMENFELD et al., 1987; HOLLON, et al., 1980; LANDES, 1981; NEWPORT, 1980; RATHS, 1971; WHEELER, 1976; YINGER, 1977) e de acordo com todo o desenvolvimento que acompanhamos, esquematizaremos uma série de dimensões para analisar as tarefas e extrair os pressupostos implícitos ou explícitos nelas.

Estas dimensões podem nos servir de pautas de observação e valorização das práticas metodológicas imperantes, para avaliar estilos pedagógicos, analisar e estruturar programações dos professores e ajudá-los a refletirem sobre sua própria prática. São aspectos em torno dos quais os professores devem colocar suas interrogações e tomar decisões fundamentadas para dar uma racionalidade interna aos planos docentes.

DIMENSÕES DAS TAREFAS ACADÊMICAS

1. **Conteúdo** (tópico, aptidão ou habilidade curricular) oculto ou focalizado, total ou parcialmente, pela atividade. Molde do conteúdo de informação que cobre.
   Substantividade epistemológica do conteúdo oculto: dados, fatos, conceitos, teorias, estruturas conceituais. Conteúdos desconectados ou vinculados entre si, valorização de componentes, ponderação de diversos conteúdos dentro de uma tarefa ou através de atividades concatenadas, etc.
   Valor cultural dos conteúdos. Introdução de aspectos históricos, gênese de correntes, achados, significação social de contribuições culturais e científicas, etc.
   Relevância das aprendizagens inferidas para a vida exterior à escola, tratando-se da educação obrigatória. Sentido propedêutico das aprendizagens para outros níveis ou materiais *versus* sentido final para o aluno que aprende.
   Atualidade e vigência científica ou cultural do conhecimento ou habilidade abarcados pela tarefa, se não se trata de revisões históricas.
   Valorização do conteúdo oculto no planejamento da tarefa e à luz do processo que se segue no ensino.

2. **Ordenação dos conteúdos:** elemento de referência em torno do qual se estruturam os conteúdos da unidade didática abarcados por uma ou mais tarefas entrelaçadas; interesse dos alunos, problema social, tópico da disciplina, estrutura ou mapa conceitual, etc.

3. Capacidade de **inter-relacionar conteúdos** entre si dentro da mesma área ou matéria, ou entre áreas diferentes; inter-relação dos conteúdos com a experiência pessoal e culturalmente próxima. Realizar um jornal ou enquete, por exemplo, tem a possibilidade de integrar múltiplos conteúdos e efeitos de aprendizagem. Capacidade de exploração da tarefa em tipos distintos de situações ou áreas do currículo, matérias, etc.

4. **Papel do aluno** que prevê ou desenvolve. Clareza do que a tarefa lhe propõe realizar.
   Processos de aprendizagem estimulados pela atividade ou tarefa: memorização, compreensão significativa do que se aprende, integração de informações, expressão pessoal, estímulo à originalidade, resolução de problemas, etc.
   Conexão da experiência acadêmica com a experiência prévia, seja pertinente a um tipo de conhecimento prévio da mesma matéria ou área, seja apelando para experiências pessoais. Detecção de concepções errôneas, etc.

continua

continuação

> **Compreensão** quanto a tipos de aprendizagens que teoricamente abarca: intelectuais, afetivos, sociais, motores.
> **Análise** de objetivos previsivelmente afetados ou ocultos, de acordo com as condições nas quais se realiza. Adequação de tais processos à filosofia que orienta a ação educativa. Efeitos secundários ou de currículo oculto que previsivelmente se desprendem das condições e forma como que se desenvolve a tarefa e de acordo com as atividades dominantes numa determinada área, professor, etc.
> 5. **Motivação** que desperta no aluno ou grupo de alunos como garantia de riqueza dos processos anteriores, da criação de atitudes positivas e de continuidade dos efeitos previsíveis. Envolvimento pessoal que estimula: interesse intrínseco pela atividade.
> 6. **Adequação** à maturidade dos alunos, para poder deduzir aproveitamento.
> Adequação do tempo de sua duração à resistência dos alunos, ao cansaço, à motivação, etc.
> 7. **Compatibilização** ou incoerência das tarefas realizadas e propostas por cada professor com as de outros professores que lecionam para os mesmos alunos, enquanto suponham estilos contraditórios ou exijam trabalhos incompatíveis. A congruência pode ser analisada em tempo e esforço exigido ao aluno e quanto ao significado da atividade para este. As contradições entre estilos docentes especificados em tarefas acadêmicas diferentes ou realizadas de diferente forma têm consequências importantes para os alunos, exigem adaptações sucessivas a estilos diversos.
> 8. Grau de **estruturação:** definição do padrão de conduta esperado do aluno. Seu grau de ambiguidade, diretividade ou fecho. Existem tarefas que permitem diferentes cursos de realização, enquanto que outras propõem processos mais diretivos para se seguir.
> **Quem decide** o final quando há ambiguidade? O professor, os próprios alunos, o material...
> 9. Possibilidades **e meios de expressão** que permitem ou estimulam explicitamente: orais, escritos, gráficos, audiovisuais, etc. Uma tarefa dará mais possibilidades quantos mais processos de expressão facilitar aos alunos. Aspecto que também pode ser observado não apenas em cada tarefa, mas também na variedade de atividades que se pratiquem de forma dominante.
> 10. Critérios explícitos ou subjacentes de **avaliação** formal ou informal da tarefa. Diferentes tarefas têm desigual significado e peso na avaliação em função de que processos os professores valorizam mais, ainda que seja de forma implícita.
> 11. **Funções do professor** que o planejamento da tarefa e seu desenvolvimento exigem. Pode-se dizer que cada tarefa do aluno exige ou tem relação com um determinado tipo de atuação dos professores, seja esta simultânea, de realização prévia, ou seja posterior à dos alunos. Existem tarefas que o professor prepara com pouco esforço, enquanto outras comportam uma maior dedicação prévia. As tarefas que se afiançam têm muito a ver com um determinado senso de economia da ação para os professores. As tarefas são possíveis ou não, em muitos casos, segundo tenham aceitação e possam ser abordadas nas condições de trabalho dos professores.
> **Adequação** das tarefas dominantes às possibilidades profissionais dos professores e seus recursos pessoais, formação, etc. Atividades que podem se ver afetadas pela realização de outras dominantes.
> **Potenciação do desenvolvimento profissional.** Grau de autonomia profissional do professor na seleção e no planejamento da tarefa. Modelos de que o docente parte. Determinação dos parâmetros da atividade: o próprio professor determina-os; são selecionados através de materiais.
> **Planejamento individual** ou da **equipe docente** das sequências de tarefas, horários, etc. Profissionalização individual ou coletiva.

continua

continuação

12. Padrões de **comunicação e clima** que fomenta, estimula ou requer entre alunos ou entre estes e os professores como condição para a melhor realização: trabalho individual, por grupos, dependência do professor, autonomia e trabalho pessoal, etc. Campo social que prefigura. Pautas e estilos de controle e de autoridade que veem reforçados.

13. **Materiais** que seu desenvolvimento requer para que este aconteça nas melhores condições. Possibilidades de satisfazer esta demanda devido às condições do contexto. Cada material encontra uma forma particular de uso em tarefas diferentes, tanto por parte de professores quanto de alunos.
    Variedade e tipos de materiais utilizados: comerciais, elaborados pelo professor ou pelos alunos. "Especialização" ou uso estabelecido de determinados materiais em tarefas concretas, sem aproveitar outras possibilidades.
    Participação dos professores e alunos no planejamento de materiais.
    Exploração das possibilidades do material de acordo com o uso que se faz dele. Tipo de interação que se estabelece entre o material e os alunos.
    Pautas de **aquisição e consumo** dos materiais, suas consequências acadêmicas e sociais.

14. **Condições organizativas** de sua realização. Cada tarefa implica um determinado tipo de comportamento por parte de professores e alunos coerente com uma determinada organização da aula e da escola. As tarefas dominantes são coerentes com essa organização, e, quando se propõe uma inovação, é preciso alterar o campo organizativo normal. As tarefas mais procuradas são as que permitem uma acomodação mais fácil do curso de ação exigido por elas para determinados modelos de organização da aula e da escola. Novas tarefas exigem mudanças organizativas que podem ficar fora da competência individual dos professores.
    Lugar onde se desenvolve: carteira, sala de aula, escola, fora dela, em casa, etc. Espaços exigidos. Adequada disposição e existência de recursos para a realização em cada caso: do espaço, do mobiliário, dos meios, etc. Lembremos, como exemplo, que uma tarefa para ser realizada em casa, se os meios disponíveis para desenvolvê-la em boas condições já não dependem do professor nem da escola, fica à mercê das oportunidades desiguais que cada aluno tem em seu próprio meio cultural.
    Adequação de tempo requerido pela tarefa aos horários estabelecidos para que dê seus frutos. Tempos preestabelecidos condicionam o campo de decisões sobre atividades possíveis.
    Localização conveniente na jornada escolar e na semana, como períodos básicos de referência na organização de atividades escolares.
    Disponibilidade de recursos da escola e na aula para serem aproveitados facilmente no desenvolvimento normal das tarefas: biblioteca, laboratório, etc.

15. Avaliação geral do clima escolar que gera, de acordo com a interconexão com outras atividades, predomínio da tarefa sobre outras possíveis, etc. Criação de ambientes estimulantes, monótonos ou empobrecidos, etc.

CONDIÇÕES FORMAIS DAS TAREFAS:

a) Pautas de organização de atividades, realizadas de forma **simultânea** e **idênticas**, desenvolvidas por todos os alunos, frente a tarefas diversas realizadas ao mesmo tempo. Este aspecto organizativo da gestão da atividade na aula por parte do professor é uma técnica muito importante para resolver ou não o problema da diversidade de alunos, ritmos diferentes de aprendizagem, sem segregá-los. Tem importantes repercussões na direção da classe, aproveitamento de tempos "mortos", no "ruído" para o clima de trabalho, na segurança do professor e em aspectos que às vezes ultrapassam o âmbito da sala de aula: utilizar materiais exteriores a ela, etc.

continua

continuação

- b) Sequência de fases internas ou de tarefas mais concretas dentro de **atividades-marco** mais gerais. Uma atividade tem significados concretos dentro das sequências de tarefas nas quais se produz e repete. Realizar, por exemplo, um trabalho de pesquisa implica outras tarefas mais específicas que ganham pleno significado dentro da atividade geral.
- c) **Coerência** entre tarefas entrelaçadas numa sequência metodológica ou empregadas no desenvolvimento do uma unidade didática. Interconexão de atividades e continuidade entre elas para dar um sentido unitário à ação.
- d) A localização das tarefas em determinados períodos do **horário** escolar empresta um determinado valor a elas. Atividades interrompidas, colocadas no final ou no começo da jornada escolar, não têm o mesmo valor.
- e) Adequada **hierarquização** entre as tarefas sucessivas e a distribuição de horários dedicados a um tópico, matéria, etc.
- f) **Equilíbrio** entre diferentes tipos de atividades para poder aceitar processos distintos, interesses variados dos alunos, etc. Predomínio de uma determinada tarefa em relação a outras e segundo sua duração temporal.

9

Um esquema para o planejamento da prática

- Equilíbrio de competências repartidas
- O plano a ser realizado pelos professores
- Elementos a serem considerados na configuração contextual do ensino

EQUILÍBRIO DE COMPETÊNCIAS REPARTIDAS

A função de planejar o currículo é uma das facetas mais relevantes dentro do conjunto de práticas relacionadas com sua elaboração e desenvolvimento, recolhendo aspectos de ordem técnica e pedagógica mais genuínos, através dos quais adquire forma e fica preparado para sua implantação na prática.

Qual é o sentido que o termo "plano do currículo" abarca? Se a validade das propostas curriculares são comprovadas finalmente nas realizações práticas, o plano curricular tem a ver com a operação de dar forma à prática do ensino. Desde uma ótica processual, o plano agrupa uma acumulação de decisões que dão forma ao currículo e à própria ação; é a ponte entre a intenção e a ação, entre a teoria e a prática.

As características do plano e a expressão que adote é o que dá forma ao currículo. Em campos tão complexos como a educação, o plano define o projeto pedagógico, cumprindo, além disso, segundo Pratt (1980), outra série de funções, como ressaltar os objetivos que se perseguem, incrementar a probabilidade de alcançá-los, economizar tempo e esforço, facilitar a comunicação e a coordenação de projetos, reduzir o estresse dos professores. Na medida em que o ensino e toda a educação significam intervenção na prática guiada por certa intencionalidade, é conveniente aplicar-lhe certos princípios de organização para que a complexidade de aspectos envolvidos possa realizar-se dentro de um projeto ordenado, manejável e com alguma sistemática interna que dê forma à orientação que guia o currículo. A partir dessa posição, ordenar e fazer progredir a prática exige consolidar determinados esquemas de planejar.

O planejamento é a função de ir formando progressivamente o currículo em diferentes etapas, fases ou através das instâncias que o decidem e moldam. O planejamento do currículo é feito pelo político que o prescreve, pelo fabricante de livros-texto, pelo centro que realiza um plano ou pelo professor que define uma programação. Tudo isso supõe decisões acumuladas que dão forma à prática. As fases ou os momentos do planejamento são aproximações sucessivas à forma que a prática tem prefiguradamente antes de transformar-se em ação ou *ensino interativo*.

O planejamento do currículo relaciona-se com o momento de prever o desenvolvimento ou a realização do ensino para que as finalidades do primeiro sejam realizadas em coerência com certas teorias ou princípios pedagógicos, organizando os conteúdos e a atividade em função de certas teorias da aprendizagem humana, princípios metodológicos, previsão de determinados meios, condições do ambiente de aprendizagem, etc. Na medida em que os currículos não são meras seleções de conteúdos, mas todo um projeto educativo a ser desenvolvido na prática, o planejamento curricular e o planejamento do ensino são conceitos praticamente coincidentes, pois é preciso prever aspectos muito mais complexos do que as meras condições de aprendizagem de alguns conteúdos intelectuais. Por isso mesmo, não são totalmente coincidentes o planejamento de instrução e o planejamento do currículo ou do ensino. Isso significa que é preciso considerar pressupostos muito diversos que têm a ver com a previsão da prática na qual o currículo se desenvolverá. Planejar o currículo para seu desenvolvimento em práticas pedagógicas concretas não só exige ordenar seus componentes para serem aprendidos pelos alunos, mas também prever as próprias condições do ensino no contexto escolar ou fora dele. A função mais imediata que os professores devem realizar é a de planejar ou prever a prática do ensino – o ensino *pré-ativo* de Jackson (1968) – de forma que em sua execução se desenvolva o currículo, uma parcela ou um tópico dele.

Planejar a prática é algo mais amplo que atender aos objetivos e conteúdos do currículo, porque supõe preparar as condições de seu desenvolvimento, uma vez que também se atende a este. É concretizar as condições nas quais se realizará o currículo, e isso supõe estabelecer uma ponte para moldar as ideias na realidade, um elo que liga as intenções e a ação. De acordo com as ideias que orientem essa ponte, o processo de ensino e de aprendizagem pode variar consideravelmente. Assim, por exemplo, o princípio pedagógico da conexão da experiência pessoal com as aprendizagens formais como ideia organizadora da prática incide na previsão das condições de ensino e se mantém no desenvolvimento dos planos realizados, supõe um estilo de ensino, uma ordenação de conteúdos, a seleção de certas atividades, uma recopilação de recursos, um contexto ambiental peculiar, etc.

Em sua acepção mais geral, é preciso observar a globalidade da escolaridade, considerando por planejamento do currículo a organização das finalidades educativas e dos conteúdos culturais de tal forma que evidenciem a progressão potencial pelos diferentes níveis da escolaridade (BEAUCHAMP, 1981). O planejamento não é, como é lógico, uma operação à margem da ordenação do sistema escolar.

A amplitude do conceito do qual se parta é importante, pois, dessa forma, o teatro de operações e os agentes que intervêm nele ficam delimitados.

O Dicionário de Good (1973) oferece duas acepções básicas para o conceito de planejamento curricular: 1) A forma como se dispõem as diferentes partes do currículo para facilitar o ensino e a aprendizagem e possibilitar que as escolas planejem a atividade em diferentes períodos de tempo; 2) Um processo de conceitualização de uma série de relações sistêmicas entre os alunos, o comportamento do professor, os materiais, o conteúdo, o tempo, os resultados de aprendizagem, isto é, um guia para a instrução que organiza todos os fatores relacionados com a prática, a fim de obter determinados resultados. A segunda acepção é a que se refere ao planejamento que os professores devem fazer, como a prefiguração e a previsão da prática que comentamos, enquanto quando muito, aqueles fatores poderiam ser colaboradores na primeira, referente à ordenação mais geral do projeto curricular. Na realidade, pode-se tratar de fases ou aspectos de um mesmo processo global.

Uma acepção ou enfoque está mais diretamente relacionada com a organização que se fixa no que é o currículo como produto ou ordenação tangível, que pode refletir-se num documento ou material didático, enquanto a outra se refere à racionalização mais imediata da prática do ensino, na qual se levam em conta seus aspectos mais relevantes para que se desenvolva seguindo um esquema determinado.

Também se pode se falar do macroplanejamento do currículo, por um lado, como estrutura geral de ideias e conteúdos, até de planejamentos específicos para práticas muito definidas, como é o que um professor pode fazer para desenvolver um tópico curricular qualquer. Existem acepções mais amplas ainda sobre o que é o planejamento, alcançando inclusive toda decisão, opção, ordenação do sistema dentro do qual se produz o currículo, etc. que outros autores e contextos denominam como *desenvolvimento do currículo,* embora o termo planejamento costuma referir-se, em geral, a significados mais precisos como confecção de guias, materiais, livros-texto ou o âmbito da programação que o professor faz.

Podemos encontrar enfoques que, dentro da teoria curricular, preconizam como organizar o ensino ou unidades didáticas concretas em seus traços mais gerais, até outras opções, como é o caso de modelos propostos desde teorias do plano de instrução, que pretendem chegar até programações ajustadas nas quais se querem precisar atividades ou estratégias de ensino muito específicas para lograr objetivos muito definidos ou para o domínio de conteúdos bastante detalhados (REIGELUTH, 1987; ROMISZOWSKI, 1981).

Daremos como exemplo o modelo de plano de instrução sugerido por Romiszowski (1981), que coloca uma sequência de quatro níveis de plano nos quais se realizam operações diferenciadas, no qual veremos a função do plano como progressiva concretização da prática prevista, seguindo ideias-guias que atuam como ponte entre o currículo como expressão de planos e conteúdos muito gerais e a prática concretizada em atividades instrutivas.

COMPETÊNCIAS DO NÍVEL	OPERAÇÕES DE PLANO
I Definição da totalidade de objetivos para o sistema, assim como outras ações que, não sendo de instrução, devem ser consideradas para assegurar a realização do programa.	1 Sistema relativo à totalidade do curso ou currículo, especificando as unidades e sua sequência interna.
II Definição de: a) Objetivos detalhados para alcançar os objetivos gerais; b) Sequenciação de inter-relações entre estes objetivos, de forma que se estabeleçam relações de dependência; c) Exigências de partida ou pré-requisitos.	2 Lições ou unidades de instrução para conseguir um objetivo ou um grupo reduzido deles com algum grau de coerência entre si.
III Classificação dos objetivos detalhados de acordo com alguma taxonomia sobre tipos de aprendizagem para fixar táticas específicas de instrução a cada um deles.	3 Atividades instrutivas para conseguir, de forma efetiva, a aprendizagem de objetivos específicos.
IV Análise do que implica exatamente cada objetivo do nível II (noções, habilidades, operações mentais, padrões de comportamento...), estabelecendo táticas de instrução num nível mais específico.	4 Planejamento de etapas detalhadas de aprendizagem.

Observa-se o plano como um processo de definição progressiva, cada vez mais concreta, dos passos que se necessita dar para que os alunos alcancem os resultados que se esperam de um currículo. Trata-se de um problema de ordenação de unidades cada vez mais específicas que formarão um complexo mapa de segmentos de processos instrutivos dirigidos a cobrir as unidades nas quais se especificou o currículo. Vendo-o no modelo gráfico anterior, cada fase do plano supõe uma especificação de subcomponentes da anterior.

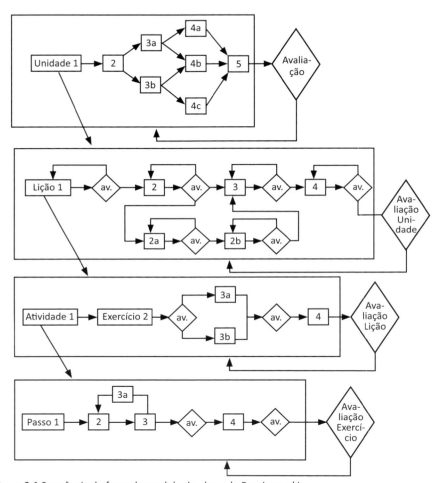

Figura 9.1 Sequência de fases do modelo de plano de Romiszowski.

A dificuldade de adotar um modelo de *plano de instrução* aplicado ao processo de plano do *currículo* é explicada por várias causas que convém assinalar.

1) Primeiramente, há o fato de que as possíveis unidades nas quais se divide o currículo, primeiro áreas ou disciplinas, depois unidades dentro de cada uma delas, lições, etc., são passos sequenciais que admitem ordenações ou sequências alternativas diferentes e que, em princípio, são equivalentes, exceto para conteúdos ou aspectos específicos com uma estrutura sequencial linear muito definida, o

que não ocorre em muitos casos. A unidade e a coerência total da sequência de elementos escolhidos exigiria que um mesmo agente tivesse em suas mãos a possibilidade de realizar o processo total ou que os distintos agentes que realizam fases distintas da sequência estivessem muito bem coordenados, algo difícil de conseguir quando sabemos que o plano é uma competência ou função repartida. Estabelece-se um modelo algorítmico com uma concatenação de passos que não é fácil de acomodar à realidade na qual intervêm agentes muito diversos na concretização curricular. Não é previsível, tampouco conveniente, pensar numa ordenação dos conteúdos e objetivos do ensino tão minuciosamente estabelecida, pois suporia realizar "fechamentos" de situações que são por natureza abertas, discutíveis, nas quais cabem opções diversas.

2) Em segundo lugar, é difícil tornar compatível um modelo de plano de instrução desse tipo com uma série de princípios pedagógicos, como a adequação a diferenças individuais, a consideração das peculiaridades contextuais de um grupo de alunos, a acolhida de experiências do aluno, a possibilidade de que, em determinadas circunstâncias, o aluno participe na concretização do plano de trabalho que vai desenvolver, etc. Um plano estabelecido em função de determinantes pretensamente técnicos seria rígido e neste sentido originaria um projeto dificilmente adequável a alunos concretos; colocaria os professores no papel de meros agentes mecânicos de sua aplicação. Se os professores terão de intervir para flexibilizá-lo, não podemos esperar que eles possam racionalizar sua prática e a tomada de decisões com um modelo deste tipo, ainda que tivessem preparação para isso. Essa dificuldade provém do fato de que o plano da instrução, tal como este costuma ser concebido na psicologia educativa até agora, é algo muito mais específico do que o que nós temos chamado de plano da prática do ensino. As tarefas que os professores realizam têm mais relação com este último do que com o plano da instrução.

Para obter planos estruturados muito especificados deveria tratar-se de um planejamento realizado exterior à prática, por agentes distintos do professor. São modelos quase algorítmicos de instrução extraídos ou aplicáveis antes ao plano de materiais, programas apresentados por meios técnicos, válidos para tópicos com uma forte estrutura linear entre seus componentes, etc. Os modelos de planos de instrução que se criaram a partir da psicologia entram mais na configuração de uma tecnologia didática dirigida por princípios precisos (que se costuma aplicar em programas ou pacotes de instruções) do que no campo da técnica válida para ser aproveitada pelos professores, cujo campo de decisões, em qualquer caso, é muito diferente e muito mais complexo.

3) Se não é possível que um mesmo agente, caso do professor ou grupo de professores, realize todo esse complicado processo, trata-se, pois, de uma função repartida entre agentes distintos que realizam suas atribuições com diferentes finalidades através de meios ou mecanismos com um certo grau de autonomia funcional. O processo de desenvolvimento, concretização e planejamento do currículo mantém de fato uma certa dependência causal entre agentes e níveis, mas mostra importantes descontinuidades, como não pode ser de outro modo, nas quais se expressa a pluralidade de opções, modos alternativos de realizar uma função, molde diferente de grandes enunciados culturais, etc. Não se pode

desejar que esses agentes estejam coordenados perfeitamente e sequer pretendê-lo é uma opção recomendável.
4) Parece-nos carente de lógica qualquer plano que queira apoiar-se em aspectos formais da aprendizagem, como é a separação taxonômica de componentes ou tipos de aprendizagens, por três razões básicas. Porque, como já comentamos, é difícil admitir a falta de relação entre processos ou componentes de aprendizagem e tipos de conteúdos. Se um conteúdo tem inerente, de alguma forma, certas determinações para a maneira de ensiná-lo, isso exige ver tal especialidade no plano do ensino, do processo instrutivo e de todo o currículo. Por outro lado, convém não esquecer que os componentes de aprendizagem podem se distinguir, de qualquer forma, antes ou depois de ocorrer o processo de sua realização, mas do ponto de vista do controle da prática é necessário estabelecer estratégias ou tarefas que assimilem todos ao mesmo tempo, pois esses planos são de pouca utilidade para os professores.
5) Finalmente, realizar um plano esquemático de acordo com uma lógica determinada, quanto à sequência de componentes de conteúdos a aprender, que será uma opção entre outras possíveis, pode nos dar um esquema relativamente simples, mas o plano da prática pedagógica deve incorporar outros critérios relativos ao valor desses conteúdos para os alunos aos quais se destinam, em função do contexto cultural no qual se distribuem, segundo a posição que se adota frente aos conteúdos de cultura, pois não são elaborações a-históricas nem assépticas, etc. As variáveis que um esquema de plano da instrução leva em consideração normalmente não são suficientes para o plano da prática do ensino e do currículo. Cada esquema de plano de instrução, de acordo com a teoria escolhida, torna relevante alguns temas e problemas sobre outros (ARAUJO; CHADWICK, 1988).

Enfim, o plano pedagógico, em geral, e do currículo, em particular, não consiste no exercício de uma técnica em sentido estrito que possa ajustar-se a uma esquematização de um processo no qual se aplica uma norma derivada de um conhecimento rigoroso, mas é, antes de tudo, a realização de uma prática na qual é preciso deliberar entre opções, considerar circunstâncias particulares da situação na qual se aplica, para a qual não se pode dispor de estratégias rigorosas nem de fundamentos muito precisos. O plano, como operação na qual atua uma intencionalidade a ser alcançada, as circunstâncias da situação e as orientações provenientes de conhecimentos diversos, não permite uma tecnificação rigorosa. Uma proposição no plano curricular deve ter coerência com a teoria do currículo que o engloba, pois se trata de tornar operativa na prática uma concepção deste. As teorias do plano servem de fato para concepções determinadas do que este é. A partir de uma proposição psicologista ou técnica derivam-se pressupostos muito diferentes para o plano do que de uma concepção do currículo como âmbito de inter-relação entre teoria e prática. O modelo de plano que tivemos como exemplo não é compatível com a concepção crítica do currículo.

Analisando-o como função de definição do currículo, o plano transforma-se na soma de decisões acumulativas que progressivamente prefiguram um tipo de prática, na qual podemos observar margens de autonomia que o sistema curricular delega, esquece e permite em seus agentes participantes. Através da distribuição de competências nas decisões relacionadas com o plano se expressam as margens de autonomia e dependência dos agentes moldadores do currículo e dos seus destinatários. No plano se manifesta um esquema de controle da prática educativa, de relações sociais, políticas e técnico-pedagógicas.

Convém assinalar, por último, que o estilo profissional dos docentes é o resultado de múltiplas exigências. As possibilidades que realmente possuem de planejar a prática estão em função do tempo e da formação que têm para isso e dos recursos com que contam para realizar o plano. Qualquer sugestão de modelo sobre como planejar "idealmente" a prática deveria observar seus esquemas de processamento de propostas exteriores, sugestões, etc., em função de sua situação profissional. Quanto mais exigente for qualquer modelo oferecido aos professores como instrumento profissional, independentemente da sua qualidade, menos possibilidades de que eles possam aplicá-lo. Assim, a tecnificação implica, inevitavelmente, desprofissionalização do professor.

A operação de plano curricular ocorre num contexto, num *sistema curricular* e não pode ser esquematizada num modelo sequencialmente rigoroso. Os modelos de instrução são de difícil aplicação à complexidade dos objetivos e conteúdos de qualquer currículo ou às suas partes essenciais. Sua validade vem marcada pela distância que em educação é preciso estabelecer entre a ação tecnologicamente estruturada e a criatividade como prática deliberativa em contextos reais. Dessa distinção origina-se a diferença entre planos rigorosos a serem desenvolvidos pelos professores ou esquemas não terminados e orientativos a serem propostos ao professor para seu fechamento e experimentação. O currículo como realidade processual, o papel ativo que os professores inevitavelmente devem desempenhar, a exigência de acomodar os tratamentos pedagógicos às necessidades de contexto muito diferentes colocam o plano em termos de propostas flexíveis, seja qual for o nível de decisão ou elaboração do currículo a partir da qual se pense o plano.

São vários os fatores que dificultam a disposição de modelos inequívocos para planejar o currículo:

1) O nível de definição com que se pretenda operar ou o grau de determinação da prática que se queira imprimir no plano. Pode-se falar de plano como estrutura geral de ideias, conteúdos, etc., de situações de ensino na qual se manejem todos os seus determinantes, ou de planos de passagens específicas de instrução para tópicos ou habilidades concretas. A complexidade dos conteúdos e objetivos curriculares exigem aproximações coerentes com eles. Esta dimensão não é uma característica puramente formal, pois, a um maior grau de precisão no plano prévio à prática, menor margem de liberdade se tem em sua adaptação a situações concretas ou em seu manejo por parte dos professores se se realiza por outro agente que não sejam eles.

2) Segundo a faceta da elaboração e do desenvolvimento do currículo na qual se fixe, explica-se a dificuldade de sistematizar as operações de plano, resultando uma dispersão de acepções de tal atividade (GOLBY, 1975; SCHUBERT, 1986; SOCKETT, 1976).

A prática da função de planejar o currículo depende, em primeiro lugar, do que se entenda por isso. Evidentemente, se o currículo é composto de uma seleção de tópicos de conhecimentos relativos a diversas áreas ou disciplinas, o plano supõe sua estruturação para serem ensinados-aprendidos. Se o currículo é para provocar uma série de experiências ou processos, a ênfase está nos aspectos pedagógicos de ordem metodológica, e o plano curricular torna-se a organização dessas experiências e dos ambientes que as favoreçam. De fato, os esquemas de plano e a teorização correspondente têm ido pela mão da evolução do conceito de currículo e das tendências que o configuram como tal em diferentes momentos históricos (MULLEN, 1976).

Entendendo o currículo como o projeto cultural que se realiza dentro de certas condições escolares, o plano deve abordar os problemas relativos à sequência ou sequências possíveis de progressão dos alunos pelos conteúdos ou habilidades de que se trate. Mas como isso se consegue ou não, se logra de uma determinada forma que não é neutra em relação a esses conteúdos e ao fomento de determinadas atitudes e vivências importantes voltadas para a realização de outros objetivos colaterais também importantes; o plano pedagógico do currículo deve considerar, ao mesmo tempo, a determinante dos conteúdos de índole intelectual junto às condições contextuais e metodológicas mais oportunas para o sucesso de uma experiência educativa adequada. Admitindo que este último aspecto introduz critérios de difícil concretização, relacionados com valores às vezes confrontados entre si, fica difícil aplicar ao plano do currículo esquemas muito precisos e universais para abordar um objeto às vezes nebuloso. Independentemente de perspectivas diversas sobre o currículo, o fato é que nos casos reais deve-se atender a conteúdos, a habilidades distintas, a planejamento de ambientes, etc. Essa combinação de exigências está, além disso, em função de peculiaridades próprias de cada área ou disciplina.

Vivemos hoje uma situação em que enfrentamos perspectivas que nos colocam alternativas de difícil conjunção. Um movimento preocupado por rendimentos constatáveis – a volta ao "básico" – nos saberes considerados seguros impõe alguns objetivos e a preponderância de certos conteúdos, ressaltando tarefas iniludíveis para professores e alunos. Ao mesmo tempo, ao menos no ensino obrigatório, continua-se mantendo a vigência de certos valores pedagógicos derivados do movimento da escola mais centrada no desenvolvimento da personalidade do aluno, destacando o valor das experiências de aprendizagem, etc., que resultou na concepção do currículo como conjunto de atividades e experiências. Nessa tessitura, é difícil, portanto, dispor de esquemas inequívocos de desenvolvimento e de planejamento de um projeto curricular.

Logicamente, a mesma dispersão de significados que se produz quando se fala de currículo volta a ocorrer quando se trata o problema de seu planejamento. Se o currículo é o documento escrito que contém a ordenação de fins, conteúdos, etc. que se quer desenvolver num determinado nível de ensino, o plano é a forma de dotar tudo isso de uma arquitetura coerente. Se o currículo é a forma e os conteúdos estruturados que estão em determinados materiais ou livros-texto, o plano consiste em estruturar todo esse material. Se o currículo é a experiência real de aprendizagem que os alunos obtêm do currículo como plano cultural que se desenvolve dentro de determinadas condições, então o plano consiste, por parte do professor ou da equipe de docentes, em organizar o projeto e as condições em que se desenvolverá. O poder de concretizar a prática que o plano tenha dependerá, em cada caso, do quão determinante seja a elaboração do currículo para a prática.

> 3) Por outro lado, os esquemas de planejamento têm relação com como essa função esteja formada e repartida entre uma série de agentes dentro do sistema curricular de cada realidade educativa. Como vimos, as decisões sobre este tema não são exclusivas dos professores. A função do plano tem muito a ver com a configuração da dimensão centralização-descentralização em tal sistema, ou seja, de como se acham repartidas as funções de elaborar os currículos entre agentes diversos. Algo que costuma ser peculiar para cada caso. Desde o plano do currículo como globalidade que afeta todo o sistema – nível escolar, curso,

escola ou um momento parcial na aula para desenvolver uma série de tópicos concretos —, existe uma gama de operações e decisões que correspondem a diversos agentes intervenientes que, naturalmente, ultrapassam o âmbito da autonomia profissional dos professores.

Os agentes participantes nas decisões, administração, professores, peritos, editores de materiais e textos escolares, pais, alunos, etc., têm competências desiguais e em aspectos específicos em cada caso, como vimos em outro momento. Esta divisão de competências costuma ser ignorada ao se colocar este tema nos tratados e contribuições realizadas desde uma perspectiva eminentemente técnica que descuida a contextualização da função de planejar. O plano relaciona-se inexoravelmente com a definição do campo de política curricular em cada caso. Falar, portanto, de planejar o currículo supõe adotar decisões que podem reforçar o *status quo* da divisão vigente de competências ou contribuir para sua alteração, considerando que a definição institucional da margem de autonomia profissional dos docentes fica enquadrada na posição que se adote.

4) Persistindo nesse condicionamento contextual, é preciso assinalar que a própria organização do currículo dentro do sistema escolar dita o campo de referência para exercer a função do plano. A ordenação do ensino dentro do sistema escolar toma decisões sobre o currículo e sobre certos aspectos de seu plano. A separação de conteúdos por áreas ou disciplinas, a sua estruturação por cursos acadêmicos ou por ciclos que englobam vários anos, a ordenação do regime de professorado em sistemas de unidocência – um professor para todas as áreas curriculares – ou para várias disciplinas afins ou para matérias especializadas são, entre outros aspectos, variáveis afetadas por decisões que não correspondem ao plano do currículo na acepção mais comumente tratada, mas que o determinam de forma muito direta.

5) A configuração social da profissionalização docente, dominantemente individualista e com pouca tradição de trabalho em equipe dentro das escolas ou fora delas, é uma dimensão importante a ser levada em conta por qualquer proposição, como a que nos ocupa, já que as possibilidades de participação dos professores, a comunicação das elaborações a respeito, os planejamentos interdisciplinares, etc. ficam favorecidos ou dificultados pelo estilo dominante neste sentido. Realmente, na medida em que as escolas tenham, e devem tê-la, uma margem para organizar seu projeto pedagógico, o plano e os esquemas para realizá-lo devem observar essa dimensão coletiva do exercício de uma competência docente que não é só individual.

Oferecer um esquema de racionalizar o plano que a autoridade administrativa realiza quando propõe ou impõe um determinado currículo é um aspecto. Planejar materiais didáticos a partir das orientações propostas pela administração supõe atuar em outro âmbito distinto com mais projeção na ação, se é que os professores dependem de tais materiais. Programar a prática dos docentes é outra atividade mediada pelas duas anteriores. Planejar o projeto educativo de uma escola com seus aspectos curriculares e paracurriculares é outra faceta. Planejar o currículo em cada um desses casos supõe realizar operações diferentes, ainda que complementares. A conveniência de optar por um esquema técnico ou outro não é um problema instrumental, mas relacionado com o contexto ao qual vai dirigido, ou seja, supõe uma valorização de seu papel na tessitura de um sistema curricular determinado. Da mesma forma, as transformações que se produzem em cada nível ou fase do desenvolvimento curricular têm consequências nas seguintes, o plano que se adota em cada uma delas é um dado ou decisão que afeta as posteriores. O plano que a administração realiza influi na configuração de livros-texto, por exemplo, mas não nos professores diretamente. O plano do material afeta em como os professores planejam sua prática na medida em que estes dependem dele, etc.

Enquanto o currículo se concretiza em todas essas atividades, também nelas se realizam funções de planejamento curricular. Esta não é, pois, uma função simples de esquematizar, ao se desenvolver em diversos âmbitos e fases. A teoria do plano e dos esquemas para realizá-lo são subteorias do currículo e refletem problemas semelhantes aos da sua teoria global. Por isso, os esquemas de plano de instrução não costumam ser adequados na medida em que não observam o fato de que a instrução é a execução de um processo num âmbito institucional enquadrado numa política curricular.

As acepções, pois, do que se entende por plano não apenas variam em função dos diferentes modelos que se possam propor para realizá-lo, derivados de experiências diversas ou de modelos de racionalizar a prática, mas também segundo o aspecto e a fase de desenvolvimento do currículo ao qual se referem e em função dos agentes que realizam essa função. A hierarquia de problemas a enfrentar, as variáveis sobre as quais decidir e atuar no plano curricular dependem do campo de referência que aceitemos para o que entendamos por currículo, de para o que ou a quem estejamos referindo tal função ou competência e dos campos de autonomia que os diversos agentes educativos têm em tal função.

Para nós, o currículo é algo que se concretiza num processo, isto é, não é independente da prática que o configura, daí que o plano é uma faceta que contribui para lhe dar forma, para defini-lo, para bem realizar tal função de administração educativa, ou de uma editora de livros-texto, ou de uma equipe de peritos ou professores elaborando materiais, ou o próprio professor para suas classes. O importante é ver como a conjunção das funções de planejamento que todos esses agentes realizam no sistema escolar contribui para determinar ou favorecer um certo tipo de prática pedagógica e um estilo profissional nos professores. Porque é dessa conjunção que devemos extrair as linhas para mudar a prática. As diferentes formas de enfrentar o plano em cada fase são, precisamente, modos de determinar a prática de uma maneira ou outra. Por isso, *os modelos de planejar o currículo devem ser analisados, na nossa opinião, como formas de determinar a prática,* pois é no plano que se moldam e aceitam valores e significados potenciais que um determinado currículo pode ter, enquanto se concretiza em planos, sequências ou ordenações gerais da ação.

Consequentemente, o *plano* do currículo pode confundir-se com seu próprio *desenvolvimento* (PRATT, 1980). O desenvolvimento refere-se ao processo de elaboração, construção e concretização progressiva do currículo, função realizada de modo peculiar em cada sistema educativo, enquanto o plano costuma referir-se à forma ou ao esquema de racionalização que deliberadamente se utiliza em tal processo ou em suas fases diferenciadas.

Partindo, pois, da constatação de que a função de planejamento é uma competência repartida dentro do *sistema curricular,* deixando ao professor, nessa distribuição, uma série de funções peculiares em cada sistema educativo e em cada nível escolar. Os espaços para modelar o currículo que o professor tem são diferentes em educação infantil, ensino fundamental e médio ou no ensino superior. Em primeiro lugar, porque o conteúdo e seu sentido são diferentes e, em segundo lugar, porque a autonomia profissional tem diferentes margens de ação em um caso ou em outro. Falar de como os professores podem planejar a prática abstratamente à margem das possibilidades reais que têm de fazê-lo não é um ponto de vista válido, já que, em qualquer caso, tal competência profissional, como qualquer outra, está limitada por um campo, definida dentro de um contexto profissional.

Portanto, cada modelo de plano que se ofereça como esquema para ser seguido pelos professores faz de fato uma opção frente a esse quadro de distribuição de responsabilidades e determinações. Quando proporcionamos um esquema aos professores, dentro de tais condições, devemos fazer duas considerações: se é adequado a suas possibilidades e se é liberador para eles ou, pelo contrário, reforça sua dependência profissional. É importante considerar as margens de atuação que o professor terá para acomodar um projeto educativo à sua realidade concreta e defender um espaço autônomo de decisões para que possa realizá-lo, com a consequente exigência da redistribuição de competências de planejamento a qual tenha que realizar em todo o sistema global.

Mal pode se defender a ideia de um plano racional para desenvolver a prática à margem das peculiaridades do contexto em que se realizará. A racionalidade pedagógica deve ser analisada na situação ou contexto particular, e é difícil pensar em outro agente que não seja o grupo de professores de uma escola ou cada uma delas isoladamente para proporcionar tal racionalidade. Admitir como inevitável e conjuntural o fato de que os professores dependam de planos exteriores em diferentes áreas curriculares, devido ao estado de coisas do qual partimos, implica ver os planos que lhes são proporcionados como ferramentas de ajuda que provoquem a experimentação dos professores, em vez de lhes deixar o papel de meros aplicadores. Elevar a atual divisão de competências a esquemas para pensar essa função, baseado na debilidade da formação do professor e numa forma de controlar a prática, suporia admitir a necessidade dessa desprofissionalização.

Nos sistemas educativos organizados, principalmente na medida em que o professor esteja pouco formado cultural e pedagogicamente, estaremos frente a uma competência que escapará de suas possibilidades em alguma medida. O que não devemos fazer depois é elevar essa situação à categoria de esquema, propiciando modelos de programar que, de fato, dão por muito limitada a capacidade dos professores em tomar decisões e em modelar os conteúdos e sua prática de ensino, remetendo-os a considerar aspectos muito concretos da prática. Isso supõe legitimar os planos fora das condições da prática na qual se aplicará, realizados por agentes diferentes do professor.

O currículo é um instrumento de formação profissional para os professores, e as formas de planejá-lo até torná-lo prática concreta, os esquemas seguidos para isso, têm incidência no desenvolvimento da profissionalização docente. Daí a importância de ir resgatando essa função para os professores, função que uma taylorização dos currículos subtraiu deles. Uma proposição que preconiza a necessidade de que eles participem numa função tão decisiva para modelar a prática e para ativar suas habilidades profissionais.

Stenhouse (1987, p. 104) assinalou que:

> [...] um currículo, se possui valor, expressa, em forma de materiais docentes e de critérios para o ensino, uma visão do conhecimento e um conceito do processo de educação. Proporciona um campo dentro do qual o professor pode desenvolver novas habilidades e relacioná-las, enquanto ocorre seu desenvolvimento, com conceitos do conhecimento e da aprendizagem.

Por isso, encontram-se posições que denunciam o controle que supõe o fato de que o currículo seja planejado fora do âmbito dos professores (NUNAN, 1983), o que faz mais difícil a adaptação do ensino ao aluno e tira dos docentes oportunidades de desenvolvimento profissional. Relegar a estes a função de executar na prática esquemas pensados fora dela supõe que o professor terá escasso poder de controlar o ensino e que tal controle fica nas mãos de quem realiza esses planejamentos exteriormente. O que nem sempre corresponde à administração, como é nosso caso, mas aos fabricantes de materiais didáticos e livros-texto, fundamentalmente, que têm, como se indicou em outro momento, não apenas a função de serem intermediários comerciais, mas também a de agentes decisivos na concretização do currículo, elaboradores de conteúdos e da forma de sua transmissão.

Quando um professor planeja sua prática, desempenha-se, obviamente, num quadro de possibilidades cujos limites ou margens são mais ou menos permeáveis e flexíveis, diferenciados para distintas áreas do currículo, de acordo com o nível de ensino tratado, etc. Delimitam essas margens:

a) As diretrizes curriculares que, com maior ou menor precisão e rigidez, estabelecem o currículo e sua sequência para um determinado nível, curso, ciclo ou modalidade de ensino.
b) O tipo de avaliação ou controle externo que se exerce sobre o currículo, que não é o que o próprio professor pode realizar.
c) A dependência que possa existir nos professores quanto aos materiais didáticos, livros-texto, etc. Dependência condicionada não apenas pela formação dos professores, mas também pela variedade de sua oferta e pela legislação e normas administrativas a respeito. Essa dependência diminui o papel profissional do docente e torna-se empobrecedora dele quando a oferta é homogênea.
d) A operatividade de sua formação profissional para identificar as variáveis que determinam a experiência e os resultados de aprendizagem, atuando sobre elas.
e) A formação para poder intervir no que chamamos de *tradução pedagógica* dos conteúdos curriculares, que lhe proporcionará autonomia real para selecioná-los, ponderá-los, organizá-los ou adaptá-los às necessidades dos alunos. Professores com escasso domínio da matéria mal podem traduzi-la pedagogicamente.
f) O campo organizativo da escola que, quando tem um projeto educativo conjunto, estabelece as grandes coordenadas dentro das quais se desenvolve a atividade individual de cada professor.
g) As possibilidades materiais reais para dedicar-se a esta função de preparação da prática, *prévia* à realização do ensino, devido às condições de seu trabalho.

As condições dominantes fazem com que os professores tenham de fato uma capacidade limitada de atuação neste sentido. Por isso, é impensável no momento – enquanto não mudem essas condições – que os professores sejam completamente autônomos no exercício desta competência profissional básica. Reconhecer a profissão docente como uma profissão de planejamento (SCHÖN, 1983) não deixa de ser uma metáfora estimulante que tem o valor da utopia que nos dê consciência sobre como as formas dominantes de exercer a função profissional estão bastante distanciadas de tal modelo, ainda que sempre tenha reconhecido o papel ativo do professor pela abertura relativa que apresenta todo contexto prático, no qual deve concluir a ação tomando decisões, pelo caráter radicalmente indeterminado que tem toda situação e qualquer normatividade pedagógica (FERNANDEZ PEREZ, 1971).

Nas condições institucionais dominantes, os professores dependem necessariamente de planos proporcionados exteriormente, ou seja, por editoras de livros-texto, materiais diversos, com seus respectivos guias, ou de projetos elaborados por outros docentes. O professor normal, nas condições de trabalho reinantes, devido à complexidade do planejamento, de alguma forma, requer planejamentos pré-elaborados. Ajudas que não podem descuidar de outro ponto de vista: que o plano do currículo deve ajudar a exercer a prática de ensino não apenas para lograr certos efeitos ou resultados, que se alcancem determinadas aprendizagens, mas para que o próprio sistema se aperfeiçoe e os professores se desenvolvam profissionalmente. A tecnificação do currículo, imposta por sua própria complexidade, implica, nas condições atuais, uma certa desprofissionalização do docente e um controle técnico exterior de sua conduta (APPLE, 1983).

Tampouco ajustado à realidade é o discurso que exalta o papel do professor sem considerar os condicionamentos de sua função, como admitir um determinismo didático que considere que o professor é mero agente de forças e valores exteriores. Vimos que o docente tem um campo de autonomia profissional que pode utilizar ou não, e suas práticas podem dar por assentado tal campo ou forçar os seus limites, mas, para dilatar os âmbitos de liberdade profissional, sua ação deve se desenvolver não apenas nos aspectos referentes à sua aula. Ainda que reconheçamos os limites da atuação profissional, o certo é que o professor desempenha um papel ativo, como se viu em outro momento, na hora de modelar o currículo dentro do ambiente de classe. É o último intérprete do primitivo projeto cultural que é o currículo antes que este se converta em ações concretas e dê lugar a aprendizagens nos alunos; toma decisões muito importantes para dar um sentido ou outro à experiência de aprendizagem que os alunos terão. Esse poder se concretiza na função de planejamento da prática que resta a ele.

Na hora de adotar um determinado esquema, é preciso considerar as necessidades do setor dominante do professorado para lhe oferecer recursos apropriados que desenvolvam sua profissionalização em vez de anulá-la. Um esquema de programação que os professores não podem seguir por falta de preparação ou porque não se acomoda às possibilidades reais de sua aplicação é uma proposta gratuita para eles. Algo que deveria ser levado em conta na hora de estabelecer políticas ou programas de inovação neste sentido. A imagem do professor como absoluto criador e artífice de sua prática é um objetivo que exige um professorado preparado que não temos. Caminhar para essa meta requer proporcionar planos intermediários para os professores, dos quais não pode prescindir no momento uma grande maioria deles, a fim de que os ajudem a emancipar-se progressivamente, o que significa, na realidade, que possam trabalhar com tais esquemas. Isso não significa que deva ser a administração quem proporcione tais modelos, pois, sob seus esquemas de intervenção administrativa e burocrática, legitimará e fixará esquemas que são, por definição, mutantes e aleatórios.

Consideramos que a opção básica do plano do currículo não é oferecer esquemas com um pretenso valor universal ou expressões de racionalidade indiscutível, algo que acreditamos que é inviável, mas sim escolher os modelos e as fórmulas mais adequados e operativos para enfrentar as necessidades de um sistema educativo num dado momento, sem que a adoção de tal esquema hipoteque as possibilidades de desenvolvimento dos professores.

Através da formação e do aperfeiçoamento profissional dos docentes, lhes são proporcionados esquemas de como programar, desenvolver ou avaliar o ensino, por exemplo. Como já se disse anteriormente, os esquemas teóricos que oferecemos aos professores para orientá-los num determinado comportamento profissional se instalam na prática, tornam-se realidade ou não, não pelo fato de que os aceitem ou não, vencendo de *per si* muitas resistências provocadas pelas atitudes contrárias e por ideias prévias fortemente assentadas. Esses esquemas não passam a fazer parte dos recursos e das habilidades profissionais praticáveis só porque o professor os aceite intelectualmente, mas porque isso depende também das possibilidades de tal implantação dentro do ambiente profissional no qual os docentes atuam.

Uma habilidade profissional nova, ou qualquer proposta metodológica de renovação da prática para um contexto concreto, efetiva-se em função das possibilidades que permite esse jogo dialético entre a capacitação profissional dos docentes e as condições da realidade na qual trabalham.

Antes de falar de como planejar o currículo, é preciso, pois, estabelecer a divisão de competências mais adequada para garantir os direitos dos alunos de receberem uma *educação de qualidade,* as necessidades mínimas de *controle sobre o sistema escolar* e uma política liberalizadora que deixe maiores margens de *autonomia para as escolas e para os professores* para poderem desenvolver essa competência profissional. Um equilíbrio difícil, sem sombra de dúvidas.

Portanto, a função de planejar e os esquemas que se proporcionem para isso não podem ser independentes de: a) Como se encontra repartida essa função na estrutura do sistema educativo, de acordo com os determinantes da prática que vimos ao analisar o sistema curricular geral e de acordo com as regulações administrativas correspondentes. Uma função que, sabemos, foi monopolizada pelos meios estruturadores que apresentam planos para o professor; b) Segundo a opção que tomemos sobre quais margens reais de atuação autônoma as escolas e os professores devem ter para modelar o currículo com seus alunos; c) De acordo com as próprias possibilidades do professorado para realizar tal missão, limitadas por sua formação.

A partir de uma perspectiva técnica de controle é muito importante que o currículo chegue bem definido aos professores; desde uma proposição educativa que ligue o currículo ao meio ambiente e à comunidade cultural imediata será importante que o plano curricular configure, em boa medida, a própria escola e os professores, partindo, se necessário, de propostas de plano para experimentar, concretizar e adaptar.

Preconizar um modelo ou uma distribuição em fases ou momentos para um sistema educativo é repartir a competência do controle sobre a própria prática. No sistema educativo espanhol existem quatro instâncias que decidem sobre o currículo, que, portanto, intervêm em seu planejamento definindo seu significado: 1) a administração educativa central que garante a unidade do sistema educativo em todo o Estado; 2) as Comunidades Autônomas com competências a respeito que desenvolvem os mínimos e incorporam elementos próprios; 3) os Centros escolares que têm funções atribuídas legalmente para decidir partes do currículo e modelar o projeto pedagógico; e 4) os professores que têm reconhecida, pela ordem legal vigente, a liberdade de cátedra.

Tal distribuição, propiciada pela divisão de competências no planejamento curricular em nosso sistema educativo, deve ser levada em consideração em qualquer esquema de plano e em qualquer política curricular alternativa ou projeto de inovação, analisando quais são as formas mais adequadas para conciliar as exigências de controle, a qualidade da prática para os alunos, o desenvolvimento dos professores e a participação da comunidade educativa.

Os problemas que se entrecruzam no planejamento não são apenas técnicos, mas políticos, de divisão de competências dentro do sistema curricular, definição da profissionalização dos docentes, de sua formação, de como esta se acha delimitada no sistema curricular de cada nível do sistema educativo.

O currículo **295**

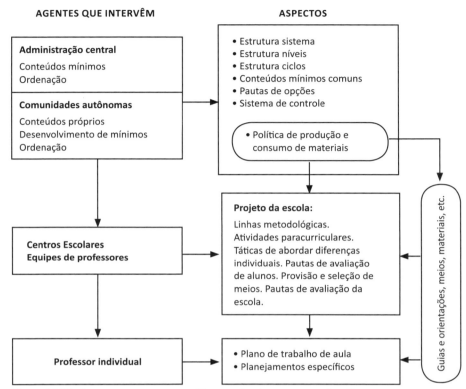

Figura 9.2 Níveis e agentes que compartilham o planejamento: suas funções.

O PLANO A SER REALIZADO PELOS PROFESSORES

Partiremos da consideração de que as funções que os professores têm no planejamento do currículo são competências aceitas dentro do sistema que o configura. Sabemos que não as realizam no vazio: existe um currículo que lhes é apresentado de alguma forma organizado, alguns materiais, etc. Não é infrequente que o professor, já socializado na dependência, renuncie à sua capacidade de decisão neste aspecto, dependendo do planejamento da prática que, de fato, os materiais didáticos ou os livros-texto que ele segue realizaram.

O tema do planejamento nos professores tem sido, nos últimos anos, um núcleo de atenção desde uma perspectiva qualitativa e cognitiva ao analisar as práticas reais e os processos que os professores seguem, analisando o pensamento e o processo de tomada de decisões que acontecem quando realizam a função do planejamento.

Como se disse em outro momento, os planos de ação, quando seguem uma orientação para cumprir com algum tipo de intenção, são esquemas ou uma "agenda" de períodos de atividades com uma ordem interna dentro de cada uma e delas entre si (LEINHARDT; GREENO, 1986). Essa ordem dá coerência e fluidez à ação, facilitando o desenvolvimento dos professores com esquemas simples dentro de situações complexas. A programação ou o plano dos professores é a concretização formal dessa agenda de atividades relacionadas com determinados conteúdos a serem abordados no decorrer de um tempo escolar.

A partir da pesquisa sobre como os professores operam no plano em condições reais é difícil concluir um esquema normativo, porque se trata de constatações do exercício da profissionalização dentro de um esquema particular de determinações, mas nos proporcionam um campo para pensar a função do planejamento na prática, da qual se extraem os elementos de referência que são a base para as estratégias mentais e práticas dos professores e através dos quais chegamos a compreender como se comportam dentro de um quadro de circunstâncias. Além disso, o planejamento cumpre a função de dar segurança aos professores desde um ponto de vista psicológico (CLARK, 1986).

Parece que os professores, quando planejam, realizam um processo cíclico de progressiva aproximação às condições da realidade (YINGER, 1977), no qual se envolvem os elementos básicos que o docente leva em consideração. Uma aproximação ao contexto que pouco tem a ver com a definição de sequências que os esquemas propositivos dominantes de instrução colocam. Cada um desses planos se desenvolve dentro de circunstâncias muito diversas e é difícil generalizar um esquema válido para qualquer dessas situações.

Essas linhas de pesquisa, sendo que os resultados mais relevantes de algumas já comentamos em outro capítulo, ressaltam dois pontos básicos de referência para os professores tomarem decisões na hora de planejar o ensino, que são as considerações em torno dos *conteúdos* e as relativas ao planejamento de *atividades*. Decidir sobre o primeiro supõe aceitar o significado dos conteúdos, selecionar atividades supõe optar sobre o *processo* de aprendizagem possível, sobre o *ambiente* escolar geral, sobre a organização desse processo, sobre o *papel* que os professores desenvolvem, etc.

Na medida em que queiramos proporcionar aos docentes um esquema para sua prática, deve-se ressaltar os elementos básicos nos quais queremos que eles centrem sua atenção, sua reflexão e suas decisões contextuais. Os professores, quando planejam, devem elaborar um quadro geral. Taylor (1970) pensa que um aspecto-chave de qualquer esquema de programação deve ser dirigido para configurar, precisamente, um *contexto de ensino,* que se estrutura a partir da consideração da matéria a ser tratada, selecionada e sequencializada, o tempo que se vai dedicar a seu ensino, os métodos que serão empregados e uma série de critérios gerais de tipo filosófico e psicológico que justifiquem conteúdo e método, considerando os interesses dos alunos, os recursos disponíveis, as limitações contextuais, etc. Num esquema de programação para professores deve-se fazer referência aos aspectos mais decisivos que determinam esse contexto de ensino.

O planejamento, enquanto é uma função dos professores, deve servir para *pensar a prática antes de realizá-la,* identificar os problemas-chave nela e dotá-la de uma determinada racionalidade, de um fundamento e de direção coerente com a intencionalidade que deve dirigi-la – basicamente, isso é a programação. Quem oferece um modelo de planejar a prática curricular está propondo uma forma de pensá-la, ressaltando os aspectos que considera essenciais nela. Essa é a função decisiva que Jackson (1968) chamou de *ensino pré-ativo.*

ELEMENTOS A SEREM CONSIDERADOS NA CONFIGURAÇÃO CONTEXTUAL DO ENSINO

Acreditamos que um esquema apropriado de programação dirigido a professores deve incidir necessariamente sobre três pontos capitais: a substantividade e ordenação dos *conteúdos* do currículo, a configuração das *atividades* mais adequadas para lograr o que se pretende e a capacidade de realizar esses planos dentro de determinadas *condições* de espaço, tempo, dotação de recursos, estrutura organizativa, etc., sem que isso signifique uma atividade de acomodação a essas condições, mas sim que as leve em consideração. Pensamos que a tomada de decisões do professor, na condição de planejador do currículo e da prática, pode se centrar na ponderação desses três capítulos básicos e nas interações entre eles optando por uma determinada *sequência* das muitas que são possíveis.

São os aspectos que reclamam competências docentes específicas, relacionadas com a *valorização da cultura na escola,* com o *saber prático-pedagógico,* síntese de múltiplos componentes e com *competências estratégicas* para se desempenhar em situações concretas, sabendo analisar a peculiaridade da situação e oferecer alternativas de intervenção em cada caso. Não se trata, pois, de um esquema-receituário de programação, mas de um estabelecimento das coordenadas para pensar e atuar na prática.

A reflexão em torno dos conteúdos

Talvez seja este o aspecto menos ressaltado quando se fala do plano do ensino e menos ainda quando se faz referência à programação que os professores realizam. Se planejar o currículo é lhe dar forma pedagógica, é evidente que a reflexão em torno de seus conteúdos é capital para os professores. No final das contas, se a cultura do currículo escolar não é uma mera justaposição de retalhos do que denominamos cultura elaborada, deve implicar uma cuidadosa seleção e ordenação pedagógica, ou seja, uma "tradução" educativa de acordo com o papel que cumprirá na educação do aluno. E essa é a função capital do planejamento curricular.

Mas, em muitos casos, a intervenção dos professores nessa operação é dificultada pela carência de capacitação técnico-pedagógica e cultural suficiente e adequada para exercer esta competência. Embora essa falta de intervenção esteja potenciada também pela própria definição institucional das funções do professor, que prevê e entende como mais próprio dele o papel de reprodutor da cultura selecionada por instâncias políticas, administrativas e acadêmicas superiores do que o de seu criador ou o de seu tradutor. Não se define o professor no ensino fundamental ou médio por ser criador de cultura, precisamente. Esta atribuição de funções e a peculiar formação dos professores dificultam a sua intervenção real no plano do currículo.

Analisando depois as condições reais de trabalho, comprovamos, além disso, que o tempo e os recursos dedicados à preparação do ensino distam de ser favoráveis às funções *pré-ativas* ou de preparação da prática. Daí que o plano possível do currículo que os professores podem teoricamente realizar é suprido por agentes externos à prática, como é o caso dos materiais estruturadores do currículo, os livros-texto, etc.

Portanto, podemos observar que a concretização da função do plano que muitos professores realizam é a de partir de determinados conteúdos já elaborados por esses agentes externos, que lhes são oferecidos com uma certa sequencialização, tratando de esclarecer a forma de ensiná-los através de certas atividades, dosificá-los no tempo, concretizá-los em certas condições, etc. Boa parte da rigidez do ensino, da falta de acomodação às condições do aluno ou do meio cultural e do fracasso escolar provém dessa dependência dos professores quanto ao plano de conteúdos realizados fora das condições de sua prática e dos interesses e das possibilidades dos alunos.

O certo é que, se o currículo supõe uma seleção de conteúdos muito diversos de cultura – no sentido que se especificou no primeiro capítulo – ordenados sob chaves pedagógicas, é preciso reconhecer que se requer uma competência de certo nível na área cultural de que se trate, além de outras competências pedagógicas, para poder intervir ativamente no plano curricular. Isso exige um professorado bem preparado. Inevitavelmente, acreditamos que são necessárias elaborações de qualidade do currículo que possam ser uma base de partida para muitos professores. Esta tem sido a função para a renovação da prática e dos conteúdos do ensino que o movimento curricular desempenhou durante os últimos 25 anos em muitos países, elaborando projetos diversos, concretizados em materiais valiosos que refletem a seleção de conteúdos estruturados pedagogicamente com atividades sugeridoras. Função que nossos livros-texto não cumprem satisfatoriamente, pois a maioria deles não apresenta alternativas de qualidade para os professores.

No entanto, dentro dos limites que imporá a estrutura do trabalho e a formação do professorado, considerando que "pensar a adequação dos conteúdos" é uma competência-chave para eles, pensamos que é muito conveniente que intervenham na avaliação do valor que um conteúdo curricular tem para os alunos, as possíveis vias de conexão com sua experiência e interesses, sua utilidade para apoiar nele outras aprendizagens posteriores, a capacidade para explicar situações reais de tipo físico, social, cultural, pessoal, etc. Uma reflexão fundamental, sobretudo no ensino obrigatório, na qual é preciso encontrar a substantividade própria do que se ensina, sem que isso suponha desdenhar certo papel propedêutico a todo conteúdo. A polêmica que distingue entre conteúdos que possam preparar para aceitar outros, por um lado, e aqueles que possam ter sentido por si mesmos, por outro, é bastante artificial e estéril.

Organizar os conteúdos

Partindo de um currículo, sempre interpretável e moldável, o professor deve se perguntar a melhor forma de organizar o seu conteúdo. Este encargo se encaixa com uma das finalidades básicas da educação, pois esta se relaciona, de alguma forma, com a reconstrução dos conhecimentos nos alunos e, devido à amplitude do capital cultural disponível, é difícil pensar na comunicação cultural natural entre gerações sem elaborações cuidadosas da transmissão desses conteúdos. A educação formal é um veículo na reconstrução do conhecimento (PEREZ, 1983), entre conhecimentos subjetivos e acadêmicos, entre diversos conhecimentos subjetivos, o conhecimento de alunos e de professores. Situando-nos em uma disciplina, uma área ou na opção de relacionar – áreas e disciplinas diversas, a forma de apresentar os conteúdos organizados e agrupados tem enorme importância, porque a decisão que se tome condiciona também as relações possíveis que o aluno possa estabelecer em sua aprendizagem (COLL, 1987).

Uma tradição pedagógica já antiga tem ressaltado a importância de ordenar os programas escolares em torno de *unidades globais* de certa extensão, com capacidade de integração de conteúdos diversos, que estruture períodos longos de atividade pedagógica. A conveniência de superar as fronteiras sempre artificiais dos conhecimentos especializados, a necessidade de integrar conteúdos diversos em unidades coerentes que apoiem também uma aprendizagem mais integrada nos alunos, para os quais uma opção desse tipo possa oferecer realmente algo com sentido cultural e não meros retalhos de saberes justapostos, certas vantagens voltadas para a organização da atividade, etc. são razões, entre outras, que fundamentam tal opção.

Unidades didáticas, centros de interesses, projetos de aprendizagem, núcleos interdisciplinares, módulos curriculares, etc. são denominações que, desde diversas óticas, autores ou movimentos pedagógicos apelam para essa virtualidade do planejamento da cultura do currículo integrada em grandes unidades. Como assinala Warwick (1987), poucas inovações curriculares receberam tão ampla atenção como o planejamento modular, igualmente atrativo para professores e alunos em qualquer setor do sistema educativo, além de oferecer certas vantagens organizativas. A maioria dos projetos curriculares seguiu esta opção, e o êxito dessa fórmula foi constatada em diversos campos curriculares. Se sua adoção é vantajosa nas áreas científicas, também o é nas humanidades, estudos sociais, etc., onde pode contribuir muito decisivamente para aclarar a estrutura dos conteúdos, os critérios para sua seleção, abordar o desenvolvimento de atitudes e habilidades complexas, colocar uma linha de progressão, etc. (DUNN et al., 1988).

Essa fórmula supõe distribuir o currículo em unidades com sentido em si mesmas, que possam ser acrescentadas a outras para cobrir uma área ou um objetivo amplo e a longo prazo. A sequência de unidades oferece alternativas diversas para concretizar, de acordo com a própria importância do conteúdo, as opções pedagógicas e as vantagens de organização do currículo em períodos ou níveis educativos. Um problema nada fácil de resolver e que, de qualquer forma, deveria ficar fora das regulações administrativas. Briggs (1973) assegura que a estrutura do conhecimento a ser levada em conta quando pretendemos que se aprenda, supõe estabelecer relações de dependência e de independência das partes integrantes, dispostas de tal forma que indiquem quando a ordem da sequência pode ser optativa ou aleatória e quando há de se fazer cuidadosamente, para lograr a melhor transferência para alcançar habilidades ou objetivos complexos. Poucos conteúdos curriculares exigem uma sequência algorítmica linear como modelo inevitável. É importante pensar em sequências *lineares* de módulos para cobrir um determinado currículo ou aspecto parcial seu, que, por sua vantagem organizativa para mover-se nelas, talvez sejam utilizadas mais do que se deveria (ROMISZOWSKI, 1981). Decidir módulos que se desenvolvem uns depois dos outros por um mesmo grupo de alunos é uma fórmula simples para a gestão administrativa quando regula ciclos e cursos, fórmula à qual se costuma acolher também os livros-texto.

Outra opção é o modelo de sequência em espiral (BRIGGS, 1973; BRUNER, 1972; ROMISZOWSKI, 1981), desenvolvimentos que aprofundam aspectos parciais de outros módulos mais genéricos.

Poderia se partir do pressuposto que Bruner (1972, p. 81) coloca: se qualquer matéria oferece elementos interessantes para a educação da criança, de forma que algo pode ser ensinado a ela honradamente em qualquer momento, então: "[...] deve se concluir que um plano de estudos deve ser elaborado em torno de grandes questões, princípios e valores que uma sociedade estima dignos do interesse *contínuo* de seus membros".

O importante é que, em cada momento, se edifique sobre o anterior, ampliando, diferenciando, oferecendo outros níveis de profundidade, etc., o que vale para o estudo da comédia em literatura como para diversos tópicos em ciências. Cada um se desenvolve nos que o seguem, se é que é preciso o esclarecimento no planejamento das relações que vão se seguir nesse desenvolvimento espiral para manter uma certa coerência em todo o currículo. Um modelo organizativo que exige estreita coordenação entre professores, quando são vários especialistas que lecionam diversas disciplinas ou áreas curriculares, ou que exige partir de elaborações prévias de plano, como é o caso dos currículos integrados de ciência (o caso do SCISP do *School Council,* 1973, ou o *Scottish Integrated Science, 1977)* ou em estudos sociais. O modelo linear é mais adaptável a modelos dominantes de profissionalização individualistas, pois a designação de segmentos é mais fácil e não exige com tanta evidência, como o modelo espiral, a coordenação.

Romiszowski (1981) fala também dos modelos *piramidais* e das *redes de tópicos*. O primeiro é coerente com uma estrutura curricular na qual uma certa base comum se considera válida ou necessária para todos os alunos (o *core* currículo) enquanto se pode prever desenvolvimentos posteriores que supõem opções para diversos alunos. A *rede de tópicos* é uma estrutura que seleciona componentes diversos em torno de um projeto concreto ou centro de interesses.

Obviamente, a seleção de unidades para organizar em torno delas o conteúdo é, em grande medida, aleatória, pois um mesmo conteúdo pode ser dividido em unidades muito diferentes ou ser agrupado com outros muito distintos entre si. As sequências possíveis de módulos concatenados são numerosas. Pode se optar por unidades diferentes conectadas linearmente, desprender de módulos gerais outros mais específicos, atender a disciplinas separadas ou optar por unidades integradas, etc. (WELLER, 1988). Esse caráter aleatório deve evitar a pretensão de fixar unidades de referência de valor estável e universal. A escolha dos módulos deve estar condicionada por sua capacidade para estimular o aluno e por sua pertinência para integrar conteúdos.

Por isso, parece-nos impróprio que a administração educativa opte por uma determinada seleção de unidades, fixando-as numa ordenação legal que costuma estabilizar-se no tempo, como acontece na regulação do currículo que vem sendo praticado pela educação primária espanhola. Tais decisões deveriam ficar para serem refletidas na confecção do material, para as escolas e para cada professor em particular.

Sintetizando, as vantagens desta opção modular podem ser agrupadas em torno de uma série de razões:

a) O módulo facilita a motivação do aluno, que pode observar maior coerência entre conteúdos ao vê-los relacionados com determinados núcleos ordenadores do saber. (Pensemos em unidades como: *Trabalhando com a madeira, A ciência a partir dos brinquedos, A criança e os plásticos,* etc., do projeto de *Science 5-13, School Council,* 1982.)

b) O módulo permite estabelecer relações entre conteúdos diversos que poderiam se conectar mais dificilmente se o mesmo professor os tratasse em momentos diversos ou se distintos professores o abordassem em matérias e horários diferentes. O ensino modular exige conexões entre especialistas quando se trata de um nível que exige competências científicas mais elaboradas por parte dos professores, mas é um recurso para lograr a relação entre os saberes quando o estilo dominante não é o de trabalho em grupo por parte do professorado. É um meio de progredir até um currículo sob código *integrado*, tal como vimos em outro momento.

c) O módulo permite não apenas relacionar conteúdos intelectuais, mas também conectá-los com atividades práticas, habilidades diversas que não costumam depender de conteúdos específicos. Os módulos originam a proposição de uma atividade metodológica potencialmente mais variada, integradora de recursos diversos, materiais, meios audiovisuais, etc., bem como tornam mais tolerável a aprendizagem de conteúdos que, sendo estritamente necessários, são mais difíceis para motivar o aluno quando são proporcionados descontextualizados de outras aprendizagens. Neste sentido, os módulos exigem naturalmente ciclos de ação prolongados com uma unidade metodológica, tratamentos em horários coerentes, etc.

d) O módulo favorece a ordenação do trabalho dentro da classe e nas escolas, em grupos de diferente nível e ritmo de progresso, recurso fundamental para facilitar o tratamento da diversidade e diferenças entre alunos. Anteriormente, fundamentamos a ideia de que uma organização modular dentro de áreas ou matérias pode ser um recurso, menos discriminatório que outros, de tratar a diversidade de alunos dentro de um nível educativo ou de um mesmo grupo deles. A estrutura modular de uma matéria ou área permite distinguir partes essenciais comuns para todos de partes equivalentes, mas diferentes entre si, que podem ser objeto de escolha para os alunos, estabelecer módulos de desenvolvimento para alunos adiantados, etc. É uma fórmula para organizar a optatividade.

e) O módulo marca ciclos de atividade para conteúdos com uma coerência interna, assegura o significado de certos objetivos e parcelas curriculares, o que pode ocasionar a programação da avaliação que o professor realiza do aluno, o diagnóstico do seu progresso e a regulação de sua promoção dentro do sistema escolar.

f) O módulo, como unidade intermediária entre tópicos parciais e matérias ou áreas de curso completo, é uma ajuda reguladora para a própria atividade do professor.

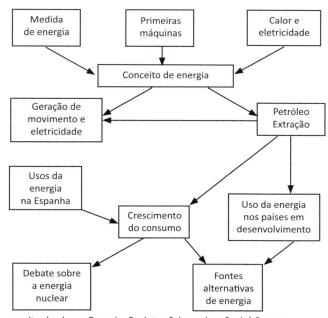

Figura 9.3 Mapa conceitual sobre a Energia. Projeto: *Science in a Social Context*.

Esclarecer a estrutura do conteúdo do módulo

Como as unidades modulares são agrupamentos conjunturais de conveniência, é preciso que a programação do próprio professor esclareça sua estrutura interna, para ordenar sua aprendizagem, explicitar a dependência interna entre componentes, conceitos, etc., ponderar a importância de todos esses elementos, atender a todos e as relações entre eles, podendo acompanhar a aprendizagem do aluno.

Para chegar a tal esclarecimento, pode-se recorrer ao recurso de estabelecer em cada caso os *mapas conceituais* que refletem os componentes e algumas das relações mais significativas entre eles. Um mapa conceitual, segundo Novak (1984, p. 15), é:

> [...] uma tentativa de representar significativamente as relações entre conceitos em forma de proposições. Tais proposições são dois ou mais conceitos ligados entre si por meio de termos em uma unidade semântica [...]
> [...]
> Exceto para um número relativamente reduzido de conceitos adquiridos precocemente pelas crianças por meio de processos de aprendizagem por descoberta, a maior parte dos conceitos significativos são aprendidos através do estabelecimento de composições nas quais se integra o conceito a ser assimilado.

As redes podem ser múltiplas e alternativas dentro de uma unidade, enquanto os seus conteúdos não tenham relações de dependência estritamente linear e unívoca entre si, como é o caso de certos conceitos matemáticos e científicos. A título de exemplo, podem se ver algumas estruturas ou mapas. A primeira delas se refere a uma unidade de ciência de um projeto curricular. A segunda é um desenvolvimento parcial do mapa conceitual referente à unidade dos Romanos, proposta por Novak.

Os mapas conceituais representam a hierarquização de componentes, de acordo com a teoria da aprendizagem significativa de Ausubel, que modeliza o processo de aprendizagem como a integração de elementos dentro de estruturas hierarquizadas que organizam o significado de componentes parciais coerentes e significativos, evitando o isolamento de elementos desconectados da estrutura, o que lhes tornaria mais vulneráveis ao esquecimento e à falta de aplicação e utilização em situações diversas. Podem encontrar apoio também nas análises de *esquemas* ou *redes semânticas* de Norman (1975), que postulam a organização, ordenada por conjuntos semânticos, das informações recebidas. A aprendizagem significativa tem mais probabilidade de se produzir quando os novos conceitos se integram numa estrutura mais ampla, incluídas dentro dela, pois os mapas têm esse caráter hierarquizador de dependências, representando os conceitos inclusores na parte superior da estrutura, que vai se diferenciando em conceitos mais específicos e exemplificações à medida que descemos por ela, ainda que a ideia de hierarquia não implique relações únicas possíveis, mas relações de causa, comparações, acessórias, de dependência ou inclusão. Um mapa pode refletir diferentes tipos de relações com um nível de detalhe variável (POSNER; RUDNITSKY, 1986).

O mapa pode se referir a conceitos, fatos, dados relevantes, teorias, normas, princípios, generalizações, etc.

Novak e Gowin (1984, p. 23) sintetizam as virtualidades dos mapas afirmando que:

> No planejamento e na organização do currículo, os mapas conceituais têm a vantagem de servir para separar a informação significativa da trivial, assim como para escolher exemplos. Em relação à direção de classe, ajudam os estudantes em seu papel de aprendizes, esclarecem o do professor e criam uma atmosfera de respeito mútuo, animando a cooperação entre professores e alunos (ou do aluno com a instituição escolar) numa batalha em que o "monstro" a ser conquistado é a significação da informação, e a vitória, compartilhar o significado.

O currículo **303**

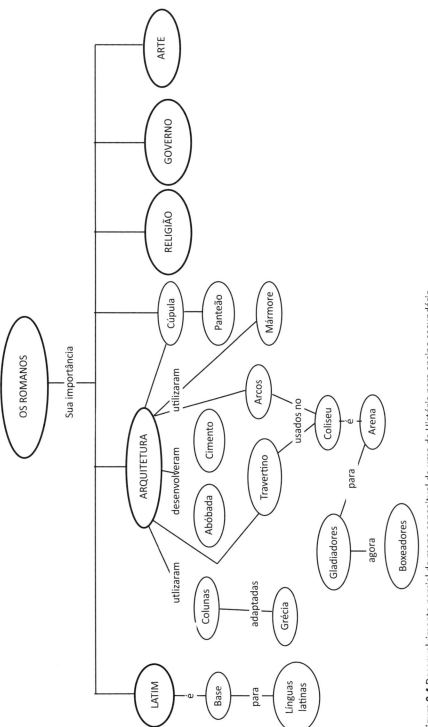

Figura 9.4 Desenvolvimento parcial do mapa conceitual de uma de História para ensino secundário. Fonte: Novak e Gowin (1984).

A partir de um determinado mapa, professores e alunos podem incluir novos elementos, encontrar novas relações entre vários deles, trocar ideias diferentes sobre um mesmo conceito inclusor, "negociar" os significados, etc.

A rede conceitual permite ao professor, em suas estratégias didáticas, descobrir concepções erradas do aluno, suas significações prévias e fazer conexões com elas ou com outros mapas, rastrear os requisitos para lecionar com segurança um novo conteúdo, adequar o nível de especificação e complexidade de um mapa ao nível dos alunos, selecionando adequadamente os conteúdos, programar níveis de desenvolvimento diferentes, controlar o desenvolvimento cíclico de unidades em momentos distintos, prever linhas de desenvolvimento complementar para os alunos adiantados, estabelecer, em suma, a sequência para abordar a unidade, sabendo que certamente não é a única possível. Os mapas conceituais são recursos manejáveis pelo professorado, pois, em qualquer caso, supõem a explicitação do que faz. Essas virtualidades, mais sua flexibilidade para serem desenvolvidos em diferentes níveis de complexidade, lhes dão o valor de fórmula adequada para serem aplicados pelos professores a diversos tipos de alunos, segundo a profundidade do conhecimento do próprio professor, etc.

Elaborações mais complexas ou muito especificadas derivadas de outras contribuições do plano da instrução, sem prejuízo de seu valor explicativo, podem ser de escassa utilidade, sobretudo para os professores, devido ao nível de complexidade do currículo escolar e do tipo de decisões que eles têm de tomar, como acontece com o caso da teoria da elaboração e modelos muito estruturados de planejamento (ARAUJO; CHADWICK, 1988; MERRILL, 1977; PEREZ, 1983; REIGELUTH, 1983, 1987; REIGELUTH; MERRIL, 1980; ROMISZOWSKI, 1981, 1984).

Separar elementos a partir de uma taxonomia de componentes formais (fatos, conceitos, princípios ou procedimentos), como faz o último dos autores citados, a fim de estabelecer estratégias de ensino ou atividades específicas para lograr sua aprendizagem, supõe partir de um modelo quase cibernético de ensino de difícil aplicação em processos de intercâmbio humano e impossível de manejar pelos professores, que têm um modo de funcionar profissional muito diferente, como já vimos, além de correr o perigo de perder de vista a unidade do processo educativo. A complexidade de um mapa que integre submapas para componentes específicos levaria a formular conjuntos impossíveis de manejar pelos professores, já pouco inclinados por vocação e pela estrutura do trabalho dentro da qual funcionam, a colocar temas referentes a conteúdos curriculares. Os professores se desempenham em ambientes complexos que tornam manejáveis simplificando os "dados da situação".

Além de explicitar a rede do mapa conceitual, a valorização educativa dos conteúdos para certas áreas do currículo pode melhorar com as seguintes considerações:

1) Introduzindo os alunos em atividades nas quais se manifeste o *método científico* da própria disciplina ou área. Não se trata de fazer do método mais um conteúdo de aprendizagem, mas sim utilizá-lo em alguma medida nas próprias atividades de aprendizagem: recolher dados, informações, elaborações, enquetes, trabalhos de campo, etc. Sua virtualidade reside em motivar o aluno, conectar dados, experiências e elaborações conceituais, estimular uma atitude construtivista, histórica e de certo modo relativa do conhecimento.

2) A *perspectiva histórica* do conhecimento é um valor cultural importante que matiza as atitudes frente à verdade, à objetividade, evitando o dogmatismo e

a rigidez do pensamento. A dimensão diacrônica de qualquer conceito, ideias, teorias, crenças, elaboração ou descoberta, análise das circunstâncias nas quais se produziu, etc. oferecem uma oportunidade educativa e cultural sempre interessante.

3) A *projeção social* de qualquer conhecimento ou unidade é sempre relevante para que a cultura escolar tenha relação com o mundo no qual se vive, princípio que se pode aplicar, obviamente de forma desigual, a diferentes tipos de unidades, disciplinas ou áreas. O princípio da conexão da cultura ou do currículo escolar com o currículo paralelo exterior à instituição implica um esforço constante para encontrar relações significativas entre os conteúdos escolares e as realidades exteriores, entre o novo conteúdo e os significados prévios do aluno nutridos por essa cultura, relacionar com as crenças, elementos culturais, instituições, usos sociais diversos, etc. Um princípio que em Ciências Sociais, Estudos Ambientais, Ciência e Tecnologia, por exemplo, tem fácil aplicação, mas que serve de igual modo para matérias instrumentais como a Linguagem e a própria Matemática.

No final das contas deveria ficar bem claro aquele velho princípio pedagógico de que a ordenação sistemática do conhecimento existente, ou a ordem pela qual se descobriu, nem sempre impõe uma ordem em sua transmissão, que deve ter uma lógica pedagógica, dentro da qual o mapa conceitual da matéria impõe certos elementos e relações, mas não as esgota, pois existem outros critérios a serem levados em conta.

Estruturação das atividades ou tarefas

No capítulo anterior nos detivemos no papel que as tarefas cumprem como elementos estruturadores dos planos e da ação dos professores. Acreditamos que este tratamento tem aplicação basicamente nos planejamentos da ação pedagógica, da instrução, que será realizada em aula. Não se pode extrapolar em qualquer tipo de processo de planejamento. Sempre que o professor elabora algum plano no qual "visualize" o que ele vai realizar com seus alunos, pode ser visto desde o prisma que desenvolvemos. Planejar é, precisamente, antecipar o futuro de algo – seja objeto ou ação –, relacionar meios com fins e construir um esquema que guie a ação.

Partindo do fato de que os professores estruturam sua prática tendo como referência básica as atividades ou tarefas acadêmicas e que esse âmbito é o terreno por antonomásia em que podem e lhes é pedido que realizem suas opções profissionais, compreendemos a importância que este aspecto tem no planejamento do ensino. As atividades são planos estratégicos de instrução com determinadas virtualidades. Mas é importante pensar que os professores partem desses esquemas práticos, mais que elaborá-los depois de considerar um determinado mapa. O plano didático que o professor projeta seria uma sequência particular e um entrelaçado de tarefas para alunos e professores realizarem, para abordar um certo currículo ou uma parte dele que possa ter ficado refletida num mapa, realizado em diversos níveis de generalidade ou concretização, que mantém a coerência da prática durante um curso de ação que se prolonga num espaço de tempo, marcando, com isso, um estilo de desenvolver o processo de ensino-aprendizagem.

Existem tarefas ou atividades complexas dentro das quais cabem outras mais específicas, em que encontram sentido. Vimos que a prática do ensino pode ser analisada como uma certa tessitura hierárquica de atividades, umas dentro de outras, que contribuem para dar sentido unitário à ação. Assim, por exemplo, fazer um jornal escolar ou analisar a cultura de uma zona é uma atividade-projeto que, como marco geral, compreende muitas outras que encontram sentido dentro da atividade mais global. O ruim é que a parcelação do currículo em tópicos, áreas, professores especialistas, horários entrecortados, etc. obscurece cada vez mais a realização dessas atividades-marco que contribuem para dar sentido à tarefa educativa voltada para os alunos.

As atividades globais às vezes só são possíveis dentro de "oficinas" paracurriculares ou em tarefas chamadas extraescolares, que têm mais poder de dar um sentido diferente à prática educativa do que muitos outros empenhos. Tarefas específicas como realizar resumos, ler textos diversos, analisar objetos, etc. só podem cobrir aspectos sempre parciais do currículo, o que pode levar, e acreditamos que de fato leva, a não proporcionar um sentido unitário à prática educativa.

Frente à opinião de que os planos didáticos dos professores têm continuidade somente em sua estrutura geral ao longo de seu desenvolvimento, é conveniente opor a tese e constatação de que a seleção de atividades que os professores realizam e a interação entre tipos de tarefas destes e as dos alunos se mantêm bastante estáveis desde o planejamento até a realização da prática. Pensemos, a título de exemplo, na tarefa de fazer uma observação em Ciências Naturais para descobrir os processos de fotossíntese nas plantas. Esta tarefa a ser realizada pelos alunos, a qual tem a potencialidade psicológica de despertar processos diversos de observação, descoberta, elaboração de conceitos, etc., exige a previsão de muitas coisas: uma série de meios didáticos, planejá-la para um tempo, organizá-la na aula, na escola ou fora dela, de forma que se possam observar realmente os efeitos da privação de luz para as plantas; exige do professor tarefas paralelas, etc. Se essa tarefa não foi prevista no plano do professor, dificilmente poderá ser improvisada, e se se prevê e põe em funcionamento o curso da ação, ficará marcado em grande medida por um período de tempo, ainda que as circunstâncias possam variar as incidências de seu desenvolvimento, seu enriquecimento ou seu empobrecimento na experiência. Neste sentido, dizíamos, as tarefas que estruturam um plano têm alto poder determinante da prática enquanto dura o desenvolvimento do plano inerente a cada atividade.

Os elementos envolvidos numa tarefa, as opções que se tomam conscientemente ou não nas diversas dimensões nas quais podemos analisá-las, requerem uma certa preparação da ação desde seu plano até sua execução.

Acreditamos que as dimensões que apontamos no capítulo anterior para analisar as tarefas e realizar um processo de discussão a respeito delas servem também como pontos de referência para planejá-las e selecioná-las dentro das programações do professor, de acordo com a filosofia educativa global que implica uma opção ou outra. Sugerimos a pauta de dimensões de análise, pois, como pauta de referência no planejamento ou projeto de atividades didáticas.

Raths (1971) destaca uma série de princípios ou critérios para selecionar e ponderar o valor educativo das atividades ao oferecer um esquema de programação alternativo ao modelo de objetivos:

    1. Que a atividade permita ao aluno tomar decisões racionais quanto ao modo de desenvolvê-la. É mais importante, por exemplo, que o aluno possa escolher en-

tre fontes de informação do que lhe seja permitido decidir quando desenvolverá a atividade: agora ou mais tarde.
2. Uma atividade é mais essencial do que outra se facilita ao aluno desempenhar um papel ativo: pesquisar, expor, observar, entrevistar, participar em simulações, etc., em vez de escutar, preencher fichas ou participar em discussões rotineiras com o professor.
3. Uma atividade que permita ao aluno ou o estimule a se comprometer na pesquisa das ideias, na aplicação de processos intelectuais ou em problemas pessoais e sociais é mais importante que outra que não o faça. Envolver-se em temas que colocam a verdade, a justiça, a beleza, a comprovação de hipóteses, a identificação de pressupostos, etc. é mais rentável do que tratar tópicos sem questionar problemas de importância.
4. Uma atividade terá mais valor do que outra se envolve o aluno com a realidade: tocando, manipulando, aplicando, examinando, recolhendo objetos e materiais e não só pintando, escrevendo, narrando, etc.
5. Uma atividade é mais importante do que outra se pode envolver nela alunos com diferentes interesses e níveis de capacidade. Tarefas como imaginar, comparar, classificar ou resumir não impõem normas únicas de rendimento nos resultados possíveis.
6. As atividades que estimulam os estudantes a examinar ideias ou aplicar processos intelectuais a novas situações, contextos ou materiais são mais valiosas do que as que não estabelecem continuidade entre o estudado previamente e as novas aquisições.
7. As atividades terão mais valor educativo se exigem que os estudantes examinem temas ou aspectos nos quais as pessoas não costumam se deter normalmente e que são ignorados pelos meios de comunicação: sexo, religião, guerra, paz, etc.
8. As atividades que obrigam a aceitação de um certo risco de sucesso, fracasso ou crítica, que podem supor sair de caminhos muito percorridos e aprovados socialmente, têm maior potencialidade que as que não trazem esse risco.
9. Uma atividade é melhor que outra se exige dos alunos que escrevam de novo, revisem e aperfeiçoem seus esforços iniciais, em vez de aparecer como meras "tarefas a completar", sem lugar para a crítica nem o aperfeiçoamento progressivo, efetuando-as de uma vez por todas.
10. As tarefas que comprometem os estudantes na aplicação e no domínio de regras significativas, normas ou disciplinas, controlando o que fez, submetendo-o à análise de estilo e sintaxe, são mais importantes do que as que ignoram a necessidade dessa regulação.
11. As atividades que dão oportunidade aos estudantes de planejar com outros e participar em seu desenvolvimento e resultados são mais adequadas do que as que não oferecem essas oportunidades.
12. Uma atividade é mais importante se permite a acolhida de interesses dos alunos para que se comprometam pessoalmente.

Atenção a habilidades, aptidões ou objetivos comuns a qualquer unidade, disciplina ou área curricular

Muitos objetivos da educação necessitam de atenção permanente em toda a escolaridade, sem que se possa dizer se são conteúdo ou objeto específico de uma área ou outra. Outras vezes o são mais propriamente de alguma delas, mas devem ser levados em conta ao longo de todo seu desenvolvimento. Seu sucesso depende de que sejam considerados em muitos tipos de atividades distintas. Classificar documentação, ser capaz de tirar o essencial de uma informação, ordenar ideias, adquirir bons hábitos de trabalho, comunicar-se com desenvoltura e expressividade, escrever corretamente e com fluência, ser tolerante e cooperar com os demais, etc. não são componentes parciais de nenhuma disciplina e, no entanto, justificam por si só toda a educação obrigatória e inclusive posterior. Adquirem-se ou não como consequência de atendê-los em atividades muito diversas e durante tratamentos prolongados.

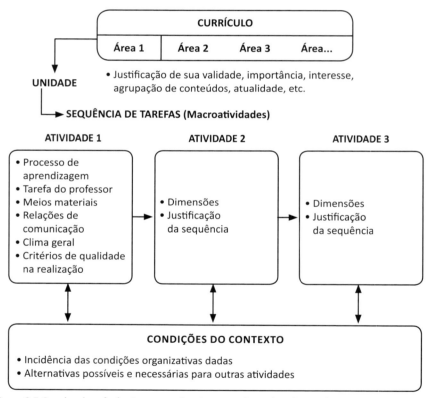

Figura 9.5 Quadro de referência para o planejamento do ensino dos professores.

O que acontece é que é frequente a perda de visão do objetivo educativo global por parte do professorado, como consequência da taylorização de seu trabalho, tal como já comentamos, e esses objetivos passam a ser "terra de ninguém" ou são deixados, às vezes, como trabalho "complementar" para momentos especiais ou sob a responsabilidade, às vezes, de figuras como a do tutor, caso da docência dividida por especialidades, quando são professores diferentes que se ocupam de um mesmo grupo de alunos.

Existem habilidades concretas que são atendidas em módulos específicos, como, por exemplo, a capacidade de medir magnitudes diversas ou calcular distâncias em mapas, mas as habilidades gerais do tipo que indicamos são competência de toda a equipe docente e de cada professor ao longo de todo o ensino. O planejamento conjunto é a fórmula que evitará o esquecimento desse mínimo comum entre todos os professores.

O modelo que antecede resume os aspectos-chave do planejamento do currículo, ressaltando os pontos sobre os quais a autonomia profissional dos docentes tem de tomar posições que determinarão decisivamente sua prática posterior.

10
O currículo avaliado

- A avaliação: uma ênfase no currículo
- A avaliação como expressão de juízos e decisões dos professores

A AVALIAÇÃO: UMA ÊNFASE NO CURRÍCULO

O currículo abarcado pelos procedimentos de avaliação é, enfim, o currículo mais valorizado, a expressão da última concretização de seu significado para professores, que, assim, evidenciam uma ponderação, e para alunos, que, dessa forma, percebem através de que critérios são avaliados. Neste sentido, a ênfase dada pelos procedimentos de avaliação sobre os componentes curriculares é mais um aspecto da transformação do currículo no curso de seu desenvolvimento dentro das condições escolares. Modulação que *a priori* não é desdenhável, conhecendo a carga institucional e psicológica que os procedimentos de avaliação têm nas aulas. Desde uma perspectiva interna escolar, o currículo enfatizado é o selecionado de fato como conteúdo dos procedimentos de controle. O que a experiência de aprendizagem significa para os alunos é transmitida pelo tipo e conteúdo dos controles de que é objeto, trate-se de procedimentos formais ou informais, externos ou realizados pelo próprio professor que pondera um determinado tipo de conteúdo.

De alguma forma, o ensino se realiza num clima de avaliação, enquanto as tarefas comunicam critérios internos de qualidade nos processos a serem realizados e nos produtos esperados delas e, portanto, pode-se afirmar que existe um certo clima de controle na dinâmica cotidiana do ensino, sem que necessariamente deva manifestar-se em procedimentos formais que, por outro lado, são muito frequentes. Um aluno sabe que o avaliam quando lhe perguntam, quando lhe supervisionam tarefas, quando o professor lhe propõe uma linha de trabalho cotidiano, quando o desaprovam. Em toda essa dinâmica e clima, desde a perspectiva do aluno, configura-se um critério acerca do que se entenderá por aprendizagem valiosa de qualidade.

Portanto, a concretização de significados do currículo não é alheia a esse clima de avaliação, que explicitamente pode ser vista no tipo de aprendizagem que fica ressaltada pelos sistemas de controle formal dominantes. A avaliação atua como uma *pressão modeladora da prática curricular,* ligada a outros agentes, como a política curricular, o tipo de tarefas nas quais se expressa o currículo e o professorado escolhendo conteúdos ou planejando atividades. Nos capítulos correspondentes vimos as formas de atuação da política e como a própria seleção de tarefas que os professores realizam poderia estar condicionada pela capacidade destas para manter um "clima de trabalho ordenado em classe" e pelo caráter avaliável de seus resultados. Os próprios materiais que traduzem o currículo apontam, em inumeráveis ocasiões, especialmente no ensino fundamental, que saberes e habilidades devem ser enfatizados e valorizados. Neste capítulo, vamos nos deter mais em como essa pressão é exercida através da avaliação que os professores realizam.

A força das avaliações formais e informais do professor como ponderação de determinados componentes do currículo é sempre importante e torna-se a única realizada explicitamente quando, como é nosso caso, não existem controles externos no sistema educativo. É preciso apreciar o único procedimento de controle real do currículo nas pautas internas do funcionamento escolar e nos procedimentos de avaliação que formal e informalmente os professores realizam, ainda que se justifique a avaliação com fins de diagnóstico do progresso da aprendizagem.

As avaliações têm de fato várias funções, mas uma deve ser destacada: servir de procedimento para sancionar o progresso dos alunos pelo currículo sequencializado ao longo da escolaridade, sancionando a promoção destes. Tal função reguladora da passagem do aluno pelo sistema escolar é inerente à própria ordenação do currículo como sistema organizado, e é difícil pensar em outra possibilidade. Os alunos e o próprio professor não distinguem procedimentos de avaliação realizados com propósito de diagnóstico de outros com função sancionadora de níveis de aprendizagem com vistas à promoção do aluno pelo currículo regulado dentro da escolaridade. Embora a educação obrigatória não seja seletiva, a avaliação realizada dentro dela gradua os alunos, hierarquiza-os, porque assim ordena sua progressão.

Trata-se de funções de controle que ficam nas mãos do professor. Tendo destacado os limites da autonomia da profissionalização dos docentes, é preciso ressaltar que, em nosso sistema educativo, o progresso do aluno dentro do sistema escolar fica totalmente nas mãos dos professores, ou seja, são os únicos depositários dos procedimentos formais de controle, o que lhes confere um enorme poder dentro da instituição. Utilizar os resultados de rendimentos escolares proporcionados pelas avaliações realizadas pelos professores como única informação disponível para a avaliação do sistema supõe remeter-se à validade e mecânica de realização dos métodos desenvolvidos por eles. O modo como esses procedimentos, como veremos mais adiante, expressam os valores do professor e do sistema escolar, a capacidade crítica que tal informação tem sobre a realidade do currículo e a qualidade do ensino é muito baixa. O fracasso escolar não expressa, por exemplo, mais do que uma disfunção, uma falta de acomodação dos alunos a "certas exigências", mas sem maior valor diagnóstico do que esse, ao se referir a conceitos e critérios internos de rendimento escolar, a conhecimentos e processos de aprendizagem ponderados internamente em função do próprio sistema de valores, práticas e teorias implícitas dominantes com as quais os sistemas escolar e curricular funcionam. As notas escolares, como dados expressos pelo sistema educativo, reproduzem todas as práticas e valores dominantes nesse sistema e, por isso, não servem como informação para discuti-lo. É importante não identificar resultados do sistema com sua qualidade, enquanto não se esclareçam os critérios, os conteúdos e os processos que enfatizam e ponderam os procedimentos através dos quais os dados do rendimento escolar são obtidos.

A análise sobre a qualidade do ensino a partir dessa informação é um debate que não pode apoiar-se em critérios comprováveis. Com um meio de informação sobre o funcionamento do sistema como o que temos, levando o argumento ao absurdo, bastaria suprimir os reprovados, fazer com que os professores fossem mais tolerantes, para que a qualidade do sistema "aumentasse".

Um sistema que não dispõe de mecanismos de informação sobre o que produz fica fechado à comunidade imediata e à sociedade inteira, sem possibilidade de que esta, em seu conjunto, previamente informada, possa participar em sua discussão e melhora. A política educativa, a avaliação da validade dos currículos vigentes, a resposta das escolas frente à sua comunidade ficam sem comprovação possível; os próprios professores justificam-se, acomodando-se à regulação abundante à qual sua prática é submetida. É difícil que o currículo que não se avalia ou que o faz somente através da avaliação dos professores entre numa dinâmica de aperfeiçoamento constante. Sem informação sobre o funcionamento qualitativo do sistema escolar e curricular, os programas de inovação ou reformas podem ficar na expressão de um puro voluntarismo ou em submissão a iniciativas que poderiam não responder a necessidades reais do sistema escolar, dos alunos e dos professores.

O procedimento de regulação exaustiva do processo de desenvolvimento curricular tem a contrapartida, entre nós, de não proporcionar informação válida sobre o funcionamento do sistema educativo. O modelo de controle externo de produtos, com as deficiências de que acusam os sistemas nos quais se pratica, tem, em certa medida, algum valor de informação comprovável. O sistema de controle do processo exige peremptoriamente, numa sociedade democrática, manter dispositivos paralelos de diagnóstico do sistema se se quer conhecer sua qualidade como meio de oferecer informação a todos os interessados. Tal função é cumprida pela investigação avaliativa para aprofundar a democratização da própria instituição escolar (SIMONS, 1987). A *evolução democrática* do currículo pode ser vista como um serviço de informação para a sociedade sobre as características da sua realização (MACDONAL, 1983). A dimensão social e política dos procedimentos de avaliação a que se submete a prática curricular é evidente e assim tem sido ressaltada por múltiplos autores (APPLE, 1974; HOUSE, 1980; SIMONS, 1987, entre outros). Se não existem esses diagnósticos, a única notícia do funcionamento do sistema escolar e do currículo se reduz aos dados proporcionados pelo professor nas avaliações dos alunos. Isto explica a prolixa regulamentação a que, em nosso sistema escolar de primário e secundário, se vê submetido o tema da avaliação, além de ser um aspecto a mais no qual se observa o intervencionismo pedagógico.

A avaliação para o diagnóstico e o controle democrático da qualidade do ensino e do currículo distribuído pode ser vista como uma ameaça para a autonomia das partes, especialmente dos professores, mas também é o recurso para evitar a patrimonialização de uma atividade e é necessária para o funcionamento de uma sociedade democrática. Na medida em que não há mais informação sobre o sistema do que a que os professores dão com a avaliação de alunos, as disfunções que esses dados possam detectar poderiam repercutir numa imputação aos professores como únicos responsáveis do sistema e não a outros condicionamentos, além de reproduzir as condições nas quais se obtêm e os critérios que lhes servem de base.

A AVALIAÇÃO COMO EXPRESSÃO DE JUÍZOS E DECISÕES DOS PROFESSORES

Dentro de nosso sistema escolar, a transformação ou incidência no currículo, que ocorre na prática como consequência da pressão avaliadora, deve ser remetida aos procedimentos empregados pelos professores. Os mecanismos que os docentes desenvolvem no ato de avaliação são tão decisivos porque todas as funções da avaliação dependem da que eles realizam sobre os alunos. Certamente existe uma espécie de desinteresse coletivo para não analisar um problema que tanto centraliza as atividades das instituições educativas. O professor, como ser dependente, profissionalmente falando, recupera sua autonomia ao não existir controle explícito sobre sua prática ou, ao menos, pode ter essa sensação.

Como instrumento de análise para se aproximar dos fenômenos envolvidos na mecânica e no significado real do que é a avaliação, poderíamos enfocar o ato de avaliação com os mesmos esquemas com os quais se estão analisando os processos de tomada de decisões do professor, o processamento da informação que antecede as avaliações e a utilização de esquemas mentais mediadores em sua prática pedagógica. Afinal de contas, para os professores a atividade de avaliar é mais um ato do processo de ensino, algo que, de maneira informal ou formal, realizam cotidianamente; é o que chamaríamos de fase de comprovação de seu ensino, ou o que Jackson chamou de fase *pós-ativa*, sem excluir o recolhimento de informação realizado na fase interativa, enquanto vai transcorrendo o processo de ensino-aprendizagem.

Em geral, a avaliação, a simples atribuição de uma nota, a qualificação ou apreciação de um trabalho, de um exercício, ou de qualquer atividade do aluno, a adjudicação de toda categoria que suponha a localização de uma realização do aluno dentro de uma escala implícita ou explícita são a *expressão de um juízo por parte do professor, que pressupõe uma tomada de decisões*, por elementar que seja, e que se apoia em diferentes tipos de evidências ou indícios, tomados através de algum procedimento técnico quando é uma avaliação formal ou por mera observação informal.

A importância das notas e das avaliações escolares do ponto de vista social, acadêmico e pessoal para os alunos contrasta certamente com a simplicidade dos processos pelos quais são atribuídas aos alunos; processos que têm muito a ver com uma típica conduta simplificada de tomada de decisões por parte do professor.

O fracasso escolar como expressão de uma avaliação negativa está diretamente ligado ao modo como se realiza todo este processo e aos esquemas que intervêm nele. Inclusive pode se colocar a hipótese, como fazem Noizet e Caverni (1983), de que não serão os próprios procedimentos de avaliação os responsáveis pelo fracasso escolar. A compreensão do fracasso exige seguir os passos do processo pelo qual o sistema educativo ou um determinado professor dá uma qualificação negativa, pois é o resultado de uma série de decisões dos professores.

A literatura sobre a tomada de decisões do professor ressalta o fato de que elas não são elaboradas segundo um modelo teórico altamente estruturado, mas que têm muito a ver com as prementes urgências institucionais e com as demandas que a situação ambiental de classe exige-lhe num determinado momento. De qualquer forma, como assinalávamos, considerando um reduzido espectro de informações.

Pratt Whitmer (1983, p. 2) destaca que: "as exigências imediatas da aula e as características dos alunos influem fortemente na atribuição de classificações, no processo de seleção, organização e inferência de evidência sobre a qual se elabora a qualificação".

Deveria se levar em conta esta circunstância quando se propõe aos professores modelos ideais para realizar a avaliação de seus alunos.

Certamente as qualificações escolares que envolvem juízos de valorização sobre os alunos, sobre a qualidade de seus trabalhos, etc. são atribuídas a partir de uma informação elementar sobre o aluno ou tomando como ponto de partida alguma percepção muito genérica sobre sua personalidade global. A participação destes "contaminantes" naturais do processo de avaliação é uma consequência do contexto de relações interpessoais no qual se desenvolve o ensino e o é em maior medida nos níveis mais elementares da educação. Outra manifestação da "economia" do processo avaliador nos professores reside na comprovação da sua constância através do tempo, dentro de estilos peculiares de avaliar em cada professor, que não evita a instabilidade dos juízos expressados, como já ressaltaram as pesquisas docimológicas[*] de Pieron (1963). O comportamento dos avaliadores evidencia a coerência de suas apreciações sucessivas sobre um mesmo aluno através do tempo como tendência estatisticamente comprovada (CAVEMI; NOIZET, 1978).

Entre a *qualificação*, apreciação ou juízo que se dá a um exame ou a qualquer tipo de realização ou conduta de um aluno, e essa *realização*, conduta ou trabalho materialmente observável do aluno, existe um *processo intermediário* de elaboração de um juízo por parte do avaliador. O esquema proposto pelos autores citados estabelece a interação entre três elementos básicos que interagem no ato de avaliação: o avaliador, provido de uma *memória* que contém diversas informações sobre o produtor da realização ou conduta a ser avaliada, um *produto real para avaliar*, a realização de um ato de *comparação*. A interação implica uma *mediação*, que é a essência do ato de avaliar, um processo que pode adotar formas e procedimentos muito distintos em função de:

a) *Objeto* da avaliação.

b) Características do *avaliador* que realiza o juízo no qual ocorre o processo de mediação.

c) *Modelo de avaliação*, implícito ou explícito, que se utilize expressamente ou não para recolher a informação.

d) *Contexto* imediato no qual se recolhe tal informação ou contexto que exige um determinado tipo de notícias procedentes da avaliação.

Noizet e Bonniol (1969), referindo-se à valorização de exames, propõem estudar a avaliação como um *comportamento*, ou seja, a forma global de um avaliador responder frente a uma situação de avaliação na qual se encontra. Esses autores elaboraram um esquema para compreender tal comportamento nos professores quando estes se defrontam com o que nós conhecemos como exames ou exercícios específicos que se valorizam por algum procedimento.

---

[*] N. de R.T.: As pesquisas docimológicas referem-se a uma disciplina que estuda a elaboração e a análise de exames e provas com caráter avaliativo. Para maiores informações, consultar a revista *Profesiones y Empresas,* ano XVI, nº 6, nov/dez 89, p. 9-13. Madrid: Editepsa.

Noizet e Caverni (1978) asseguram que o avaliador, nessa situação, de acordo com determinados critérios, extrai uma série de indícios ou informações relevantes do trabalho do aluno a partir dos quais chegará a uma decisão. O comportamento do avaliador é um ato perceptivo e cognitivo, no qual se tomam decisões, daí que pode ser estudado de acordo com o que a psicologia pode contribuir nesse terreno. Mais, considerando que a própria avaliação é a ponderação de uma realidade em função de certos critérios.

> [...] o estudo dos processos que conduzem ao recolhimento de indícios-dados-deve ser enfocado de dois pontos de vista. Por um lado, deve se explicar o processo de recolhimento desses indícios, e, por outro, como as informações prévias que o avaliador tem influem na tomada de dados que se realize. (NOIZET; CAVERNI, 1978, p. 120).

Pode se supor que a atribuição de uma nota ou um juízo de avaliação se apoia em algum tipo de informação que o avaliador possui ou adquire especificamente para realizar tais juízos. Na realidade, informações prévias unem-se às específicas quando se expressam essas valorizações nas situações escolares mais comuns. A escola e o professor pensam e desenvolvem procedimentos para obter dados que lhes capacitam a realizar juízos sobre seus alunos. Na atribuição de qualificações ou elaboração de valorizações sobre os alunos intervêm informações prévias, adquiridas pelo professor no curso da interação com seus alunos, que atuam concomitantemente no instante de realizar o juízo. Allal (1988) evidencia que os professores utilizam múltiplos tipos de indícios em suas avaliações, que variam em função da área na qual exercem o ensino. Processos que diferem amplamente entre os professores, ainda que possam se encontrar determinados padrões de comportamento, em geral mais complexos do que os mínimos exigidos pelas regulações que o sistema impõe aos professores. Misturam dados quantitativos dos alunos procedentes de provas diversas com outras "notícias" qualitativas que provêm de observações, etc.

Pratt Whitmer (1983) e Allal (1988) comprovaram que os professores recolhem informações variadas que depois ponderam de forma singular: anotações ou qualificações em diferentes tipos de situações (provas, trabalhos escritos, exercícios, etc.) para satisfazer seus critérios de validade. Os professores têm suas teorias particulares sobre o peso relativo que uma tarefa tem frente a outras, um critério ao lado de outros, etc. Assim, por exemplo, podem dar mais peso a um teste que ao trabalho realizado em casa pelo aluno ou vice-versa. Uma prova, chamada as vezes de *objetiva,* pode ser mais determinante do que qualquer outro tipo de informação e, em troca, muito pouco objetiva. Neste aspecto, as teorias do professor sobre a validade de determinados procedimentos e formas de obter informação dos alunos desempenham um papel muito decisivo.

Ao lado de indícios relativos à produção a ser avaliada, intervêm outros fatores contingentes, como é o *esforço* manifestado pelo aluno em relação à capacidade que se supõe que ele tenha, como primeiro critério para subir ou baixar a qualificação, a dificuldade da tarefa, o apoio familiar, a conduta em classe, a maturidade do aluno e toda uma série de atribuições que o professor realiza sobre o sucesso ou fracasso escolar, etc. intervêm no ato de avaliar.

A informação considerada fica submetida a um *processo de seleção e elaboração* da informação que levará à emissão de um juízo e atribuição de qualificação. Será importante saber que aspecto da situação condiciona esse processo e como os diferentes sistemas de avaliar modelam o procedimento de obtenção e *redução* da informação por parte do professor e que informações passam a ter o caráter de relevantes frente a outras que são desprezadas. É interessante comprovar se diferentes modelos ou formas de entender a avaliação, se distintos sistemas de qualificação, etc. condicionam todo esse processamento de informação que é a base da atribuição de qualificações e juízos de avaliação, se supõem modelos diferenciados de processar a informação. Claro que o uso de diferentes técnicas de exame obviamente canaliza o recolhimento de informação sobre um aluno. Uma prova objetiva é muito diferente de um exame baseado na interpretação de um texto, por exemplo, não só para quem deve realizá-lo, como também para quem tem de avaliá-lo.

Acredito que é aí que reside a possibilidade de melhorar realmente os procedimentos de avaliação, atuando sobre o processo intermediário de mediação, melhorando-o ou substituindo-o; o que implica uma transformação real no funcionamento da mentalidade dos professores e não meramente a aquisição de um esquema ou modelo aprendido mas não incorporado a esse funcionamento.

A avaliação concebida desta forma, segundo Noizet e Caverni (1978, p. 68), molda-se em: "[...] um processo de comparação entre as produções a serem avaliadas – e, por extensão, de qualquer conduta a ser valorizada – com um modelo de referência inscrito no campo das estruturas cognitivas do avaliador".

Além de produções, como são os exames ou trabalhos especificamente planejados para serem avaliados, podemos referir esta proposição para a avaliação de condutas, de atividades e designações de trabalho que o aluno realiza, etc.

A *memória* provê o avaliador de informações sobre o sujeito (ou os sujeitos) a que pertence o produto a ser avaliado. Essas informações são prévias ao próprio ato da avaliação. Nessa memória se englobam dados sobre as condições na qual se realizou a tarefa ou produção a ser avaliada, informações pertencentes ao sujeito a ser avaliado, etc. Tal memória não atua, por sua vez, assepticamente, porque nela, conforme os casos, ativam-se determinadas informações filtradas por um *seletor* da própria memória. O seletor condiciona aquilo que se espera como possível num sujeito *(produto esperado)* dentro dos *produtos possíveis,* sendo este processo uma das operações cognitivas básicas do ato de avaliação.

O *tipo de tarefa* que os alunos tiveram de realizar condiciona os produtos possíveis que podem se esperar, assim como o *rendimento-norma* ou rendimento ideal que o avaliador considera é próprio do tipo de tarefa ou produção do aluno que vai ser avaliado. É preciso analisar o tipo de tarefa que se propõe ao aluno, porque aí reside um indício fundamental do que se considera uma "adequada atividade de aprendizagem". As tarefas dominantes supõem um conceito de rendimento ideal cuja apreciação pode ficar também implícita na simples comprovação da conclusão da atividade em si mesma. Às vezes, pode se ver o padrão de qualidade por indícios pouco relacionados com a qualidade da realização. Pratt Whitmer (1983) considera, após um estudo baseado na colaboração de diversos métodos de análise, que a avaliação dos professores se apoia na existência de uma série de procedimentos pessoais, bastante rotineiros, nos quais incidem uma série de contingências. Assim, por exemplo, os professores partem do pressuposto de que *completar as tarefas* designadas ao aluno faz com que a aprendizagem tenha acontecido pelo fato de que ela foi realizada. Esse dado, se um aluno realiza ou não as tarefas, é uma informação importante na hora de avaliar, algo de tanto peso, talvez, como a própria qualidade da produção.

Analisando exercícios corrigidos por professores do ensino fundamental, comprovamos como o professor qualifica com um "Bom" (B) a tarefa executada pelo aluno pelo fato de que a tivesse concluído, embora se pudesse ver de forma evidente erros diversos no exercício completado que não tinham sido detectados ou, ao menos, não tinham sido assinalados. Somente a conclusão da tarefa, independentemente do modo de realização e da qualidade do produto final, pode ser um critério de procedimento importante que o professor utiliza na hora de avaliar. Esse procedimento funcionaria como uma "rotina" que agiliza e economiza o processo de avaliação, simplificando o recolhimento de informação e sua elaboração para a emissão do juízo "Bom". A informação, fácil de notar, de que um aluno conclui um trabalho, se torna relevante para, a partir dela, realizar o juízo de valorização.

O *modelo de referência* é o depurador essencial no ato de avaliar, ao transformar-se em critério para analisar a produção ou trabalho do aluno. Modelo que, além de ser afetado pelos produtos esperados, fica mediado também pela *escala de medida* que se utilize. Numa escala de 0 a 10, por exemplo, o 5 marca o ponto de diferenciação entre o que está bem e o que está mal.

O ato de avaliação assim formalizado acaba na expressão de um juízo, uma nota, etc., que surge do fato de se pôr em funcionamento um ato de comparação entre o produto a ser avaliado e o modelo de referência. Qualquer ato de avaliação implicitamente supõe realizar todas essas operações, ainda que seja de uma forma bastante simplificada, rudimentar, automatizada, sem excessivo cuidado. Os atos de avaliação são facilitados pela ação de esquemas de procedimento-comportamento dos professores bastante rotinizados, ainda que seja apenas por economia profissional.

Um professor realiza o ato de avaliar de maneiras muito diferentes, mas sempre pode se supor em todas elas esses processos aos quais aludimos. No entanto, ter acesso à privacidade destes procedimentos em cada professor é muito difícil, pela simples razão de que o recolhimento de informação sobre o trabalho e a conduta dos alunos, a transformação dessa informação e a emissão do juízo correspondente são mecanismos dos mais decisivos na configuração de todo um estilo pedagógico pessoal, com fortes concomitâncias com o tipo de comunicação que mantém com os alunos. Concebem-se esses mecanismos mais como pertencentes à esfera do íntimo, pessoal e oculto do que à estrita faceta profissional, pública, objetivável e discutível. Aqui reside uma das chaves que nos faz acreditar que é difícil modificar os procedimentos de avaliação no ensino: porque não é uma simples conduta técnico-profissional, mas um complexo processo em que estão em jogo mecanismos mediadores com fortes implicações pessoais, em muitas ocasiões dificilmente explicitáveis para o próprio professor.

O esquema mediador tem importantes projeções da personalidade dos professores e se traduz nas relações que estabelece com seus alunos; é um produto de uma biografia pessoal, de uma formação, de uma capacidade de abertura ou sensibilidade para com o meio ambiente, etc.

Para comparar por via analógica essa situação de privacidade, pense-se em como seria estranho que um médico fizesse reparos em tornar públicos, verbalmente ou por escrito, os indícios sintomáticos e os critérios que o levaram a avaliar – diagnosticar – o estado particular de um paciente. Isso se deve a que, nessa operação, não estão envolvidos mecanismos psicológicos tão pessoais, nem se encontra tão ligada essa função ao estabelecimento de uma relação com o paciente, como ocorre com o professor.

O *modelo de referência mediador* que sustenta ou serve de depurador no processo de recolhimento de informações, elaboração de juízos e tomada de decisões está, claro, constituído antes do ato de avaliação, embora possa sofrer alterações ao mesmo tempo em que se desenvolve a tarefa de avaliar. Tal modelo de referência não se mantém totalmente estável ao longo do processo de avaliação nem em avaliações sucessivas, ainda que se possa supor a constância de certos traços essenciais que explicam estilos pessoais estáveis. Esta apreciação sobre a instabilidade do modelo de referência tem sido comprovada explicitamente no ato de corrigir múltiplas produções ou exames de alunos de forma consecutiva. A pauta do que um professor considera resposta ideal adequada numa prova pode variar à medida que passa da correção de um exercício a outro.

A emissão do juízo de avaliação sobre o aluno em termos ou categorias simplificadas, numéricas ou verbais, que pretendem resumir os juízos que lhes antecedem, exige a realização de uma *redução* importante de toda a informação que possa ter sobre um aluno ou sobre uma tarefa. Essa redução de informação é o que os sistemas de proporcionar relatórios qualitativos sobre os alunos e suas realizações tratam de superar. Os relatórios qualitativos contrapõem-se à redução exigida pelos procedimentos numéricos ou de categorias verbais muito simples ("Aprovado", "Progride adequadamente", etc.), tendo muito mais capacidade de informação para quem os recebe.

A própria dinâmica a que se vê submetido o sistema escolar pela pressão da sociedade e da própria administração reforça e reclama esse processo de supersimplificação, pois pede que se classifique os sujeitos em categorias simples e muito reduzidas, próprias da avaliação chamada *somativa* – expressão de estados finais –, para que as coletividades de alunos sejam globalizadas como grupo e se possa, assim, discriminar facilmente entre eles, dar andamento às validações, etc. A estatística sobre o fracasso escolar, por exemplo, não poderia ser feita dispondo de informações exaustivas sobre os alunos. Pode se dizer que as exigências sociais e da administração são coerentes com os processos simplificados de recolhimento de informação que os professores realizam na avaliação. Afinal de contas, os sistemas de avaliação do saber não foram inventados pelos professores.

Além disso, o predomínio do paradigma quantitativo como modelo de cientificidade, que concede valor de objetividade à expressão numérica das qualidades e dos estados de aprendizagem, quando os professores o utilizam de forma espontânea, enfatiza a redução da informação para emitir juízos de avaliação. São sistemas cômodos para o professor. A avaliação com base em códigos numéricos numa escala simplificada, que pretende refletir estados de aprendizagem final nos alunos, é um modelo simples, para o professor, de realizar a avaliação que se ajusta quanto à comodidade de manejo, à economia de processos psicológicos que ocorrem quando esse professor tem de realizar a operação psicológica de emitir opiniões formalizadas sobre seus alunos.

A principal implicação deste tipo de observações e pesquisas está na conscientização da importância que os mecanismos implícitos têm nos atos de avaliação que os professores realizam, seu caráter idiossincrático e sua transferência para dados que depois adquirem um enorme valor, independentemente das circunstâncias em que se produziram. Mas sem esquecer que, além das peculiaridades individuais provocadas pelo processo mediador idiossincrático que se evidencia na avaliação, pode se pensar em padrões de comportamento generalizáveis, reforçados ou impostos pelas exigências e a regulação do sistema educativo e do currículo, junto a modelos de comportamento difundidos pela formação inicial e o aperfeiçoamento do professorado. Neste sentido, é muito importante analisar os esquemas dominantes de racionalização da prática pedagógica que têm se desenvolvido ultimamente entre os professores: buscar a objetividade, programar tarefas ajustadas a objetivos que sejam avaliáveis com facilidade, ponderar indiretamente a importância de determinados propósitos em função da facilidade ou não de comprovar progressos nos alunos, etc.

Convém não cair no perigo de analisar estes processos somente de uma perspectiva psicologista, atribuindo-os à mera subjetividade dos professores, pois é necessário ver neles a ação de campos institucionais e sociológicos que os determinam. A avaliação não é, naturalmente, a pura manifestação de uma conduta psicológica dos professores que seja abarcável com mecanismos de explicação psicológica individual. É, antes de mais nada, uma exigência institucional que depois se racionalizou como possibilidade de conhecimento do aluno, regulação do processo de aprendizagem, etc.

A conduta de avaliação por parte dos professores é mais uma pauta de comportamento profissional na qual os docentes se socializam. Trata-se de uma avaliação realizada de acordo com as exigências de uma instituição e em condições concretas que não foram postas pelo avaliador nem pelos avaliados.

O *contexto* no qual se realiza o ato de avaliação é tão importante quanto o próprio processo de recolhimento de informação, valorização subsequente e tomadas de decisões. O condicionamento chega até a decidir o tipo de avaliação que pode se realizar em cada contexto.

Formalizamos num esquema genérico a ação de avaliar, partindo da aproximação de Noizet e Caverni (1978), que se expressa matizadamente segundo trate-se de avaliação de pessoas, com presença pessoal do sujeito avaliado, referente a produções do aluno, como é o caso dos exames ou trabalhos escolares, traços de maturidade pessoal, etc.

Parece-nos que é importante destacar desse esquema os seguintes aspectos:

1) O processo de uma avaliação implica a elaboração de uma série de informações selecionadas como relevantes dentro dos indícios apresentados ao avaliador. Tal elaboração supõe, por comodidade psicológica e economia profissional, uma necessária redução das informações possíveis a serem levadas em conta. É um processo simplificado na realidade por necessidades subjetivas e limitações objetivas do professor. Este não é um diagnosticador exaustivo de realidades excessivamente complexas. O princípio de economia profissional supõe reduzir a situação complexa a dimensões manejáveis, e isso leva a extrair notas relacionadas com a captação da situação. Nesse sentido, os modelos exigentes de avaliação envolvem, simplesmente, a impossibilidade de serem realizados por parte dos professores nas condições do seu trabalho.

2) Todo o processo de informação envolvido na avaliação fica limitado pelo *fluxo de sinais* que se produzem numa situação. No final das contas, o professor só pode ter notícia de indícios que são provocados pelo sistema de tarefas dominantes nas situações educativas institucionalizadas. As tarefas dependem, por sua vez, de tradições pedagógicas, proposições metodológicas, exigências curriculares, etc. coerentes com os valores e as ideias que configuram o sistema didático dentro das salas de aula e das escolas. A avaliação tem um alto poder de configurar realidades sociais e pedagógicas dentro da sala de aula e, nessa medida, deve ser objeto de atenção, mas, por sua vez, é produto de pressões institucionais e de um controle que se realiza tecnicamente através do modelo de tarefas dominante. Mudar os métodos exige modificar de modo coerente a avaliação, mas mudar a avaliação sem variar os métodos pode levar a efeitos

que mais tarde assinalaremos. O método possibilita a fluência de um tipo ou outro de sinais a serem selecionados como relevantes pelo professor, para, a partir dela, elaborar juízos. Não se pode avaliar a fluência verbal se as tarefas não favorecem a expressão dos alunos em classe, por exemplo. E se a norma dominante é a de "não falar em classe", quando o professor avalie essa qualidade ou objetivo, obviamente estará avaliando outra coisa.

3) A seleção de informação considerada relevante e o próprio processo de elaboração de juízo são influenciados pelos esquemas mediadores do avaliador, em nosso caso o professor, que atuam igualmente na hora de selecionar o que serão conteúdos ou processos relevantes a serem avaliados. Um efeito condicionado pelas próprias técnicas que se utilizam para recolher e expressar a informação considerada relevante, no qual se expressa o conteúdo do pensamento do professor, suas perspectivas cognitivas, teorias implícitas, processos de atribuição, outras informações de que dispõe sobre os sujeitos, sobre seus contextos, etc. Todos são critérios matizados pela ponderação de valor que lhes é atribuído. Os esquemas mediadores do professor e a mudança de tarefas dominantes, com o tipo de rendimento ideal implícito que eles têm de forma inerente, são os fatores básicos a serem levados em conta numa melhora das táticas avaliadoras dentro do sistema educativo.

O contato entre o avaliador e o objeto ou sujeito a ser avaliado não é um ato mecânico, asséptico e direto, mas sim que se realiza através de um processo complicado de mediação. O processo de intervenção, mais ou menos explícito e complexo, que atua como intermediário entre o avaliador e o objeto avaliado, é responsável por dois processos, basicamente:

1) Da seleção e da consideração de uma série de informações que o avaliador realiza em relação ao objeto de avaliação contextualizado.
2) Da tomada de decisões que conduz a uma valorização concreta do objeto ou sujeito avaliado.

Se de um ponto de vista educativo a avaliação se define hoje como uma ponderação de realidades observadas e valorizadas em função de certos critérios, então este esquema explicativo ganha muito maior relevância. Esse esquema mediador é o verdadeiro responsável pela mediação do currículo que as práticas de avaliação fazem.

Graças à intervenção do esquema mediador pode se explicar que juízes ou avaliadores diferentes se comportem de forma diferente ou emitam opiniões diferentes frente a uma mesma situação ou objeto avaliado. Cada professor dispõe de um esquema mediador que é pessoal, ainda que existam esquemas gerais próprios de um grupo ou tipo de professores e possam se encontrar padrões gerais de comportamento avaliador extensivo a todos os docentes como grupo que se move dentro de uma subcultura profissional particular.

Igualmente, caberia fazer a afirmação de que, se um mesmo avaliador emite dois juízos ou realiza dois processos diferenciados de recolhimento de informação frente a um mesmo objeto em dois momentos diferentes, é porque nesses dois momentos evidenciou-se um esquema mediador diferenciado. O fator *estabilidade,* a idiossincrasia desse esquema e os fatores que produzem a sua falta são variáveis importantes para explicar a arbitrariedade na avaliação educativa.

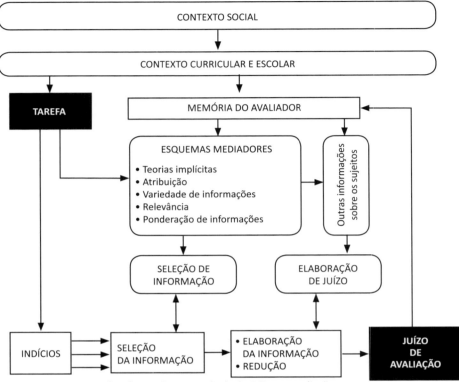

Figura 10.1 Processo de informação e tomada de decisões na avaliação.

Pode se explicar a estabilização em função da experiência profissional dos professores, de acordo com seu estilo pedagógico, etc. Cabe pensar que, neste aspecto como em outros componentes da profissionalização dos professores, existe um processo de aprendizagem de esquemas ou de socialização profissional consistente na assimilação de padrões definidos pela instituição escolar, pela ideologia pedagógica e pelos valores do currículo.

A partir dessa perspectiva, a sensibilidade pela subjetividade (arbitrariedade?), que sempre tem preocupado nos estudos de docimologia com a aspiração a um *objetivismo justo e cientificista,* haveria de ser substituída por uma maior ênfase na análise dos esquemas mediadores como produtores naturais dessa arbitrariedade nos juízos que os professores fazem. Porque nisso que se chama subjetividade do avaliador se expressam os valores dominantes, a formação recebida, a cultura profissional, as pressões do meio, a estrutura de tarefas dominantes, o contexto curricular, a forma de redução necessária das informações, etc., sendo todos condicionantes do esquema mediador. As qualificações escolares mostram o ajuste a critérios e condições interpretados pelos professores como valores de referência, implicados nos esquemas de mediação que intervêm na elaboração e na expressão de juízos, notas, etc.

Esta análise pode ser esclarecedora do valor reprodutivo ou tautológico que os dados de avaliação proporcionados pelos professores têm em relação aos valores dominantes da cultura pedagógica por eles introjetada e das próprias condições escolares e do currículo dominante. Por isso, são necessárias avaliações diagnósticas quando queremos conhecer o sistema escolar de outros pontos de vista ou critérios. Pensemos agora no significado do fracasso escolar, de acordo com a análise que se pode fazer dos esquemas mediadores numa determinada área do currículo, num nível escolar concreto ou num determinado grupo de professores, de acordo com os referenciais dos professores e quem ou o que os configuram. Fracassar significa não poder alcançar mínimos estabelecidos, valores culturais dominantes tal como os introjetam os professores.

A capacidade de incidência do esquema mediador dos docentes na avaliação é alterável e educável, naturalmente. Isso é possível porque, como asseguram Noizet e Caverni (1978), o modelo de referência se constitui e se modifica de acordo com uma série de informações. Aqui se evidencia muito diretamente a operatividade das *perspectivas curriculares* sobre a aprendizagem considerada valiosa, selecionadoras dos conteúdos e dos processos mais ponderados na avaliação. Já comentamos como os professores tendem a selecionar tarefas de acordo com a facilidade de avaliar os resultados que cada uma delas permite. Conceito de rendimento ideal inerente a tarefas acadêmicas e modelo mediador na seleção de itens ou questões na avaliação ou na valorização de provas e realizações do aluno têm muito que ver entre si.

Convém insistir em três aspectos básicos que afetam o funcionamento dos esquemas no caso da avaliação e através dela na configuração do currículo na prática.

O produto-norma que se considera rendimento ideal

Os esquemas mediadores refletem-se numa primeira concretização: os resultados que se consideram "rendimento ideal". Obviamente, este conceito no professor está muito contaminado pelo conteúdo do rendimento legitimado institucionalmente no currículo pelo conceito de cultura legitimada a transmitir que ele contém.

A coleta de informação por parte do avaliador está sem dúvida mediada por sua ideia de rendimento ideal que será evidenciada nos *critérios* de avaliação que utiliza para analisar os objetos e as situações nas quais avalia.

Uma melhora pedagógica das práticas de avaliação terá de passar por uma revisão dos critérios de avaliação que condicionam a coleta de informação nos objetos avaliados e que com antecedência selecionaram o conteúdo a ser avaliado. Primeiramente, tornando explícitos os critérios que refletem o conceito subjetivo de rendimento ideal. Esses critérios coincidem, por outro lado, com convicções muito assentadas nos professores relativas a esse rendimento, prática que se fundamenta no valor formativo da explicitação, discussão e reformulação das teorias implícitas dos professores.

A ponderação de critérios transforma-se num valor educativo defendido de forma implícita, como componente realçado de rendimento valorizado. Noizet e Caverni (1978) falam da organização hierárquica dos critérios de avaliação.

O rendimento ideal agrupa diferentes aspectos das pessoas, não apenas de tipo intelectual, como também outras características próprias da personalidade à qual pertence o objeto ou aspecto avaliado. Dentro da escolaridade e da avaliação dos níveis de educação infantil e ensino fundamental, a própria filosofia pedagógica que fundamenta a avaliação estimula que se leve em consideração os critérios que se referem a facetas muito diversas.

Assistimos, por exemplo, à enfatização das características de pedagogia invisível dentro dos movimentos progressistas de educação, que estimulam o professorado a considerar aspectos cada vez mais amplos da personalidade dos alunos, dentro da consideração do que são fins próprios da escolaridade e, portanto, aumentam os traços a serem levados em conta dentro das funções de controle e de diagnóstico da avaliação. A própria legislação na educação obrigatória estimula esta ampliação dos matizes que são considerados como relevantes na hora de avaliar dentro da escola. A ampliação do espectro de facetas submetidas à avaliação complica bastante a sua realização. A mescla de notícias sobre o aluno e de critérios na hora de avaliar legitima-se, assim, pelo próprio discurso pedagógico, embora depois, contraditoriamente, peça-se aos professores objetividade e "precisão" nos juízos.

Os próprios mecanismos de avaliação, graças ao efeito "halo", implicam que os juízos ou as percepções sobre alguns aspectos da pessoa influam nas avaliações que se realizam sobre outros aspectos diferentes nos sujeitos avaliados. A ideologia humanista de compreensão total do aluno reforça esse efeito.

Assim como no ensino fudamental expressa-se a contaminação de traços não intelectuais dentro do que se consideram explícita e implicitamente objetos de avaliação, tal contaminação permanece tácita em outros níveis educativos "mais acadêmicos", embora se poderia detectar uma tendência a ir especializando-se nos aspectos intelectuais do rendimento dos alunos. Isto nos levaria a pensar em diferentes tipos de esquemas mediadores no ato de avaliação em função dos parâmetros institucionalizados em diferentes níveis e tipos de educação.

Na medida em que o conteúdo do rendimento ideal seja mais variado e englobe maior número de aspectos diferentes do indivíduo, o ato de mediação do seletor pessoal (mediado pela exigência institucionalizada) está condicionado e nutrido por mais componentes e teorias implícitas dos professores.

Além da estabilidade do *esquema mediador*, é importante falar de seu conteúdo – elemento decisivo na hora de mudar em profundidade as táticas de avaliação.

O conteúdo e as formas de atuação dos *mediadores* no ato de avaliação são, sem dúvida, um bom instrumento para analisar o efeito de certas forças sociais e culturais em geral dentro das tendências reprodutoras da educação. A educação é, por exemplo, reprodutora em boa parte através das técnicas de controle dos indivíduos dentro das instituições. E o controle não coercitivo, mas exercido através de mecanismos técnicos, reside, em boa parte, na definição do rendimento ideal que se realiza nas escolas. Os valores dominantes difundidos pela cultura, a formação do professorado, os livros-texto, as exigências burocráticas, etc. determinam os valores e conteúdos das teorias implícitas dos professores, os quais, através dos esquemas mediadores exercidos na seleção do currículo, das tarefas acadêmicas e da ponderação que realizam na avaliação, afiançam um determinado conceito de "aprendizagem escolar valiosa".

É preciso distinguir, como assinala Porter (1979), o que é a simples *cobertura* de conteúdos do conteúdo *enfatizado*, que é aquele a que se dá mais relevância, investindo mais tempo em seu ensino, propondo maior número e variedade de atividades para sua aprendizagem, praticando mais sobre um tipo de conteúdo do que sobre outros, assinalando explicitamente o que tem mais importância, etc. Existem muitas chaves explícitas e implícitas para dar ideia aos alunos de que um tipo determinado de conhecimento é mais essencial para um professor do que outro. Essas mesmas chaves para revelar um grau de ênfase são dadas também para os professores. Basta examinar detidamente os conteúdos do currículo prescrito, os sublinhados e destaques de um livro-texto, etc.

A ênfase no conteúdo diferenciado é traduzida numa modelação particular da estratégia de ensino-aprendizagem e será evidenciada no filtro seletivo ao selecionar aspectos na avaliação ou ao corrigir trabalhos, provas, etc. dos alunos. O aluno não será insensível a essa ponderação, tendo que aprender muito cedo essa valorização seletiva como necessidade para sair com êxito do sistema.

A ponderação particular do conhecimento na seleção do currículo geral, nos agentes de desenvolvimento e sua apresentação aos professores, os guias curriculares para estes, junto à peculiar modelação que introduzem nele instâncias como os grupos ou equipes de professores e cada docente de forma individual, são os agentes moldadores do conhecimento distribuído na escola e, consequentemente, serão elementos moldadores do currículo avaliado através da configuração do seletor mediador. Essas mesmas coordenadas são as que servem para analisar o filtro seletivo de tipo epistemológico na avaliação.

O tipo de conteúdo que é ressaltado pela avaliação é o indicador mais confiável para os alunos e para analisar o sistema pedagógico para explicar qual é o *conhecimento enfatizado* ou ponderado com mais força.

A ampliação de conteúdos nos esquemas de mediação

As reações frente às pretensões de objetivação dos procedimentos de avaliação e a projeção das colocações qualitativas na pesquisa tiveram uma ampla repercussão nas considerações sobre a avaliação escolar.

Por outro lado, a projeção de pressupostos e teorias diversas de tipo psicopedagógico nas proposições didáticas foram introduzindo considerações mais amplas nos enfoques sobre o ensino, em prol de um melhor e mais completo conhecimento dos alunos, aumentando assim o que se considera *objetos necessários a serem conhecidos* por parte dos educadores. Tal tendência ao aumento de facetas a serem avaliadas ou, simplesmente, a serem diagnosticadas complica certamente os sistemas de avaliação pedagógica.

Essa tendência à ampliação do objeto de avaliação pode estar motivada por três forças fundamentais:

1) A preocupação estritamente metodológica de dominar melhor qualquer objeto de conhecimento, neste caso os alunos ou suas experiências escolares de aprendizagem. É evidente que as aprendizagens dos sujeitos haverão de se explicar em função de dados pertencentes aos contextos nos quais se produzem, de ordem social geral, familiares, situacionais de classe e de escola e em função das peculiaridades pessoais dos próprios sujeitos. A comunicação e a orientação dos alunos implicam adotar uma atitude "diagnóstica" mais ampla na avaliação.

A tendência científica ao enfoque holístico para a melhor compreensão dos fenômenos educativos leva ao dilatamento do que se consideram, num dado momento, facetas a serem objeto de avaliação independente ou, ao menos, referenciais de informação para ponderar a situação pessoal dos alunos para realizar a avaliação acadêmica apoiada em critérios personalizados.

A crítica às metodologias quantitativas, a aposta por outras de ordem mais qualitativa ou a complementaridade de ambas levam ao enfoque de processos pedagógicos que se produzem dentro de contextos ou situações. Isso significa um enfoque mais ecológico dos problemas com o consequente incremento de facetas a conhecer, diagnosticar, avaliar em suma.

Critica-se, por exemplo, que os exames tradicionais não atendem mais do que a produtos fáceis de detectar, esquecendo processos complexos de aprendizagem (ELLIOTT, 1980).

Diz-se também que uma tendência à objetivação dos procedimentos de avaliação pode resultar numa tendência à redução de aspirações, ao querer submetê-las a um controle mais preciso, orientando seletivamente aspirações e métodos para aqueles aspectos mais factivelmente avaliáveis. Os estudos realizados sobre conteúdos de provas de avaliação mostram uma pronunciada corrida para os objetivos de conhecimento mais elementares.

As teorias e os modelos de avaliação curricular – que é outra das correntes que influem metodologicamente por analogia nas proposições de avaliação de alunos – induzem também à proposta da ampliação do que se considera objeto de avaliação, para conhecer melhor a explicação dos complexos resultados que se deduzem de qualquer proposta curricular quanto de qualquer ação educativa concreta. Embora a avaliação do currículo não seja a mesma que a avaliação de alunos, mesmo que esta seja um dado para a primeira, evidencia-se essa vontade de conhecer as realidades educativas mais amplamente, considerando cada vez mais facetas.

> 2) Em segundo lugar, qualquer concepção humanista da educação aplicada ao tema da avaliação propôs de forma mais ou menos direta não apenas a perda de dureza e dramatismo nas avaliações e nos exames, a suavização e a atenuação dos atos de avaliação, a transformação da avaliação num processo mais diluído em todo o processo de ensino-aprendizagem (avaliação contínua), mas também um "melhor e mais amplo conhecimento do aluno" em prol de um mais completo conhecimento do aluno e de uma relação mais humana com ele, que naturalmente é preciso defender. Preconiza-se a necessidade de ser sensível a dados da pessoa que supõem uma ampliação do objeto a diagnosticar.

Esta tendência para a ampliação do objeto de avaliação-diagnóstico, para melhor entender o sujeito da aprendizagem escolar, não é apenas defendida pelas correntes progressistas e humanizadoras da educação, mas também pela tendência a tecnocratizar os processos pedagógicos baseados em esquemas de psicologia psicométrica ou de controle técnico de tudo o que se faz com o critério de rentabilizar ações educativas.

Pode-se comprovar como foram introduzidas, nos boletins ou fichários dos alunos, sobretudo desde a Lei Geral de Educação de 1970, informações relevantes sobre diversos aspectos da personalidade dos sujeitos, recomendando a utilização dos mais variados instrumentos de medição de variáveis da personalidade, da sociabilidade dos alunos, de suas atitudes, interesses, etc.

Uma das projeções do modelo pedagógico implícito que se desenvolveu a partir dos anos 1970 foi o da educação personalizada, defendida a partir de uma particular visão do personalismo. García Hoz (1972, p. 35) sugeria que:

> O diagnóstico do escolar deve cobrir todos os aspectos de sua personalidade se verdadeiramente queremos personalizar a educação. Isto vale tanto como dizer que as aptidões, os interesses e a sociabilidade do escolar devem ser levados em conta; mas também, e junto a estes traços, as deficiências, as inibições, a sociabilidade negativa; porque também as imperfeições devem ser incluídas no quadro total da personalidade.

Paralelamente, este autor – que tomamos a título de exemplo – propõe que todos esses elementos de diagnóstico sirvam para a realização de um *prognóstico* dos objetivos a serem alcançados. Objetivos que se ampliam enormemente, pois são conhecidos os esforços taxonômicos que se fizeram para sistematizar os diferentes tipos de resultados educativos a pretender e, portanto, as facetas sobre as quais se proporá algum tipo de coleta de informação para realizar a avaliação, que vão muito além das aprendizagens intelectuais, introduzindo-se nos terrenos das atitudes, dos hábitos, dos valores, etc. Esse mesmo autor comentava a necessidade de considerar valores relativos ao indivíduo (critério próprio, alegria, vigor), valores técnicos (hábitos de trabalho, perseverança, sobriedade), valores sociais (sinceridade, confiança, companheirismo).

A mesma Lei Geral de Educação estabelecia que (ESPAÑA, 1970):

> Na valorização do rendimento dos alunos conjugar-se-á as exigências do nível formativo e instrutivo próprio de cada curso ou nível educativo como um sistema de provas que tenderá à apreciação de todos os aspectos da formação do aluno e de sua capacidade para a aprendizagem posterior.
> De cada aluno haverá fichas escritas, com caráter reservado, de alguns dados e observações sobre seu nível mental, aptidões e preferências, traços de personalidade, ambiente, família, condições físicas e outras circunstâncias que considerem pertinentes para sua educação e orientação. Para a sua redação pedir-se-á a colaboração dos pais. Um extrato atualizado deverá ser incluído no fichário de cada aluno ao passar de um nível educativo a outro (Art. 11).

A Ordem Ministerial de 1970 (B.O.E. de 25-XI) estabelecia, desenvolvendo o conceito da nova avaliação que se propunha, que as sessões de avaliação:

> [...] asseguram uma apreciação objetiva que permita a valorização comparada e comprovada do desenvolvimento e aproveitamento do aluno em todos os aspectos de sua formação. A avaliação é, portanto, um meio para valorizar e orientar educativamente tanto o aluno como o próprio sistema.

Nessa mesma disposição legal propõe-se uma exploração inicial de alunos para adquirir informação sobre quatro setores:
a) Dados pessoais, familiares e ambientais.
b) Antecedentes escolares.
c) Dados psicológicos.
d) Dados médicos.

Manifesta-se explicitamente que os dados psicológicos sobre a inteligência geral, aptidões destacáveis e outros aspectos da personalidade serão considerados provisórios até que sejam confirmados ou modificados por observações posteriores. O modelo de Registro Pessoal do Aluno (ERPA), que é regulado numa Resolução posterior (B.O.E. 3-XII-70), recolhe tópicos relativos aos dados físicos do aluno, familiares, de rendimento escolar e dados de tipo psicológico referentes a aptidões, personalidade (inteligência, atenção, memória, imaginação, aptidões psicomotoras, traços pessoais mais destacados, hábitos, atitudes de comportamento e sociabilidade, interesses, etc.).

Este conceito de *avaliação exaustiva* foi se firmando como sinônimo de renovação pedagógica nas aulas, com clara ênfase na ideia da ampliação do objeto a ser avaliado.

Mais próximo no tempo, podemos notar como se pede ao professorado, na Reforma do Ensino Médio, que avalie não apenas os objetivos relativos às disciplinas, mas também objetivos comuns a todas elas: a correta expressão oral e escrita, a compreensão de mensagens ordinárias, a utilização crítica da informação, a atuação criativa do aluno, o raciocínio lógico, a visão integradora da realidade, a atitude aberta e crítica, o hábito racional de trabalho e a capacidade de trabalho em equipe.

Não pretendemos invalidar agora as propostas pedagógicas implícitas nessa forma de orientar a avaliação, que evidenciam, uma vez mais, uma forma de intervir no processo pedagógico por parte do legislador e do administrador. Queremos que estas notas sirvam para apoiar a afirmação sobre a existência de uma tendência à ampliação do que se considera objeto de avaliação referente aos alunos nos ambientes escolares. A ideologia psicológica e humanista de conhecer melhor o aluno é recuperada pela ideologia de controle na instituição escolar, ainda que esta vá disfarçada de mentalidade técnica de conhecer melhor e com mais certeza as realidades educativas. Parece que se entende como sinônimo de atender a um aspecto na educação e o ter de avaliá-lo, não se sabe se porque tudo o que se considera como conteúdo educativo deve ser avaliado e controlado ou porque, ao pedir sua avaliação, será considerado no processo educativo. O primeiro pressuposto não tem fundamento, já que os objetivos mais ricos são os mais difíceis e às vezes impossíveis de avaliar nos contextos escolares. O segundo supõe pensar que as pautas de comportamento dos professores mudam pelas exigências da administração. De qualquer forma, as consequências não são necessariamente positivas.

A tendência a essa ampliação, que desde uma ótica de pesquisa é necessária e desejável, é explicada como tentativa de chegar a um conhecimento mais completo das complexas realidades educativas, embora tenham se desenvolvido na pesquisa dominante desde uma perspectiva geralmente psicométrica e quantitativa de valor discutível. Mas quando essa ideologia de que "tudo pode e deve ser avaliado" se aplica ao diagnóstico e à avaliação dos alunos, tem consequências diversas que é preciso ponderar. Porque não se deveria esquecer que dentro das múltiplas funções que a avaliação cumpre em contextos reais, não dentro de modelos ideais, está a de ser um elemento de controle, de valorização dos indivíduos frente à sociedade e de controle pessoal dos professores sobre os alunos, além de pretender que seja um procedimento de diagnóstico a serviço de seu melhor conhecimento para sua mais completa atenção pessoal.

Como a função de controle é indispensável para a grande maioria das instituições escolares, tornou-se valor dominante inclusive naquelas que, como as de ensino fundamental, não têm explicitamente uma função seletiva, a mentalidade do professorado está condicionada por tal função, obscurecendo as próprias relações pedagógicas e de poder na classe. Qualquer modificação ou proposta que se faça nas colocações avaliadoras provocadas por quaisquer motivos que sejam, como é o fato de querer melhor conhecimento dos alunos com avaliações mais compreensivas, dispor de uma avaliação contínua, etc., será recuperada, de alguma forma, inevitavelmente, pela faceta controladora que a avaliação de alunos tem. Este efeito recuperador que a faceta controladora da avaliação apresenta deve ser levado muito em conta ao estabelecer-se propostas de atuação para os professores dentro do sistema educativo.

Sem uma modificação substancial da ideologia e das práticas dominantes a respeito, a ampliação de facetas a serem avaliadas pode levar a um controle mais completo sobre alunos, a que estes tenham consciência cada vez mais clara de que tudo o que se faz é objeto de valorizações e juízos, a que aprender seja equivalente a ter de dar conta do aprendido, etc. Com o agravante de que, se um conceito de *aprendizagem ideal* dominante implica valores sociais e morais, a concepção do *aprendiz ideal* expressa em todas essas qualidades que vimos, recolhidas pela ordenação legal, o é de forma muito mais clara. Não tem as mesmas consequências para o aluno, para sua imagem pessoal e social, para a instituição escolar, que se diga dele que tem uma nota negativa ou positiva em Língua ou que se fixe em seu fichário pessoal que "atua de forma criativa" ou que "não tem capacidade de trabalho em equipe", porque, se é discutível o critério pelo que lhe qualificam em Língua, que critério estará pensando quando o avaliam nessas outras características? O que entenderá o professor por criatividade? Em função de que tipo de trabalho em grupo diagnosticará a capacidade que o aluno tem de trabalhar dessa forma? Não só são critérios difusos, mas também claramente carregados de um ponto de vista ideológico, então, deve-se contrabalançar se irão constar em seu fichário pessoal.

Tudo aquilo que há de ser objeto de atenção na educação não deve fazer parte necessariamente da pretensão de constatar progressos de forma precisa e imediata. Isso não é obstáculo para que o professor se preocupe por indagar sobre o desenvolvimento dos processos educativos correspondentes. E tudo o que deve ser objeto de preocupação diagnostica por parte dos professores sobre os mais variados aspectos educativos não tem de fazer parte indispensavelmente do elenco de notas e observações registradas e valorizadas como resultados formais de avaliação. O fato de que o professor tenha de considerá-los não significa que sejam avaliados e muito menos que se reflitam no fichário pessoal.

> 3) Acredito que uma certa intenção ou ideologia de controle impera em todo o sistema e leva a propor modelos mais completos de avaliação, abrangendo cada vez mais variáveis a serem consideradas nos procedimentos de avaliação. A mentalidade tecnocratizadora e de gestão que domina nos sistemas educativos e nas burocracias que os dirigem induz ao desejo de querer que tudo o que ocorra dentro do sistema educativo seja objeto de conhecimento e de controle para uma gestão mais eficaz. Não há nada a opor a que exista um melhor conhecimento do sistema para realizar uma política mais racionalizadora. Mas é sintomático observar como essas mesmas disposições administrativas, que regulavam a avaliação de alunos, também se propuseram o controle das escolas, mas se expandiu e só se implantou o conceito no que tinha relação com a avaliação de alunos e não no que concernia aos centros escolares, aos professores ou ao sistema em seu conjunto.

As consequências da ampliação do espectro de variáveis ou qualidades a serem avaliadas são várias. Em primeiro lugar, estabelece-se o problema ético, ou seja, quais os efeitos do conhecimento de aspectos pessoais dos alunos nos mecanismos de controle escolar, condicionamento de expectativas do professor, etc., se esse conhecimento mais amplo não está ligado a uma maturação geral do pensamento do professor e a uma mudança das práticas pedagógicas ou a uma transformação profunda delas. O que acontece quando relações hierarquizadas ou simplesmente autoritárias ou paternalistas entre professores e alunos dispõem de um elenco de dados desse tipo? Que dinâmica psicológica se produz nos "juízes" (professores) como avaliadores quando se preconizam procedimentos de coleta ampliada de dados sobre os sujeitos?

As pedagogias progressistas ou humanistas, como as tecnocráticas, introduzem critérios indistintos na apreciação dos rendimentos e das realidades educativas, que são de difícil constatação.

Todos estes fenômenos deveriam ser considerados quando se estudam os mecanismos psicológicos da avaliação, que adquirem mais importância num conceito difuso de avaliação, com critérios difíceis de definir, porque então as crenças, os valores e os mecanismos ideológicos mediadores do "juiz" adquirem mais importância e são menos explícitos.

O poder que a ampliação do objeto da avaliação tenha de transformar as relações educativas deve ser considerado segundo as necessidades da avaliação dentro de um determinado nível educativo. No ensino fundamental, por exemplo, na qual não há necessidade de um mecanismo de controle seletivo, mas meramente de informação, o valor distorcedor e o compromisso ético do avaliador são muito diferentes do caso em que tenha que proporcionar um juízo de avaliação somativa com valor importante para o exterior e para a vida do aluno, embora toda a avaliação que se reflita como dado objetivado adquire de alguma maneira um valor autônomo, ainda que as notas escolares não tenham um valor seletivo num determinado nível do ensino.

Outra consequência importante da ampliação do objeto da avaliação, com a consequente complexidade técnica, reside na potencial divisão da função educativa e uma certa desprofissionalização dos professores ao se tratar de uma tecnificação de modelos que escapa de sua competência, exigindo a atuação de "novos profissionais não docentes". Como ocorreu em muitos outros campos, a progressiva complicação e a crescente tecnificação de uma tarefa implicam uma maior diferenciação ou divisão social do trabalho e uma perda no domínio do processo global por parte dos professores.

Assim, por exemplo, hoje já se admite como normal que os psicólogos monopolizem ou compartilhem determinadas parcelas do diagnóstico e da avaliação pedagógica, que ficam fora das "possibilidades" do professor: dificuldades de aprendizagem, problemas de leitura, nível de socialização e de relações sociais, maturidade emocional, motivação da aprendizagem, etc. Trata-se de uma tendência na qual facetas relacionadas com a educação e o ensino são consideradas competência de "outros profissionais não docentes". As pressões corporativas de novas coletividades acadêmicas não são alheias à configuração das atuações profissionais que se consideram como próprias, e até necessárias, num determinado momento, para um "ensino de qualidade".

Não é que se tirem do professor competências que já tem, mas que, ao serem tecnificadas, em vez de reprofissionaiizar o professor, exige-se um novo técnico para "ajudá-lo", de modo que a globalidade e coerência pedagógica podem se ver ameaçadas.

Não é recomendável para o trabalho educativo que a comprovação dos efeitos da ação de ensino fique fora do controle dos professores, porque, à medida que isso ocorresse, os próprios dados da avaliação de pouco serviriam para reorientar de forma constante a própria ação de ensino. Quem pode utilizar mais diretamente os dados proporcionados pela avaliação é quem tem em suas mãos a direção do processo didático.

É óbvio que todos os aspectos pedagógicos ou componentes do processo didático que são suscetíveis de ser avaliados não são abordáveis pelo professor nas condições em que desenvolve seu trabalho. Qualquer professor não pode estar analisando como vão seus alunos em uma série de facetas bastante dispersas, desde o progresso intelectual a seu comportamento social, por exemplo, até o funcionamento de um determinado tipo de programa, organização da escola, etc.

Vejamos um pressuposto nada irreal: um professor do pré-escolar ou do primário tem a seu cargo em torno de 30 alunos, os quais deve conhecer em oito facetas que se consideram importantes (linguagem, conhecimentos sociais, do mundo natural, de matemática, comportamento com seus colegas, maturidade psicomotora, expressão criativa e hábitos de trabalho). Para que o conhecimento nessas facetas curriculares e educativas seja mais preciso, poderíamos recomendar que o professor diferencie aspectos delas. Em linguagem poderia levar em conta, por exemplo, a correção ortográfica, a riqueza da expressão escrita, a capacidade de compreensão oral e a capacidade de leitura, ou seja, quatro critérios diferentes. Em outras áreas poderíamos diferenciar um número parecido de aspectos. Não é um exagero: pensemos na quantidade de facetas a observar que qualquer repertório de escalas de observação propõe.

Então, esse professor teria de diferenciar informações na hora de recolher dados de 32 aspectos em cada aluno (8x4). Multiplicando pelos 30 alunos deve conseguir registrar ou reter mentalmente 960 unidades diferenciadas de informação. Talvez boa parte de toda essa informação ele vá obtendo assistematicamente no curso de sua interação com os alunos, o que, para se fazer de forma correta e consciente, exige um desdobramento enquanto atua que não é nada fácil, já que, enquanto o ensino transcorre, são apresentados ao professor inumeráveis problemas para resolver e decisões inadiáveis. Se para alcançar toda essa informação ou parte dela utiliza algum procedimento específico, reserva algum tempo especial a esse objetivo ou utiliza qualquer instrumento, por rudimentar que este seja, a exigência de tempo dedicado seria enorme.

Seria interessante ver o tempo investido pelos professores em preparar o ensino, orientar seus alunos e avaliar seus trabalhos, para comprovar com bastante segurança que historicamente vão se incrementando de forma progressiva os esforços e momentos dedicados a esta última função da avaliação em muito maior medida do que às demais funções, pelo simples fato de que, nas últimas décadas, insistiu-se muito na avaliação *contínua* e bem menos na transformação das condições de trabalho dos professores e na mudança necessária de seus esquemas mentais mediadores.

É preciso ponderar que existem limitações objetivas na estrutura profissional do trabalho do professor, em suas possibilidades de processamento de informação, que devem ser consideradas para que o professor possa cumprir planos exaustivos de avaliação ou tecnicamente complexos. Tudo pode ser objeto de algum tipo de avaliação, mas nem tudo pode ser avaliado pelo professor.

Por isso, não é de estranhar que a essa limitação, que chamei de objetiva, se acrescente outra subjetiva, proveniente da limitação psicológica do próprio professor para manejar mentalmente o acúmulo de informação que qualquer sugestão de avaliação medianamente exigente e exaustiva reclama. Apesar da falta de formação adequada no professorado, este, na avaliação de alunos, como acontece com outras facetas de seu trabalho, não pode manejar senão um número muito reduzido de categorias para avaliar e emitir juízos sobre os alunos.

Acreditamos que qualquer esquema ou modelo de realizar a avaliação, ou qualquer proposta de mudança qualitativa das práticas escolares, como pode ser a avaliação formativa, a qualitativa, a avaliação contínua, etc., deve considerar as possibilidades de ser realmente implantado em termos de sua adequação às limitações objetivas e subjetivas dos professores em seu trabalho. As primeiras podem ser melhoradas, por exemplo, com uma redução do número de alunos, com uma liberação de tempo durante a jornada escolar, etc.; as segundas podem ser modificadas com uma melhor formação. Não são condições irremovíveis, mas com limitações. A possibilidade de que o professor maneje mentalmente com desenvoltura e com correção um determinado esquema e cumpra as tarefas que esse esquema ou modelo de comportamento pedagógico propõe é condição para que se implante na prática.

A função fundamental que a avaliação deve cumprir no processo didático é a de informar ou dar consciência aos professores sobre como andam as coisas em sua classe, os processos de aprendizagem de cada um de seus alunos que se desencadeiam no ensino, etc. Se uma proposta de avaliação ou um modo de entender como esta há de se fazer não pode ser abordada pelos professores dentro do andamento normal de seu trabalho, é uma proposta inútil, ainda que, de um ponto de vista teórico, seja correta e conveniente. A capacidade de recolher, elaborar e interpretar informações provenientes do contexto no qual atuam é limitada nos professores, como em qualquer ser humano.

A informação mais útil, de um ponto de vista didático, a mais aproveitável para o desenvolvimento de uma atividade ou metodologia que o professor há de dirigir o mais conscientemente possível é a que ele mesmo pode manejar e integrar nas decisões que toma constantemente.

Com vistas a melhorar a compreensão dos problemas e de propor soluções alternativas com validade na prática, é preciso diferenciar o que pode ser um modelo de avaliação conveniente e ideal do que é um modelo de avaliação aceitável pelos professores.

Modelos de avaliação, provas e escalas de medida na coleta de informação

Os aspectos técnicos de como realizar a avaliação são secundários, embora não irrelevantes. Na medida em que se referem ao modo de realizar uma série de operações, são de importância para os professores, mas é mais transcendental ou prioritário dotá-los de conceitos e instrumentos críticos para analisar o conteúdo da avaliação e a sua utilização. As questões educativas básicas que a avaliação coloca se referem, para nós, a dois aspectos fundamentais:

    a) Como se configura, social, institucional, subjetivamente e no currículo, o conteúdo e os processos considerados essenciais.
    b) Que consequências têm para o aluno, para o ambiente social, para o clima da classe e para a instituição a utilização e a publicidade da informação obtida a respeito do primeiro ponto.

Ao lado deste, os problemas instrumentais ou técnicos nos parecem secundários, ao menos é preciso vê-los de outra ótica. São muitos os temas que a avaliação provoca em ambientes educativos e cada um deles tem significados pessoais, sociais e educativos muito diversos (ALVAREZ; MENDEZ, 1985).

O problema técnico em avaliação, relacionado com *modelos* de avaliar, com as *técnicas* utilizadas ou com as *escalas* que servem para expressar os seus juízos finais devem ser objeto de atenção ao supor processos de mediação diferenciados no desenvolvimento da avaliação e consideram como relevante distintas informações com o efeito subsequente de enfatizar um tipo de resultados e processos no currículo. Os procedimentos concretos que o sistema educativo ou cada professor em particular utiliza são elementos técnicos mediadores da informação a recolher e, às vezes, condicionantes diretos do conceito de rendimento ideal dos professores.

Quando em campos de saber e/ou atividades, como é o caso da educação, o saber teórico fundamentado é disperso e os saberes práticos estão pouco sistematizados em quem os aplicam, é normal que influências contraditórias se misturem tanto na perspectiva teórica como na prática. Os modelos e as técnicas de avaliação difundem teorias ou pressupostos inerentes e formas de realizar a prática correspondente em contradição, em certos casos, com outras crenças, pressupostos e práticas. A difusão desses modelos e técnicas tem amplas consequências que geralmente não se analisam em quem os adotam. São efeitos da avaliação sobre o aluno e no condicionamento dos processos educativos, pois uma forma dominante de avaliar acaba configurando uma forma de aprender e de trabalhar dentro das tarefas acadêmicas.

Mas o que é mais decisivo e sutil é que uma técnica de avaliação *intermedeia os processos de conhecimentos* sobre a realidade que se assentam nos professores como estilo cognitivo profissional. São essas duas razões que justificam aqui a atenção ao componente técnico da avaliação:

   a) A capacidade de informação que um procedimento de avaliação tem, com as consequências no modo de perceber e conhecer a realidade.
   b) A mediação que estabelece nos conteúdos e processos exigidos dos alunos e introjetados nestes e no professor como rendimento ideal.

A ideia implícita de aprendizagem ideal pode vir para o professor não tanto pela consideração explícita do peso e da importância epistemológica ou educativa de determinados conteúdos e procedimentos essenciais de aprendizagem, mas como uma consequência indireta do rendimento ou dos produtos possíveis inerentes às tarefas acadêmicas dominantes, assim como pelos procedimentos de avaliação que lhe são oferecidos como técnicas valiosas de valorizar tais rendimentos. A fé no poder diagnóstico de um tipo de técnica de avaliação pode elevar as possibilidades inerentes ao tipo de prova ao conceito de aprendizagem ponderada e exigida como valiosa. A difusão de modelos, métodos e técnicas de avaliação entre os professores, sem integrá-los na proposição a que servem, pode incidir na configuração de crenças sobre a importância de conteúdos e aprendizagens valoráveis pelo tipo de prova que lhe é proporcionado como instrumento valioso, talvez adornado com as qualidades de objetividade, rigor, precisão, etc.

Vejamos estas argumentações através de um exemplo. Um professor, lidando com provas objetivas, tem um comportamento muito característico que não teria frente a um exame sobre questões amplas e complexas. Também são distintos os pressupostos que o levaram a optar por uma fórmula ou outra. A prova objetiva permite que ele realize um processo de informação muito rápido e simples, assim como tomar decisões igualmente econômicas e quase automatizadas a partir da informação recolhida. O mecanismo de decisão não se dilata apenas da coleta de informação até a emissão de juízo. Digamos que, do ponto de vista da comodidade do professor, este tipo de exame é psicológica e profissionalmente cômodo: pela economia de energia que tem de se dedicar à correção e porque reduz a ambiguidade e insegurança no momento de tomar a decisão. Não é de estranhar, pois, que, para certo setor do professorado, independentemente da objetividade que estes procedimentos possibilitem, todos esses fatores despertem certa simpatia. Comodidade que vem a ser reforçada por uma ideia de aparente cientificidade. Uma prova objetiva do tipo verdadeiro-falso desperta uma imagem de rigor, uma facilidade de correção e uma segurança do juízo de avaliação que se desprende desse processo. Frente a um mesmo exame deste tipo, é muito provável que dois ou mais professores diferentes chegassem a um mesmo resultado em seus juízos. Graças ao funcionamento muito parecido do esquema mediador no ato da correção, será produzida uma coincidência nos juízes avaliadores.

Esta coincidência de julgamentos foi motivada pela definição do objeto avaliado e pela forma como facilita o funcionamento do processo de mediação e de tomada de decisões no avaliador. Mas tal coincidência intersubjetiva não deve nos enganar e nos levar a considerá-la como sinônimo da objetividade científica. Tampouco deve nos fazer pensar que, dessa forma, não operam no processo de avaliação e interpretação do currículo elementos que distorcem. O que acontece é que o elemento mediador no caso dos itens muito definidos atua basicamente na hora de fechar a prova, no momento de decidir que elementos vão constituir o tipo de rendimento exigido e os tipos de respostas permitidas aos alunos nos momentos de realização das provas. Isso significa que toda a carga da análise deve recair, neste caso, nos momentos prévios à realização da prova.

Diria-se que o esquema seletor ou mediador pode atuar em dois momentos diferenciados com desigual peso segundo a técnica de que se trate: no momento de decidir que tipo de rendimento ou de conhecimento se considera relevante ao definir em que vai consistir o conteúdo e procedimento de um exame ou no momento de selecionar o tipo de informação relevante no objeto a ser avaliado. A "objetividade" no processo de correção dos exames ou trabalhos dos alunos em certos casos nada mais é do que a consciência de tal objetividade que se produz pelo reflexo de certa automatização no funcionamento dos processos de coleta de informação e de tomada de decisões. A designação de uma posição numa escala, uma vez emitido um julgamento global, e a obtenção de dados para chegar a esse julgamento são mais simples, evidentemente.

Um professor, frente a um exame ou tarefa do aluno com certo grau de complexidade, deve realizar um processo de coleta de informação mais complicada, porque existem mais respostas não estritamente previstas do aluno e porque evidenciam aspectos mais complexos das tarefas escolares. Não só a coleta de informação é mais difícil, mas também a própria tomada de decisões é mais complexa, necessitando ponderar aspectos certamente complicados das informações tomadas. A ambiguidade diminui a economia do procedimento, mas tem a contrapartida de estimular questionamentos, processos de ponderação de critérios, ampliar o espectro de informações necessárias, comprovar respostas muito diferentes entre os alunos, etc.

As crenças epistemológicas do professor, o currículo *ponderado e oculto é* um componente do seletor, que pode ser analisado no momento de "fechar" o *conteúdo da prova ou tarefa* encomendada ou no momento de "fechar" *o juízo* frente aos conteúdos de uma prova ou produção do aluno. No caso da prova objetiva, pode se dar a facilitação na apreciação com critérios homogêneos de um produto procedente de distintos sujeitos, mas não lhes foram permitidos a expressão de outra série de dados ou indícios.

Pode se ver no exemplo a incidência que a forma técnica de realizar a avaliação de produções, exames, tarefas ou traços diversos condiciona o tipo de informação que o avaliador tem de selecionar ao realizar a avaliação, a comodidade profissional com que se pode recolher a informação e elaborar o julgamento, mas também como pode condicionar o funcionamento do próprio mecanismo seletor. Uma técnica de avaliação expressa uma opção e, às vezes, seleciona-se de modo coerente com ela, em todo caso a reforçará; mas, na medida em que a opção técnica seja uma decisão apriorística e faça parte de um estilo dominante de avaliar, será um condicionante do estilo de processamento de informações nos professores na mediação do currículo. A importância do papel que diversos tipos de formas instrumentais de avaliação têm como condicionantes do comportamento do avaliador são óbvias (NOIZET; CAVERNI, 1978, p. 136).

As tarefas escolares são, em geral, suficientemente complexas para pôr em funcionamento tipos de processos muito variados de aprendizagem. Um estilo didático e o uso dominante de determinadas estratégias didáticas impõem uma direção na aprendizagem. Que congruência têm as realizações exigidas ao aluno durante a realização da prova ou trabalho exigido para ser avaliado e as que normalmente o aluno realiza quando aprende? Em que medida a necessidade de avaliar e de fazê-lo de uma forma determinada supõe uma seleção de certos componentes do currículo em níveis ou áreas curriculares?

O próprio desenvolvimento da teorização e de modelos de avaliação levou a propor diversos procedimentos em que o processamento de informação é muito característico em cada caso. A *avaliação formal* frente à *informal,* a *somativa* frente à *formativa,* etc. colocam certos desafios particulares ao professor para realizá-las, condicionando os próprios processos de pensamento e tomada de decisões que o professor deverá realizar. Se se observa, por exemplo, que a avaliação formativa ou contínua não se difundiu em nosso sistema pedagógico é, em boa parte, pela falta de aceitação pelos professores dos mecanismos inerentes a esses tipos de avaliação mais complexos, o que poderia se dever à falta de formação, a limitações subjetivas de processamento ou a inconvenientes objetivos. É preciso analisar se, nas condições de trabalho e com o nível de formação que os professores possuem, são possíveis os mecanismos que cada um dos tipos de avaliação reclama desenvolver. Quando se propõem modelos de realizar a avaliação, é preciso esclarecer as possibilidades reais de que os professores assimilem a seus esquemas práticos os mecanismos que implicam esses modelos de comportamento avaliador.

A polêmica dos métodos qualitativos frente aos quantitativos, com os sistemas de qualificação de alunos que lhes são próprios, é outro exemplo de como, num sistema de avaliação, há de se julgar desde a perspectiva do tipo de informação que seleciona como potencialmente relevante para o avaliador e de modo coerente com que tipo de rendimento ideal de fato empregam-se essas técnicas.

Referências

AMERICAN EDUCATIONAL RESEARCH ASSOCIATION. The curriculum. *Review of Educational Research*, v. l, 1931.
ALLAL, L. Quantitative and qualitative components of teachers' evaluations strategies. *Teaching & Teacher Education*, v. 4, n. l, 1988.
ALVAREZ MENDEZ, J. M. Evaluando la evaluación. In: ALVAREZ MENDEZ, J. M. *Didáctica, currículo e evaluación:* ensayos sobre cuestiones didácticas. Barcelona: Alamex, 1985.
APPLE, M. Curriculum design and cultural order. In: SHIMAHARA, N. (Ed.). *Educational reconstruction:* promise and challenge. Columbus: Charles E. Merrill, 1973.
APPLE, M. The process and ideology of valuing in educational settings. In: APPLE, M.; SUBKOVIAK, M.; LUFLER, H. (Ed.). *Educational evaluation:* analysis and responsibility. Berkeley: McCutchan, 1974.
APPLE, M. Curricular form and the logic of technical control. In: APPLE, M.; WEIS, L. (Ed.). *Ideology and practice in schooling*. Philadelphia: Temple University Press, 1983.
APPLE, M. Economia de la publicación de libros de texto. *Revista de Educación*, n. 275, p. 43-62, 1984.
APPLE, M. *Teachers and texts*. London: Routledge and Kegan Paul, 1986.
APPLE, M. *Ideologia y curriculum*. Madrid: Akal, 1987.
ARAÚJO, J.; CHADWICK, C. *Tecnologia educacional:* teorias de la instrucción. Barcelona: Paidós, 1988.
BEAUCHAMP, G. A. *Curriculum theory*. 4. ed. Itasca: F. E. Peacock, 1981.
BELTH, M. *The process of thinking*. New York: David McKay Company, 1977.
BELTRAN, F. *Un modelo de determinaciones en política curricular:* Estúdio dei origen social del curriculum tecnoburocrático en España. Tese (Doutorado) – Universitat de València, València, 1987.
BENNETT, N. *Estilos de ensenanza y progreso de los alumnos*. Madrid: Morata, 1979.
BENNETT, N. The effective primary school teacher: the search for a theory of pedagogy. *Teaching & Teacher Education*, v. 4, n. l, p. 19-30, 1988.
BEN-PERETZ, M. Curriculum theory and practice in teacher education programs. In: KATZ, L. (Ed.). *Advances in teacher education*. Norwood: Ablex, 1984.
BEN-PERETZ, M.; BROME, R.; HALKES, R. (Ed.). *Advances of research on teacher thinking*. Lisse: ISSAT, 1986.
BERG, G. Developing the teacher profession: autonomy, professional code, knowledge base. *The Australian Journal of Education*. v. 27, n. 2, p. 173-186, 1983.
BERLAK, A.; BERLAK, H. *Dilemmas of schooling*. London: Methuen, 1981.
BERNSTEIN, B. On the classification and framing of educational knowledge. In: YOUNG, M. (Ed.). *Knowledge and control*. London: Collier Macmilian, 1980.
BERNSTEIN, B. Clase y pedagogías visibles e invisibles. In: GIMENO, J.; PEREZ, A. (Comp.). *La enseñanza:* su teoria y supráctica. Madrid: Akal, 1983.
BLUMENFELD, P. et al. Task as a heuristic for understanding student learning and motivation. *Journal of Curriculum Studies*, v. 19, n. 2, p. 135-148, 1987.

BOSSERT, S. T. *Tasks and social relationships in the classroom*. Cambridge: Cambridge University Press, 1979.
BOURDIEU, P. Sistemas de enseñanza y sistemas de pensamiento. In: GIMENO, J.; PEREZ, A. (Comp.). *La enseñanza*: su teoria y su práctica. Madrid: Akal, 1983.
BRIGGS, L. *El ordenamiento de secuencia en la instrucción*. Buenos Aires: Editorial Guadalupe, 1973.
BROADFOOT, P. Assessment constraints on curriculum practice: a comparative study". In: HAMMERSLEY, M. *Curriculum practice*: some sociological case studies. London: The Palmer, 1983.
BRONFENBRENNER, U. *La ecología del desarrollo humano*. Barcelona: Paidós, 1987.
BRONFENBRENNER, U. L'écologie expérimentale de l'éducation. In: BEAUDOT, A. *Sociologie de l'école*. Paris: Dunod, 1981.
BROPHY, J. How teacher influence what is taught and learned in classroom. *The Elementary School Journal*. v. 83, n. l, p. 1-13, 1982.
BROPHY, J. Classroom organization and management. *The Elementary School Journal*, v. 83, n. 4, 1983.
BROPHY, J. Educating teachers about managing classroom and students. *Teaching & Teacher Education*, v. 4, n. l, p. 1-18, 1988.
BROWN, C. et al. *Exploring primary science 7-11*. Cambridge: Cambridge University Press, 1982.
BRUNER, J. *El proceso de la educación*. México: UTEHA, 1972.
BUCHMAN, M.; SCHMIDT, W. The school day and content commitments. *Institute for Research on Teaching*, v. 83, 1981.
CALDERHEAD, J. *Teachers classroom decision-making*. London: Holt, Rinehart and Winston, 1984.
CALLAHAN, R. *Education and the cult of efficiency*. Chicago: The University of Chicago Press, 1962.
CARR, W.; KEMMIS, S. *Teoría crítica de la enseñanza*. Barcelona: Martínez Roca, 1988.
CARTER, K.; DOYLE, W. Teachers' knowledge structures and comprehension processes. In: CALDERHEAD, J. (Ed.). *Exploring teachers thinking*. London: Cassell Education, 1987.
CAVERNI, J. P.; NOIZET, G. Lê comportement des évaluateurs dans l'évaluation scolaire continue. *L'Orientation scolaire et Professionnelle*, n. 2, p. 175-195, 1978.
CLANDININ, D. J. *Classroom practice*: teacher images in action. London: The Falmer , 1986.
CLARK, C.; ELMORE, J. Transforming curriculum in mathematics, science, and writing: a case study of teacher yearly planning. *Institute for Research on Teaching*, v. 99, 1981.
CLARK, C.; LAMPERT, M. What knowledge is of most worth to teacher? Insights from studies of teacher thinking. *Institute for Research on Teaching*, v. 86, 1985.
CLARK, C. M.; PETERSON, P. L. Teachers thought processes. In: WITTROCK, M. (Ed.). *Handbook of research on teaching*. New York: Macmillan Publishing, 1986.
COLL, C. *Psicología y curriculum*. Barcelona: Laia, 1987.
COLLEGE DE FRANCE. *Propositions pour l'enseignement de l'avenir*. Paris: [s.n], 1985.
CORNALL, P. A partir de aqui: el 'porquê', el 'quê' y el 'como' del desarrollo curricular secundário durante los próximos anos. In: GALTON, M. *Cambiar la escuela, cambiar el curriculum*. Barcelona: Martínez Roca, 1986.
CRONBACH, L. J.; GLESER, G. C. *Psychological tests and personal decisions*. Urbana: University of Illinois Press, 1965.
CROSSMAN, M. Teacher's interactions with girls and boys in science lessons. In: KELLY, A. (Ed.). *Science for girls?* Milton Keynes: Open University Press, 1987.
DALE, R. Implications of the discovery of the hidden curriculum for the sociology of teaching. In: GLESSON, D. (Ed.). *Identity and structure*: issues in the sociology of education. Driffield: Nafferton Books, 1977.
DE LA ORDEN, A. Programas, niveles y trabajo escolar. In: *CEDODEP*: Niveles, cuestionarios y programas escolares. Madrid: CEDODEP, 1968a.
DE LA ORDEN, A. El proceso de elaboración de programas. In: *CEDODEP*: niveles, cuestionarios y programas escolares. Madrid: CEDODEP, 1968b.
DEAKIN UNIVERSITY. *Curriculum design and innovation*. Victoria: Deaking University Press, 1985.
DEWEY, J. *Democracia y educación*. Buenos Aires: Losada, 1967a.
DEWEY, J. *Experiencia y educación*. Buenos Aires: Losada, 1967b.
DIORIO, J. A. Knowledge, autonomy and the practice of teaching. *Curriculum Inquiry*, v. 12, n. 3, p. 257-282, 1982.
ESTADOS Unidos una nación en peligro: el imperativo de una reforma educativa. *Revista de Educación*, v. 278, p. 135-153, 1985.

DOTTRENS, R. *Como mejorar los programas escolares*. Buenos Aires: Kapelusz, 1961.
DOYLE, W. Learning the classroom environment: An ecological analysis. *Journal of Teacher Education*, v. 26, n. 6, p. 51-55, 1977.
DOYLE, W. Classroom tasks and students' abilities. In: PETERSON, P.; WALBERG, H. *Research on teaching*. Berkeley: McCutchan, 1979a.
DOYLE, W. Making managerial decisions in classroom. In: DUKE, D. L. (Ed.). *Classroom management*. Chicago: NSSE, 1979b.
DOYLE, W. Research on classroom contexts: toward a knowledge base for policy and practice in teacher education. In: GRIFFIN, G. (Ed.). *Alternate perspectives for program development*. Austin: Texas University, 1982.
DOYLE, W. Academic work. *Review of Educational Research*. v. 53, n. 2, p. 159-199, 1983.
DOYLE, W. Managing student learning in classroom. In: DEAKIN UNIVERSITY. *Classroom processes*: task, pupil and teacher. Victoria: Deakin University Press, 1985.
DOYLE, W. Classroom organization and management. In: WITTROCK, M. (Ed.). *Handbook of research on teaching*. New York: Macmilian, 1986b.
DOYLE, W. The classroom as a workplace: Implications for staff development. In: WIDEEM, M.; ANDREWS, I. (Ed.). *Staff development for school improvement*. London: The Falmer, 1987.
DOYLE, W.; CARTER, K. Academic tasks in classroom. In: HAMMERSLEY, M. *Case studies in classroom research*. Milton Keines: Open University Press, 1986.
DOYLE, W.; PONDER, G. The ethic of practicability: implications for curriculum development. In: MOLNAR, A.; ZAHORIK, J. (Ed.). *Curriculum theory*. Washington: ASCD, 1977.
DUNN, R. Preparing a module. In: WARWICK, D. (Ed.). *Teaching and learning through modules*. Oxford: Basil Blackwell, 1988.
EISNER, E. *The educational imagination*. New York: Macmilian, 1979.
EISNER, E.; WALLANCE, E. *Conflicting conceptions of curriculum*. Berkeley: McCutchan, 1974.
ELBAZ, F. *Teacher thinking*: a study of practical knowledge. London: Croom Helm, 1983.
ELLIOTT, J. Implications of classroom research for professional development. In: HOYLE, E. (Ed.). *Professional development of teacher*. New York: Kogan Page, 1980.
EMMER, E.; ANDERSON, L. Effective classroom management at the beginning of the school year. In: DOYLE, W.; GOOD, T. (Ed.). *Focus on teaching*. Chicago: Chicago University Press, 1982.
EQUIPO ALMENAR. *Espora*: Ciências Naturales 5 EGB. Madrid: Anaya, 1987.
ESPAÑA. *Ley general de educación*. General de educación y financiamiento de la reforma educativa. [S. l.]: [s. n.], 1970.
ESPAÑA. Ley orgánica. Reguladora del Derecho a la Educación. *BOE*, n. 159, 1985. Disponível em: <https://www.boe.es/boe/dias/1985/07/04/pdfs/A21015-21022.pdf>. Acesso em: 12 nov. 2016.
ESPAÑA. Ministério de Educación y Ciência. Dirección General de Enseñanzas Medias. *Hacia la Reforma*. I. Documentos. Madrid: Servicio de Publicaciones del Ministerio de Educación y Ciência, 1985.
ESPAÑA. Ministério de Educación y Ciência. Subdirección General de Perfeccionamiento dei Profesorado. *Formación Permanente del Profesorado*. Madrid: [s. n.], 1985-86.
FEIMAN-NEMSER, S.; BUCHMANN, M. *The first year of teacher preparation*: transition to pedagogical thinking? Michigan: Institute for Research on Teaching, 1985.
FERNANDEZ PEREZ, M. El resíduo de indeterminación técnica. *Revista Española de Pedagogia*, v. 29, n. 15, p. 275-295, 1971.
FRASER, B. J. *Classroom environment*. London: Croom Helm, 1986.
FREINET, C. *La educación moral y cívica*. Barcelona: Laia, 1972.
GALL, M. *Handbook for evaluating and selecting curriculum materials*. Boston: Allyn and Bacon, 1981.
GARCÍA HOZ, V. *Educación personalizada*. Valladolid: Minón, 1972.
GARDNER, M. Cognitive psychological approaches to instructional task analysis. In: GORDON, E. (Ed.). *Review of research in education*. Washington: AERA, 1985. v. 12.
GIBBY, B. Curriculum objectives. In: LAWTON, D. et al. *Theory and practice of curriculum studies*. London: Routledge and Kegan Paul, 1978.
GIMENO, J. *Teoria de la ensenanw y desarrollo del currículo*. Madrid: Anaya, 1981.
GIMENO, J. *La pedagogia por objetivos*: obsesión porla eficiência. Madrid: Morata, 1982.
GIMENO, J.; FERNANDEZ, M. *La formación del profesorado de EGB*. Análisis de la situación espahola. Madrid: Ministério de Universidades e Investigación, 1980.

GIMENO, J.; PEREZ, A. Evaluación de la reforma del ciclo superior de EGB. In: GIMENO, J.; PEREZ, A. *Los padres ante la reforma*. Madrid: CIDE, 1986a.
GIMENO, J.; PEREZ, A. Evaluación de la reforma del ciclo superior de EGB. In: GIMENO, J.; PEREZ, A. *Los profesores de la reforma*. Madrid: CIDE, 1986b.
GIMENO, J.; PEREZ, A. *El pensamiento psicopedagógico de los professores*. Madrid: CIDE, 1987a.
GIMENO, J.; PEREZ, A. Evaluación de la Reforma del Ciclo Superior de EGB. In: GIMENO, J.; PEREZ, A. *Los centros ante la reforma*. Madrid: CIDE, 1987b.
GINSBURG, M. Reproduction, contradictions, and conceptions of curriculum in preservice teacher education. *Curriculum Inquiry*, v.16, n. 3, p. 283-309, 1986.
GIROUX, H. *Ideology culture and the process of schooling*. London: The Falmer Press, 1981.
GIROUX, H.; PENNA, A.; PINAR, W. *Curriculum & Instruction*. Berkeley: MacCutehan, 1981.
GITLIN, A. School structure and teachers' work. In: APPLE, M.; WEIS, L. (Ed.). *Ideology and practice in schooling*. Philadelphia: Temple University Press, 1983.
GITLIN, A. Common school structures and teacher behavior. In: SMYTH, J. (Ed.). *Educating teachers*: changing the nature of pedagogical knowledge. London: The Falmer, 1987.
GLATTER, R. Appearance and reality in curriculum control. In: CONFERENCIA ANUAL DE LA SOCIEDAD BRITÁNICA DE ADMINISTRACIÓN EDUCATIVA, CONTROL OF THE CURRICULUM, 5. Anais... University of London, Institute of Education, 1977.
GODDARD, M. Teachers' views about the importance of science to boy and girls. In: KELLY, A. (Ed.). Science for girls? [S. l.]: Open University Press, 1987.
GOLE Y, M. (Ed.). *Curriculum design*. London: Open University Press, 1975.
GOOD, C. *Dictionary of education*. New York: McGraw-Hill, 1973.
GRUNDY, S. *Curriculum*: product or praxis. London: [s. n.], 1987.
GUERIN, G. H.; MAIER, A. S. *Informal assessment in educaüon*. Palo Alto: Mayfield, 1983.
HABERMAS, J. *Conocimiento e interés*. Madrid: Taurus, 1982.
HALKES, R.; OLSON, J. K. *Teacher Thinking*. Lisse: Swets & Zeitlinger, 1984.
HAMMERSLEY, M. *Teachers perspectives*. Milton Keynes: The Open University Press, 1977.
HARGREAVES, D. The ocupational culture of teachers. In: WOODS, P. (Ed.). *Teacher strategies*. London: Croom-Helm, 1980.
HAVELOCK, R. *Planning for innovation through dissemination and utilization of knowledge*. 7th ed. Ann Arbor: Michigan, 1979.
HILSUM, S.; CANE, B. S. *The teacher's day*. Windsor: NFER, 1971.
HOLLON, R. et al. *A system for observing and analyzing elementary school science teaching*: a user's manual. Michigan: Institute for Research on Teaching, 1980.
HOUSE, E. *Evaluating with validity*. Beverly Hills: Sage, 1980.
HOYLE, E. Professionalization and desprofessionalization in educaüon. In: HOYLE, E. (Ed.). *World Year Book of Education*. London: Kogan Page, 1980.
HUBERMAN, A. M. Répertoires, receites et vie de classe: Comment les enseignants utilisent l'information. In: CRAHAY, M.; LAFONTAINE, D. (Ed.). *L'art et la science de l'enseignement*. Bruselas: Labor, 1986.
HURST, P. Descentralization: Panacea or Red Herring? In: LAUGLO, J.; McLEAN, M. *The control of education*. London: Heinemann Educational Books, 1985.
ILLICH, I. *La sociedad desescolarizada*. Barcelona: Barrai, 1974.
INCIE. *Los textos escolares de EGB*. Madrid: INCIE, 1976.
JACKSON, P. *La vida en las aulas*. Madrid: Marova, 1968.
JOHNSON, M. Definitions and models in curriculum theory. In: GIROUX, H. A. (Ed.). *Curriculum & Instruction*. Berkeley: MacCutchan, 1967.
JOYCE, B. *Towards theory of information processing in teaching*. Michigan: Institute for Research on Teaching, 1980.
JOYCE, B.; WEIL, M. *Models of teaching*. Englewood Cliffs: Prentice-Hall, 1972.
KELLY, A. (Ed.). *Science for girls?* Milton Keynes: Open University Press, 1987.
KELLY, G. *Teoria de la personalidade*: psicologia de las construcciones personales. Buenos Aires: Troquel, 1966.
KEMMIS, S. *Curriculum theorising*: beyond reproduction theory. Victoria: Deakin University Press, 1986.
KING, A.; BROWNELL, J. *The curriculum and the disciplines of knowledge*. A theory of curriculum practice. Huntington: Robert E. Krieger, 1976.

KING, N. *The hidden curriculum and the socialization of kindergarten children*. Tese (Doutorado) - University of Wisconsin, Madison, 1977.
KING, N. Recontextualizing the curriculum. *Theory into Practice*, v. 25, n. l., p. 36-40, 1986.
KLIEBARD, H. Bureaucracy and curriculum theory. In: PINAR, W. (Ed.). *Curriculum theorizing*: the reconceptualists. Berkeley: McCutchan, 1975.
KLIEBARD, H. Persistent curriculum issues in historical perspective. In: PINAR, W. (Ed.). *Curriculum theorizing*: the reconceptualists. Berkeley: McCutchan, 1975.
LANDES, N. *The task features analysis system*. Michigan: Michigan State University, 1981.
LANDSHEERE, G. de. *La formación de los ensenantes de mañana*. Madrid: Narcea, 1979.
LANDSHEERE, V. de. Competencias mínimas para la ensenanza secundaria. *Perspectivas,* v. 27, n. 1, p. 41-50, 1987.
LAUGLO, J.; MCLEAN, M. *The control of education*. London: Heinemann Educational Books, 1985.
LAWTON, D. *Class, culture and the curriculum*. London: Routledge, 1975.
LAWTON, D. *The end of the 'Secret Garden'?* A study in the politics of the curriculum. London: Institute of Education, 1982.
LAWTON, D. *Curriculum studies and curriculum planning*. London: Hodder and Stoughton, 1983.
LEINHARDT, G.; GREENO, J. G. The cognitive skill of teaching. *Journal of Educational Psychology.* v. 78, p. 75-95, Apr. 1986.
LEINHARDT, G.; WEIDMAN, C.; HAMMOND, K. M. Introduction and integrator of classroom routines by expert teachers. *Curriculum Inquiry*, v.17, n. 2, p. 135-176, 1987.
LEITHWOOD, K. A. (Ed.). *Studies in curriculum decisions making*. Toronto: The Ontario Institute for Studies in Education, 1982.
LOPEZ DEL CASTILLO, T. Planes y programas escolares en la legislación espanola. *Bordon*, n. 242-243, p. 127-202, 1982.
LORTIE, D. *School teacher*: a sociological study. Chicago: University of Chicago Press, 1975.
LOUGHLIN, C.; SUÍNA, J. *El ambiente de aprendizage*: diseño y organización. Madrid: Morata, 1987.
LUNDGREN, U. P. Model analysis of pedagogical processes. 2nd ed. Estocolmo: CWK Gleerup, 1981.
LUNDGREN, U. P. *Between hope and happening*: text and context in curriculum. Victoria: Deakin University Press, 1983.
LYONS, R. Descentralized educational planning: is it a contradiction? In: LAUGLO, J.; McLEAN, M. *The control of education*. London: Heinemann Educational Books, 1985.
MACDONAL, B. La evaluación y el control de la educación. In: GIMENO, J.; PEREZ, A. (Comp.). *La ensenanza*: su teoria e suprática. Madrid: Akal, 1983.
MAILLO, A. *La inspección de ensenanza primaria*: historia y funciones. Madrid: Escuela Espanola, 1967.
MARTINEZ, J. *El principio pedagógico de la conexión de la escuela ai entorno*: un ejemplo de la relación teoría-práctica en el conocimiento profesional del profesor. Tese (Doutorado) - Universitat de València. València, 1987.
MCNEIL, L. Defensivo teaching and classroom control. In: APLLE, M.; WEIS, L. (Ed.). Ideology and practice in schooling. Philadelphia: Temple University Press, 1983.
MERRILL, M. Content analysis via concept elaboration theory. *Journal of Instructional Development*, v. l, n. l, p. 10-13, 1977.
MORINE, G. *A study of teacher planning*. San Francisco: West Laboratory for Educational Research and Development, 1976.
MULLEN, G. The development of curriculum field, 1940-1975. Tese (Doutorado) - Norwestern University, Illinois, 1976.
NESPOR, J. Academic task in a high school english class. *Curriculum Inquiry*, v. 17, n. 2, p. 203-228, 1987.
NEWELL, A.; SIMON, H. *Human problem solving*. Englewood Cliffs: Prentice Hall, 1972.
NEWPORT, J. F. Describing styles in operational terms. *School Science and Mathematics*, v. 80, n. 6, p. 480-491, 1980.
NOIZET, G.; BONNIOL, J. Pour une docimologie experimental. *Bulletin de Psychologie*, v. 22, n. 276, p. 782-787, 1969.
NOIZET, G.; CAVERNI, J. P. *Psychologie de l'évaluation scolaire*. Paris: P. U. F., 1978.

NOIZET, G.; CAVERNI, J. P. Les procédures d'évaluation ont-elles leur part de responsabilité dans l'échec scolaire? *Revue Française de Pédagogie*, v. 62, p. 7-14, 1983.
NORMAN, D. et al. *Explorations in cognitions*. San Francisco: Freeman, 1975.
NOVAK, J.; GOWIN, B. *Learning how to learn*. Cambridge: Cambridge University Press, 1984.
NUNAN, T. *Countering educational design*. London: Croom Helm, 1983.
OLSON, J. *Innovative doctrine and practical dilemmas*: a case study of curriculum translation. Tese (Doutorado) - University of Birmingan, Birmingan, 1980a.
OLSON, J. Teacher constructs and curriculum change. *Journal of Curriculum Studies*, v. 12, n. l, p. 1-11, 1980b.
OLSON, J. Teacher influence in the classroom: a context for understanding curriculum translation. *Instructional Science*, v. 10, p. 259-275, 1981.
OLSON, J. Classroom knowledge and curriculum change: an introduction. In: OLSON, J. (Ed.). *Innovation in the science curriculum*. London: Croom-Helm, 1982.
PALMADE, G. *Interdisciplinariedad e ideologias*. Madrid: Narcea, 1979.
PAPAGIANNIS, G.; BICKEL, R.; S. KLEES Hacia una Economia política de la innovación educativa. *Educación y Sociedad*, n. 5, p. 149-198, 1986.
PEREZ, A. Conocimiento académico y aprendizaje significativo. Bases teóricas para el diseño de instrucción. In: GIMENO, J.; PEREZ, A. (Comp.). *La ensenana*: su teoria e su práctica. Madrid: Akal, 1983.
PEREZ, A. Paradigmas contemporâneos de investigación didáctica. In: GIMENO, J.; PEREZ, A. (Comp.). *La ensenaña: su teoria e su práctica*. Madrid: Akal, 1983.
PETERS, R. *Ethics and education*. London: George Allen and Unwin, 1966.
PETERSON, P.; MARX, R.; CLARK, C. Teacher planning, teacher behavior, and student achievement. *American Educational Research Journal*, v. 15, n. 3, p. 417-432, 1978.
PHENIX, P. *Realms of learning*. New York: McGraw-Hill, 1964.
PHILLIPS, R. *An historical study of the concept curriculum*. 1962. Tese (Doutorado) - Northwestern University, Illinois, 1962.
PIAGET, J. et al. *La nueva educación moral*. Buenos Aires: Losada, 1967.
PIERON, H. *Examens et docimologie*. Paris: P. U. F., 1963.
PINAR, W. (Ed.). *Curriculum theorizing*: the reconceptualists. Berkeley: McCutchan, 1975.
PINAR, W.; GRUMET, M. Theory and practice and the reconceptualization of curriculum studies. In: LAWN, M.; BARTON, L. *Rethinking curriculum studies*. London: Croom-Helm., 1981.
POPE, M.; KING, T. *Personal construct psychology and education*. London: Academic Press, 1981.
POPE, M.; SCOTT, E. Teachers' epistemology and practice. In: HALKES, R.; OLSON, J. (Ed.). *Teacher thinking*. Lisse: Swets and Zeitlinger, 1984.
POPKEWITZ, T. The social context of schooling, change and educational research. In: TAYLOR, Ph. (Ed.). *Recent developments in curriculum studies*. Windsor: NFER-Nelson, 1986.
POPKEWITZ, T. Knowledge and interesting curriculum studies. In: POPKEWITZ, T. (Ed.). *Critical studies in teacher education*. London: The Falmer, 1987.
PORTER, A. et al. *Teacher autonomy and the control of content taught*. Michigan: Institute for Research on Teaching, 1979.
POSIBILISMO. In: DICCIONARIO de la lengua española. Madrid: Real Academia Española, c2016. Disponível em: <http://dle.rae.es/?id=TnEyka2>. Acesso em: 28 nov. 2016.
POSNER, G. Cognitive science conception of curriculum and instruction. *Journal of Curriculum Studies*, v. 14, p. 343-351, 1982.
POSNER, G.; RUDNITSKY, A. *Course design*: a guide to curriculum development. 3rd ed. New York: Longman, 1986.
WHITMER, S. P. *A descriptive multimethod study of teacher judgment during the marking process*. Michigan: Institute for Research on Teaching, 1983.
PRATT, D. *Curriculum*: design and development. New York. Harcout Brace Jovanovich, 1980.
RATHS, J. D. Teaching without specifics objectives. *Educational Leadership*, p. 714-720, 1971.
REID, W. *Thinking about the curriculum*. London: Routledge and Kegan Paul, 1980.
REID, W. The deliberative approach to the study of the curriculum and its relation to critical pluralism. In: LAWN, M.; L. BARTON. *Rethinking curriculum studies*. London: Croom-Helm, 1981.
REIGELUTH, C. (Ed.). *Instructional design theories and models*: an overview of their current status. Hillsdale: LEA, 1983.

REIGELUTH, C. (Ed.). *Instructional theories in action*. Hillsdale: LEA, 1987.
REIGELUTH, C.; MERRILL, M. The elaboration theory of instruction: a model for sequencing and synthesizing instruction. *Instructional Science*, v. 9, n. 3, p. 195-219, 1980.
ROMISZOWSKI, A. *Designing instructional systems*. London: Kogan Page, 1981.
ROMISZOWSKI, A. *Producing instructional systems*. London: Kogan Page, 1984.
ROQUEPLO, P. *El reparto del saber*: ciencia, cultura y divulgación. Barcelona: Gedisa, 1983.
RULE, I. *A philosophical inquiry into the meaning(s) of 'curriculum'*. Tese (Doutorado) - New York University, New York, 1973.
SALINAS, B. *La planificación en el profresor de EGB*. Tese (Doutorado) - Universidat de València, València, 1987.
SCHIRO, M. *Curriculum for better schools*: the great ideological debate. Englewood Cliffs: Educational Technology, 1978.
SCHÖN, D. *The reflective practitioner*. London: Temple Smith, 1983.
SCHUBERT, W. *Curriculum*: perspective, paradigm and possibility. New York: Macmillan, 1986.
SCHWAB, J. Problemas, tópicos y puntos de discusión. In: ELAM, S. *La educación y la estructura del conocimiento*. Buenos Aires: El Ateneo, 1973.
SCHWAB, J. Un enfoque práctico como lenguaje para el Curriculum. In: GIMENO, J.; PEREZ, A. (Comp.). *La ensenana:* su teoria y supráctica. Madrid: Akal, 1983.
SCHWILLE, J. et al. *Factors influencing teachers' decisions about what to teach*: sociological perspectives. Michigan: Institute for Research on Teaching, 1979a.
SCHWILLE, J. et al. *Content decision-making and the politics of education*. Michigan: Institute for Research on Teaching, 1979b.
SCHWILLE, J. et al. *Teachers as policy brokers in the content of elementary school mathematics*. Michigan: Institute for Research on Teaching, 1982.
SHAVELSON, R.; STERN, P. Investigación sobre pensamiento pedagógico del profesor, sus juicios, decisiones, y conducta. In: GIMENO, J.; PEREZ, A. (Comp.). *La enseñanza:* su teoria y su practica. Madrid: Akal, 1983.
SHULMAN, L. Those who understand: knowledge growth in teaching. *Educational Researcher*, v. 15, n. 2, p. 4-14, 1986.
SHULMAN, L. Knowledge and teaching: Foundations of the New Reform. *Harvard Educational Review*, v. 57, n. l, p. 1-22, 1987.
SIMONS, H. *Getting to know schools in a democracy*. London: The Falmer, 1987.
SKILBECK, M. School-based curriculum development. In: WALTON, J. (Ed.). *Rational curriculum planning*: four case studies. London: Ward Lock Educational, 1976.
SKILBECK, M. *A core curriculum for the common school*. London: University of London Institute of Education, 1982.
SKILBECK, M. *School-based curriculum development*. London: Harper and Row, 1984.
SMITH, P.; CONNOLLY, K. *The ecology of preschool behavior*. Cambridge: Cambridge University Press, 1980.
SMYTH, J. Transforming teaching through intellectualizing the work of teachers. In: SMYTH, J. (Ed.). *Educating teachers*: changing the nature of pedagogical knowledge. London: The Falmer, 1987.
SOCKETT, H. *Designing the curriculum*. London: Open Books, 1976.
STAKE, R. An evolutionary view of educational improvement. In: HOUSE, E. *New directions in educational evaluation*. London: The Falmer, 1986.
STENHOUSE, L. *The Humanities Curriculum Project*: an introduction. London: The School Council-Heinemann Educational Books, 1970.
STENHOUSE, L. Can research improve teaching? In: REPORT: National in service course on curriculum design, course structure and evaluation in physical education. [S. l.]: Dunfermline College of Physical Education, 1979.
STENHOUSE, L. Curriculum research and the art of the teacher. *Curriculum*, v. 1, n. 1, p. 40-44, 1980.
STENHOUSE, L. *Investigación y desarrollo del curriculum*. Madrid: Morata, 1984.
STENHOUSE, L. El legado del movimiento curricular. In: GALTON, M.; MOON, B. *Cambiar la escuela, cambiar el curriculum*. Barcelona: Martínez Roca, 1986.
STÖCKER, K. *Principios de didactica moderna*. Buenos Aires: Kapelusz, 1964.
TABACHNICK, R.; ZEICHNER, K. The impact of the student teaching experience on the development of teacher perspectives. In: AERA ANNUAL MEETING. *Anais...* New York, 1982.

TANNER, D.; TANNER, L. Curriculum development: theory into practice. 2nd ed. New York: Macmilian, 1980.
TAYLOR, F. W. *Management científico*. Barcelona: Oikos-Tau, 1969.
TAYLOR, P. *How teachers plan their courses*: studies in curriculum planning. London: NFER, 1970.
TERHART, E. Formas de saber pedagógico y acción educativa o: ¿Quê és lo que forma en la formación del profesorado? *Revista de Educación*, n. 284, p. 133-158, 1987.
TIKUNOFF, W.; WARD, B.; DASHO, S. *Volume A:* three case studies. San Francisco: Far West Laboratory for Educational Research and Development, 1978.
TILLEMA, H. Categories in teacher planning. In: HALKES, R.; OLSON, J. K. (Ed.). *Teacher thinking*. Lisse: Swets and Zeitlinger, 1984.
TYLER, R. *Principios basicos del curriculo*. Buenos Aires: Troquel, 1973.
TYLER, R. Specific approaches to curriculum development. In: GIROUX, H.; PENNA, A.; PINAR. *Curriculum and instruction*: alternatives in education. Berkeley: McCutchan, 1981.
VALLANCE, E. Ways of knowing and curricular conceptions: implications for program planning. In: EISNER, E. (Ed.). *Learning and teaching*: the ways of knowing. Chicago: NSSE, 1985.
WALKER, D. A naturalistic model for curriculum development. *School Review*, v. 80, p. 51-65, 1971.
WALKER, D. What curriculum research. In: TAYLOR, P. H. *Curriculum School and Society*. Windsor: NFER, 1973.
WALTER, L. J. A synthesis of research findings on teacher planning and decision making. In: EGBER, R. L. *Using research to improve teacher education*. Washington: AACTE, 1984.
WARWICK, D. *The modular curriculum*. Oxford: Basil Blackwell, 1987.
WEBER, E. *Estilos de educación*. Barcelona: Herder, 1976.
WEIL, M.; JOYCE, B. *Information processing models of teaching*. Englewoods: N. J. Prentice-Hall, 1978.
WEIL, M.; JOYCE, B. *Personal models of teaching*. Englewoods: N. J. Prentice-Hall, 1978.
WEIL, M.; JOYCE, B. *Social models of teaching*. Englewoods: N. J. Prentice-Hall, 1978.
WELLER, G. Starting from scratch. In: WARWICK, D. (Ed.). *Teaching and learning through modules*. Oxford: Basil Blackwell, 1988.
WHEELER, D. K. *El desarrollo del curriculum escolar*. Madrid: Santiliana, 1976.
WHITTY, G. *Sociology and school knowledge*. London: Methuen, 1985.
WILSON, S.; SHULMAN, L.; RICHERT, A. 150 different ways' of knowing: Representations of knowledge in teaching. In: CALDERHEAD, J. (Ed.). *Exploring teachers' thinking*. London: Cassell Education, 1987.
YINGER, R. *A study of teacher planning*: description and theory development using ethnography and information processing methods. Tese (Doutorado) - Michigan State University, 1977.
YOUNG, M. An approach to study of curricula as socially organized knowledge. In: YOUNG, M. (Ed.). Knowledge and control. London: Coller Macmillan, 1980.
YOUNG, R. E. A study of teacher epistemologies. *The Australian Journal of Education*, v. 25, n. 2, p. 194-209, 1981a.
YOUNG, R. E. The epistemic discourse of teachers: an ethnographic study. *Antropology and Education Quarterly*, v. 12, n. 2, p. 122-144, 1981b.
ZAHORIK, J. A. Teachers planning models. *Educational Leadership*, v. 33, p. 134-139, 1975.

Índice onomástico

A
A.E.R.A., 41
ALLAL.L., 316
ALVAREZ, J.M., 332
APPLE, M., 16, 74, 91, 150, 154-156, 293, 313
ARAUJO, J., 286, 304
AUSUBEL, D., 302

B
BEAUCHAMP, G., 99, 218, 282
BELTH, M., 222
BELTRAN, F., 137, 139
BEN-PERETZ, M., 175, 242
BENNETT, N., 188, 217, 220
BERG, G., 198
BERLAK, A. y H., 191
BERLINER, 258
BERNSTEIN, B., 19.43, 76, 77, 79, 94, 192, 259
BLUMENFELD, Ph., 217, 225, 276
BONNIOL, J., 315
BOSSERT, S., 256
BOURDIEU, P. 61
BRIGGS, L., 299
BROADFOOT, R, 118
BRONFENBRENNER, U., 204, 209, 217, 221
BROPHY, J., 102, 172, 255, 256
BROWN, Ch., 84
BROWNELL, A., 19, 68, 185
BRUNER, J., 84, 148, 184, 189, 299
BUCHMAN, M., 174, 176

C
CALDERHEAD, J., 247, 248, 250, 254
CALLAHAN, R., 45
CANE, B., 238
CARR, W., 47-49, 107, 263
CARTER, K., 211, 233, 268, 269
CAVERNI, J., 314, 316, 317, 320, 323, 334
CHADWICK, C., 286, 304
CLANDININ, D., 265

CLARK, Ch., 187, 267-268, 242, 247, 252, 296
COHEN, 226
COLL, C., 298-299
CONNOLLY, K., 90, 203
CORNALL, P., 63

D
DALE, R., 170
DE LA ORDEN, A., 128
DENSCOMBE, 254, 257
DEWEY, J., 41-42, 74, 92, 189, 191, 218
DIORIO, J., 173, 270
DOTTRENS, R., 39
DOYLE, W., 175, 204-205, 209, 211, 216-220, 223, 226, 229, 233, 257, 258, 259, 268, 269
DUNN, R., 299-300

E
EISNER, E., 38, 84
ELBAZ, F., 265
ELLIOTT, J., 258, 325
ELMORE, J., 187, 247
EMMER, E., 258

F
FERNANDEZ, M., 150, 292
FRASER, B., 89-90
FREINET, C., 227, 265
FREIRE, P, 180

G
GALL, M., 160
GARCIA HOZ, V., 129
GARDNER, M., 221
GEOFFREY, 254
GIBBY, B., 50
GIMENO, J., 45, 66, 116, 150, 153, 180-184, 192, 223, 226-227, 229-230, 233-234, 239, 241, 248, 249, 264
GINSBURG, M., 182

GIROUX, H., 16, 44
GITLIN, A., 154, 155, 157
GLATTER, R., 120
GOLBY, M., 287
GOOD, C., 282
GOODARD, M., 176
GRAMSCI, A., 268
GREENO, J., 232, 233, 295
GRUMET, M., 32, 44
GRUNDY, S., 14, 21, 48, 101, 165, 179, 261

H
HABERMAS, J., 36, 47-48
HALKES, R., 242
HAMMERSLEY, M., 182-183, 190
HARGREAVES, D., 182
HAVELOCK, R., 197
HEUBNER, H., 15
HILSUM, S., 238
HOLLON, R., 276
HOUSE, E., 313
HOYLE, E., 194
HUBERMAN, A., 205
HURST, R, 120

I
ILLICH, I., 72

J
JACKSON, Ph., 104, 205, 234, 282
JOHNSON, M., 46, 218
JOYCE, B., 188, 268

K
KELLY, A., 176
KELLY, G., 172
KEMMIS, S., 47, 48, 49, 50, 107, 263
KING, A., 68, 185, 189
KING, N., 19, 20, 22, 92, 93, 228, 229
KLIEBARD, H., 37, 44, 45

L
LAMPERT, M., 187
LANDES, N., 276
LANDHEERE, V., 65
LAUGLO, J., 116
LAWTON, D., 59, 62
LEINHARDT, G., 232, 233, 295
LEITHWOOD, K., 174
LEWIN, K., 90
LOPEZ DEL CASTILLO, T., 128
LORTIE, D., 194
LOUGHLIN, C., 90, 91
LUNDGREN, U., 16, 37, 38 75, 76, 80, 89, 171, 187
LYONS, R., 120

M
MACDONAL, B., 313
MAILLO, A., 136
MARTINEZ, J., 242
MARX, R., 247, 252
MCNEIL, L., 15, 38, 166
MERRILL, M., 304
MOLINER, M., 13
MORINE, G., 253
MULLEN, G., 288

N
NESPOR, J., 218
NEWELL, A., 210
NEWPORT, J., 276
NOIZET, G., 317, 320, 323,334
NORMAN, D., 302
NOVAK, J., 302
NUNAN, T., 291

O
OLSON, J., 175-176, 178-179

P
PALMADE, G., 80
PAPAGIANNIS, G., 18, 159
PENNA, A., 44
PEREZ, A., 66, 153, 166, 181, 182, 183, 192, 239, 241, 298, 304
PETERS, R., 222
PETERSON, P, 242, 252, 266
PHENIX, Ph, 39
PHILLIPS, R., 41
PIAGET, J., 189, 227
PIERON, H., 315
PINAR, W., 32, 44
POPE, M., 182, 186, 189
POPKEWITZ, T., 203, 219
PORTER, A., 324
POSNER, G., 217, 302
PRATT WHITMER, S., 315, 316, 317
PRATT, D., 281, 290

R
RATHS, J., 276, 306
REID, W., 38,47, 50, 51, 52
REIGELUTH, Ch., 248, 283, 304
RICHERT, A., 185
ROMISZOWSKI, A., 283-284, 299, 304
ROQUEPLO, Ph., 71
RULE, I., 14

S
SALINAS, B., 102, 121, 150, 252
SCHIRO, M., 38
SCHMIDT, W., 174, 176

SCHÖN, D., 169, 246, 292
SCHUBERT, W., 14, 22, 89, 92, 98, 287
SCHWAB, J., 50, 51, 69, 70, 174
SCHWILLE, J., 171, 172, 174, 175
SCOTT, E., 182, 186
SHAVELSON, R., 242, 247, 248, 254
SHULMAN, L., 183, 184, 188, 255, 266
SIMON, H., 210
SIMONS, H., 313
SKILBECK, M., 60, 87, 111, 120
SKINNER, F., 188-189
SMITH, P., 90, 203
SMYTH, J., 268-269
SOCKETT, H., 287
STAKE, R., 216
STENHOUSE, L., 50, 83-86, 148, 158, 176, 179, 180, 222, 265, 267, 291
STERN, P., 242, 254
STÖCKER, K., 227
SUÍNA, J., 91

T
TABACHNICK, R., 182, 191
TANNER, D. L., 39, 179, 218
TAYLOR, F., 45
TAYLOR, P., 251, 296
TERHART, E., 170
TIKUNOFF, W., 258
TILLEMA, H., 252-253
TYLER, R., 46, 116, 128, 253

W
WALKER, D., 21, 50
WALTER, L., 247
WARWICK, D., 299
WEBER, E., 188
WEIL, M., 188
WELLER, G., 300
WHEELER, D., 276
WHITTY, G., 19, 61, 62
WILSON, S., 185

Y
YINGER, R., 250, 251 252, 253, 276, 277, 296
YOUNG, M., 19
YOUNG, R., 181, 190

Z
ZAHORIK, J., 252
ZEICHNER, K., 182, 191

Índice

A
A.E.R.A., 41
Ambiente escolar, 87-90 e ss., 216-218, 229-231. *Ver:* Meio escolar: seus componentes
Análise de tarefas, 310-211. *Ver.* Tarefas: suas dimensões
Aperfeiçoamento de professores e currículo. *Ver.* Formação de professores e currículo
Aprendizagem escolar e currículo, 55, 78-80, 87
Aprendizagens avaliadas, 311 e ss
Áreas curriculares, 67-70, 76-78, 79-81
Arquitetura escolar, 91
Atividades metodológicas. *Ver.* Tarefas: suas dimensões
Autoconceito profissional, 176-177
Autonomia do professor, 109-110, 112-115, 119-121, 140-141, 143-144, 147, 150-151, 168, 172-173, 240-241, 245
Avaliação: modelos, 332-333
   como modeladora do currículo, 314-315 e ss
   como processamento de informação, 314-315 e ss
   contínua, 332-333
   de escolas, 136-138
   de materiais. *Ver:* Materiais: análise e avaliação
   de projetos curriculares, 174-175
   "total", 324-325 e ss

B
Bachillerato, 122-124, 127-129. *Ver:* Educação secundária obrigatória
Burocracia e currículo, 32-34, 43-45, 56-57. *Ver*: Currículo como atividade político-administrativa

C
C.E.D.O.D.E.P, 126-128
C.E.N.I.D.E., 140-141
Centralização-Descentralização, 32-34, 107-108, 110, 118-120, 137-139, 287-289. *Ver:* Controle
Centros de desenvolvimento curricular, 121-123
   escolares: autonomia curricular, 130-132
Ciclos, 80-82, 130-132
Códigos curriculares, 16-17, 73-75 e ss., 112-113. *Ver:* Formato do currículo
Collège de France, 65-66
Competências sobre o currículo, 144
Compreensibilidade. *Ver:* Educação compreensiva
Concepções epistemológicas do professor, 180-181 e ss
Condições institucionais do currículo, 87
Conflitos culturais e currículo, 60-62, 65-67
Conhecimento pedagógico: sua importância, 173-174
Conhecimentos profissionais dos professores, 184
Conselho Escolar, 141-143
Construção do currículo, 99 e ss
Construtivismo psicológico de Kelly, 172
Conteúdos do currículo, 55-58
   e organização escolar, 66-67, 79-82, 87-88, 91, 143-144, 242-243
Contexto de aula e currículo, 13-15, 19-20, 22-23, 41-43, 229-231. *Ver:* Ambiente escolar
   educativos, 27-28
   histórico do currículo, 13, 17, 22-23, 44-45, 122
   pessoal e currículo, 22-23
   político do currículo, 22-23, 88-90
Controle, 56-57, 95, 110, 113-115, 141-143, 226-228, 235-236, 253-255, 291-293, 328-329
   de produtos do currículo, 117-119, 182-184
   de qualidade em educação, 117-119, 182-184
   do processo curricular, 114-116, 140-142, 150-151, 313-314
Currículo
   acultural, 19-20, 28-30, 42-44, 73-75, 186-188
   apresentado aos professores, 102-104
   avaliado, 103-105, 307-309
   básico, 58-60, 62, 66-67 *Ver:* Educação básica e currículo como cultura básica como acesso ao conhecimento, 15-16
   como aprendizagens obtidas pelos alunos, 13-15, 45-47

como atividade acadêmica, 21-22
planejada, 13-16, 41-43
político-administrativa, 22-23, 31-33, 83-85, 87-89. *Ver:* Burocracia e currículo
como conhecimento valioso para os professores, 29-31. *Ver:* Perspectivas dos professores
como cultura básica, 28-30. *Ver:* Currículo básico e educação básica
como experiência ordenada, 13-14
como mapa cultural, 20, 58
como oculta mento de práticas, 15-16, 20-22, 27-28, 31-33, 99
como organizador da prática, 13-14. *Ver:* Prática escolar e currículo
como práxis, 14-16, 19-21, 201
como problema prático, 46-52
como processo, 16-17, 20-21, 42-44, 100-102
social, 21-22
como resumo de conteúdos, 13-14, 33-35. *Ver:* Mapa cultural
como seleção cultural, 17-19, 55. *Ver:* Mapa cultural
de objetivos, 45-47
como tarefas acadêmicas, 14-15, 201 e ss
como tecnologia, 43-44
definições e acepções, 13-19, 33-35, 100-101
e avaliação, 27-28, 103-105
e instrução, 217-219
e papéis profissionais do professor, 165 e ss
e produção cultural, 24-25
de meios didáticos, 24-25
e profissionalização docente, 30-33. *Ver:* Profissionalização do professor
e valores dominantes, 19-20, 46-48, 60-62, 66-67
em ação, 103-105, 201-202 e ss. *Ver:* Currículo real
em níveis e tipos de educação, 17
esquema explicativo, 33-37, 102
extraescolar, 70-72 e ss
integrado, 75-77 e ss., 300-301
mosaico, 75-77 e ss
na Espanha, 31-34
na teoria pedagógica, 27-31, 32-34
oculto, 42-44, 73-74
"oficial". *Ver:* Currículo prescrito por disciplinas, 75-77
prescrito, 101-102, 107, 109-110
real, 201. *Ver:* Currículo em ação
realizado, 103-105

D

Desprofissionalização do professor, 86, 114-116, 140-142, 147-150, 154-155, 267-268, 291-292, 329-330. *Ver:* Autonomia do professor
Didática: seu objeto, 18-19
Didáticas especiais, 184-187
Diferenças individuais e currículo, 60-63, 73-74, 156-157, 284-286. *Ver:* Diversidade de alunos e currículo
Dilemas
do professor, 176, 189-191, 265-267. *Ver:* Dilemas práticos
práticos, 178-179, 240-241, 243-245. *Ver:* Dilemas do professor
Disciplina, 225-227
Disciplinas do currículo. *Ver:* Áreas curriculares
Diversidade de alunos e currículo, 63-65. *Ver:* Diferenças individuais e currículo

E

EGB.: seu currículo, 29-31, 122-124
Educação básica, 61-62, 66, 76-78. *Ver:* Currículo básico, ensino obrigatório e currículo como cultura básica
compensatória, 19-20, 63-64
compreensiva, 62-66, 70, 110-111
infantil, 19-20, 75-77, 83-85, 203
moral. *Ver.* Tarefas e educação moral
primária, 62-63, 76-78, 122-124
progressiva, 40-43, 82-84, 188-190
secundária-obrigatória, 65-66
Eficientismo pedagógico, 43 e ss., 115-117
Elementos do meio escolar, 91
Emancipação, 46-48
Empirismo e currículo, 21-22
Ensino
obrigatório e currículo, 15-18, 55-56, 58-59, 62, 64-67
privado, 118-120
Equipes docentes, 77-79, 192-193 e ss., 288-290
Escalas de medida, 332-333
Escola Nova, 40-41, 82-84
"sem conteúdos". *Ver:* Currículo acultural
Escolarização, 55-56
Especialistas (Professores), 77-80
em educação e currículo, 25, 32-33
Especialização. Código de, 74-76
Esquemas práticos, 205-206, 233-235, 243-244, 263-264, 266-268
teóricos, 265-267
Estilos de ensino, 186-188, 211-212 e ss
Estrutura de tarefas, 209-211, 214-216, 272
Exploring Primary Science, 84-86

F

Formação de professores, 192-194, 264-266. *Ver:* Socialização profissional
e currículo, 28-30, 81-83, 93-95, 112-115, 139-141, 148-149, 155-156, 180-185, 245, 270-271 e ss., 292-297
Formato do currículo, 16-17, 33-35, 51, 73-75 e ss., 122-123, 139-141
Fracasso escolar e currículo, 29-31, 64-65, 312-314

G
Gestão científica, 43-45
 da aula, 231-233 e ss., 253-255 e ss., 272
Globalização, 78-80, 126-127

H
Habilidades e aptidões no currículo, 306-309
História do currículo, 31-33, 43-44
Humanities Curriculum Project, 84-86

I
Igualdade de oportunidades, 60-62, 72-74, 111-112
Individualismo profissional, 140-143, 156-157, 194-198, 288-290. *Ver:* Equipes docentes
Infantil. *Ver:* Educação infantil
Inovação do currículo, 25. *Ver:* Reforma do currículo e renovação pedagógica educativa. *Ver:* Renovação pedagógica
Inspeção educativa, 114-116, 117-119, 135-137, 141-143
Interação método-conteúdo, 46-47. *Ver:* Currículo e instrução
Interdisciplinaridade, 80-81

L
L.O.D.E., 57-58, 140-142
L.O.E.CE., 140-142
Lei de Educação Primária (1945), 123-128, 130-133, 136-138, 140-141
 de Ordenação do Ensino Médio, 124-126, 136-138
 Geral de Educação, 57-58, 127-129, 136-138, 327
Libro blanco, 126-128, 136-138
Livros-texto, 66-68, 126-128, 140-141, 147e ss. *Ver:* Materiais curriculares

M
MACOS, 84-86
Mapa
 conceitual, 301-302
 cultural, 20, 58
Materiais: análise e avaliação, 160-161, 274-275
 curriculares, 82-86, 120-122, 142-144, 147 e ss, 273-274
 didáticos: sua regulação, 120-122, 132-133. *Ver:* Livros-texto
Meio ecológico. *Ver:* Ambiente escolar
 escolar: seus componentes, 91
Meios de comunicação e currículo, 70-75
Método e conteúdo: sua interação, 219-220
Metodologia e currículo, 81-83
Métodos qualitativos-quantitativos, 324-323, 334-335
Mínimos curriculares, 30-32, 107-108, 110-111, 142-144
Modelação do currículo pelo professor, 102-103
Modelo de objetivos. *Ver:* Objetivos: sua definição
Módulos curriculares, 298-300 e ss
Mudança em educação. *Ver:* Reforma do currículo

N
Níveis de ensino e currículo, 36-37
Norma de rendimento e currículo, 29-32. *Ver:* Rendimento "ideal"
Nova Sociologia da Educação e Currículo, 19-20, 166-167

O
Objetivos da educação e do currículo, 14-19, 55-58
Objetivos: sua definição, 115-118, 127-130, 132-133, 177-178, 248-249
"Orientações Pedagógicas", 127-130

P
Pais, valores, 66
Paradigma ecológico, 203 e ss. *Ver. Ambiente escolar*
Pedagogia invisível, 42-44, 94-95, 259-260
Pensamento do professor, 140-141, 168, 180-181, 241-243, 262-265. *Ver:* Dilemas do professor, profissional reflexivo, perspectivas do professor e tarefas e pensamento do professor
Perspectiva academicista no currículo, 39-40
 crítica, 46-47
 experiencial no currículo, 40-41
 humanista no currículo, 40-42
Perspectivas dos professores, 182-183, 189-194. *Ver:* Pensamento do professor
Pesquisa na ação, 266-268, 271-272
Planejamento do professor, 101-102, 120-122, 186-187, 245-246 e ss., 294-296 e ss., 305-307
Plano
 agentes intervenientes, 293-295
 com base em tarefas, 250-251 e ss
 da prática, 281-282, 397 e ss
 de instrução, 283-285, 346. *Ver:* Sequências de instrução
 de tarefas, 304-306 e ss
 do currículo, 80-82, 156-157, 245-246, 281. *Ver:* Plano da prática
 e poder em educação, 281 e ss
 e profissionalização do professor, 291-292
 elementos de decisão, 397 e ss
Política cultural e currículo, 71-75
 curricular, 107 e ss
Positivismo e educação, 46-48
Prática escolar institucionalizada, 27-32
 escolar e currículo, 13-15, 19-20, 25-27, 30-32. *Ver:* Prática pedagógica e prática escolar institucionalizada
 pedagógica: suas características, 201-202 e ss
Pré-escolar. *Ver:* Educação infantil
Processamento de informações nos professores. *Ver:* avaliação como processamento de informação
Professor como planejador, 245-246 e ss., 294-296
 como mediador do conhecimento, 174-175, 177-178, 180-181, 184-186
Professores e currículo, 76-78, 165 e ss

Profissional reflexivo, 169-170. *Ver:* Pensamento do professor
Profissionalização do professor, 76-79, 81-83, 92-95. *Ver:* Currículo e profissionalização docente, tarefas e profissionalização docente e plano e profissionalização do professor
"Programas Renovados", 130-132
Propedêutico (currículo), 67-68
Psicologia e pensamento educativo, 18-19, 46-47

Q
Qualidade do ensino, 18-19, 31-33, 70, 72-74. *Ver:* Tarefas e qualidade do ensino
Qualificações escolares, 314-315, 329-330
Questionários Nacionais (1953), 125-127

R
Racionalidade meios-fins, 45-47
 técnica, 168-169, 217-219
Redes de tópicos, 299-301
 semânticas, 301-302, 302-304
Reforma do currículo, 17-18, 20, 27-29, 36, 66, 70, 124-126, 148-149, 157-158, 174-176, 178-179, 237-239. *Ver:* Reformas educativas na Espanha
Reformas educativas na Espanha, 20, 66, 122-124, 138-140, 326-327
Regulações do currículo, 110
Relação teoria-prática em tarefas, 259-261 e ss
 e currículo, 27-29, 46-47, 259-261 e ss. *Ver:* Relação teoria-prática em tarefas
Relações professor-alunos e currículo, 30-32
Rendimento "ideal", 321-323. *Ver:* Norma de rendimento e currículo
Renovação pedagógica, 70-72, 110, 115, 139-141, 149-150, 159-160, 172-172, 194-197, 245-246

S
S.C.I.S.P, 299-301
Science, 5-13, 300-301
Segregação de alunos, 62-65
Semiprofissão, 169-170
Sequências de instrução, 298-300 e ss
Sistema curricular, 23-24, 99 e ss., 107-108, 286-287
 social e currículo, 14-17, 19-22, 31-33, 34-36, 46-48 48 e ss., 107
Sobrecarga de programas, 30-32, 66-67
Socialização profissional, 185-187. *Ver:* Formação de professores
 e currículo, 17-19, 30-32, 55-57

T
Tarefas académicas, 201 e ss., 263-264. *Ver.* Tarefas formais
 e avaliação, 235-237, 258-260, 274-275
 e conhecimentos, 218-220, 272-273
 e conteúdos: sua interação, 220-223
 e educação moral, 225-227 e ss
 e efeitos educativos, 219-222, 272-273
 e formação do professorado, 270-271 e ss
 e graus de ambiguidade, 257-259
 e pensamento do professor, 259-261 e ss
 e processo de aprendizagem, 216-218 e ss
 e profissionalização docente, 211-212 e ss., 231-232
 e qualidade do ensino, 211, 216-218 e ss
 e socialização do aluno, 222 e ss
 escolares. *Ver:* Tarefas académicas formais, 207-208
 suas dimensões, 261-263, 272, 275-276, 306-307
 tipos, 223, 258-260, 275-276. *Ver:* Tarefas: suas dimensões
Taylorismo, 43-46, 79-83, 132-133
Tecnicismo em educação, 22-23
Teorias sobre o currículo, 21-22, 36-37 e ss
 a influência do currículo, 21-22. *Ver:* Teorias sobre o currículo
 as funções do currículo, 36-38
Tomada de decisões, 167-168, 170-172, 241-242, 263-265, 327-328
Trabalho dos professores, 148-150, 157, 165 e ss., 234-236 e ss
Tutoria, 81-83

U
Unidade didática, 127, 297-299

V
"Volta ao básico", 40, 70, 287-288